Eine Reise durch

DEUTSCHLAND

in 100 ungewöhnlichen
Bildern und Geschichten

Text von Wolfgang Rössig

MERIAN

Im Westen des Nationalparks Vorpommersche Boddenlandschaft reicht der von Menschenhand nahezu unberührte Darßer Wald bis an die Ostseeküste. Das Waldgebiet ist Heimat einer vielfältigen Pflanzen- und Tierwelt.

Eine Reise durch

DEUTSCHLAND

in 100 ungewöhnlichen
Bildern und Geschichten

Deutschland – ein Reisemärchen

Unzählige Geschichten, Legenden und Mythen ranken sich um Deutschlands facettenreiche Städte, um seine Kultur- und Naturlandschaften. Das liebliche Tal der Mosel inspirierte den Römer Ausonius zu den frühesten bekannten Versen, die je über eine deutsche Landschaft verfasst wurden. 500 Jahre liegen zwischen römischer Spätantike in Trier und karolingischer Renaissance in Lorsch, dessen Bienensegen zu den ersten althochdeutschen Texten zählt. Das Fachwerkjuwel Quedlinburg war Schauplatz des ottonischen Kaiserfrühlings, aber auch eines spannenden Kunstkrimis um einen über tausend Jahre alten Schatz.

Im Schatten romanischer Kaiserdome bewahren der uralte jüdische Friedhof zu Worms und die spektakuläre neue Mainzer Synagoge das Andenken an eine Kultur, die ebenso lange zu Deutschland gehört wie die Nibelungensage. Als Inbegriff des staufischen Ritterideals gilt der Bamberger Reiter, von weniger noblen Rittern erzählt die Burg des Götz von Berlichingen im Neckartal. Die gotischen Dome an Rhein, Donau und Elbe zeugen von Deutschlands kühnsten architektonischen Höhenflügen, während die Hansestädte vom spätmittelalterlichen Selbstbewusstsein der Bürger künden und Geschichten von einem stolzen Großsegler, einem gruseligen Vampirklassiker und einer in den Literaturhimmel eingegangenen Kaufmannsfamilie erzählen. Die Prachtbauten der Weserrenaissance liegen mitten im Märchenland der Brüder Grimm, in den Barockschlössern von Brühl und Schwetzingen demonstrierte der junge Mozart sein Genie, auf Neuschwanstein träumte ein einsamer König von Lohengrin und Parsifal.

Deutschlands romantische Landschaften zwischen Worpswede und Murnau, zwischen Rügen und Elbsandsteingebirge waren Sehnsuchtsziele für weltberühmte Maler. In Wittenberg und Erfurt wandelt man auf den Spuren von Martin Luther, durch den Harz reist man mit Heinrich Heine, mit Goethe durch Weimar und Wörlitz, entlang der Nordseeküste mit Theodor Storm, durch das Münsterland mit Annette von Droste-Hülshoff, auf Hiddensee mit Gerhart Hauptmann, durch die Mark Brandenburg mit Theodor Fontane und durch den Bayerischen Wald mit Adalbert Stifter.

Oft aber ist Deutschland einfach nur wunderschön: Gelb strahlen die Rapsfelder der Holsteinischen Schweiz, lila blüht die Lüneburger Heide, smaragdgrün schimmert der Spreewald, kobaltblau funkelt der Königssee, und regenbogenfarben leuchten die Blumenwiesen im Odenwald.

Der französische Schriftsteller Montaigne bedauerte, auf seiner Deutschlandreise im Jahr 1580 keinen Koch mitgenommen zu haben, der die fremden Gerichte studieren und dann zu Hause hätte erproben können. Heute überraschen Deutschlands Restaurants mit einer facettenreichen regionalen Küche, vom Sylter Deichwiesenlamm bis zum Tegernseer Rindertafelspitz. Wie heißt es doch bei Wilhelm Busch? »Drum o Mensch, sei weise, pack die Koffer und verreise.«

Augenweide und Wissenshort: Eine der ersten öffentlich zugänglichen Fürstenbibliotheken des Landes ist die Herzogin Anna Amalia Bibliothek in Weimar.

INHALT

Rasant: »Tiger & Turtle – Magic Mountain« heißt diese Großskulptur im Angerpark Duisburg, die einer Achterbahn nachempfunden worden ist.

Goldene Abendstimmung: Blick vom Leuchtturm Westerhever auf Watt und Priele – Wasserrinnen, welche die Gezeiten hinterlassen haben

DEUTSCHLAND DER NORDEN

*Ein unermesslich weiter Himmel wölbt sich über der
silbrig schimmernden Wattlandschaft der Nordseeküste, violett
blüht die Lüneburger Heide, blau wie Saphire schimmern
die Seen Mecklenburgs: So schön ist Deutschlands
Norden zwischen Ems und Oder! Von der Blütezeit der Hanse
zeugt die Backsteingotik der Ostseehäfen, während weiter südlich
verspielte Weserrenaissance und Fachwerkromantik im
Märchenland der Brüder Grimm bezaubern. Zentrum
des Nordens ist die Freie und Hansestadt Hamburg, deren
Weltoffenheit und unerhört dynamischer Hafen jährlich
Millionen von Besuchern an die Elbe locken.*

Nordsee

Schleswig-

Holste

Niedersachsen

Bremen

13

12

11

10

14

21

22

23

20

18

19

Ostsee

Mecklenburg-

Vorpommern

DEUTSCHLAND – DER NORDEN

MECKLENBURG-VORPOMMERN
1 Rügen
2 Hiddensee
3 Stralsund
4 Halbinsel Fischland-Darß-Zingst
5 Mecklenburgische Seenplatte
6 Heiligendamm
7 Wismar

SCHLESWIG-HOLSTEIN
8 Lübeck
9 Holsteinische Schweiz
10 Schleswig
11 Friedrichstadt
12 Westerhever
13 Sylter Listland
14 Helgoland

HAMBURG
15 Hamburg

NIEDERSACHSEN
16 Lüneburger Heide
17 Hildesheim
18 Göttingen
19 Hannoversch Münden
20 Hameln
21 Altes Land
22 Worpswede

BREMEN
23 Bremen

1

Rügen

Mythos Kreidefelsen

*Früh am Morgen oder vor Sonnenuntergang muss man kommen,
über den Hochuferweg, der durch Rotbuchenwälder entlang den steilen
Klippen führt, denn dann ist es still, und sie leuchten in Rosa, Gold
und Weiß, die Kreidefelsen in Deutschlands kleinstem Nationalpark
Jasmund. Es war diese Stimmung, die um 1818 Deutschlands
berühmtesten romantischen Maler so faszinierte. Die Natur stellte
für ihn einen Spiegel menschlicher Empfindungen dar.*

*Das Wahrzeichen der Insel Rügen sind
die berühmten Kreidefelsen. Sie sind streng
geschützt, da der Kalkstein porös ist und
es immer wieder zu Felsabbrüchen kommt.*

Seine Hochzeitsreise hatte Caspar David Friedrich und seine Frau 1818 auf die Insel geführt, und noch im selben Jahr war »Kreidefelsen auf Rügen« entstanden. Doch die inzwischen durch einen Kreideabrutsch weitgehend zerstörten Wissower Klinken, die lange als Motiv vermutet wurden, waren zu seiner Zeit noch mit Gras und Bäumen bewachsen. Friedrichs Gemälde setzt sich vielmehr aus mehreren Eindrücken vor Ort zusammen. Gerade deshalb sehen Besucher Friedrichs Kreidefelsen überall, schauen wie der junge Maler rechts in den Abgrund, in die unendlich scheinende Weite des Meeres.

Später am Tag, wenn die Ausflugsbusse anrollen und Hunderte von Menschen auf die Aussichtsplattform des 118 Meter hohen Königsstuhls drängen, ist es vorbei mit der romantischen Stimmung. Eine halbe Million Besucher im Nationalpark pro Jahr: Friedrich wäre entsetzt geflohen.

Ruhiger geht es auf der winzigen Balustrade der Viktoria-Sicht zu, von der aus sich der beste Blick auf den Königsstuhl bietet. Unten am steinigen Strand spült das Meer Bernstein und Hühnergötter an Land. Ganz still ist es in den Rotbuchenwäldern, die zum Weltnaturerbe erklärt wurden, einsam auch in den Kesselmooren mit Schwarzerlen, Eiben und Wildobstbäumen. Hier blüht der Frauenschuh, flattern Perlmuttfalter, und seltene Eisvögel gehen auf die Jagd nach silbrigen Fischlein. Um den dunklen Herthasee und den Erdwall der Herthaburg aus heidnischer Slawenzeit rankt sich mancherlei Volksdichtung. Nur Todgeweihte durften die Fruchtbarkeitszeremonien der Göttin am See beobachten, fabuliert der römische Geschichtsschreiber Tacitus, der auf dieser »Insel des Weltmeers« eine Opferstätte für die germanische Gottheit Nerthus wähnte. Pommersche Historiker verballhornten ihren Namen zu Hertha. Opferstein, Blutschale, ertränkte Jünglinge und Jungfrauen: Den Touristen wird hier so manche Elfe im Mondschein aufgebunden.

Einige Legenden haben fatale Folgen. Der Jüngling, der als Erster von der Seeseite her den Königsstuhl erklomm, wurde einst zum König der Insel gewählt, erzählen die Rüganer hartnäckig. Die Feuerwehr von Sassnitz findet diese Geschichte weniger lustig, denn sie muss mit bergwachttauglicher Ausrüstung immer wieder lebensmüde Nachahmer retten.

Harmlos, aber vermutlich erfolglos ist die Suche nach dem Schatz, den der brüderlich teilende Seeräuber Klaus Störtebeker am südlichen Ende des Nationalparks in der Piratenschlucht versteckt haben soll, einem Tummelplatz für Mehlschwalben, Zwergschnäpper, Wasseramseln, Gebirgsstelzen und Grüne Laubsänger.

Sassnitz ist ein idealer Ausgangspunkt für Streifzüge durch den Nationalpark, und noch immer künden schöne Bädervillen von der Zeit, in der Fontane seine Effi Briest bemerken ließ: »Nach Rügen reisen heißt nach Sassnitz reisen.« Doch Anfang des 20. Jahrhunderts lief das weiter südlich gelegene Binz dem »Tor zu Skandinavien« seinen Rang als schönster Badeort auf Rügen ab. Mit wilhelminischer Sittenstrenge, knielangem Badezeug und Fotografierverbot am Strand ist es im »Nizza der Ostsee« natürlich längst vorbei. Die blendend weißen Binzer Stadtvillen, die Bäderhotels der Gründerzeit und das 1908 im Jugendstil errichtete Kurhaus mit seinen Zeltdächern sind Blickfang und Motive genug. Im Jagdschloss Granitz, einer mittelalterlich anmutenden Burg aus dem 19. Jahrhundert, wartet viel Klassizismus von Karl Friedrich Schinkel. So richtig mittelalterlich wird's erst beim »Schlemmerspektakel« in der Alten Brennerei, die »Warme Bärentatzen« und »Rügener Dampflümmel« oder »Ritterbrot« auftischt, während Spielleute musizieren und Gaukler ihre Possen treiben.

Wenige Kilometer von Granitz entfernt leuchten in Sellin die reich ornamentierten Holzfassaden der Bädervillen zartrosa in der Morgendämmerung. Am Abend strahlt

UNTERKUNFT

Cerês

Ein echtes Designhotel in herrlicher Küstenlage nahe der Seebrücke, mit dem sich der Besitzer, ein Architekt, seine Vision von Sehnsucht und Weite am Meer erfüllte. Hier passt einfach alles: noble Zimmer, elegante Bäder. In manchen planscht man mit Ostseeblick. Dazu kommt das feine kleine Senso Spa mit Salzwasserpool. Nach einem Aufenthalt am Meer in einem der hauseigenen Strandkörbe speist man im Negro, dem Gourmetrestaurant des Hotels, das individuell zusammenstellbare Vier-Gänge-Menüs mit saisonalen Gerichten anbietet, bei schönem Wetter auch auf der Terrasse mit Meerblick.
Strandpromenade 24, Binz, Tel. 038393 66670, www.ceres-hotel.de

RESTAURANTS

freustil

Kreativ, fein und gar nicht teuer kommt die leichte, aromenreiche Michelin-Küche im vornehmen Hotel Vier Jahreszeiten daher. Im sechsgängigen Menü serviert wird Rentierbouillon, fangfrischer Fisch aus Nord- und Ostsee, Landhuhn und Mecklenburger Wild, und das in recht zwangloser Atmosphäre. Erfreulich günstig ist das zweigängige Mittagsmenü.
Hotel Vier Jahreszeiten, Zeppelinstr. 8, Binz, Tel. 038393 50444, www.freustil.de

Gaststätte der Fischereigenossenschaft Kutterfisch

Wirklich fangfrisch direkt vom Kutter (die Anlandung kann man live verfolgen) und angenehm preiswert (auch als Imbiss) sind Dorsch- und Ostseelachsfilet am Stadthafen. Bei schönem Wetter genießt man frisch zubereitete Fischbrötchen auf der Hafenterrasse in einem der Strandkörbe. Dazu schmeckt ein Glas Sanddorn-Weizen. An kalten Tagen wärmt der Kutterfischtopf, eine klare Fischsuppe mit Muscheln, Garnelen und Gemüse, ganz wunderbar.
Hafenstr. 12 D, Sassnitz, Tel. 038392 51355, www.sassnitz.kutterfisch.de

Ein echter Hingucker ist die freitragende Wendeltreppe im Jagdschloss Granitz. Über 154 gusseiserne Stufen gelangt man in den 38 Meter hohen Mittelturm.

die 1998 wiedereröffnete Seebrücke mit ihrem Kaiserpavillon wie ein Weihnachtsbaum vor indigoblauem Meer. Mehrfach ist sie, wie andere Seebrücken auf Rügen, durch Stürme und Eisschollen zerstört worden. Vielleicht war es ja so ein Eisgang, der Friedrich sechs Jahre nach den Kreidefelsen zu seinem verstörenden Gemälde »Das Eismeer« inspirierte.

Auf Rügen haben sich auch andere berühmte Personen wohlgefühlt. »O Land der dunkeln Haine, o Glanz der blauen See, o Eiland, das ich meine, wie tut's nach dir mir weh!«, dichtete der freiheitsliebende Schriftsteller Ernst Moritz Arndt, ein Zeitgenosse Friedrichs. Der Schriftsteller und Pastor Gotthard Kosegarten, auch er der Romantik verpflichtet, hielt seine berühmten Uferpredigten im Märchendörfchen Vitt. Er besuchte jene, die aufgrund ihrer

Arbeit nicht nach Altenkirchen zum Gottesdienst kommen konnten. Seine Taktik war so erfolgreich, dass in Folge die Kapelle in Vitt errichtet wurde. 1876 weilte Johannes Brahms für längere Zeit in Sassnitz. Hier komponierte er den letzten Satz seiner ersten Symphonie. »An den Wissower Klinken ist eine schöne Symphonie hängen geblieben«, schrieb er an den Verleger Fritz Simrock.

In Ralswiek am Großen Jasmunder Bodden, wo man schon im frühen Mittelalter mit Arabern Handel trieb, wie ungewöhnlich zahlreiche Münzfunde belegen, feiern die Rüganer den ganzen Sommer über auf ihrer Freilichtbühne Klaus Störtebeker. Weil man dessen legendäre Schatzkiste noch immer nicht gefunden hat, packt man »Störtebekers Beute« in Seekisten zum Mitnehmen: hochprozentiges Arkonafeuer, Leuchtturmwärtertee und Kap-Arkona-Salami. Andere Schätze sind auf Rügen nicht zu finden. Das musste schon 1584 Magister Rhenan einsehen. Der Pfarrherr und fürstliche Salzgraf aus Hessen besuchte Sassnitz zur Erkundung von Mineralquellen und Metalladern. Die weiße Küste täuschte ihn: Statt wertvollem Salz, dem weißen Gold der damaligen Zeit, fand er auf Rügen nichts als Kalk und Kreide. Dabei ist das heute das eigentliche Pfund der Rüganer, mit dem sich vortrefflich wuchern lässt.

2

Hiddensee

Künstlerträume

»Hoch stand der Sanddorn am Strand von Hiddensee«,
so besang die spätere Punkröhre Nina Hagen 1974 das
Kult gewordene Urlaubsdrama vom vergessenen Farbfilm:
»Ich frech im Mini, Landschaft ist auch da.«

Eine Besonderheit auf Hiddensee ist die
Inselkirche in Kloster mit ihrem Kanzel-
altar und dem von der Decke schwebenden
Taufengel, beide aus dem Jahre 1780.

Und was für eine Landschaft! »Sonnentau und Sanddornblatt, ich möchte die Augen nicht schließen, diese Insel ist schön«, schrieb Hanns Cibulka in seinen Ostseetagebüchern. Hierher reisen heißt zu sich finden, und so haben Künstler und Schriftsteller schon vor hundert Jahren das seepferdchenförmige Eiland westlich von Rügen entdeckt. Auf Hiddensee lauschte Gerhart Hauptmann während eines ersten Kurzbesuchs im Jahre 1885 dem Trillern der »Mondscheinlerchen«, und die Insel ließ ihn nicht mehr los. »Nur stille, stille, dass es nicht etwa ein Weltbad werde«, flehte der Dichter. Wohl unzählige Male ist er durch den Dornbusch gewandert, jene herbe, schöne Landschaft im Norden der Insel. 1998 folgte ein Wetterfrosch Hauptmanns Spuren den Steiluferweg hinauf zum windigsten Leuchtturm Deutschlands, der auf dem 72 Meter hohen Bakenberg thront: Das hier ansässige Hid-

Wenn am Strand zwischen Steinen, Muscheln und Schlick etwas golden hervorblitzt, kann das Bernstein sein – nach Stürmen an der Ostseeküste keine Seltenheit!

denseer Wetterstudio von Meteomedia ist ARD-Zuschauern wohlvertraut. Zu DDR-Zeiten durfte kein Normalbürger auf den Leuchtturm klettern. Er hätte ja von dort einen Blick ins kapitalistische Ausland werfen und auf dumme Gedanken kommen können: An klaren Tagen schweift nämlich der Blick bis zu den Kreideklippen der dänischen Insel Møn.

Gerhart Hauptmann kehrte immer wieder hierher zurück, doch da auch er den Goldschatz nicht fand, den die Zisterziensermönche vor der Reformation hier ver-

Die Luft schmeckt salzig,
es duftet nach Glockenheide, Wacholder
und Krähenbeere, sanft blöken die Schafe,
und das Meer rauscht dazu.

steckt haben sollen, musste er erst durch das Schreiben zu Geld kommen, bis er schließlich in Kloster die Villa Seedorn erwerben konnte, die heute Museum und kulturelles Zentrum ist. 1904 steckte der Maler Oskar Kruse viel Geld in den Bau einer Jugendstilvilla in Kloster. Ein anderer Künstler, Felix Krause, malte viel, viel blauen Himmel, so blau wie die Atelierscheune in Vitte, zu der die Tagesbesucher pilgern. Joachim Ringelnatz richtete den Blick etwas tiefer: »Nackt im Sande, purzeln Menschen, selig töricht«, dichtete der Schwerenöter. So vielen Prominenten gefiel es hier in den Goldenen Zwanzigern: Filmstars wie Billy Wilder, Lilian Harvey und Asta Nielsen, die sich die runde Villa Karusel errichten ließ, Theatergrößen wie Max Reinhardt und Bertolt Brecht, Schriftstellern wie Carl Zuckmayer, Gottfried Benn, Hans Fallada und Lion Feuchtwanger. Sogar Albert Einstein nahm in Hiddensee Quartier. Zu Pfingsten 1935 verkündeten plötzlich infame Schilder, dass so mancher illustre Gast nicht mehr willkommen sei. Auf den literarischen Inselführungen von Ute Fritsch durch Kloster und Vitte zu den Quartieren der oft jüdischen Prominenz wird das nicht verschwiegen.

Hauptmann liegt auf dem idyllischen Klosterfriedhof begraben, unter einem riesigen, efeuumrankten Findling, an der Westseite der 1332 geweihten Inselkirche, von deren mit Rosen bemalter Decke ein fröhlicher Taufengel herabschwebt. Noch manch anderes hat sich seit Hauptmanns Zeiten nicht geändert: Autos sind auf Hiddensee nicht geduldet, vom kleinen Inselbus mal abgesehen. Und so warten bei der Ankunft am Fährhafen in Kloster die Einheimischen mit Gepäckhandwagen auf ihre Gäste, die den Dornbusch mit seiner Steilküste, seinen Kiefern- und Birkenwäldern, seinen Heckenrosen und Sanddorndickichten hauptsächlich zu Fuß erkunden. Für weitere Strecken nimmt man das Fahrrad oder den Pferdewagen. Die meisten Besucher sind Tagesausflügler, doch da die letzte Fähre um 19 Uhr ablegt, entgeht ihnen zumindest im Sommer der glorreiche Hiddenseer Sonnenuntergang, was der Beschaulichkeit suchende Feriengast nicht im Mindesten bedauert.

Im Mai blüht der Ginster, im August die Dünenheide zwischen Vitte und Neuendorf. An winzigen, reetgedeckten Fischerhäusern vorbei geht es hinein in die Dünenlandschaft, die Luft schmeckt salzig, es duftet nach Glockenheide, Wacholder und Krähenbeere, sanft blöken die Schafe, und das Meer rauscht dazu. Bläst der Wind mal gar zu frisch, dann wärmen ein oder zwei Gläschen Hiddenseer Sanddornlikör. Man könnte es ewig genießen, das »söten Länneken«.

UNTERKUNFT

Post Hiddensee Apartments
Dieses auch im Winter geöffnete, kinderfreundliche Appartementgebäude mit großem Garten bietet großzügige, gepflegte Unterkünfte (darunter sehr gemütliche Maisonettewohnungen) mit Bad und Pantry-Küche. Es liegt nur 250 m vom Bootsanleger entfernt. So sind die wichtigsten Geschäfte der autofreien Insel zu Fuß zu erreichen. Zum Strand sind es etwa 10 Minuten. Das Haus bietet eine Sauna und eine Bar, an der man sich nachts selbst bedient und den Konsum einfach aufschreibt.
Wiesenweg 26, Vitte/Hiddensee, Tel. 038300 6430, www.hotel-post-hiddensee.de

RESTAURANTS

Gasthaus & Pension Zum Hiddenseer
In diesem maritimen Gasthaus in Vitte versteht man sich auf die Zubereitung von auf den Punkt gebratenen Fischgerichten mit Gemüse frisch vom Feld und knusprigen Kartoffeln (ideal die Hiddenseer Fischpfanne mit Hecht, Dorsch und Hering). Aber auch die vorzüglich geschmorte Rinderschulter mit Portwein-Jus ist ein kulinarisches Highlight. Fein abgeschmeckt mit Ingwer und Koriander präsentiert sich die Fischsoljanka, eine Wohltat an frischen Tagen. Ansprechend zeigt sich auch die Weinkarte. Sehr aufmerksame Wirtin. Unbedingt Tisch reservieren! Die Pension ist als Unterkunft zu empfehlen.
Wiesenweg 22, Vitte/Hiddensee, Tel. 038300 419, www.hiddenseer.de

Stranddistel Hiddensee
Hier wird recht ambitioniert mit viel Fisch, Kräutern aus dem eigenen Garten und mediterranem Pfiff gekocht. Dazu schmeckt das Hiddensee Pils. Sehr lecker sind auch die hausgemachten Kuchen, die man bei schönem Wetter auf der blumenreichen Westterrasse genießt. Reservierung empfohlen.
Plogshagen 15, Neuendorf/Hiddensee, Tel. 038300 393, www.stranddistel-hiddensee.de

3

Stralsund

Im Reich der Backsteingotik

Von Rügen aus präsentiert sich die schönste Seite der alten Hansestadt an der Ostsee. Es ist in erster Linie privater Initiative seit 1989 zu verdanken, dass der glanzvoll renovierte Altstadtkern wieder im tiefen Rot der gotischen Backsteinarchitektur erstrahlt. Das beeindruckte 2002 auch die UNESCO: Stralsund ist heute, zusammen mit Wismar, Weltkulturerbe.

Norddeutsche Backsteingotik in Vollendung: Das prächtige Rathausensemble am Alten Markt in Stralsund zeugt vom einstigen Ruhm und Wohlstand der Hansestadt.

Meerstadt ist Stralsund, vom Meer erzeugt, dem Meere ähnlich«, dichtete Ricarda Huch. Profaner ausgedrückt: Stralsund verdankt seinen Aufstieg im Mittelalter den riesigen Heringsschwärmen an der Küste dieses Landstrichs, den die Slawen »po morje« nannten, »am Meer«. Die geschützte Insellage war es wohl, die der Stralsunder Altstadt im Juli 2006 den Besuch des US-Präsidenten George W. Bush einbrachte. Die Stadt habe 1628 schon der Belagerung durch Wallenstein getrotzt, spotteten die Gegner. Wie alle illustren Gäste zog auch Bush mit einem Fässchen Stralsunder Bismarckhering wieder von dannen, der 1871 schon Reichskanzler Bismarck gemundet hatte: fangfrisch mild-sauer eingelegt, wie es sich gehört. Dazu schmeckt das eigens für Hanni hergestellte »Fährwasser«, ein Kümmelschnaps, den es nur bei ihr gibt. Hanni betreibt in der Altstadt eine der ältesten Hafenkneipen Europas. Als »Taberna apud passagium« wurde die Lokalität 1332 erstmals urkundlich erwähnt, und so heißt sie heute noch: »Zur Fähre«.

Tatkräftig sorgen Hanni und viele andere Stralsunder dafür, dass die schmucke Altstadt nicht zum Freilichtmuseum verkommt. Aber sie ist schon faszinierend, die filigrane spätgotische Schaufront des Rathauses am Alten Markt. Mit seinen Giebeln und Fialtürmchen gehört es zu den Glanzstücken der Backsteingotik. Es fügt sich ein in das Ensemble stolzer Bürgerhäuser wie das Wulflamhaus (um 1350). Blendbögen und Giebel blieben auch in späteren Zeiten schick. Das auf Brandschutz bedachte lübische Baurecht aus dem 13. Jahrhundert sorgte dafür, dass sich zwar der Stil der Bürgerhäuser änderte, aber bis in den Klassizismus hinein die Baufluchten des Mittelalters bestehen blieben. Ein Haus aber ist mehr als nur Fassade: Im Museumshaus in der Mönchstraße 38 sind die Zimmer im Zustand des 14. Jahrhunderts erhalten, inklusive guter Stube und Schwarzküche.

Von mittelalterlichem Bürgerstolz künden auch Stralsunds gotische Kirchen. Geradezu ein Fest für die Sinne bietet die Nikolaikirche, die heute wieder wie im 15. Jahrhundert in strahlenden Farben ausgemalt ist. Der Chor ist eine Symphonie von Pfeilern, Streben und Holzschnitzereien, gekrönt von einem rosenförmigen Schlussstein. Von wegen norddeutsche Nüchternheit! Monumentaler gibt sich die Marienkirche aus dem 15. Jahrhundert, von deren 104 Meter hohem Turm der Blick über die Altstadt schweift. Ihr Glanzstück ist die prächtige Barockorgel. Ältere Stralsunder berichten gern von der Zeit, als die in den 1970er-Jahren eingeführten Orgelkonzerte kleine Fluchten aus dem DDR-Alltag bedeuteten.

Auch ihre Zähigkeit stellen die Stralsunder gern unter Beweis, und das nicht nur beim Sundschwimmen, dem ältesten Langstreckenschwimmen weltweit. Innovativ sind sie ohnehin. Eine frühgotische Klosterkirche wandelten sie in ein Meeresmuseum um, das mit seinen Haien und Kraken inzwischen eine der meistbesuchten Attraktionen Mecklenburg-Vorpommerns ist.

In einem spannungsreichen Kontrast zur historischen Hafenfront mit ihren alten backsteinernen Speichern steht seit 2008 der futuristische Neubau des Ozeaneums. Es präsentiert die Lebensräume Stralsunder Hafenbecken, Bodden, Ostsee, Wattenmeer, Helgoland und Nordpolarmeer. Vor dem Ozeaneum ankert der als Bark getakelte Großsegler Gorch Fock (I). Nein, nicht das inzwischen skandalumwitterte, 1958 gebaute Schulschiff der Bundesmarine, sondern dessen Vorgängerin, die 1933 vom Stapel lief und nach dem Krieg als sowjetische »Towarischtsch« (»Kamerad«) die Meere befuhr, bevor der Verein »Tall Ship Friends« sie heimholte und auf der Stralsunder Volkswerft renovieren ließ. Als inzwischen schon wieder sanierungsbedürftiges Museumsschiff liegt es nun an seinem angestammten Platz an der historischen Ballastkiste und träumt von künftigen Großseglertreffen.

UNTERKUNFT

Kontorhaus Stralsund
Das moderne Hotel beim Ozeaneum bietet stilvolles hanseatisches Flair am Hafen. Die Inneneinrichtung wurde von einem Spezialisten für Kreuzfahrtschiffe gestaltet und erinnert an die Kabinen eines Luxusliners. Die geräumigen Zimmer tragen die Namen berühmter Schiffe.
Am Querkanal 1, Tel. 03831 289800, www.kontorhaus-stralsund.de

RESTAURANTS

Lara
Fast direkt gegenüber dem Ozeaneum serviert dieses sehr ansprechende Bistro in zwangloser Atmosphäre feine Küche des Nordens, darunter eingelegten Matjes auf Pumpernickel, gebratenen Lachs mit weißem Spargel oder Entrecôte von der Färse. Die sehr leckeren Desserts runden das Ganze ab.
Am Fischmarkt 4, Tel. 03831 666339

Zum Scheele
Im Geburtshaus des Chemikers Carl Wilhelm Scheele, das in Stralsunds ältester Straße liegt und auch als Unterkunft sehr zu empfehlen ist, kommt in hanseatischem Ambiente moderne, saisonal wechselnde nordische Küche auf den Tisch. Der Fisch wird im Bodden oder in der Ostsee gefangen, Rind- und Wildfleisch stammen von der Insel Rügen, Obst und Gemüse von Bauern aus der Umgebung. Man speist in der ehemaligen, mit einem prachtvollen Wappen geschmückten Diele des mittelalterlichen Kaufmannshauses unter einer schönen alten Holzdecke, im Wintergarten oder auf der Sommerterrasse im historischen Innenhof. Exzellent ist der Kaffee aus der eigenen Rösterei.
Hotel Scheelehof, Fährstr. 24, Tel. 03831 2833112, www.scheelehof.de

4

Halbinsel Fischland-Darß-Zingst
Atlantis der Ostsee

An der Zingster Seebrücke wartet eine Tauchgondel auf abenteuerlustige Gäste.

*Ob sie wirklich auf dem Grund des Barther Boddens liegt, die sagenhaft
reiche Stadt Vineta? Heines »Seegespenst« versank im 12. Jahrhundert
ob der Sündhaftigkeit seiner Bewohner. Von der Barther Hafenpromenade
schweift der »Vineta-Blick« über den Bodden, zu den Wäldern der
nahen Halbinsel Zingst, an deren Ostspitze zweimal im Jahr rund
60 000 Kraniche eine Rast einlegen.*

An manchen Abenden brennt hier der Himmel
in den goldenen Farben des Bernsteins, jenen Tränen
der Götter, die einst das sagenhafte Vineta in
Wohlstand schwelgen ließen.

Bodden, so heißen die flachen, seenähnlichen Ostseelagunen, die durch Inseln und Nehrungen weitgehend von der offenen See abgeriegelt sind. Altertümliche Zeesboote, deren breite eichene Rümpfe und rostrote Segel schon Caspar David Friedrich faszinierten, fahren heute fast nur noch zum Vergnügen kreuz und quer durch den 1990 eingerichteten Nationalpark Vorpommersche Boddenlandschaft, zu dem der Mittelteil des Darßes und der östliche Teil von Zingst gehören. Zusammen mit dem schmalen Fischland bilden Darß und Zingst eine amphibische Landschaft, eine Halbinsel, die aus drei Eilanden zusammengewachsen ist. Ob es wohl dieser Bodden war, auf den die Kinder aus Benno Pludras Roman »Tambari« bei Nacht und Nebel hinausfuhren, mit dem Kutter des alten Weltumseglers Luden Dassow, den sie in mühevoller Arbeit wieder instand gesetzt hatten? In beliebten Kinderbüchern wie diesem konnten DDR-Autoren die Sehnsucht nach Freiheit und großer Welt gefahrlos bedienen.

Früher durften normale DDR-Bürger noch nicht einmal den urtümlichen Darßwald besuchen, denn der war den Parteibonzen als Jagdrevier vorbehalten. Immerhin blieb so die romantische Landschaft mit ihren bis zu 400 Jahre alten Baumriesen unberührt. Windflüchter nennt man diese abstrakt wirkenden natürlichen Holzskulpturen an der Steilküste, die an chinesische Landschaftsmalerei erinnern. Heute genießt man die Wanderung vom FKK-Paradies Prerow zum roten Leuchtturm und zum puderzuckerfeinen Weststrand des Darßes.

Frühjahrs- und Herbststürme waren einst ein Segen, spülten sie doch den begehrten Bernstein an die Strände. Die Darßer kamen aber auch durch Seefahrt und Schiffbau zu Wohlstand. Wie in Dänemark sind die in der Seemannskirche von Prerow aufgehängten Votivschiffe keine Bittgaben, sondern Statussymbole. Die bunt bemalten Türen der liebevoll restaurierten Kapitänshäuser von Prerow zieren oft aufgehende Sonnen: Symbol für eine gute Heimkehr. Farbenfroh gibt sich auch das am Südende des Darßes gelegene und teilweise schon zu Fischland gehörende Künstlerdorf Ahrenshoop, in dem 1892 Paul Müller-Kaempff das erste Malerhaus errichtete. Bis heute zieht das idyllische Dörfchen mit seinen bunt verzierten, reetgedeckten Bauernkaten Maler, Bildhauer und Schriftsteller an. Kein Wunder, an manchen Abenden brennt hier der Himmel in den goldenen Farben des Bernsteins, jener Tränen der Götter, die einst das sagenhafte Vineta in Wohlstand schwelgen ließen. Und wer ganz still ist, hört vielleicht sogar die Glocken Vinetas vom Meeresgrund heraufläuten.

UNTERKUNFT

Hotel Elisabeth von Eicken
Das ehemalige Jugendstilwohn- und Atelierhaus der Malerin Elisabeth von Eicken bietet äußerst stilvolle Unterkunft in sechs künstlerisch-individuell gestalteten Zimmern (teils mit Balkon oder Veranda) mit Ostsee- oder Gartenblick. Der Strand liegt nur zwei Minuten zu Fuß entfernt. Außerdem bietet das Haus kulinarische Genüsse mit mediterranem Einschlag, dazu erlesene Weine. Gäste können den Wellness- und Fitnessbereich im Hotel Seezeichen kostenfrei nutzen.
Dorfstr. 39, Ostseebad Ahrenshoop, Tel. 038220 678260, www.elisabeth-voneicken.de

RESTAURANTS

Ostseelounge
Im 4. Stock des luxuriösen Strandhotels Fischland mit grandioser Aussicht überzeugt die kreative Aromenküche von Pierre Nippkow, beim Müritzhecht mit Misocreme und Algen ebenso wie beim Schulterbug vom Wagyu-Rind. Dazu kommen eine erstklassige Weinkarte und ein makelloser Service.
Strandhotel Fischland, Ernst-Moritz-Arndt-Str. 6, Ostseebad Dierhagen, Tel. 03822 6520, www.strandhotel-ostsee.de

Gute Stube
Das Hotel Haferland glänzt nicht nur mit großem Wellnessangebot, sondern auch mit feiner Küche, die das Beste aus ausschließlich regionalen und lokalen Zutaten mit vielen Bioprodukten zaubert. Gebratenes Filet von der Meeräsche, Geschmortes vom Weiderind oder Rücken am Knochen und gebackene Praline vom Fuhlendorfer Lamm munden vortrefflich. Besonders schön ist die Terrasse mit Boddenblick.
Bauernreihe 5 A, Wieck auf dem Darß, Tel. 038233 680, www.hotelhaferland.de

5

Mecklenburgische Seenplatte

Spiegel der Schäfchenwolken

Himmel, Wolken und Wasser: stille Urlaubsfreuden an der Müritz

*Einsame tiefblaue Seen, stille dunkelgrüne Buchenurwälder,
weite Niedermoore, gelbe Rapsfelder unter endlosem Himmel: Das
»Land der tausend Seen, Flüsse und Kanäle« ist eine Offenbarung
für gestresste Stadtmenschen. Entdeckung der Langsamkeit!*

Über das Buckelpflaster der herrlichen Alleen polterten schon Postkutschen, am Kummerower See entlang strampelt man auf Schienen mit altertümlichen Draisinen. Reiterhöfe laden zur Entdeckung der Natur hoch zu Ross oder in einer Pferdekutsche ein, und das beste Fortbewegungsmittel ist ohnehin das Fahrrad. Selbst in der Mecklenburgischen Schweiz sind die »Berge« höchstens 100 Meter hoch. Ausgeschilderte Radrouten gibt es fast so viele wie Seen, und egal wie lang die geplante Tagestour auch sein mag: Ein kleines Städtchen ist nie weit, und in den Ausflugslokalen kommt der Fisch frisch aus dem Rauch und das Brot aus dem Steinbackofen.

Mitteleuropas größtes zusammenhängendes Seengebiet, das die zurückweichenden Gletscher der letzten Eiszeit hinterlassen haben, ist zu Wasser ein besonderes Erlebnis: Hausboote, Kanus, Motor- oder Segeljachten schippern gemächlich über idyllische Seen und Flüsse, und die Sonnenuntergänge sind geradezu magisch.

Inmitten dieses Wasserparadieses liegt die Müritz, mit 117 Quadratkilometern der größte Binnensee, der vollständig in Deutschland liegt. Fisch- und Seeadler kreisen hoch in den Lüften, denn der Nationalpark ist ihre Kinderstube. Ihre Horste bauen sie auf den höchsten Bäumen. Im Morgengrauen röhren die Hirsche, und im Herbst durchbrechen rastende Kranich- und Wildgansschwärme auf ihrem Zug gen Süden die Stille. Am Uferrand blitzt das türkis-orangene Gefieder eines Eisvogels auf, Haubentaucher ziehen Furchen durch die spiegelglatte Wasseroberfläche. Immer wieder gibt die Natur verschwiegene Strände im Schilf preis. Frühmorgens hüllen zarte Nebelschleier den See ein, bis das helle Grau sich rosa färbt.

Seit Juni 2011 sind die mächtigen Buchenhaine um Serrahn Teil des UNESCO-Weltnaturerbes »Alte Buchenwälder Deutschlands«. Die stillen Alleenstraßen wurden einst angelegt, damit die Einwohner auch im Winter den Weg von Dorf zu Dorf fanden. Da die Kutschen und später die Trabis gemächlich fuhren, mussten die herrlichen Bäume nicht aus Sicherheitsgründen abgeholzt werden. Von Rügen aus führt das grüne Band mitten durch die Mecklenburger Seenlandschaft. Besonders schön ist die Strecke am Ostufer des Malchiner Sees entlang und die Straße zwischen Wustrow und Rheinsberg, das schon zu Brandenburg gehört.

Städte und Dörfer liegen verstreut in der ganzen Region, nie spektakulär, aber oft mit eigenem See, einer hübschen Kirche, verwinkelten Altstadtgassen, stolzen Rathäusern und gelegentlich einem etwas großspurig Schloss genannten Herrensitz. In Neubrandenburg sorgen spätgoti-

Ein Paradies für Naturfreunde ist der Damerower Werder, eine 300 Hektar große Halbinsel im Kölpinsee. See und Ostsee trennen gerade mal 200 Meter!

sche Stadttore, 25 Wiekhäuser, das ehemalige gotische Franziskanerkloster und die 1298 geweihte, zur Konzertkirche umgebaute Marienkirche für mittelalterliches Flair.

Fast allgegenwärtig ist Fritz Reuter, der Dichterstolz Mecklenburgs, besonders in Stavenhagen, wo er zur Welt kam – angemessen deshalb der Beiname »Reuterstadt«. Den unterirdischen Gang zwischen Stavenhagen und Ivenack, von dem Reuter erzählte, gibt es zwar nicht, wohl aber die tausendjährigen Eichen im Wildgehege von Ivenack, durch das Damhirsche streifen. Sage und schreibe 1200 Jahre alt ist der älteste der knorrigen Riesen, dem Reuter in schönstem Mecklenburger Platt ein Denkmal setzte: »Ick weit einen Eikbom, de steiht an de See, de Nurdsturm de brust in sin Knäst; stolz reckt hei de mächtige Kron in de Höh, so is dat all dusend Johr wäst.«

UNTERKUNFT

Rosendomizil
Sehr stilvoll und in idyllischer Lage direkt am See schläft man in den modernen, individuell eingerichteten Studios dieses kleinen, aber feinen Hotels im Inselstädtchen Malchow. Im Rosendomizil führt ein weibliches Trio Regie, und der Charme ist überall zu spüren. Wellness und feine Küche sorgen für verlängerte Aufenthalte. Hauseigene Bäckerei und Konditorei. Lange Str. 2–6, Malchow, Tel. 039932 18065, www.rosendomizil.de

RESTAURANTS

Ich weiß ein Haus am See
Und in diesem Haus der Familie König am Krakower See schläft man nicht nur gemütlich in attraktiven Landhauszimmern, hier wird, in äußerst idyllischer Lage, »très français«, aber mit knackfrischen regionalen Produkten gespeist. Kein Wunder, dass der Guide Michelin schon 1996 einen Stern verlieh, den ersten in Mecklenburg-Vorpommern überhaupt. Das viergängige Gourmetmenü von Raik Zeigner wechselt täglich (Steinbutt auf Safranrisotto und geschmorte Kalbsbäckchen zählen zu den Klassikern), und auch die Weinkarte ist erlesen.
Paradiesweg 3, Kuchelmiß (Krakow am See), Tel. 038457 23273, www.hausamsee.de

Kleines Meer
Das Gourmetrestaurant im ebenfalls sehr empfehlenswerten Hotel Kleines Meer serviert in moderner Atmosphäre köstlichen Fisch aus der Müritz, darunter Maräne in Hanfsamenkruste oder Saibling in Hummersauce. Sehr fein sind auch der Lammrücken in Rosmarinsauce und im Herbst Wildbret aus den umliegenden Wäldern. Von der Terrasse bietet sich eine herrliche Aussicht auf die Müritz.
Alter Markt 7, Waren (Müritz), Tel. 03991 64 80, www.kleinesmeer.de

6

Heiligendamm

Weiße Stadt am Meer

*In der See zu baden galt noch im 18. Jahrhundert als befremdliches Tun.
Aber einer muss ja immer anfangen. An der Ostseeküste war es
Herzog Friedrich Franz I. von Mecklenburg-Schwerin, der sich anno 1793
mit einigen unverzagten Gefährten am Heiligen Damm in die Fluten
wagte – auf Anraten seines Leibarztes Samuel Gottlieb Vogel.*

*Heiligendamm, die »weiße Stadt am
Meer«, beweist zu jeder Jahreszeit, dass
sie ihrem Namen gerecht wird. Auch
im Winter ist ihr Zauber ungebrochen.*

Bereits 1794 stand das erste Badehaus in Heiligendamm, doch ins gefährliche Wasser trauten sich die 300 Badegäste zunächst nur mithilfe absonderlicher Vorrichtungen. Man zog am Strand vertäute Segelboote, die Badeschaluppen, aufs Meer hinaus, wo sich die Badenden hinter Gardinen entkleideten und über eine Treppe hinunter in einen Holzkäfig stiegen, der in die See abgesenkt wurde. Dummerweise verdarb oft Seekrankheit das Vergnügen, und bald ging man zu Badekarren über. Damen durften übrigens erst ab 1802 planschen, separiert natürlich.

Schon 1822 wurde zwischen Heiligendamm und Doberan die erste Galopprennbahn eröffnet, 1850 die herrliche Lindenallee zwischen beiden Orten angelegt, und ab 1886 schnaufte mit der »Molli« die erste Bäderbahn nach Heiligendamm. Es gibt sie heute noch, diese Rarität für Schmalspurbahnfreunde: Gemächlich zuckelt die Molli durch Bad Doberan mit seiner beeindruckenden gotischen Zisterzienserklosterkirche, dann weiter parallel zur Lindenallee und an der 1993 wieder eröffneten Rennbahn vorbei nach Heiligendamm. Von dort geht die Fahrt ins Seebad Kühlungsborn, das mit einem wunderschönen Sandstrand glänzt, an dem 1882 der Strandkorb erfunden wurde.

Schon der herzogliche Leibarzt Vogel hatte dem »ganz unbeschreiblich großen und herrlichen Anblick der See« heilende Kräfte zugeschrieben, und tatsächlich wollten die illustren Gäste bald direkt am Meer wohnen. So wurde aus Heiligendamm ein feudales Seebad mit Seebrücke. Zur See hin ausgerichtet entstand ein Gebäudeensemble, das einem Gesamtkunstwerk gleicht: Es besteht aus dem Kurhaus mit dorischer Säulenvorhalle und flachem Dreiecksgiebel, dem barockisierten Haus Mecklenburg von 1795, den klassizistischen Logiervillen, der romantischen Burg Hohenzollern, dem Haus Grand Hotel und der Orangerie. Auf der Vorderseite des Kurhauses prangt das lateinische Motto des Seebads: Heic te laetitia invitat post balnea sanum – Hier empfängt dich Frohsinn nach gesundem Bade. Doch in DDR-Zeiten verfiel das einzigartige Architekturensemble, in dem der europäische Hochadel logiert und sogar die Zarenfamilie ihre Sommerfrische verbracht hatte.

Nach der Wende wurde die Anlage aufwendig renoviert, stilsicher um das moderne Palais Severin erweitert und 2003 als Kempinski Grand Hotel eröffnet. Die Wahl Heiligendamms zum Tagungsort des G8-Gipfels im Sommer 2007 war sicherlich der Exklusivität und Abgeschiedenheit des Seebads zu verdanken. Der damalige US-Präsident Bush hatte ja im Juli 2006 schon einmal in der Burg Hohenzollern unter romantischen Zinnen, Giebeln und Türmchen »vorgeschlafen«.

Die Kempinski-Gruppe hat sich zwar längst zurückgezogen, doch seit Mai 2019 leitet wieder ein Kempinski-Profi das wirtschaftlich nicht immer durch ruhiges Fahrwasser steuernde Grand Hotel. Dessen Privatinvestoren setzen nach wie vor auf Eliteklientel und Luxuswellness. Die Angebote, von indianischer La-Stone-Therapie bis zur tibetischen Klangzeremonie, sind ebenso exotisch wie teuer. Inzwischen wirbt man aber auch vermehrt mit Familienurlaub der obersten Preisklasse, und die Entwicklungs-Compagnie Heiligendamm saniert die sieben zauberhaften Villen der historischen »Perlenkette«.

Ein klassisches Strandleben gibt es in Heiligendamm wegen des schmalen und mit Geröllkieseln bedeckten Strandes nicht. Die eigentliche Attraktion ist der bis unmittelbar an die Küste reichende dunkle Buchenwald. Herrliche Spaziergänge führen zum waldgesäumten Spiegelsee und zum Gespensterwald von Nienhagen, dessen vom salzigen Seewind bizarr verformte Bäume wie Geister an der Steilküste stehen. Die prächtigen Sonnenuntergänge, die man von dort aus sieht, werden auch in Zukunft nicht nur die Reichen und Schönen dieser Welt bewundern dürfen.

UNTERKUNFT

Grand Hotel
In den verschiedenen Gebäuden des Luxuskomplexes schläft man in noblen Gemächern. In der Nebensaison werden recht erschwingliche Aufenthalte inklusive Wellness angeboten. Verfeinerte leichte regionale Kost in edlem Ambiente serviert das Restaurant im Kurhaus, echte Gourmetküche das Sternerestaurant Friedrich Franz. Die Sushi Bar im Wandelgang zwischen Kurhaus und Haus Mecklenburg (mit Terrasse) kredenzt asiatische Sundowner mit Blick auf den Sonnenuntergang und das Meer.
Prof.-Dr.-Vogel-Str. 6, Bad Doberan, Tel. 038203 7400, www.grandhotel-heiligendamm.de

RESTAURANTS

Jagdhaus Heiligendamm
Nur 500 Meter vom Grand Hotel entfernt und doch eine Welt für sich ist das Jagdhaus am Waldrand, in dem man nicht nur gemütlich übernachten, sondern sich auch gute Kräutergerichte, geschmorten Wildschweinnacken oder sehr aromatischen, im Wacholdersalz rosa gebratenen Hirschrücken mit Preiselbeeren und Kartoffel-Trüffel-Mus schmecken lassen kann. Das Wild wird von Jägern aus der näheren Region geliefert.
Seedeichstr. 18 B, Bad Doberan, Tel. 038203 735775, www.jagdhaus-heiligendamm.de

Tillmann Hahns Gasthaus
Das freundliche Restaurant mit nordisch-skandinavischem Landhausflair im Hotel Villa Astoria glänzt mit regional-saisonaler Küche, darunter finden sich Gerichte wie Echter Wildlachs mit geschwenktem Schmorsalat, Duftreis und Frühlingszwiebel-Ingwerpesto oder Filet vom Mecklenburger Wels in knusprigem Vollweizen-Klosterbierteig.
Hotel Villa Astoria, Ostseeallee 2, Ostseebad Kühlungsborn, Tel. 038293 410214, www.villa-astoria.de

7

Wismar

Im Reich von Nosferatu

Filigran: das Deckengewölbe der Nikolaikirche in Wismar

Am 2. August 1921 war eine denkwürdige Anzeige im Mecklenburger
Tagesblatt zu lesen: »Zur Filmaufnahme 30 bis 50 lebende Ratten zu hohen
Preisen gesucht.« Cineasten erinnern sich: Diese Ratten huschten
dann tatsächlich von Bord des führerlosen Totenschiffs in die düstere, neblige
Altstadt von Wismar, um die Pest zu verbreiten. Als »Wisborg« war
die Hansestadt an der Ostsee ein zentraler Drehort für Friedrich Wilhelm
Murnaus Stummfilmklassiker »Nosferatu. Eine Symphonie des Grauens«.

Ob die Wismarer Murnau von ihrem gruseligen »Moort« erzählt haben? Dieses unheimliche Wesen kam der Sage nach auf einer Molle mit Flachsschwinge als Ruder und dem Rand eines Kornsiebs als Segel über die Ostsee, schlüpfte durch das Schlüsselloch und setzte sich als Nachtmahr auf schlafende Menschen.

Bei Nebel wirkt Wismar auch heute noch ein wenig gespenstisch, aber bei Sonne bietet die kleine, farbenfrohe Altstadt, seit 2002 Weltkulturerbe der UNESCO, ein wesentlich freundlicheres Bild. Alles ist noch da: das von spätgotischen Giebeln gekrönte Wassertor, durch das Nosferatu mit dem Sarg die Stadt betritt, der Platz mit Brunnen im Innenhof der Heiligen-Geist-Kirche, der Turm von Sankt Marien und der Markt, über dessen spitzen Giebeln in Murnaus Film idyllisch die Sonne liegt, bis das große Sterben kommt. Auch die berühmte Wasserkunst, ein Brunnenpavillon von 1602, ist im Filmklassiker zu erkennen.

Murnau blickte vom gut 80 Meter hohen spätgotischen Turm der Marienkirche, deren Schiff 1960 wegen angeblich irreparabler Kriegsschäden gesprengt wurde, auf den Marktplatz. Am frühen Abend, wenn die kulissenhaft wirkenden Giebelfassaden des Platzes effektvoll beleuchtet werden, wirkt dieses Seezeichen besonders malerisch. Die Nordseite beherrscht das klassizistische Rathaus, in das man die gotischen Reste des Vorgängerbaus integrierte. Originalgetreu erhalten blieb das um 1380 errichtete Backsteinhaus an der Ostseite: Das darin untergebrachte Gasthaus »Alter Schwede« gibt es schon seit 1878.

Überhaupt die Schweden: Keine andere deutsche Stadt war so lange Teil eines nicht deutschsprachigen Staates wie Wismar: 1632 zogen die Schweden ein, und erst seit 1903 gehört Wismar wieder endgültig zu Mecklenburg, an das die Stadt schon 100 Jahre zuvor verpfändet worden war. Im Fürstenhof, der den mecklenburgischen Herzögen als Sommerresidenz gedient hatte, richteten die neuen Machthaber das höchste schwedische Gericht für die Besitzungen in Norddeutschland ein. Von der langen Schwedenzeit kündet auch das mächtige barocke Zeughaus, das der schwedische Baumeister Erik Dahlberg um 1700 unweit des Alten Hafens errichtete: eine freitragende Deckenkonstruktion ohne Stützpfeiler. Das einstige Waffenarsenal dient heute als Stadtbibliothek friedlichen Zwecken.

Schwedische Touristen kommen heute gern auf Spurensuche nach Wismar – und um gemeinsam mit den Einwohnern das alljährliche Schwedenfest zu feiern.

Mit den vorgelagerten Inseln Walfisch und Poel bildet der Alte Hafen einen der sichersten Ankerplätze der Ostseeküste: Grund genug, dass Wismar ab 1259 als Mit-

glied des Dreibunds mit Lübeck und Rostock zu einer der mächtigsten Städte der Hanse aufstieg. Das 14. Jahrhundert war Wismars Blütezeit. Hier wurden Fische und Gewürze, Pelze, Holz und südliche Weine umgeschlagen – und natürlich Wismarer Bier. Das mundete seinerzeit halb Europa so gut, dass die Lübecker zeitweise seinen Ausschank verboten, um den eigenen Gerstensaft zu schützen.

Auf Hafenrundfahrten rückt immer wieder die mächtige spätgotische Backsteinbasilika Sankt Nikolai ins Bild, die als einzige der drei großen mittelalterlichen Kirchen Wismars den Zweiten Weltkrieg weitgehend unbeschadet überstanden hat. Sie war die Kirche der Seefahrer und Fischer und zählt zu den größten Gotteshäusern Mitteleuropas. Ihr 37 Meter hoch aufsteigender Innenraum ist ein Juwel norddeutscher Backsteingotik. Der mit 42 Heiligenfiguren reich geschnitzte Krämeraltar von 1430 stammt allerdings aus der noch größeren Georgenkirche. Sie wurde bis 2010 in wesentlichen Teilen wieder aufgebaut. 2014 hat ihr Turm eine Aussichtsplattform bekommen, mit fantastischem Ausblick auf die Nikolaikirche.

Murnau-Fans erkennen diese natürlich sofort: als Hintergrund der Geisterschiffszene. Aber die Pestschiffe legten hier gottlob nur im Film an.

UNTERKUNFT

Steigenberger Hotel Stadt Hamburg
Hinter historischer Fassade direkt am auch abends belebten Marktplatz bietet das renommierte Haus sehr komfortable, modern eingerichtete Zimmer. Das Hotel verfügt über einen großzügigen Wellnessbereich mit Kneippanlagen, Finnischer Sauna, Dampfbad und Dachterrasse zum Entspannen. Dazu kommen ein Café mit Terrasse am Marktplatz und das Bistro Weinwirtschaft, das mecklenburgische und mediterrane Gerichte serviert.
Am Markt 24, Tel. 03841 2390, www.steigenberger.com

RESTAURANTS

Alter Schwede
Über 600 Jahre alt ist das Haus, in dem die Traditionsgaststätte in restauriertem spätgotischen Ambiente feine mecklenburgisch-schwedische Spezialitäten serviert, darunter eine leckere Wismarer Fischpfanne mit gebratenem Filet von Zander, Dorsch und Lachs oder eine halbe, mit Backpflaumen, Äpfeln und Rosinen gefüllte Mecklenburger Ente mit Apfelrotkohl.
Am Markt 22, Tel. 03841 283552, www.alter-schwede-wismar.de

Tafelhuus
Wer gern in einem modern und klar designten Ambiente mit offener Küche speist, lässt sich im Restaurant des Wonnemar Resort-Hotels die vorzügliche saisonale, mediterran inspirierte internationale Küche aus regionalen Zutaten schmecken. Viel gelobt werden das butterweiche Dry-Aged-Filet vom Pommern-Rind und der Hanseatische Fischtopf. Bei warmem Wetter lockt der Sommergarten. Sehr fein ist die Weinkarte.
Bürgermeister-Haupt-Str. 36, Tel. 03841 3742420, www.tafelhuus-restaurant.de

8

Lübeck

Auf den Spuren von Thomas Mann

Das Rathaus in Lübeck ist eine gelungene Synthese aus Ziegelwerk und Sandstein.

*»Alte Schornsteine und Mäste der Schiffe schaukelten leise in
Wind und Dämmerung auf dem trüben Flusse … Die schmalen Giebel
und spitzen Türme, die über die nächsten Dächer herübergrüßten …
Großer Gott, wie winzig und winklig das Ganze erschien!«
So sah es aus, das Lübeck vor gut 115 Jahren, in das Thomas Manns
Novellenheld Tonio Kröger zurückkehrte.*

In seinem Innern beherbergt das Holstentor, markantes Wahrzeichen von Lübeck, das Stadtgeschichtliche Museum.

Da hatte die über 850 Jahre alte Hansestadt an der Trave ihre große Zeit schon längst hinter sich und Kaiser Wilhelm II. ihr mit dem Nord-Ostsee-Kanal das letzte Wasser abgegraben. Heute ist die backsteinrote Altstadt Weltkulturerbe. Ihr mächtiges, 1478 vollendetes Holstentor, dessen Kanonen nie einen Schuss abfeuerten, kündet von der Vormachtstellung der reichsfreien Stadt im Ostseeraum. Auch das spätgotische Rathaus gleich daneben strahlt mit seinen Türmen, Erkern und der Renaissancelaube alles andere als hanseatische Zurückhaltung aus. Die 1250 bis 1350 errichtete Markt- und Stadtkirche St. Marien gleich nebenan war die Mutterkirche der norddeutschen Backsteingotik und Vorbild für rund 70 Kirchen dieses Stils im Ostseeraum. Noch heute beherrschen die sieben Türme der fünf mittelalterlichen Kirchen das Ufer der Trave und lassen die Zeit erahnen, als die Macht der »Königin« des Hansebunds vom norwegischen Bergen bis ins russische Nowgorod reichte und jede Mark lübisch verbucht wurde. Der schönste Blick auf die Silhouette der Altstadtinsel bietet sich vom Küsterberg an der Travebucht Schlutuper Wiek. Auch das Altstadtpanorama von der 50 Meter hohen Aussichtsplattform der romanischen Domkirche St. Petri ist einmalig.

Tonio Krögers winkeliges Lübeck, das gibt es auch, in Handwerkerquartieren wie Glockengießer- oder Fleischhauerstraße, bei den alten Salzspeichern aus dem 16. bis 18. Jahrhundert an der Obertrave, in den über 100 Wohngängen und in den Stiftshöfen, die wie Puppenstuben wirken. Im Heiligen-Geist-Spital, das die Reichen im 13. Jahrhundert für die Mittellosen und Kranken bauten, findet alljährlich der schönste Kunsthandwerker-Weihnachtsmarkt Schleswig-Holsteins statt. In den alten Gildehäusern wird getafelt, so auch im Haus der Schiffergesellschaft, wo man an langen Tischen aus Schiffsplanken sitzt.

Eng und museal war Lübeck mit der Zeit geworden, der »mäßige Handelsplatz an der Ostsee«, den Thomas Mann in den »Buddenbrooks« nie beim Namen nennt. Jeder beschriebene Schauplatz ist in Lübeck wiederzuerkennen und doch literarische Fiktion. Selbst das im vornehmen Rokoko errichtete Buddenbrookhaus, das die Familie Mann bis 1891 tatsächlich besessen hat, das aber im Roman nicht so heißt, macht keine Ausnahme. Wie Konsul Buddenbrook, »in seinem Tuchrock ein wenig fröstelnd«, kann jeder Besucher an der grauen Giebelfassade den lateinischen Spruch »Dominus providebit« ablesen.

Bei Betreten des Hauses wird man sich unweigerlich an die besondere Atmosphäre im Roman erinnert fühlen, auch wenn die Inneneinrichtung nicht den Beschreibungen Manns gehorcht. Da ist das Zimmer, dessen Tapeten zartfarbige, von Sonnenuntergängen beherrschte Landschaften zeigen, und der Speisesaal mit seinen schlanken Säulen, weißen Götterbildern, schweren roten Fenstervorhängen, vergoldeten Kandelabern und steiflehnigen Sofas in rotem Damast. Dabei ist nichts vom Inneren des Hauses so wie zu Zeiten der Familie Mann, denn der englischen Bombardierung am Palmsonntag 1942 widerstand nur die Fassade.

Heute erzählt das Heinrich-und-Thomas-Mann-Zentrum vom Verhältnis der Brüder Mann zueinander und zu ihrer Heimatstadt Lübeck. Das war nicht immer so ungetrübt wie heute. Heinrich Mann hatte sich mit dem »Untertan« und »Professor Unrat« noch unbeliebter gemacht als Thomas, der sich in seinen »Buddenbrooks« ebenfalls so manchen Seitenhieb auf das bigotte, engstirnige Bürgertum der Heimatstadt leistete. Dennoch hat der Autor Lübeck über alles geliebt, und schon längst wird die Liebe erwidert. Der Roman ist an den Ort seiner Handlung zurückgekehrt, und zur Adventszeit wird an jedem Samstag ab 18 Uhr die Weihnachtsszene aus den »Buddenbrooks« zu neuem Leben erweckt: »Der Herr wird vorsorgen.«

UNTERKUNFT

Hotel Anno 1216
Stilelemente der Renaissance und des Rokoko prägen das schon 1305 erstmals schriftlich erwähnte Haus, das aber wohl tatsächlich auf etwa 1216 zurückgeht. Der Komfort ist natürlich alles andere als mittelalterlich. Besonders edel sind die Suiten des Hauses ausgestattet. Suite 2 zeigt eine im 17. Jahrhundert in damals ungemein kostbarer Stucco-Lustro-Technik ausgeführte Wandgestaltung, in Suite 3 sind Helios, Aurora und Selene als Deckenmalerei zu bewundern, Suite 4 zeigt die Metamorphosen des Ovid auf Wandpaneelen.
Alfstr. 38, Tel. 0451 4008210, www.hotelanno1216.de

RESTAURANTS

Wullenwever
In einem historischen Bürgerhaus mit Renaissance-Treppengiebel und wunderschöner Terrasse im Innenhof ist seit 1990 Lübecks bestes Restaurant beheimatet. Benannt ist es nach dem 1537 hingerichteten, als Freiheitsheld verehrten Lübecker Bürgermeister Jürgen Wullenwever. Kein Wunder, dass in dem Sternelokal illustre Gäste wie Jacques Chirac und Helmut Kohl die französische Gourmetküche genossen haben. Der Hamburger Koch Roy stellt sein Menü alle 14 Tage neu zusammen. Vielleicht ist ja der feine Simmentaler Rinderrücken in Schalottenjus wieder dabei?
Beckergrube 71, Tel. 0451 704333, www.wullenwever.de

Historische Gaststätte Schiffergesellschaft
Das Gildehaus von 1535 mit einzigartigem nautischen Dekor ist eine Sehenswürdigkeit für sich. Hier wird der Gast zu dreierlei hausgebeizten Heringen, Ostseescholle, Entenbraten Lübsch oder zum unvermeidlichen Labskaus mit Spiegelei geladen.
Breite Str. 2, Tel. 0451 76776, www.schiffergesellschaft.de

9

Holsteinische Schweiz

Die schönsten Hecken Deutschlands

»Rhapsodie« in Gelb: leuchtende Rapsfelder bei Malente in Ostholstein

*Alte Lindenalleen in zartem Grün, leuchtend gelbe, sanft gewellte
Rapsfelder und Hecken, die nach Weißdorn-, Holunder- und Schlehenblüten
duften: Mai und Juni ist die große Zeit der Holsteinischen Schweiz.
Doch auch im Herbst, wenn bunte Früchte an den Sträuchern der »Knicks«
hängen und sich lichte Hainbuchenwälder goldgelb gegen die still
glitzernden Seen abzeichnen, zeigt Schleswig-Holsteins größter Naturpark,
zwischen Lübeck und Kiel gelegen, eines seiner schönsten Gesichter.*

*Mit Paddel- und Tretboot entdeckt man stille
Buchten und verschwiegene Seitenarme, und vielleicht
kreist in den Lüften sogar ein Seeadler.*

Knicks nennt man die landschaftsprägenden Wall-hecken, die einst die Güter voneinander abgrenz-ten und vor Wind schützten. Sie sind ein früher Glücksfall des Naturschutzes, denn hier können Singvö-gel ungestört nisten, und durchs Unterholz huschen Igel und Haselmäuse. Auf Wanderungen, Rad- und Reittouren durch den Naturpark entdeckt man 800 Jahre alte Feld-steinkirchen wie St. Petri in Bosau, Reetdachkaten mit alten Bauerngärten und prächtige Herrensitze aus dem 18. Jahrhundert.

Das Tor zur Holsteinischen Schweiz ist der Luftkurort Bad Segeberg, von dessen 91 Meter hohem Kalkberg sich ein großartiger Rundblick auf die Wald- und Seenland-schaft bietet. Unterhalb des Kalkbergs reiten Winnetou und Old Shatterhand allsommerlich zu ihren Abenteuern, denn hier finden auf einer der schönsten Freilichtbühnen Europas die Karl May-Festspiele statt. Die 15 000 Fleder-mäuse stört das Spektakel nicht: Sie fliegen erst zur Über-winterung in die Kalkberghöhlen ein.

Gleich von 16 Seen umgeben ist das Städtchen Plön. Von den Schlossterrassen bietet sich ein schöner Blick auf die idyllische Altstadt mit ihren Twieten – so werden die von Fachwerkhäusern gesäumten schmalen Gassen genannt. Die barocken Lindenalleen und der herrliche Landschafts-garten des Schlosses laden zu wunderbaren Spaziergängen ein. Im Sommer spielt sich das Leben weitgehend auf dem Plöner See ab. Mit Paddel- oder Tretboot entdeckt man stille Buchten und verschwiegene Seitenarme, und viel-leicht kreist hoch in den Lüften sogar ein Seeadler.

Als das Zentrum der Holsteinischen Schweiz gilt Eutin, die ehemalige Residenzstadt der Lübecker Bischöfe. Die historische Altstadt und die Promenade des Großen Eutiner Sees laden zum Bummeln ein. Um 1800 war das mehrfach umgebaute alte Schloss geradezu ein Musenhof, dem das klassizistisch geprägte Eutin seinen Beinamen »Weimar des Nordens« verdankt. Auf Eutins Schlossplatz finden zu Ehren des berühmtesten Sohns der Stadt, Carl Maria von Weber, Festspiele statt.

»Durch die Wälder, durch die Auen«, wird in Webers Freischütz gesungen – vielleicht hin zur 500 Jahre alten Bräutigamseiche im Dodauer Forst? Hier tauschte eine Försterstochter heimliche Liebesbotschaften mit einem Schokoladenfabrikantensohn aus, weil dem Vater des Mäd-chens die Liaison missfiel. 1891 durfte das Paar dann doch unter der Eiche heiraten. Das Astloch wird noch heute als Briefkasten für Kontaktsuchende genutzt: Täglich gegen zwölf Uhr stellt ein Postbote Briefe zu. Wer einsam ist, greift zu. Die Adresse? Bräutigamseiche, Dodauer Forst, 23701 Eutin. Viel Glück!

UNTERKUNFT

Hotel Seeufer
Hübsch und zentral am Plöner See liegt das im Villenstil errichtete Hotel mit familiärer Atmosphäre und gemütlichen Zimmern, die mit viel Liebe und Charme eingerichtet wurden. Vielgelobt wird das reichhaltige Frühstück mit hausgemachter Marmelade. Auf der Terrasse kann man entspannen, den Garten am See bewundern und mit einem eigenen, für Gäste reservierten Boot eine Spritztour unternehmen. Vom hauseigenen Steg kann man direkt in den im Sommer angenehm warmen See hüpfen. Auch Fahrräder werden ver-liehen. Sehr freundliche, fürsorgliche Chefin.
Prinzenstr. 9, Plön, Tel. 04522 2015, www.hotel-seeufer.de

RESTAURANTS

Seher & Fölsch's Prinzenhuus
Das elegante Lokal ist in einem Gewölbekeller am Plöner Marktplatz direkt in der Fußgängerzone untergebracht und überzeugt mit kreativer Küche. Serviert werden beispielsweise saftige Steaks von der deutschen Färse, Filet vom Zander aus dem Plöner See oder hausgemachtes Sauerfleisch. Vorzüglich ist die Weinkarte.
Markt 14, Plön, Tel. 04522 7469858, www.prinzenhuus-ploen.de

Restaurant Markt 17
In einem historischen Haus am Marktplatz, das die Eutiner noch heute »Tante Fine« nennen, serviert dieses freundliche Restaurant moderne holsteinisch-bürgerliche, aber auch mediterran inspirierte Küche, darunter auf der Haut gebratene Dorade-Filets mit geröstetem Serrano-Schinken oder gebratenes Lammrückenfilet sowie eine gute Auswahl an feinen Pizzen. Üppiger Sonntagsbrunch.
Markt 17, Eutin, Tel. 04521 830837, www.markt17-eutin.de

41

10

Schleswig

Die Wikinger von Haithabu

Nirgendwo im Land kommt man den Wikingern so nah wie in Haithabu.

Langsam gleitet ein nordisches Langschiff die Schlei hinauf. Auf dem geblähten Segel prangt ein roter Drache: Die Wikinger kommen!

Doch bei näherem Hinsehen tummeln sich auf dem Schiff nur Touristen mit roten Rettungswesten, die sich während der im August stattfindenden Schleswiger Wikingertage diesen Spaß gönnen. Dann wird direkt an der Schlei ein großes Wikingerdorf aufgebaut, in dem sich so mancher Hobbywikinger tummelt. Schaukämpfe, Axtwerfen, Bogenschießen, Holzschnitzen und – na ja – irische Folkmusik stehen auf dem Programm. Echter Wikingergesang soll eher geklungen haben »wie das Gebell von Hunden, nur noch tierischer«.

Vor einem Jahrtausend haben die wilden Nordmänner die Geschichte der Stadt Schleswig und der Schlei-Ostsee-Region maßgeblich geprägt. Die Wikingersiedlung Haithabu am Haddebyer Noor – in Sichtweite des heutigen Stadtkerns von Schleswig – war um das Jahr 1000 eine der größten Handelsstätten des nördlichen Europas, die man in den Isländersagas ebenso rühmte wie am Hofe des Kalifen von Bagdad oder in Byzanz. Heiden, Christen und Muslime feilschten in der Wikingerstadt um die Schätze der damaligen Welt, zu der nicht nur chinesische Seide, norwegisches Eisen, Bergkristall und orientalische Gewürze zählten, sondern auch Tausende Sklaven. Bei Haithabu verlief ab dem 8. Jahrhundert das Danewerk, ein frühmittelalterlicher Erdwall, mit dem sich die Dänen räuberische Sachsen und Slawen vom Leib hielten. 2018 erklärte die UNESCO Haithabu und das Danewerk zum Weltkulturerbe.

In der Schiffshalle des Museums von Haithabu wurde in annähernd 3000 Arbeitsstunden ein Wikingerkriegsschiff originalgetreu nachgebaut. Unter dem Namen »Erik Styrimathr« (Erik Steuermann) lief es vom Stapel. Spektakulärstes Ausstellungsstück in der Schiffshalle ist ein Langschiff, das im Hafen von Haithabu ausgegraben und zum Teil wieder zusammengesetzt wurde. Im historischen Freigelände wird in sieben rekonstruierten Wikingerhäusern und auf einer Landebrücke Wikingerleben vorgeführt.

Nur einmal spielte die Wikingereuphorie den Schleswigern einen Streich. Da zeigten in den 1930er-Jahren die restaurierten gotischen Fresken des mächtigen Schleswiger Doms St. Petri plötzlich einen höchst amerikanischen Vogel. Gotische Truthähne, um 1320? Den Historikern des Dritten Reichs galt dies als Beweis, dass Schleswigs Vorfahren, die Wikinger, schon lange vor allen anderen Amerika entdeckt haben mussten. Früher wusste man in Schleswig mehr über die Welt: Im Garten des barocken Gottorfer Schlosses steht ein Nachbau des Gottorfer Riesenglobus,

Heiden, Christen und Muslime feilschten in der Wikingerstadt um die Schätze der damaligen Welt: Seide, Bergkristall und orientalische Gewürze.

der zwischen 1650 und 1664 in herzoglichem Auftrag geschaffen worden war. Das Original entführte Zar Peter der Große 1713 nach Sankt Petersburg, wo es heute restauriert in der Kunstkammer zu sehen ist. Auf seiner Außenseite war die damals bekannte Welt »… so fein alß in den gedruckten Land Charten« eingezeichnet, mit »allerhand Thieren nach Landes Art«. Nur eben keine Truthähne an der Schlei: Wie sich herausstellte, hatte der Maler und Kunstfälscher Lothar Malskat 1937 Schleswigs »gotische« Fresken »hinrestauriert«. Die Fachwelt schwieg betreten, und Malskat widerfuhr erst postum Ehre: Günter Grass setzte ihm in seinem Roman »Die Rättin« ein literarisches Denkmal.

Zweifellos echt im gotischen Dom ist dagegen der Bordesholmer Altar, ein Meisterwerk nordischer Bildschnitzerkunst des ausgehenden Mittelalters. Zwischen 1514 und 1521 schuf Hans Brüggemann diesen szenischen Schnitzaltar mit 400 naturalistisch-sinnlich wirkenden Figuren: ein biblisches Bildprogramm auf zwölf Meter Höhe und sieben Meter Breite, dessen geistig-religiöse Aussagekraft und künstlerische Wirkung ohne Beispiel ist.

UNTERKUNFT

Bed & Breakfast am Dom

In einem liebevoll renovierten Altstadthaus wurde Schleswigs charmanteste Unterkunft eingerichtet. Annette Hüffer und Nicole Martin führen hier eine wunderschöne Pension zum Wohlfühlen. Die Zimmer sind sehr geschmackvoll gestaltet, der Garten mit Strandkorb und Pavillon lädt abends zum gemütlichen Sitzen ein. Dazu kommt ein vorzügliches Frühstück mit selbst gemachter Marmelade. Im Angebot sind auch Yogakurse und Massagen. Töpferstr. 9, Tel. 04621 485991, www.bb-schleswig.de

RESTAURANTS

Fasanerie

Im auch als Unterkunft empfehlenswerten Hotel Waldschlösschen serviert die Fasanerie in eleganter Umgebung klassische Küche als Vier- oder Fünf-Gänge-Menü. Schon der Name erinnert daran, dass man hier auf Wildgerichte spezialisiert ist, die teilweise sogar aus eigener Jagd kommen und mit Kräutern aus dem hoteleigenen Garten gewürzt werden. Sehr fein sind auch Tatar und Filet vom Husumer Rind oder Stapelholmer Treenewiesenlamm. Ringhotel Waldschlösschen, Kolonnenweg 152, Tel. 04621 3830, www.hotel-waldschloesschen.de

Ringelnatz

In diesem schönen Gebäude von 1752 kommen mit Dorschfilet und Kutterscholle leckere fangfrische Fische aus Ostsee und Schlei auf den Tisch. Ebenfalls oft gelobt werden Aal und Sauerfleisch. Sehr günstiger Mittagstisch. Auch für nachmittäglichen Kaffee und Kuchen ist das Lokal eine gute Wahl. Fischbrückstr. 3, Tel. 04621 20177, www.ringelnatz-schleswig.de

11

Friedrichstadt

Holländische Toleranz in Deutschland

Friedrichstadt bezaubert mit seinem holländischen Flair.

Kaufmannshäuschen mit Treppengiebeln, verträumte Grachten, Fahrräder auf holprigem Kopfsteinpflaster und der Kirchensegen auf Holländisch! Wie nur ist das »Amsterdam des Nordens« in die wildromantische nordfriesische Flusslandschaft von Eider und Treene gekommen? Und was sind eigentlich Remonstranten?

*Herausgeputzt zieht das malerische Städtchen
heute immer mehr Besucher an. Besonders fotogen
ist die geschlossene holländische
Fassadenzeile aus der Gründungszeit der Stadt
an der Westseite des Marktplatzes.*

Das historische Museum »Alte Münze« am Mittelburgwall erzählt davon, wie Friedrich III., Herzog von Schleswig-Holstein-Gottorf, Anfang des 17. Jahrhunderts holländische Kaufleute ins Land holte. Allein der erträumte Handel mit Spanien, Persien und Indien scheiterte am Dreißigjährigen Krieg, da halfen auch das Münzrecht und die Befreiung von Zoll und Steuer nicht.

Als Lockmittel für die Holländer hatte der Herzog 1620 auch Religionsfreiheit gewährt. So wurde schon 1624 in Friedrichstadt die erste, 1854 wiedererrichtete Remonstrantenkirche erbaut. Sie ist bis heute die einzige außerhalb Hollands. Die Remonstrantse Broederschap, die noch etwa 10 000 Anhänger zählt (davon 200 in Friedrichstadt), wies die in Holland dominierende strenge Prädestinationslehre des Kalvinismus zurück und beharrte auf Willens- und Glaubensfreiheit. So gab es auch nie Konflikte zwischen den vielen verschiedenen Glaubensgemeinschaften in Friedrichstadt: Remonstranten, Lutheraner, Mennoniten, Quäker, Katholiken und dänische Lutheraner. Der kleine jüdische Friedhof ist stummer Zeuge einer Zeit, als in Friedrichstadt auch Platz für eine Synagoge war – sie wurde in der Reichspogromnacht verwüstet.

Herausgeputzt zieht das malerische Friedrichstadt heute immer mehr Besucher an. Besonders fotogen ist die geschlossene holländische Fassadenzeile aus der Gründungszeit der Stadt an der Westseite des Marktplatzes. In einem dieser alten Kaufmannshäuser, dem Neberhaus von 1623, ist ein stilvolles Restaurant untergebracht. Aber auch in den umliegenden Gassen stehen noch einige schöne Doppelgiebelhäuser aus dem 17. Jahrhundert. Die Hausmarken an den Giebeln der Häuser künden häufig vom Beruf der einstigen Bewohner und animieren nicht selten zum Rätseln: Mühle und Fisch sind klar, aber was mag wohl eine Katze bedeuten?

Sehr romantisch sind Grachtenfahrten: Ruderboote und Kanus gleiten gemächlich unter hölzernen Bogenbrücken hindurch, immer weiter hinaus auf die Treene. Auf die den Gezeiten unterworfene Eider wagen sich dagegen nur erfahrene Freizeitkapitäne.

Nicht nur an Regentagen lockt der Modellbahnzauber der Familie Röckendorf in der Brückenstraße: eine Minieisenbahnanlage auf 100 m² Fläche. Irgendwie wirkt das ganze Städtchen so, als sei es nach einem Bild im Modellbahnkatalog gebaut worden. Oder ist es doch umgekehrt?

UNTERKUNFT

Ringhotel Aquarium Boddenberg
Das direkt an der Gracht gelegene, familiengeführte Hotel ist die vornehmste Unterkunft in Friedrichstadt, mit zeitlos elegant eingerichteten, komfortablen Zimmern, einige noch mit traditionellen Holzbalkendecken. Dazu kommen ein Innenpool, Dampfbad, Sauna und ein Wellnessbereich für Massagen, Anwendungen und Kosmetik. Das Hotelrestaurant tischt viele nordfriesische Spezialitäten auf, etwa Räucheraalsuppe, Nordseescholle oder Buttermakrelensteak, die man bei schönem Wetter auch auf der Gartenterrasse genießt.
Am Mittelburgwall 4–8, Tel. 04881 93050, www.hotel-aquarium.de

RESTAURANTS

Holländische Stube
In diesem zwischen 1621 und 1623 errichteten Kaufmannshaus lebte der spätere französische König Louis-Philippe I. während seiner Flucht vor der Französischen Revolution im Jahre 1796 einige Monate unter einem Decknamen als Hauslehrer. Heute lädt hier ein charmantes familiengeführtes Restaurant mit viel historischem Flair zum Speisen ein. Die Küche bietet feine Spezialitäten aus Schleswig-Holstein, darunter Lammkeule, Nordseescholle »Finkenwerder Art« und Friedrichstädter Pannfisch mit drei verschiedenen gebratenen Fischfilets. Von der attraktiven Terrasse fällt man fast in die Gracht.
Am Mittelburgwall 24–26, Tel. 04881 93900, www.hollaendischestube.de

Prinzenstube Cafe & Restaurant
Allein die im hohen Norden völlig unerwartete, höchst sehenswerte Einrichtung im Empirestil lohnt den Besuch, doch auch der Kaffee und die feinen Torten schmecken vorzüglich. Ebenfalls zu empfehlen sind die Fischgerichte.
Prinzenstr. 24, Tel. 04881 9375656

12

Westerhever

Im Land des Schimmelreiters

Westerhever: ein rot geringelter Riese im Nationalpark Wattenmeer

*»Heut bin ich über Rungholt gefahren, / die Stadt ging unter
vor fünfhundert Jahren …« Noch heute weckt Detlev von Liliencrons
Ballade Fantasien vom reichen Rungholt des Mittelalters.
Aber gab es Rungholt wirklich, und wo lag es?*

»Wie Träume liegen die Inseln
Im Nebel auf dem Meer.«
(Theodor Storm)

Die Spurensuche beginnt auf der Halbinsel Eiderstedt in Dithmarschen. Nördlich von St. Peter-Ording steht er wie hingemalt, der weithin sichtbare Leuchtturm mit seinen zwei baugleichen Häusern auf einer Warft in reizvoller Salzwiesenlandschaft. Er ist das rot-weiß-rote Entzücken der Werbefotografen, Briefmarkensammler und Modelleisenbahner. 1906 wurde er errichtet, 41 Meter beträgt seine Feuerhöhe, und bei klarer Sicht ist sein Licht noch auf Helgoland auszumachen. Wer die 157 Stufen nicht scheut, kann dort oben sogar heiraten, im eigens dafür eingerichteten Hochzeitszimmer. Von der Leuchtturmspitze schweift der Blick über die glitzergraue nordfriesische Insel- und Halligwelt aus Schlick, Meer und einsamen Gehöften, die dem »Blanken Hans«, der tosenden Nordsee, Trutz bieten.

Manchmal war das Meer stärker: Am 16. Januar 1362 holte sich die Flut das mythische Rungholt, das alte Karten auf der großen Insel Strand im Nordfriesischen Wattenmeer verzeichnen. 1634 versanken in einer weiteren Sturmflut Dörfer, Häfen und Kirchen Strands. Was blieb, waren die Inseln Pellworm und Nordstrand sowie die Halligen. Noch heute soll man an windstillen Tagen die vom Tidestrom bewegten Glocken in der Tiefe hören, dort, wo nur noch die kleine Hallig Südfall aus dem Meer ragt. Ein paar Scherben des friesischen Atlantis hat man wohl im Schlick gefunden, den Rest spülte der Heverstrom ins offene Meer. Das echte Rungholt war vermutlich lediglich ein bäuerlicher Handelshafen und schwelgte kaum in dem Reichtum, den die Legende ihm nachsagt. Dort heißt es, die blasphemische Stadt sei ihrer Gottlosigkeit wegen versunken – von »drey jungfrawen« einmal abgesehen, so viel Moral muss sein.

An der nordfriesischen Küste gäbe es so manchen Schauplatz von Legenden zu erwandern. Mit etwas Fantasie taucht in stürmischen Nächten Storms Schimmelreiter auf, auch er aus alten Überlieferungen in Husum zu einer berühmten Novelle geformt. Vor der Hattstedter Marsch soll er entlanggeritten sein – das ist zwar reine Fantasie, aber die geografischen Details sind vollkommen realistisch. All diese Legenden künden vom ewigen Kampf der Menschen gegen die wütende Nordsee, der man hinter hohen Deichen bis heute die Stirn bietet.

Auf Pellworm hat der Turm der Alten Kirche St. Salvator seit dem 12. Jahrhundert alle Sturmfluten überdauert. Auf Hallig Hooge ragen bei »Land unter« nur noch die neun Warften aus dem Wasser. Niemand hat den Anblick stimmungsvoller in Verse gefasst als Theodor Storm: »Ans Haff nun fliegt die Möwe / Und Dämmerung bricht herein / Über die feuchten Watten / Spiegelt der Abendschein / Graues Geflügel huschet / Neben dem Wasser her / Wie Träume liegen die Inseln / Im Nebel auf dem Meer.«

UNTERKUNFT

Hotel Zweite Heimat
Eine traumhafte Lage, sehr geschmackvoll nordisch-modern eingerichtete Zimmer mit maritimem Flair und regionaler Deko sowie Wellness mit zwei Saunen, Dampfbad, Kosmetik und Massagen sind die Trumpfkarten dieses angenehmen Strandhotels. Dazu kommt das vorzügliche Restaurant »Esszimmer«, das friesische Leckereien wie geschmorte Schulter vom Salzwiesenlamm auftischt.
Am Deich 41, St. Peter-Ording, Tel. 04863 474890, www.hotel-zweiteheimat.de

RESTAURANTS

Strandhütte – Axels Restaurant
Der sieben Meter hohe Pfahlbau am Südstrand fungiert tagsüber als populäres Ausflugslokal mit einfachem, aber leckerem Speiseangebot und verwandelt sich abends in ein attraktives Restaurant, das kreative regionale Küche wie Tatar vom Holsteiner Galloway-Rind, im Ofen gegarter Kabeljau, gebratener Seeteufel, Lammrücken aus Nordfriesland und gebratene Brust vom Schwarzfederhuhn serviert.
Zum Südstrand, St. Peter-Ording, Tel. 04863 4747011, www.die-strandhuette.de

Die Seekiste
Ebenfalls auf Stelzen errichtet wurde das Strandrestaurant Seekiste, das für seine besonders guten Fischgerichte bekannt ist. Labskaus, Meeresfrüchte, Bratheringe, knackfrische Nordseekrabben (nicht täglich vorrätig), aber auch Lammgerichte und regionale Käsespezialitäten schmecken in herzlicher Atmosphäre. Die humorvollen Besitzer stellen dazu natürlich ein oder zwei Flens aus der klassischen Bügelflasche auf den Tisch, damit es auch richtig kesselt.
Am Böhler Strand, St. Peter-Ording, Tel. 04863 476757, www.dieseekiste.de

13

Sylter Listland

Wo endet Deutschland?

Gleich hinter dem Dorffriedhof von List, wo junge Kaninchen zwischen alten Kapitänsgräbern hüpfen, führt ein sandiger Trampelpfad auf eine kleine Anhöhe. Von hier schweift der Blick über das gesamte Listland: im Süden der schwarz-weiße Leuchtturm von Kampen, im Westen die blendend weißen Lister Wanderdünen und im Norden der Königshafen mit dem Ellenbogen, ein schmaler Nehrungshaken mit zwei Leuchttürmen in Rot-Weiß. Dort drüben liegt Deutschlands nördlichster Punkt, und da wollen wir hin.

Charakteristisch für das karge Sylter Listland sind Dünen – es gibt hier übrigens auch die letzten Wanderdünen Deutschlands – und blühende Heidelandschaft.

49

Aber nehmen wir nicht die Straße. Spazieren wir durch das Listland, in dem im Mai die Lerchen trällern und im Sommer die Glockenheide betörend violett blüht. Heute soll man die beiden Wanderdünen nur noch aus der Ferne bewundern, doch aus glücklichen Ferientagen, als wir noch unbehelligt die fast senkrechte Sandwand hinaufstapften und uns im Sand rollten, wissen wir, wie es da oben aussieht: fast wie in der Sahara, abgesehen von den wenigen Büscheln Strandhafer und der rauschenden Nordsee im Hintergrund.

Spazieren wir also auf dem Bohlenweg an der nördlichen Wanderdüne vorbei hinunter zum Weststrand, wo in der Hochsaison ein legaler Wegelagerer der Kurverwaltung nach der Kurkarte fragen wird. Und nun weiter den Strand entlang. Immer einsamer wird es, fast unmerklich knickt die Küste nach Nordosten um, der Strand weitet sich. Hinter den Uferdünen lugt die Spitze des Leuchtturms Westellenbogen hervor. Und jetzt sind wir da. Ein Schild, das uns erzählen könnte, dass es von hier knapp 900 km Luftlinie bis in Deutschlands südlichste Gemeinde Oberstdorf sind, würde die nächste Flut fortspülen. Und sobald am Horizont der weiße Strand der dänischen Insel Rømø in Sicht kommt, sind wir schon vorbeigelaufen, an jenem Punkt, wo Deutschland endet.

Im Nachbarland Dänemark hält man Strandkörbe, Strandburgen und Verbotsschilder übrigens für typisch deutsche Marotten. Aber die Zeiten, in denen Listland und Königshafen dänisch waren, sind eben Vergangenheit. Dänen kommen heute höchstens für ein paar Stunden nach Sylt, wegen der niedrigeren Alkoholsteuer.

Dafür waren die Amerikaner da, genauer gesagt die Filmcrew von Roman Polanski, die im Winter 2009 bei scheußlichstem Wetter auf dem Ellenbogen einige Szenen zum Film »Der Ghostwriter« drehten und kurzerhand den Norden Sylts in die Insel Martha's Vineyard vor der Südküste von Massachusetts verwandelten. Die Listlandstraße bekam sogar amerikanische Telefonmasten verpasst, und als Hotelkulisse diente das »Fährhaus« in Munkmarsch.

Man könnte um den ganzen Ellenbogen herumlaufen, kilometerlang den weißen Sandstrand entlang, und dann auf der Wattenmeerseite zurück über den Deich nach List. Die verlockende Abkürzung übers Watt des Königshafens bei Ebbe ist tabu: Die reißenden, tiefen Priele, über die das Wasser abfließt, sieht man vom Strand aus nicht.

Übernachten kann man in dieser Einsamkeit: Üthörn heißen Deutschlands nördlichste Ferienwohnungen, und zum ruhigen Wattenmeerstrand sind es nur wenige Meter. Im Sommer scheint die Dämmerung kaum enden zu wollen. Wattvögel piepsen, Säbelschnäbler schreien, Silbermöwen klagen, Schafe blöken. Am violetten Horizont fährt das letzte Schiff hinüber nach Rømø, ein einsamer Windsurfer trotzt den Wellen. »Rüm Hart, klaar Kimming«, sagen die Friesen: weites Herz, klarer Blick.

Nur zum Essen muss man dann doch nach List zurück. Am besten schmeckt der Fisch am Lister Hafen, bei Gosch natürlich. Die alten Hasen unter den Urlaubern wissen noch, wie er angefangen hat, der Maurergeselle aus Tönning: 1972 mit Deutschlands nördlichster Fischbude direkt am Hafen. Heute ist Gosch ein Fischdelikatessenimperium und Aal-Jürgen umgezogen in die lustig dekorierte Alte Bootshalle. Dort schmeckt kein Edelfisch so gut wie junger Matjes im Juni: Schließlich bedeutet das dänische »Sild« nichts anderes als Hering. Bei Austernmeyer schlürft man hingegen die Sylter Royal, eine zart-nussige Auster.

Ja, auch List macht sich schick. Gleich zwei »richtige« Hotels gibt es inzwischen am Wattstrand. Doch die meisten Gäste nächtigen noch immer in einer der zahlreichen Ferienwohnungen, die aus steuerlichen Gründen oft über überdimensionierten Garagen errichtet wurden und daher spöttisch Sylt-Garagen genannt werden, hier am sehr deutschen Ende der Welt.

UNTERKUNFT

Hotel Strand am Königshafen
Noch immer fremdeln Listurlauber ein wenig mit den beiden luxuriösen Hotels am Königshafen. Das Strand bietet aber sehr schönes Design, eine recht intime Atmosphäre, viel Komfort, einen kleinen Spa-Bereich mit Schwimmbad und Sauna, sehr freundliches Personal und dazu natürlich einen tollen Blick durch Panoramafenster aufs Wattenmeer. Die preiswerteren Terrassenzimmer bieten windgeschütztes Strandkorbidyll mit Dünenblick.
Hafenstr. 41, List/Sylt, Tel. 04651 889750, www.hotel-strand-sylt.de

RESTAURANTS

Austernmeyer Restaurant & Probierstube
Die Sylter Royal ist eigentlich eine Pazifische Felsenauster, die drei Jahre lang in Aquakulturen in der Blidselbucht im Lister Wattenmeer gezogen wird, übrigens die einzige Auster, die in Deutschland produziert wird. Kostenlos gibt es diesen Genuss allerdings nur auf der dänischen Nachbarinsel Rømø, deren Einwohner sich einen – dort legalen – Spaß daraus machen, ausgebüxte Exemplare im dänischen Watt aufzusammeln und gleich am Fundort zu verspeisen.
Hafenstr. 10–12, List/Sylt, Tel. 04651 877525, www.sylter-royal.de

Café Voigts Alte Backstube
Besonders bei steifer Brise, sprich typischem Syltwetter, schwärmen Inselkenner von dem hier am liebsten mit traumhaft leckeren Windbeuteln servierten friesischen »Pharisäer« (Kaffee mit Rum und Schlagsahne). Doch es gibt auch eine große Auswahl an Pfannkuchen, Salaten und verblüffend vielen Teesorten, darunter Eigenmischungen wie »Lister Dünengras«. Ein Gedicht ist das mit Brot servierte Entenschmalz.
Süderhörn 2, List/Sylt, Tel. 04651 870512, www.voigts-sylt.de

14

Helgoland

Kleine Möwe, flieg

Der Helgoländer Lummenfelsen: ein Hort für brütende Seevögel wie Basstölpel und Tordalke

»Irgendwo ins grüne Meer / hat ein Gott mit leichtem Pinsel / lächelnd, wie von ungefähr, / einen Fleck getupft: die Insel!« Nun, James Krüss hatte gut reden, er ließ sich von seiner Heimatinsel zu dem wunderschönen Kinderbuch »Der Leuchtturm auf den Hummerklippen« inspirieren. Normalsterbliche aber müssen erst mal aufs Schiff, und diese Fahrt kann sich ziehen.

*Auf Helgoland nistet Deutschlands
einzige Kolonie von Trottellummen, die
an possierliche Pinguine erinnern.*

Oder besser gesagt konnte. Seit 2018 düst der neue »Halunder Jet«, ein flinker Katamaran, in nur 75 Minuten von Cuxhaven nach Helgoland hinüber und legt direkt an der Mole an. So schnell kann man fast nicht seekrank werden! Meistens gab aber angeschlagenen Passagieren ohnehin erst das Ausbooten in die schaukelnden Börteboote den Rest. »Was in den Tüten landet, wird dann in Helgolands Hummerbuden als Labskaus verkauft.« Wer den derben Humor der Bootsmänner nicht missen möchte, nimmt das stolze Bäderschiff »Wappen« von Hamburg aus – es hat zu viel Tiefgang für Helgolands Hafen, sodass einem das Ausbooten nicht erspart bleibt.

»Welkoam iip Lunn«, so begrüßt Deutschlands einzige Hochseeinsel eine halbe Million Besucher pro Jahr. Den Spießrutenlauf durch die »Lästerallee«, an der einst Helgoländer und Badegäste die grüngesichtigen Neuankömmlinge verspotteten, gibt es schon lange nicht mehr. Dafür den Lung Wai – den »langen Weg« –, wo sich ein zollfreier Laden an den nächsten reiht. Mancher Tagesbesucher belässt es bei dieser Meile. Bis man die Preise von 800 Whiskysorten verglichen hat, ist die Aufenthaltszeit meist schon um. Da muss man wohl »Willem Zwo« danken, der 1890 mit den Engländern Sansibar gegen Helgoland tauschte: Auf die Insel im Indischen Ozean wär's zum Einkaufen zu weit.

Doch ein Helgoland-Besuch hat noch viel mehr zu bieten. Man sollte sich ruhig ein bisschen beeilen: Das Wahrzeichen der rostroten Steilküste des Oberlands, die einsame Felsnadel »Lange Anna«, die 1947 einer Sprengung von Bunkeranlagen durch die Briten trotzte, hält vielleicht nicht mehr allzu vielen Stürmen stand.

Wenn die westliche Steilküste im Sonnenuntergang flammendrot erglüht, hat der »Halunder Jet« schon Richtung Festland abgelegt. Eine Übernachtung ist also eine gute Idee, denn auch den berühmten Lummensprung gibt's nur abends zu bestaunen. Auf Helgoland nistet nämlich Deutschlands einzige Kolonie von Trottellummen, die an possierliche Pinguine erinnern. Im Juni und Juli ziehen sie ihre Jungen drei Wochen lang an der Felswand auf, dann springt Papa ins Meer und ruft sein Junges so lange, bis es hinterherhüpft. Mit einem Fernglas kann man das große Schauspiel live erleben.

Für einen Ausflug auf die Düne reicht bei einem Tagesbesuch die Zeit ebenfalls nicht wirklich. Auf dieser Helgoland vorgelagerten Strandinsel tummeln sich nicht nur Badende, sondern auch Seehunde und Kegelrobben. Und die zahlen noch nicht mal Kurtaxe!

UNTERKUNFT

Haus Seeblick

Helgolands kleine »Hotelszene« hat noch viel Luft nach oben, doch dieses Hotel garni an der neu gestalteten Promenade ist ein sehr sympathisch-familiär geführtes Haus, das teurere Konkurrenten um Längen schlägt. Den Sonnenaufgangsblick vom Frühstücksraum auf Reede und Landungsbrücke könnte man stundenlang genießen. Einige Zimmer bieten großzügige Balkone mit Blick auf Promenade und Düne. An schönen Tagen, und davon gibt es auf Helgoland überraschend viele, kann man auf der Sonnenterrasse herrlich entspannen.
Am Südstrand 11, Tel. 04725 385, www.seeblick-helgoland.de

RESTAURANTS

Aquariumcafe Helgoland

Exzellentes Restaurant, das auch (auf Vorbestellung) Helgoländer Knieper serviert, die Scheren (»Kneifer«) eines Taschenkrebses. Wie man das dazugehörige Knieperbesteck benutzt, wird auf Wunsch humorvoll erklärt: Man bricht damit die Scheren auf. Auch Dorschfilet und Gänsebrust schmecken hier sehr gut.
Aquariumstr. 186, Tel. 04725 640339, www.aquariumcafe-helgoland.de

Bunte Kuh

Allein das Ambiente lohnt schon den Besuch dieses nach der Galionsfigur einer Hansekogge benannten Lokals. Abends werden oft lauthals Schlager gesungen. Auch hier gibt's natürlich den leckeren Helgoländer Knieper, serviert mit Baguette und dreierlei Saucen. Helgoländer Pannfisch, Dorschfilet, Scholle, Seezunge und Steinbutt stellen Fischliebhaber zufrieden. Außerdem ist hier länger geöffnet als irgendwo sonst auf der Insel.
Hafenstr. 1013–1018, Tel. 04725 811343, buntekuh-helgoland-de.jimdo.com

15

Hamburg
Hafenrundfahrt und Elbfahrten

Harmonie in Glas: Die Elbphilharmonie vereint Kunst, Können und Schönheit.

»Wussten Sie, verehrte Herrschaften, dass man vom Turm des Michel drei Meere sehn kann? Wie dat? Tags das Häusermeer, abends das Lichtermeer und inne dunkle Nacht gor nix mehr!«

He lücht!« (Er lügt), hätte früher ein Arbeiter in schönstem Hamburger Platt von einem Nachbarschiff oder der Kaimauer herübergerufen. Diesen Spitznamen haben die Barkassenführer, die Touristen durch die faszinierende Welt des Hamburger Hafens schippern, seit Jahrzehnten weg. Aber Seemannsgarn gehört nun mal dazu. Besonders wenn das Wetter tatsächlich so ist, wie es die bayerische Feindpropaganda immer behauptet, fallen »Döntjes« (Anekdoten), »Tühnkram« (Flunkereien) und Klein-Erna-Witze auch mal etwas deftiger aus, was aber keinen mit einem »steifen Grog« (Rum muss, Zucker darf, Wasser kann) »angetüterten Quiddje« (beschwipsten Nicht-Hamburger) stört.

Eigentlich ist man froh, dass es in Hamburg nach wie vor vertraute Dinge gibt, vom »Schietwetter« mal abgesehen. Wer vor 30 Jahren das letzte Mal hier war, erkennt die Stadt kaum wieder. Aber zum Glück gibt es ja immer noch den »Michel«, die St. Michaelis-Kirche, von deren Turmplattform in 82 Metern Höhe man sich einen ersten Überblick verschaffen kann. Auch die vornehme Binnenalsteransicht von Lombardsbrücke und Jungfernstieg wird erst mal so bleiben. Auf dem St. Pauli-Fischmarkt frühmorgens am Sonntag wird »Aal-Dietääh« weiterhin »so 'n schönen Aal« unters feixende Volk werfen, und auf der Reeperbahn funkeln auch künftig nachts um halb eins die sündigen Lichter. Aber sonst?

Nun mal keine »Bangbüx sein« und rauf aufs Wasser! Barkasse oder Ausflugsboot?, lautet die Gretchenfrage. Ganz einfach: zuerst die Barkasse und später das große Boot. Denn nur die flachgängigen Barkassen können in die kleinen Fleete – so werden in Hamburg die innerstädtischen Kanäle genannt – und in die Speicherstadt fahren. Die großen Boote schippern dagegen von den Landungsbrücken in entgegengesetzte Richtung, zu den großen Containerpötten.

Am Jungfernstieg legen Barkassen zur zweistündigen Fleetfahrt ab. Hart an der Wasseroberfläche geht es durch die Rathausschleuse in die Alsterfleet, unter reich verzierten Brücken hindurch, am Neuen Rathaus und an den Alsterarkaden entlang. Es heißt, die Slamatjenbrücke (»Brücke der schlampigen Mädchen«) habe ihren Namen tatsächlich von den losen »Dockschwalben«, die hier einst ihre Dienste anboten. Durch die Schaartorschleuse fährt man in den Binnenhafen und gelangt in eine Welt, die Normalsterblichen erst seit einigen Jahren zugänglich ist:

Die hohen Häuser erinnern an neogotische Kathedralen. Die meisten Baumeister hatten damals Kirchenbau studiert.

Mit über 300 000 Quadratmeter Lagerfläche ist die heute unter Denkmalschutz stehende Speicherstadt, die aus dem Freihafen ausgegliedert wurde, das größte historische Lagerhausareal der Welt.

Die Kontorlandschaft aus dunkelrotem Backstein, zierlichen Giebeln, Türmchen, Brücken und Kais erstreckt sich über fast zwei Kilometer. Die hohen Häuser erinnern an neogotische Kathedralen. Kein Wunder, die meisten Architekten hatten damals Kirchenbau studiert. »Warenhaus der Welt« nannte man die alte Hamburger Speicherstadt, für die man ab 1883 über 20 000 Bewohner umsiedelte und ein ganzes altes Wohnviertel plattmachte. Hier lebten die Händler und Quartiersleute 100 Jahre lang in einer eigenen Welt. Über hydraulische Winden erreicht man noch immer jedes Speicherhaus auf dem Wasserweg.

Wie es hier einst zuging, davon erzählt das Speicherstadtmuseum in einem der alten Lagerhäuser am Sandtorkai. Als die Container kamen, zog man um ans Südufer, wo Platz war für Kräne, Schienen und Straßen. Heute sind die Schauerleute verschwunden, nur noch wenige Ewerführer steuern ihre Schute (Lastkähne) in die Fleeten. Hafenromantik ade. Die größte digital gesteuerte Modelleisenbahn der Welt – übrigens eine der beliebtesten Attraktionen Deutschlands überhaupt – hat auf der Kehrwiederinsel Platz gefunden. Nebenan sitzen die erfolgreichen Musicalmacher von Stage Entertainment. Im gruseligen Hamburg Dungeon führt die Reise in die Vergangenheit der Freien und Hansestadt: mit interaktiv präsentiertem Großen Brand und Wiederauferstehung der Sturmflut.

Immerhin, bei Hälssen & Lyon werden noch immer, wie seit 1879, täglich Hunderte Sorten Tee verkostet, und am Sandtorkai sitzt mit der Neumann-Gruppe nach wie vor der größte Kaffeehändler der Welt. Der Kaffee wird jedoch längst auf der anderen Elbseite entladen. Die Speicherstadt ist außerdem ein Zentrum des orientalischen Teppichhandels, und das Gewürzmuseum Spicy's erzählt die Geschichte der Gewürze vom Anbau bis zum

In den Fenstern dieses Hamburger Backsteingebäudes spiegelt sich zur Linken der Kirchturm von St. Katharinen und zur Rechten das Mahnmal St. Nikolai.

Verkauf. Spannend ist auch das Deutsche Zollmuseum, das beredtes Zeugnis darüber ablegt, auf was für ausgefallene Schmuggelverstecke Menschen kommen können.

Nachts erstrahlt die Wunderwelt der Speicherstadt im Licht Hunderter Scheinwerfer und blauer Neonröhren: Hamburg inszeniert sich als Gesamtkunstwerk.

Binnen weniger Minuten tuckert die Barkasse von der Vergangenheit durch den Magdeburger Hafen in Hamburgs Zukunft. Die Brücke schlägt das im Kaispeicher B untergebrachte Internationale Maritime Museum Hamburg, dessen neun Ausstellungsdecks 3000 Jahre Seefahrtsgeschichte präsentieren. Etwas weiter nimmt auf 157 Hektar Fläche die futuristische HafenCity Gestalt an. Europas größtes Neubaugebiet, die neue Wasserseite der Hamburger Innenstadt, beginnt nur zehn Fußminuten hinterm Rathaus, mit Wohnungen am Wasser, Lofts und Cafés, Büros und Bootsstegen. Schon ziehen große Firmen

ein, viele Luxusappartements stehen bereits: Würfel aus Glas, Stahl und Backstein. Geplant sind Wohneinheiten für bis zu 15 000 Menschen und Arbeitsplätze für bis zu 45 000 Personen, über zehn Kilometer Uferpromenade, ein Museums- und ein Sportboothafen. So um 2030 sollen die Arbeiten voraussichtlich abgeschlossen sein. Um die neuen Bewohner der fertiggestellten Wohnungen zu versorgen, richten sich im Überseequartier immer mehr Einzelhändler und Gastronomen ein, darunter Hamburgs einziges Dreisternelokal.

Der neunstöckige Sprinkenhof im Kontorhausviertel Hamburg, konzipiert von Hans und Oskar Gerson in Zusammenarbeit mit Fritz Höger, wurde von 1927 bis 1943 erbaut.

56

Schiffe sind immer weiblich.
Das sieht man an den schönen Formen und an den
hohen Betriebskosten. Außerdem sind sie mit
allen Wassern gewaschen.

Von der Zukunftsmusik wieder in die Vergangenheit. Über Norderelbe und den Binnenhafen schippert die Barkasse, wenn die Tide es erlaubt, hinein in Hamburgs ältestes Hafengebiet: das Nikolaifleet. Hier lag der erste Umschlagplatz in der 1189 gegründeten Neustadt, der Kaiser Friedrich I. Barbarossa freien Handel und Zollfreiheit auf der Unterelbe zusicherte. An der Deichstraße stehen noch restaurierte Kaufmannshäuser aus damaliger Zeit: Nostalgie pur.

Hamburgs Herz aber pulsiert an den Landungsbrücken. »Grrroße Hafenrundfahrt«, schallt es allerorten, und bevor man Zeit hat, sich zu fragen, ob es eigentlich auch eine kleine gibt, bugsiert einen schon der erste Schlepper auf sein Boot. Auch von hier fahren Barkassen zur HafenCity und in die Speicherstadt, doch wir wollen jetzt die großen Pötte sehen.

Aber vielleicht fahren wir vorher erst mit dem Auto oder dem Taxi über die Köhlbrandbrücke. Noch gibt es sie, allerdings ist der Abriss der in die Jahre gekommenen grazilen Schrägseilbrücke, die über den 300 Meter breiten Verbindungsarm zwischen Süder- und Norderelbe führt, inzwischen beschlossene Sache. Von hier aus überblickt man den gesamten Hafen. Stadteinwärts rechter Hand, pardon, steuerbord, liegt der Hansaport, Hamburgs Schüttguthafen, mit riesigen Kohle- und Erzhalden, die auf Schiffe und Eisenwaggons verladen werden und in den unterschiedlichsten Farben schimmern.

Gleich nebenan leuchtet blau, gelb und rot der topmoderne CTA (Container-Terminal Altenwerder). Fast vollautomatisch steuern Computer die Warenwege: Nur wenige Menschen kontrollieren dieses Meisterwerk minutiöser Just-in-Time-Logistik. Wie von Geisterhand bewegt, sausen transponderkontrollierte Roboterfahrzeuge hin und her, drehen sich die Kräne, schweben mit Laserradar überwachte Container an dünnen Seilen über Schiffen und Brücken. Rund um die Uhr wird hier gearbeitet, stets liegen neue Schiffe und Tanker auf Reede. Bei Sonnenuntergang und nachts bei Flutlicht ist das ein geradezu berauschender Anblick.

Die Wunder der Technik sieht man auch vom Schiff aus. Und wenn es um harte Fakten geht, dann »lücht« der Erklärer auf dem Ausflugsboot nicht: Beim Containerumschlag liegt Hamburg mit etwa 8,7 Millionen TEU (Twenty-foot Equivalent Unit, d.h. 20-Fuß-Standardcontainer) in Europa auf dem dritten Platz, hinter Rotterdam mit 14,5 und Antwerpen mit 11,1 Millionen TEU. Hamburgs Hinterland reicht jetzt vom Atlantik bis Osteuropa, ja bis nach China. Alle zwei Minuten wird ein 20 oder 40 Fuß (6 bzw. 12 m) langer Container vom Schiff gehoben und einer aufs Schiff geladen. Bis zu 40 000 Euro pro Tag kann das Liegegeld kosten: Time is money. Welche Schiffe gerade wo im Hafen liegen, was sie geladen haben, woher sie kommen, und unter welcher Flagge sie fahren, steht haarklein im Lloyd's Shipping Index und im täglichen Hafenbericht. Aber den wirklichen Überblick haben nur die Hafenlotsen, denn die hat noch kein Computer ersetzen können.

Na gut, ein paar »Döntjes« zur Auflockerung müssen schon sein. Von dem Schuppen, in dem die Bananen aus Südamerika erst krummgebogen werden müssen, vollautomatisch natürlich, wird immer gern erzählt. Und warum gibt es nur Schwesterschiffe? »Schiffe sind immer weiblich. Das sieht man doch sofort: Erstens an den schönen Formen, zweitens an den hohen Betriebskosten, und sie laufen einem auch gern aus dem Ruder. Außerdem sind sie mit allen Wassern gewaschen.«

Ein paar elegante Ladys haben im Hafen für immer den Anker geworfen. Zwischen Landungs- und Überseebrücken liegen die elegante Dreimastbark »Rickmer Rickmers«, die einst als Frachtensegler über die Meere fuhr, und der schnittige weiße Stückgutfrachter »Cap San Diego« am Kai, dem die Konkurrenz der Containerschiffe den Garaus machte. Weiter elbabwärts sind im Museumshafen Övelgönne das Feuerschiff »Elbe 3«, das einst als mobiler Leuchtturm auf See diente, der Hafenschlepper »Tiger« und andere historische Elbschiffe zu sehen. Gleich im ersten Schuppen 50 A präsentiert das Hafenmuseum eine einmalige Sammlung zum Güterumschlag im Hafen, zum Hamburger Schiffbau sowie zur Schifffahrt auf der Elbe und im Hafen.

Beinahe mystisch erhebt sich die Speicherstadt aus dem Nebel. Das 1888 von Kaiser Wilhelm II. eingeweihte Areal gilt als größter historischer Lagerhauskomplex der Welt.

Ewig spannend ist der Hafen, da reicht eine Fahrt nicht aus. Wer ganz nah ran will an die Pötte, muss doch eine Barkasse nehmen, auch wenn's mal schaukelt und der Rettungsring nur für den Kapitän da ist, wie geflunkert wird.

Nicht nur für »Pennschieter« (Geizhälse) sind auch die regulären Hafenfähren des Hamburger Verkehrsverbunds interessant, auf denen man zum Preis einer Tageskarte ebenfalls eine ganze Menge sieht. Wie das geht? Einfach mit der Fährlinie 62 am Elbufer entlangschippern, vorbei an den Landungsbrücken (ab hier wird's voll), am Fischmarkt, am Museumshafen Övelgönne und am Containerterminal bis nach Finkenwerder. Weiter geht's mit der Linie 64 zum Fähranleger Teufelsbrück. Dort setzt man sich ins Café Engel und sieht zu, wie sich die Riesenfrachter zum Greifen nah in den Hafen schieben. 12 000 Seeschiffe und ebenso viele Binnenschiffe kommen hier jedes Jahr vorbei. Oder man fährt noch weiter die vornehme Elbchaussee mit ihren prächtigen Kaufmannsvillen entlang bis nach Blankenese, »wo sie sogar die Petersilie mit Fleurop bestellen«.

Im Rennen um die beste Hamburger Aussicht liegt das topmoderne Stück Designerarchitektur namens Dockland am alten Fischereihafen ganz weit vorn: ein spitz in See stechendes Büroschiff aus Glas und Stahl mit bestem Panoramablick, zum Beispiel wenn der Luxusliner »Queen Mary 2« in Hamburg einläuft. Nun ist auch noch der 789 Millionen Euro teure Ausblick von der Elbphilharmonie hinzugekommen. 2017 wurde das spektakuläre Konzerthaus endlich eröffnet, sinnigerweise unter anderem mit einem Konzert der experimentellen Berliner Band Einstürzende Neubauten. Im Juli des gleichen Jahres lauschten die Staatsgäste des G20-Gipfels in der »Elphi« der von Kent Nagano dirigierten Neunten Symphonie von Beethoven.

Man kann sich aber auch einfach am Elbstrand in den Sand setzen, zu einem der vielen Lagerfeuer, und den Schiffen nachsehen, ganz kostenlos.

Ja, und was ist mit dem Nachtleben, mit der Reeperbahn? Eines ist mal sicher: Die Seeleute der großen Pötte bekommen das sündige Treiben nicht mehr zu Gesicht, nur wenige Stunden beträgt heute noch die Verweildauer im Hafen. Auf der »Reeperbahn nachts um halb eins« tummeln sich fast nur noch Touristen und Einheimische. Wer das Treiben mit Insiderblick kennenlernen möchte, bucht die historische Hurentour. Hier vermittelt eine (völlig seriöse) Gästeführerin in historischer Hurentracht auf einem Streifzug durchs Hamburger Rotlichtviertel Einsichten in das älteste Gewerbe der Welt und berichtet von Barkassenhuren, Zuschickfrauen und Schlafbaaswirtschaften. Allerdings kostet so eine Tour um einiges mehr als den sprichwörtlichen Heiermann, das Handgeld, das Matrosen beim Anheuern bekamen und oft noch schnell vor dem Auslaufen des Schiffes bei gewissen Damen anlegten. Die Hamburger sahen das immer ganz unverkrampft. Was gut ist für den Hafen, das ist nun einmal gut für Hamburg.

UNTERKUNFT

Hotel Louis C. Jacob
Das 1791 von dem Franzosen Louis C. Jacob gegründete private Traditionshotel an der Elbchaussee pflegt das kosmopolitische Ambiente hanseatischer Kaufmannshäuser, das sich im stilvollen Mobiliar und der eigenen Gemäldesammlung spiegelt. Schon Max Liebermann malte die romantische Lindenterrasse. Der Wellnessbereich ist sehr stilvoll gestaltet, außerdem glänzt das Hotel mit einem hervorragenden Gourmetrestaurant.
Elbchaussee 401–403, Tel. 040 822550, www.hotel-jacob.de

Hotel Wedina
Das Hotel mitten in St. Georg besteht aus vier Häusern mit jeweils eigenem Charakter. Im Blauen Haus ist jedes Zimmer einem Autor gewidmet. Das Rote Haus, Frühstückstreff für alle Gäste, ist im Stil der 1980er-Jahre gestaltet und besitzt einen lauschigen Garten und eine Bibliothek. Ultramodern und reduziert präsentiert sich das Grüne Haus mit Zen-Garten. Fröhlich-mediterran sind die Zimmer im Gelben Haus.
Gurlittstr. 23, Tel. 040 2808900, www.hotelwedina.de

RESTAURANTS

The Table Kevin Fehling
Hamburgs bestes Restaurant: Das sagen nicht nur drei Michelin-Sterne, die das Lokal in der HafenCity bereits im ersten Jahr erhielt. Auch die ansonsten gerne mäkeligen Einheimischen finden einfach nichts auszusetzen. Erstaunlich ungezwungen, und auch das will für Hamburg was heißen, ist die kommunikative Atmosphäre an dem schlangenförmigen Tresen aus dunklem Kirschbaumholz mit Blick in die offene Küche, und ob man je wieder so eine himmlische Challans Entenbrust genießen wird wie hier, ist fraglich.
Shanghaiallee 15, Tel. 040 22867422, thetable-hamburg.de

Brücke 10
Zentraler geht's nicht, und auch nicht besser. An dieser Bude schmecken Fisch- und Krabbenbrötchen einfach unvergleichlich frisch. Die Nordseekrabben kosten heutzutage, dafür gibt's auch eine ordentliche Portion. Sogar die Brötchen werden selbst gebacken. Unbedingt den Stremellachs probieren! Dazu gibt's ein kühles Astra, und dann guckt man nur noch verträumt aufs Wasser.
Brücke 10, Tel. 040 33399339, bruecke10.com

16

Lüneburger Heide

Heidschnuckenbilder in Violett

*Calluna vulgaris heißt die Besenheide, deren rosaviolette Blütenpracht
im August und September für Heideromantik sorgt, wie man sie aus
Gedichten von Hermann Löns und aus Heimatfilmen der 1950er-Jahre kennt.
Sieht es da wirklich so aus, in der Lüneburger Heide? Da ist man mit
dem ICE in einer guten Stunde von Hamburg nach Hannover gefahren,
durch Lüneburg und Celle, und nirgendwo hat man violette Heide, dunkle
Wacholdersträuche, einsame Birken, kleine Schäferkaten oder
wollige Heidschnucken gesehen.*

*Wenn sich die Morgenschleier lichten,
zeigt sich der sagenumwobene Talkessel
Totengrund in der Lüneburger Heide
von einer nahezu unwirklichen Schönheit.*

Nun, die »echte« Heide liegt abseits der großen Verkehrswege. Zwischen Totengrund und Wilseder Berg, im Herzen des Naturschutzparks, da ist sie noch so, wie Theodor Storm sie 1848 beschrieb: »Die Kräuter blühn; der Heideduft / Steigt in die blaue Sommerluft. / Laufkäfer hasten durchs Gesträuch / In ihren goldnen Panzerröckchen / Die Bienen hängen Zweig um Zweig / Sich an der Edelheide Glöckchen / Die Vögel schwirren aus dem Kraut – / Die Luft ist voller Lerchenlaut.«

Nur einsam und still wie bei Storm ist die Heide längst nicht mehr. Millionen Besucher bevölkern jedes Jahr die sandigen Wege: zu Fuß, mit dem Fahrrad oder per Pferdekutsche. Oft ist der Heide-Ausflug nur ein Abstecher, vom Vergnügungspark in Soltau oder vom Serengetipark in Hodenhagen. Doch der Blick vom 169 Meter hohen Wilseder Berg ist schon berauschend, die Menschenmassen jedoch eher weniger. Die Kameras klicken: Könnte der bärtige Schäfer bitte etwas dekorativer ins Bild? Doch, der ist echt, und seine Heidschnucken werden mal wieder Überstunden machen müssen. Dabei sind sie nicht in erster Linie zum Streicheln da: Die typischen Schafe der Heide halten das Gras kurz und sind somit biologische Heidepfleger.

Im August und September haben auch die Heidenköniginnen von Schneverdingen und Amelinghausen viel zu tun, die mit ihren Kutschgespannen die Touristen erfreuen. Gewählt werden sie auf den Heideblütenfesten ihrer Ortschaften, ein farbenfrohes Spektakel. Wer es ruhiger mag, kommt im Mai, da singen auch die Lerchen viel schöner.

Unter der Heide ist Sand, aber in Lüneburg hat man auf Salz gebaut. »Träumereien in Backstein« nannte Ricarda Huch die stolzen Bürger- und Patrizierhäuser. Giebel, wohin das Auge schaut: schlichte gotische Dreiecksgiebel, prunkvolle Staffelgiebel der Renaissance und barock geschwungene Giebel, häufig mit ranken- oder kranzförmigen Ornamenten aus Formsteinen geschmückt, gelegentlich auch mit farbigen Terrakotten verziert. Lüneburgs Saline belieferte die Ostseeländer schon vor tausend Jahren mit dem weißen Gold – es war im Mittelalter die einzige Möglichkeit, Fleisch und Fisch zu konservieren. Seit 1372 war Lüneburg Mitglied der Hanse und zwischen 1460 und 1530 eine der reichsten Städte des Nordens. Hinter einer imposanten Barockfassade verbirgt sich ein kostbar ausgestattetes gotisches Rathaus, mit leuchtenden farbigen Fenstern, kostbar geschnitztem Ratsstuhl und einer Gerichtslaube, die mit Darstellungen aus der römischen Geschichte und dem Jüngsten Gericht ausgemalt ist. Kunstvoll ausgestattet sind auch die gotischen Kirchen von Lüneburg und das etwas außerhalb liegende Kloster Lüne.

Weitgehend unzerstört geblieben ist auch Celle, die alte Residenzstadt des Fürstentums Lüneburg. Dieses Kleinod unter den Heidestädten besitzt noch rund 500 seit spätgotischer Zeit entstandene Fachwerkbauten. Die Fassade des sechsgeschossigen Hoppener Hauses von 1532 ist geradezu ein architektonisches Bilderbuch. In Celle befindet sich außerdem die einzige in Norddeutschland erhaltene Synagoge aus der Barockzeit, und im Barockschloss lockt Deutschlands ältestes bespieltes Theater.

Höhepunkt einer Kunstreise durch die Lüneburger Heide ist das gotische Zisterzienserinnenkloster Wienhausen südöstlich von Celle. Der Nonnenchor von 1330 zeigt eine in seltener Vollkommenheit erhaltene gotische Ausmalung und einen prachtvollen Marien-Flügelaltar von 1519. Sogar die Zellen der Nonnen sind teilweise kunstvoll ausgemalt. Nur an elf Tagen, vom Freitag nach Pfingsten an, werden die exquisiten neun Wienhäuser Bildteppiche ausgestellt, die zwischen 1300 und 1500 von den Nonnen geschaffen wurden. Besonders berühmt sind drei Teppiche, auf denen die Abenteuer Tristans und Isoldes abrollen. Auch Nonnen sind eben romantisch.

UNTERKUNFT

Althoff Hotel Fürstenhof
Stilvolle Eleganz in einem alten Palais mit sehr komfortablen, in warmen Erdtönen gehaltenen und mit edlen Stoffen ausgestatteten Zimmern erwartet anspruchsvolle Gäste im nur einen Steinwurf vom Stadtzentrum entfernten Fürstenhof. In der Taverna & Trattoria Palio bietet Küchenchef Holger Lutz neben verfeinerter Cucina casalinga eine kulinarische Reise durch viele italienische Regionen an. Zu den Klassikern des Palio zählen Livorneser Fischeintopf, Rinderfilet mit Safran-Mandel-Sauce und Entenbrust mit Haselnusspolenta, alles natürlich mit der passenden Weinbegleitung.
Hannoversche Str. 55, Celle, Tel. 05141 2010, www.althoffcollection.com/de/althoff-hotel-fuerstenhof-celle

RESTAURANTS

Ramster
Im auch als Unterkunft empfehlenswerten Hotel Ramster gibt es die wahrscheinlich beste regionale, saisonal wechselnde Küche im touristischen Zentrum der Lüneburger Heide. Schneverdinger Heidschnuckenkeule und geschmorte Wildschweinbäckchen munden jedenfalls ganz ausgezeichnet.
Heberer Str. 16, Schneverdingen, Tel. 05193 6888, www.hotel-ramster.de

Röhms Deli
In ungezwungener moderner Bistro-Atmosphäre kommen tagsüber Kabeljau, Vitello tonnato und Rinderfilet auf den Tisch, nachmittags genießt man leckere Torten, Gebäck und Kaffee, abends wird ein verfeinertes Dreigängemenü serviert. Auch die Weinkarte kann sich sehen lassen. Nur geschlossen wird abends reichlich früh.
Heiligengeiststr. 30, Lüneburg, Tel. 04131 24160, www.roehmsdeli.de

17

Hildesheim

Ottonische Träume vom Himmlischen Jerusalem

Das Bernwards-Denkmal zu Ehren des Bischofs von Hildesheim (993–1022)

Dreißig Kilometer südlich von Hannover liegt Hildesheim, die »Hauptstadt des romanischen Comic-Strips«. Nein, das ist nicht despektierlich gemeint, wir reden hier immerhin von einem Weltkulturerbe. Fast zärtlich streicht die Hand über die biblischen Reliefs der berühmtesten Bronzetüren Deutschlands, die unbekannte Künstler 1015 im Auftrag von Bischof Bernward geschaffen haben.

Von Schloss Marienburg (hier das Schirmgewölbe der Eingangshalle) bieten sich schöne Ausblicke aufs nahe Hildesheim mit seinem Dom.

Am Westportal der Vorhalle des Doms St. Mariä, dem »Paradies«, läuft auf zwei mal acht rechteckigen, thematisch aufeinander zukomponierten Bildfeldern das gesamte biblische Programm ab: links der alttestamentarische Sündenfall und die immer tiefere Schuldverstrickung des Menschen, die Vertreibung aus dem Paradies und die Erschlagung Abels, rechts die wichtigsten Etappen der Heilsgeschichte Christi und der Erlösung aus dem Neuen Testament. Bernward ließ sich von den geschnitzten Holztüren der Kirche Santa Sabina in Rom inspirieren. Seine Türen verweisen zurück auf das antike Bronzeportal des Tempels Salomo. Gerühmt wird insbesondere die ausgeprägte Individualität der Einzelfiguren.

Nach vierjähriger Sanierung erstrahlt der Dom seit 2014 in neuem Glanz. Umso leichter fällt jetzt die Fortsetzung der biblischen Lektüre an der im südlichen Querhaus aufgestellten, 3,79 Meter hohen Christussäule aus Bronze, die Bischof Bernward wohl der Trajanssäule in Rom nachbilden ließ. Das spiralförmig ansteigende Reliefband schildert in 24 Szenen das öffentliche Leben Jesu, von der Taufe im Jordan bis hin zum triumphalen Einzug in Jerusalem.

Bernwards Träume vom Himmlischen Jerusalem vollendete der um 1061 von Bischof Hezilo gestiftete romanische Radleuchter über dem Hochaltar mit aus vergoldetem Blech getriebenen Zinnen, Toren und Türmen. Ursprünglich war die bronzene Christussäule genau unter ihm aufgestellt. Mit dem Thietmarleuchter im Altarraum ist aus der benachbarten Antoniuskirche ein zweiter Radleuchter hinzugekommen, der älteste der in Deutschland noch erhaltenen vier Rundleuchter aus dem Mittelalter. Auch das um 1225 geschaffene Bronzetaufbecken in der Kapelle des heiligen Georg an der Nordseite des Langhauses erzählt eine Bildergeschichte vom Sakrament der Taufe. Getragen wird das Becken von vier knienden Männern mit Wasserkrügen, die für die Paradiesströme stehen.

In der Michaeliskirche sind romanische Paradiesträume auch in Farbe zu sehen. Zwar musste die Basilika nach dem Zweiten Weltkrieg in ihrer ursprünglichen Form von 1010 wiederaufgebaut werden, doch ihre einzigartige Holzdecke mit spätromanischer Bemalung von 1200 blieb bis auf die östlichen Bildfelder in ihrem ursprünglichen Zustand erhalten, da man sie 1943 in weiser Voraussicht ausgelagert hatte. Man möchte am liebsten stundenlang nach oben schauen und den Verästelungen des als Leitmotiv gestalteten Baums Jesse folgen. Von West nach Ost erscheinen der Sündenfall, der schlafende Jesse, die Könige David, Salomon, Hiskia und Josias, dann Maria mit der Spindel und Christus als Weltenrichter.

Und wieder taucht das Himmlische Jerusalem auf: diesmal auf der Rückseite der Chorschranke, in deren Rundbogennischen sieben reliefierte Stuckfiguren mit bereits frühgotisch anmutenden, fein ausgearbeiteten faltenreichen Gewändern erscheinen. In der Mitte Maria mit Kind, flankiert links vom Ordensgründer Benedikt und rechts vom inzwischen heiliggesprochenen Bernward, der das Modell der Michaeliskirche trägt. Nach außen folgen die Apostel Jakobus und Petrus sowie Paulus und Johannes. Die abendländischen Kirchenbauten in den Bogenzwickeln der mit Schirmkuppeln bedeckten Rundbogennischen symbolisieren die Tore zum Himmlischen Jerusalem.

Es grenzt an ein Wunder, dass die bedeutendsten Kunstschätze von Hildesheim 1945 nicht im Bombenhagel versanken. Inzwischen wurde vieles restauriert, vor allem der historische Marktplatz mit dem berühmten Knochenhaueramtshaus. Auch die romanischen Kirchen hat man originalgetreu wieder aufgebaut. Die Basilika St. Godehard wurde weniger hart getroffen und ist daher ein besonderes Beispiel romanischer Architektur, mit achteckigem Vierungsturm, drei Radialkapellen des Chorumgangs und zwei schlanken Querhausapsiden. Im steilen dreischiffigen Langhaus erzählen Würfelkapitelle aus dem Leben Jesu und von einem Reich, das nicht von dieser Welt ist.

UNTERKUNFT

Van der Valk Hotel
Hinter einer denkmalgeschützten, nach altem Vorbild wieder aufgebauten Fachwerk- und Rokokofassade in der Innenstadt am historischen Marktplatz verbirgt sich ein Viersternehotel, dessen individuell eingerichteten Zimmer alle modernen Annehmlichkeiten bieten. Dazu kommen ein Schwimmbad, eine finnische Sauna, ein Fitnessraum und ein Kosmetiksalon. Das stilvolle Restaurant Gildehaus ist für seine sorgfältig zubereitete internationale Küche mit regionalen Zutaten bekannt. Lammkarree und schwarzes Heilbuttfilet schmecken exzellent. Die Freunde edlen Tabaks wissen die Cigar Lounge des Hotels zu schätzen.
Markt 4, Tel. 05121 3000, hildesheim.vandervalk.de

RESTAURANTS

OS – Das Marktrestaurant
In den Gewölben des alten Fachwerkbaus der einstigen Metzgerzunft, dem berühmten Knochenhauerhaus, speist man gutbürgerlich und vor allem des historischen Ambientes wegen. Die hier in erster Linie servierten Steaks (auch Dry Aged) kommen durchaus ansprechend auf den Tisch, auch Wildgulasch und Hirschbraten werden gelobt. Sowohl das Fleisch als auch das marktfrische Gemüse liefern Landwirte aus der näheren Region.
Markt 7, Tel. 05121 1029117, www.os-marktrestaurant.de

Café Mademoiselle
In diesem charmanten Lokal kann man bei leckerem Kaffee und Kuchen auf dem Weg vom Stadtzentrum zur Kirche St. Michaelis eine angenehme Rast einlegen. Auch das Frühstück ist hier sehr gut.
Kurzer Hagen 3, Tel. 05121 1771883

18

Göttingen

Ein Lied für die Völkerverständigung

Würde man einen Deutschen fragen, was ihm zu Göttingen einfällt, käme diesem wahrscheinlich zunächst Deutschlands meistgeküsstes Mädchen in den Sinn, zumindest denen, die dort studiert haben. Ein Franzose dagegen würde garantiert spontan ausrufen: »Ah, Barbara!«

Seit 1901 schmückt der Gänselieselbrunnen den Platz vor dem Alten Rathaus in Göttingen. Es ist Brauch, dass Doktoranden nach bestandener Prüfung der »holden Maid« Blumen bringen.

Auf Einladung des Jungen Theaters war die französische Chansonnière 1964 zu einem Gastspiel nach Göttingen gekommen, allerdings nur sehr zögerlich, denn die Jüdin war während der deutschen Besatzungszeit mit ihrer Familie vor den Nationalsozialisten geflohen. Dann, quel malheur!, stand am Konzertabend kein Flügel zur Verfügung, sondern nur ein Pianino. Barbara weigerte sich aufzutreten, und Theaterleiter Hans-Gunther Klein setzte Himmel und Hölle in Bewegung, doch noch einen richtigen Konzertflügel aufzutreiben. Eine alte Dame half aus, und zehn Studenten trugen den Flügel triumphierend durch die Stadt in den Theatersaal. Mit zweistündiger Verspätung begann das Konzert, und das Publikum feierte Barbara enthusiastisch.

Gerührt von der Warmherzigkeit der jungen Göttinger entwarf Barbara daraufhin im Garten des Theaters (damals in der Geismar Landstraße 19) ein wunderbar melancholisches Chanson über Göttingen und trug es noch am selben Abend vor: mit schier unglaublichem Erfolg. Zurück in Paris formulierte sie es aus, und es wurde eines ihrer größten Lieder und zum Symbol für die deutsch-französische Verständigung.

Mit ihrer zärtlichsten Stimme sang Barbara von Hermann, Peter, Helga und Hans, von den »blonden Kindern von Göttingen«, die doch die gleichen seien wie in Paris, und von den wunderschönen Göttinger Rosen. »Und sollten Kriegsrufe ertönen, und die Kanonen wieder dröhnen, so manche Träne mein Herz verlöre, für Göttingen, für Göttingen.«

»Was Barbara dort direkt in unsere Herzen hinein gesungen hat, das war für mich der Beginn einer wunderbaren Freundschaft zwischen Deutschen und Franzosen.« Mit diesen Worten erinnert 2003 der damalige deutsche Bundeskanzler Gerhard Schröder, der von 1966 bis 1971 selbst in Göttingen studiert hat, zum 40. Jahrestag des Élysée-Vertrages in Schloss Versailles unter frenetischem französischen Beifall an das Chanson.

»Les enfants de Göttingen«, wie Barbara die jungen Studenten nannte, haben Barbara nicht vergessen und auch nicht ihren alten Brauch, nach bestandener Prüfung ein Mädchen zu küssen, und zwar die Bronzestatue des Gänselieselbrunnens vor dem gotischen Alten Rathaus. Überhaupt ist Göttingen ohne Studenten gar nicht vorstellbar! Bereits im Jahre 1737 eröffnete hier mit der von Kurfürst Georg August von Hannover gegründeten Hochschule eine der ersten dem Geist der Aufklärung verpflichteten Universitäten Deutschlands, an der unter anderem die Brüder Grimm lehrten. Und deshalb führt auch die

Spur der Märchen, die die Franzosen mit ihrer Kindheit verbinden, nach Göttingen, wie es im Chanson heißt. »Es war einmal …«

»Erzählt mir noch mal von den Rosen in Göttingen«, fordert im »Chanson d'Allemagne« die französische Sängerin Patricia Kaas in Anspielung auf Barbara. Auf der Suche nach den schönsten Gärten lernt man Göttingens Fachwerkidyll kennen, seine spätgotischen Kirchen St. Albani, St. Jacobi und St. Marien, in denen Maria, die Rose der Christenheit, auf erlesenen Schnitzaltären gefeiert wird. Hinter dem Audimax angelegt und so alt wie die Universität selbst ist der Alte Botanische Garten, in dem bereits 1743 an die 1500 Arten gediehen. Heute sind es etwa 17 000, darunter Bromelien, Passionsblumen, Kakteen, Orchideen und Seerosen. Und dann steht man plötzlich vor der schönsten aller Rosen: Im Vorgarten des Städtischen Museums Göttingen blüht die eigens zu Ehren der Sängerin kreierte Barbara-Rose, »mit Blüten von einem außergewöhnlich intensiven Rot mit schwarzen sanften Lichtreflexen«, wie sie ihr Züchter rühmte. »Mais Dieu que les roses sont belles / à Göttingen, à Göttingen …«

UNTERKUNFT

FREIgeist Göttingen
Designzimmer und japanisch-südamerikanische Küche sind eine willkommene Abwechslung zu den etwas in die Jahre gekommenen Hotels der Stadt. Die Herbarium Bar serviert Drinks mit frischen Kräutern, die direkt vom vertikalen Beet hinter der Bar gepflückt werden.
Berliner Str. 30, Tel. 0551 999530, www.freigeist-goettingen.de

RESTAURANTS

Augusta
Barbaras Kommentare über die Küche in Göttingen sind nicht überliefert, aber der frankophilen Gemeinde schmeckt die hier servierte Bistroküche, von Quiche Lorraine über Ratatouille, Flammkuchen, Coq au Vin bis hin zum Loup de Mer. Ganz im Stil der deutsch-französischen Freundschaft kommen auch »deutsche« Gerichte wie knusprige Hofente mit Thüringer Klößen und geschmorte Ochsenbacke auf den Tisch. Nette Terrasse.
Am Wilhelmsplatz 3, Tel. 0551 48865333, www.restaurant-augusta.de

Landgasthaus Lockemann
Wann immer eine Tagung an der Universität Göttingen stattfindet, laden die heimischen Professoren ihre illustre Gesellschaft gerne in dieses außerhalb im Stadtteil Herberhausen gelegene Fachwerk-Landgasthaus ein. Denn hier wird seit Jahrzehnten verlässlich gut gekocht, darunter Rindfleisch aus eigener Charolais-Zucht. Sehr zu empfehlen sind auch die Wildgerichte wie Frischlingskeule und Rehnüsschen. Unbedingt reservieren.
Im Beeke 1, Tel. 0551 209020, www.landgasthaus-lockemann.de

19

Hannoversch Münden

Auf der Tillyschanze

Um 1840 entstandene Karikatur des Doktor Eisenbart, legendärer Wanderarzt des Barock (1663–1727)

»Wo Werra sich und Fulda küssen / Sie ihre Namen büßen müssen / Und hier entsteht durch diesen Kuss / Deutsch bis zum Meer der Weser Fluss.« Generationen von Schülern haben seit 1899 dieses Flusspoem eines Mündener Fabrikanten memoriert, aber über die Stadt des Kusses zwischen Kassel und Göttingen am südlichen Zipfel des Weserberglands oft wenig erfahren. Dabei rühmte schon Alexander von Humboldt Münden als eine der sieben am schönsten gelegenen Städte der Welt.

Hier hab' ich so manches liebe Mal
Mit meiner Laute gesessen
Hinunterblickend ins weite Tal
Mein selbst und der Welt vergessen
(Weserlied)

Und Humboldt hatte recht: Vom 25 Meter hohen Turm der Tillyschanze bietet sich ein herrlicher Blick auf ein geschlossenes mittelalterliches Stadtbild mit über 700 Fachwerkhäusern aus sechs Jahrhunderten im »Mündener Sonderstil«, mit Wehrtürmen und Resten der Befestigungsmauern. »Hier hab' ich so manches liebe Mal / Mit meiner Laute gesessen / Hinunterblickend ins weite Tal / Mein selbst und der Welt vergessen«, dichtete Franz von Dingelstedt in seinem »Weserlied«. Der Feldherr Tilly war weniger romantisch: 1626, während des Dreißigjährigen Kriegs, ließ er fast die gesamte Bevölkerung Mündens massakrieren.

Und dann war da noch der Doktor Eisenbart, der »die Leut kurirt auf seine Art«, wie ein bekanntes Spottlied behauptete. Mit marktschreierischem Gefolge zog der Chirurg um 1700 von Stadt zu Stadt, zog Zähne, operierte Brüche, stach den Leuten den grauen Star und entfernte quälende Nierensteine. Weil das alles ohne Narkose höllisch wehtat, traten Gaukler und Spielleute auf, die den Patienten, aber auch das gaffende Volk unterhielten und ablenkten. Der Doktor ging durchaus fortschrittlich zu Werke: Er soll sogar schon sein Besteck über einer Flamme erhitzt haben. Trotzdem verweilte der Wanderdoktor nie lange am selben Ort – besser, man war schon meilenweit fort, wenn es Komplikationen gab.

Dass der hochberühmte Medicus ausgerechnet in Münden starb, anno 1727 im ehemaligen Gasthaus Zum Wilden Mann, hat man ihm nicht vergessen. In der St. Aegidienkirche liegt er bestattet, und dreimal täglich ertönt das Glockenspiel mit dem Spottlied im Giebel des zu Beginn des 17. Jahrhunderts vollendeten Rathauses – schönste Weserrenaissance natürlich. Begleitet wird die Melodie von einem Figurenumlauf, der eine Szene aus dem Leben und Wirken des Wanderarztes darstellt. Von Mai bis September gibt es zudem samstags um halb zwei eine kostenlose »Sprechstunde« mit Doktor Eisenbart im Rathaus: Zu Risiken und Nebenwirkungen fragen Sie Ihren Arzt oder Apotheker.

In Münden konnte man den Bürgern nicht nur Zähne, sondern auch Geld aus der Tasche ziehen. Schon 1247 hatte der Ort das Stadt- und Stapelrecht erhalten, wobei letzteres fast einer Lizenz zum Gelddrucken gleichkam. So mussten alle Kaufleute, die hier auf einer der ältesten Steinbrücken Norddeutschlands die Werra überquerten, ihre Ware für einige Tage feilbieten. Die Fürstenmacht ist vergangen, doch im mächtigen Welfenschloss zeugen erlesene Mündener Fayencen und in dieser Qualität für Norddeutschland fast singuläre profane Renaissancefresken von jener Zeit. Im Sommer sind auch die Konzerte im 20 Kilometer entfernten romanischen Kloster Bursfelde ein Hochgenuss.

UNTERKUNFT

Hotel Alter Packhof
Mitten in der Altstadt, direkt an der Schlagdspitze, wo Werra und Fulda zusammenfließen, wurde in einem 1837 erbauten Lagerhaus das Hotel Alter Packhof eingerichtet. Neben wohnlichen Zimmern im Landhausstil verfügt es über zwei Juniorsuiten mit eigener Sauna. Probieren sollte man, wenn sie auf der Karte steht, eine Spezialität des Hotelrestaurants Cottage: die grätenlose Reinhardswälder Bachforelle.
Bremer Schlagd 10–14, Tel. 05541 98890, www.packhof.com

RESTAURANTS

Gasthaus Letzter Heller
Marktfrische regionale Küche, z. B. Filet vom Hilwartshäuser Weideochsen oder Rehrücken aus lokaler Jagd, bietet in einem liebevoll renovierten Fachwerkhaus das Gasthaus Letzter Heller, dessen Gästezimmer im Hotel Schlafschön nebenan ebenfalls eine Empfehlung verdienen und ganz bestimmt nicht den sprichwörtlichen »letzten Heller« kosten.
Letzter Heller 7, Tel. 05541 6446, www.letzter-heller.de

Flux – Biorestaurant Werratal
Die feine Bioküche von Jörg Treichel lohnt den Abstecher in den 6 Kilometer südöstlich gelegenen Stadtteil Laubach. Im auch als Unterkunft sehr zu empfehlenden Biohotel Werratal serviert er z. B. gebratenes Seehechtfilet, geschmorte Lammschulter mit Rosmarinjus oder Rückensteak vom Landschwein mit Kräutern, aber auch erstklassige Gerichte für Vegetarier und Veganer, bei schönem Wetter im idyllischen Garten. Interessante Karte mit deutschen und österreichischen Weinen aus biodynamischem Anbau.
Biohotel Werratal, Buschweg 40, Tel. 05541 9980, www.flux-biohotel.de

20

Hameln

Perlen der Weserrenaissance

Das prunkvolle Stiftsherrenhaus in Hameln, 1558 im Stil der Weserrenaissance erbaut

Eigentlich hätte Hameln längst mal wieder einen echten Rattenfänger nötig. Er könnte die Bäckereien von den Brotratten und die Konditoreien von den Lakritzratten befreien. Er würde dafür sorgen, dass den Touristen keine flambierten Rattenschwänze mehr vorgesetzt werden, dass sie keinen Rattenködertee und keinen Rattenblutschnaps mehr trinken müssen. Rattenschlipse, Rattenbecher und Rattenshirts würden verschwinden, und auch das sonntägliche Rattenfänger-Freilichtspiel gehörte endlich der Vergangenheit an, vom rockigen Musical »Rats« ganz zu schweigen.

Ein Kleinod der Weserrenaissance ist das Wasserschloss Hämelschenburg hoch über dem Emmertal. Sein Name geht auf den Erbauer, Hermann Graf von Everstein, zurück.

Zwar leistet Hameln sich gleich fünf offizielle Rattenfänger, doch führen die keine Ratten aus der Stadt, sondern Touristen in ihr herum. Viele Japaner kennen den Rattenfänger besser als das Brandenburger Tor. Hameln weiß sich zu vermarkten. Über zwei Millionen Tagestouristen kommen jedes Jahr: Die Ratten würden vermutlich freiwillig fliehen, wenn es noch welche gäbe, echte natürlich.

Dabei ist die Geschichte vom Rattenfänger nichts als Lug und Trug. Ein Vorfall, der sich wohl tatsächlich im 13. Jahrhundert in der Weserstadt abgespielt hatte, wurde erst 300 Jahre darauf mit einer Rattenplage verknüpft. Die Inschrift am Rattenfängerhaus berichtet lediglich, dass anno 1284 ein buntgekleideter Pfeifer 130 Hamelner Kinder aus der Stadt hinaus und auf den Kalvarienberg geführt hat. Vermutlich war er ein lautstarker Werber, der auswanderungswillige Bürger mit der Aussicht auf ein besseres Leben im Osten lockte. Von Ratten kein Wort. Doch spätestens bei den Brüdern Grimm wurde der Pfeifer auch zum Rattenfänger, dem die Ratsherren seinen gerechten Lohn vorenthielten, nachdem er die lästigen Tiere in der Weser ertränkt hatte. Aus Rache entführte der Mann mithilfe seiner Pfeife Hamelner Kinder aus der Stadt – sie wurden nie wieder gesehen.

Da fragt man sich, was dem Frevler passieren würde, der in der Bungelosenstraße ketzerisch eine Flöte zückte. Auf diesem Weg sollen die Kinder nämlich durch das Ostertor hinausgezogen sein, und danach durfte in der »tonlosen Straße« keine Musik mehr erklingen. Das strenge Verbot gilt bis heute.

Etwas Gutes hat die Legende aber doch. Vielleicht hätte man ohne sie die Stadt nie besucht, nie die großartigen Profanbauten der Weserrenaissance in der Osterstraße kennengelernt, mit ihren Rundbogenportalen und Volutengiebeln, den skulpturenverzierten Erkern, die man in Hameln Utluchten nennt, mit ihren Masken, Girlanden und Löwenköpfen. Besonders prunkvoll ist das Ensemble aus Stiftsherrenhaus und Leisthaus. Hier erzählt das Hamelner Heimatmuseum – man ahnt es – von der Rattenfängersage, aber gottlob nicht nur. Auch das Rattenfängerhaus von 1603 hat mehr zu bieten als die Balkeninschrift, wegen der es seinen Namen hat.

Angenehm rattenfrei sind die Kirchen von Hameln, in denen man sich durch die Baustile gucken kann: allein im Münster St. Bonifatius von der Romanik bis zum Barock.

Wer noch nicht genug hat von der Weserrenaissance, der fährt acht Kilometer in Richtung Süden zu Schloss Hämelschenburg. Das über dem Emmerthal gelegene Wasserschloss gilt mit seiner hufeisenförmigen Anlage und den zwei achteckigen Treppentürmen als Paradebeispiel dieses Baustils. Für die Ornamentik kennt die Fachwelt so schöne Ausdrücke wie Zahnschnittgesimse, Beschlagwerklisenen, Bossensteinbänder und verkröpfte Gesimse.

Einiges von Hameln abgeschaut hat man sich 16 Kilometer weiter weseraufwärts im Fachwerkstädtchen Bodenwerder. Hier wurde der berühmte Lügenbaron Karl Friedrich Hieronymus Freiherr von Münchhausen (1720–1797) geboren, und hier starb er auch. Das Rathaus, Münchhausens ehemaliger Herrensitz, ist selbstredend im Stil der Weserrenaissance erbaut. Natürlich vermarktet die Stadt ihren illustren Sohn nach Kräften. Dabei konnte der weit gereiste Münchhausen zwar sicherlich fesselnd erzählen, aber viele absurde Anekdoten, die man in seinem Namen verbreitet, hat er nie zum Besten gegeben. Es wird also nicht nur in Hameln für Touristen geflunkert.

UNTERKUNFT

Hotel Christinenhof
Modernen Komfort in einem Fachwerkhaus mit 300 Jahre alter Fassade und vielen Winkeln im Herzen der Altstadt bietet dieses familiär geführte Hotel. Besonders bemerkenswert ist das exzellente Frühstücksbüfett und der aufmerksame Service. Ruhesuchende buchen am besten die Zimmer zum Hof, da in den Altstadtgassen auch spätabends noch einiges los ist. Im Gewölbekeller befindet sich ein kleines Schwimmbad.
Alte Marktstr. 18, Tel. 05151 95080, www.christinenhof.de

RESTAURANTS

Rattenfängerhaus
Das Restaurant im historischen Rattenfängerhaus serviert mit hintergründigem Humor die oben zitierten »Rattenschwänze« – durchaus leckere, mit Calvados flambierte Schweinefiletstreifen in Geheimsauce – und kredenzt dazu hochprozentiges »Rattengift«, einen Kräuterschnaps, als Absacker. Gerichte ohne die Ratte im Namen gibt es auch. Am erstaunlichsten ist jedoch, dass das Lokal keine Ratten..., pardon, Touristenfalle ist. Und echte Ratten wurden hier auch noch nicht gesichtet.
Osterstr. 28, Tel. 05151 3888, www.rattenfaengerhaus.com

Zum Schultheiss
Im kulinarisch nicht übermäßig verwöhnten Hameln überzeugt dieses Restaurant mit sorgfältig zubereiteter gutbürgerlicher Küche zu zivilen Preisen. Mit den großen Schnitzeln und den saftigen Rumpsteaks kann man nichts falsch machen. Sehr schön ist der Biergarten mit seinen Schatten spendenden Kastanienbäumen.
Süntelstr. 35, Tel. 05151 4051971, www.hotel-schultheiss-hameln.de

21

Im Alten Land
Obstblüte, Hochzeitsbänke und Brauttüren

Das Alte Land, ein riesiger Garten Eden vor den Toren Hamburgs

Ende April werden die Hamburger langsam nervös. Ob sie schon blühen, die Obstbäume im Alten Land, Deutschlands größtem geschlossenen Obstanbaugebiet? Zeit, sich aufs Fahrrad zu schwingen und am linken Elbufer stromabwärts in die Blüten- und Fachwerkpracht zwischen Buxtehude, Jork und Stade hineinzuradeln, »drei Meilen vor Hamburg«.

Einmal die Zeit anhalten:
Hier kam nur der Hase außer Atem,
der sich mit dem Igel
das berühmte Wettrennen lieferte,
»up de lütje Haide bi Buxthude«.

Schon bald werden die Wiesen mit weißen Kirschblüten zugeschneit sein, später folgen die zartrosa Blüten der Birnen-, Pflaumen- und Apfelbäume. Auf der Elbe ziehen mächtige Pötte dahin, und ein altes Fachwerkhaus mit kleiner Gaststube ist nie weit. An den schönsten Plätzen sind von Brautpaaren gestiftete weiße Altländer Hochzeitsbänke aufgestellt. Einmal die Zeit anhalten: Hier kam nur der Hase außer Atem, der sich mit dem Igel das berühmte Wettrennen lieferte, »up de lütje Haide bi Buxtehude«.

Nur im Juli herrscht Stress, wenn die Bauern sich sputen müssen, um die reifen Kirschen vor den gefräßigen Staren von den Ästen zu pflücken. Bei der Apfelernte gibt es solche Probleme nicht: Ohne Leitern holt man die Früchte von den niedrigen Bäumen, und an zahlreichen Ständen am Straßenrand werden Holsteiner Cox und Jonagored erntefrisch angeboten.

Zu allen Jahreszeiten ein ästhetischer Hochgenuss sind die Altländer Bauernhäuser. Besonders schöne stehen in Neuenfelde und Jork. Die älteren Bauten stammen noch aus dem 17. Jahrhundert. Es sind dreischiffige Zweiständerhäuser mit reich gegliederten und verzierten Giebeln. Ihre strahlend weiß gestrichenen Fachwerkbalken sind mit gemusterten Backsteinfüllungen ausgemauert; diese Ziegelmuster fügen sich zu Sinnbildern. Der eingemauerte Hexenbesen schützte vor Blitzeinschlag und bösem Blick, und die Teufelsmühle sorgte dafür, dass immer frisches Brot im Hause war.

Hauptschmuck des Altländer Hauses ist die Brauttür, die früher nur von innen zu öffnen war. Diese zweiflügelige Holztür ist oft fantasievoll geschnitzt, mit Ornamenten, frommen Sprüchen und Namen bunt bemalt. Öffnen durfte man sie nur bei Hochzeiten und Beerdigungen. Vor mehreren Höfen stehen außerdem noch Prunkpforten, die ebenfalls einiges hermachen.

Mit einem nahezu unversehrten Häuserensemble des 17. Jahrhunderts punktet Stade, eine der ältesten Hansestädte. Besonders malerische Häuserzeilen mit alten Giebelhäusern säumen die Uferstraßen des Alten Hafens. Saniert hat man die Pracht mit den Steuereinnahmen aus Deutschlands ältestem Atommeiler. Aber der wird bis 2023 abgerissen, für eine Milliarde Euro. Dafür könnte man wohl alle Obstbäume des Alten Lands kaufen.

UNTERKUNFT

Hotel Altes Land
Das Hotel ist in zwei stilvoll eingerichteten Fachwerkhäusern mit Innenhofgarten untergebracht. Man nächtigt, jeweils mit modernem Wohnkomfort, entweder im Stammhaus, das 1984 nach historischem Vorbild neu errichtet wurde, oder im modernen Gästehaus im Altländer Stil. Das Restaurant Ollanner Buurhuus ist auf »vergessene Genüsse« der Altländer Küche spezialisiert, z. B. Lammbratwürste vom Bentheimer Lamm oder Teebraten vom Auerochsen. Als Aperitif gibt's Elbler (Apfelcidre mit Äpfeln aus dem Alten Land).
Schützenhofstr. 16, Jork, Tel. 04162 91460, www.hotel-altes-land.de

RESTAURANTS

Die Mühle Jork
In einer ehemaligen Mühle von 1856 kommt in rustikalem Backsteinflair ambitionierte Küche auf den Tisch: Tartar vom Angus Prime Beef, Räucheraal, Skrei-Filet, Royal Taube und Ibérico-Schwein. Als Nachspeise schmeckt die karamellisierte Tarte von Altländer Äpfeln besonders fein. Zum Mitnehmen empfehlen sich die handgemachten Pralinen.
Am Elbdeich 1, Jork, Tel. 04162 6395, www.diemuehlejork.de

Knechthausen
In einem attraktiven historischen Fachwerkhaus mitten in der Stader Altstadt schmeckt die mit regionalen Produkten kreierte Gourmetküche. Selten bekommt man die Schwarzwurzel so gut zubereitet wie hier. Auch Kerbelsuppe von der Kerbelknolle, Ochsenbäckchen und geschmorter Lachs mit Hibiskusblüten zeugen von exzellenter Kochkunst. Bei schönem Wetter lockt der idyllische Hof. Eine vorzügliche Weinkarte und erlesene Obstbrände runden das kulinarische Erlebnis ab.
Bungenstr. 20, Stade, Tel. 04141 5296360, www.knechthausen.de

22

Worpswede
Das lichte Moor der Maler

Worpswede: Inspiration für Künstler, Oase für Ruhesuchende

»Es ist ein seltsames Land. Wenn man auf dem kleinen Sandberg von Worpswede steht, kann man es ringsum ausgebreitet sehen, ähnlich jenen Bauerntüchern, die auf dunklem Grund Ecken tief leuchtender Blumen zeigen. Flach liegt es da, fast ohne Falte, und die Wege und Wasserläufe führen weit in den Horizont hinein. Dort beginnt ein Himmel von unbeschreiblicher Veränderlichkeit und Größe.«

»Worpswede, Worpswede,
Worpswede … es ist ein Wunderland.«
(Paula Modersohn-Becker)

Man kann sie noch finden, die Worpsweder Natur mit ihren bizarren Wolkenformationen und faszinierenden Lichteffekten, von der Rainer Maria Rilke einst schwärmte. Im April leuchtet der Himmel über den hellgrünen Birken in diesem zarten Blau, das den Jugendstilkünstler Heinrich Vogeler so faszinierte, und im November sind die unzähligen Schattierungen von Silbergrau, die Wind, Wolken und Nebelschleier zaubern, ein Erlebnis.

»Worpswede, Worpswede, Worpswede … es ist ein Wunderland«, schrieb die später mit Otto Modersohn verheiratete Malerin Paula Becker, eine der bedeutendsten Vertreterinnen des frühen Expressionismus, 1897 begeistert in ihr Tagebuch. »Entdeckt« hat die Landschaft des Teufelsmoors der Kunststudent Fritz Mackensen, dem bald sein Studienkollege Otto Modersohn folgte. Zusammen mit ihren Malerfreunden Fritz Overbeck, Hans am Ende und Heinrich Vogeler rebellierten die akademieverdrossenen Studenten gegen die Historienmalerei der Jahrhundertwende und begeisterten sich für die Ursprünglichkeit der Worpsweder Natur. Mit einer Ausstellung im Münchner Glaspalast gelang den »ersten Fünf« der Durchbruch, und immer mehr Maler zog es nach Worpswede.

Heute reisen die zahlreichen Besucher Worpswedes mit der Schienenbahn »Moorexpress« an und kehren erst einmal am Bahnhof ein, den Heinrich Vogeler im Jugendstil entworfen hat und der 1910 eröffnete. Schmerzlich vermissen werden sie allerdings die kulinarischen Genüsse im »Kaffee Worpswede«, das der im Jahre 1914 zugezogene Bildhauer und Architekt Bernhard Hoetger als Künstlercafé baute: ein verwinkeltes Gebäude mit unregelmäßig ausgemauertem Fachwerk, über das seinerzeit mancher die Nase rümpfte. Im Februar 2019 schloss es seine Pforten. Nebenan sind in der Großen Kunstschau viele Bilder der Worpsweder Künstlerkolonie ausgestellt.

Zeitweiliger Mittelpunkt der Kolonie war der Barkenhoff, ein Fachwerk-Hallenhaus aus dem 18. Jahrhundert, das Vogeler 1894 erworben hatte und anschließend im Jugendstil mit geschweiftem Giebel umbaute. Jetzt ist das Gebäude ein modern konzipiertes Museum, das Heinrich Vogelers Gesamtwerk in einer Dauerausstellung zeigt: Objekte der eigenen Sammlung in Kombination mit Leihgaben anderer Museen und Sammler.

Das Moor wird inzwischen liebevoll renaturiert. Mit Torfkähnen, auf naturkundlichen Radtouren und Moorwanderungen lernt man das Huvenhoopsmoor kennen, in dem mittlerweile wieder Kraniche brüten. Auch Künstler gibt es immer noch in Worpswede. Aber die malen heute natürlich ganz anders.

UNTERKUNFT

Haus im Schluh
Die idyllische Hofanlage bietet fünf mit allem Komfort ausgestattete Ferienwohnungen. Sie dienten seit der Zeit Martha Vogelers als Unterkünfte für Familie und Gäste, als Webwerkstatt und Künstlerateliers. Das Mobiliar wurde größtenteils nach Entwürfen von Heinrich Vogeler gefertigt. Sehr schön ist das große Gelände mit Bauerngarten, Teich-Biotop und Streuobstwiese. Im Schluh 35–37, Tel. 04792 522, www.vogeler-worpswede.de

RESTAURANTS

Worpsweder Bahnhof
Im sehr schön restaurierten, seinerzeit schon landschaftsgerecht gestalteten Jugendstilbahnhof wird in gemütlicher Atmosphäre moderne deutsche Küche serviert: Dreierlei vom Emder Matjesfilet, Kutterteller mit gebratenem Wolfsbarsch- und Zanderfilet oder »Bremer Knipp« (eine der Pinkel verwandte Grützwurst) mit Apfelkompott. Man speist in größtenteils mit Originalmöbeln eingerichteten Räumen, besonders schön auf der lichtdurchfluteten Veranda. Bahnhofstr. 17, Tel. 04792 9878333, www.restaurant-worpsweder-bahnhof.de

Café Scheibner
Ideal für ein spätes Frühstück nach der Ankunft in Worpswede, denn das Büfett mit knusprigen Brötchen, frischem Mett, Käse, Wurst und Rührei ersetzt fast das Mittagessen und wird bis zum frühen Nachmittag serviert. Sehr zu empfehlen ist auch der Kaffee mit Bohnen aus Spezialröstung sowie die hausgemachten Torten und Kuchen, darunter ein besonders feiner Apfelkuchen. Bergstr. 6, Tel. 04792 2114, www.cafe-scheibner.de

23

Bremen

Hanseatischer Bürgerstolz

*»Freiheit offenbar' ich euch, die Karl und mancher Fürst, fürwahr,
dieser Stätte gegeben hat. Dafür danket Gott, das ist mein Rat.«
So steht es geschrieben auf dem Wahrzeichen der Stadt, auf Niederdeutsch
natürlich, und kündet vom Freiheitswillen der Bremer Bürger.*

*Das Blau der Kuppel im Himmelssaal des
von Bernhard Hoetger konzipierten Hauses
Atlantis, einer Konstruktion aus Stahl
und Glas (1931 eingeweiht), ist noch weitgehend im Originalzustand erhalten.*

Bremens markantes Wahrzeichen ist der Roland. Zusammen mit dem Rathaus gehört die Statue seit Juli 2004 zum UNESCO-Welterbe.

*Die auffälligen Handschuhe symbolisieren
die Marktrechte der Stadt, denn diese pflegte der
Kaiser gern mit der symbolischen Übersendung
eines Handschuhs zu gewähren.*

Dem Bremer Erzbischof Albert II. gefiel so viel Aufmüpfigkeit gar nicht. 1366 ließ er eine hölzerne Vorgängerstatue des Rolands verbrennen. Dann eben aus Stein, befanden die selbstbewussten Hansebürger, genauer gesagt Elmkalkstein, wie ein Eintrag im Ausgabenbuch für den Rathausbau penibel belegt: »de kostede hundert unde seventich bremer mark«. Die Investition hat sich gelohnt. Das 1404 auf dem Markt an der Südwestseite des Rathauses aufgestellte Bremer Freiheitssymbol hat nicht nur Napoleon Bonaparte überstanden, der die Statue in den Louvre verschleppen wollte, sondern auch – vorsorglich eingemauert – die Bombennächte des Zweiten Weltkriegs.

Standbilder des im Rolandslied gefeierten Neffen und Paladin Karls des Großen findet man in mehreren niederdeutschen Städten, doch keines ist monumentaler als Bremens Recke, ein freier ritterlicher Mann mit Harnisch, Mantel und Gerichtsschwert. Die auffälligen Handschuhe symbolisieren die Marktrechte der Stadt, denn diese pflegte der Kaiser gern mit der symbolischen Übersendung eines Handschuhs zu gewähren.

Vollendeter Ausdruck dieses frühen bürgerlichen Selbstbewusstseins ist das zwischen 1404 und 1410 errichtete Rathaus, einer der wichtigsten und besterhaltenen Profanbauten dieser Gattung in Deutschland, der natürlich um einiges mehr kostete als »170 Mark«. Aber er sollte ja auch dem Bremer Dom (und der Gerichtsbarkeit) des Erzbischofs Paroli bieten. Noch heute ist der zweigeschossige Saal im Wesentlichen im heutigen Rathausbau erhalten. Von 1595 bis 1616 gestaltete der Bremer Stadtbaumeister Lüder von Bentheim dieses Juwel der Spätgotik zu einem prächtigen Beispiel der Weserrenaissance um. Die als Fest- und Sitzungssaal genutzte Obere Rathaushalle zählt zu den größten ungeteilten mittelalterlichen Profanräumen. Das große Fresko mit dem »Salomonischen Urteil« (1532) an der Nordwand untermauert die Gerichtshoheit des Rates. Von der gewaltigen freitragenden Decke aus Eichenbalken, die mit 33 Kaiserbildnissen bemalt ist, hängen auch vier große Modelle von Orlogschiffen (Kriegsschiffen). Das älteste stammt aus dem Jahre 1545.

Kostbarstes Schmuckstück des Rathauses ist die um das Jahr 1600 entstandene zweigeschossige Güldenkammer, die überreich mit Malerei und Schnitzwerk verziert ist. Die freistehende Wendeltreppe, ein Höhepunkt barocker Schnitzkunst, zeigt Herkules am Scheideweg zwischen Tugend und Laster. Das Innere der Güldenkammer durfte der junge Heinrich Vogeler zu Beginn des 20. Jahrhunderts im reinsten Jugendstil neu gestalten. Während sich die architektonischen Elemente wie Pilaster, Kapitell, Arkade, Sockel, Gesims und Dreiecksgiebel an die Gestaltung der Rathausfassade anlehnen, fügte Vogeler zwei Hauptmotive des Jugendstils neu hinzu: Rose und Reiher.

UNTERKUNFT

Hotel Classico
Zentraler geht's nicht: Von einigen Zimmern des charmanten Boutique-Hotels blickt man direkt auf Rathaus und Roland. Man schläft in 35 höchst individuell eingerichteten Themenzimmern und Suiten. Bremer Weltläufigkeit demonstrieren Namen wie »Kapstadt«, »Havanna« und »Ceylon«, das »Kaffeezimmer« deutet auf die Quelle des Bremer Wohlstands hin. Im Café Classico gibt's ein gutes Frühstück und nachmittags feine Kuchen und Torten. Hinter dem Schütting 1 A, Tel. 0421 24400867, www.hotel-classico-bremen.de

RESTAURANTS

Wels
Das Restaurant im sehr empfehlenswerten Hotel Munte am Stadtwald ist auf außergewöhnliche Fisch- und Wildkreationen spezialisiert. Hier kann man sich auch traditionellen »Heimatgenuss« wie Bremer Knipp, Labskaus und Oldenburger Ente schmecken lassen. Parkallee 299, Tel. 0421 2202666, www.hotel-munte.de

Bremer Ratskeller
Der Bremer Ratskeller inspirierte Märchendicher Wilhelm Hauff zu seinen »Phantasien im Bremer Ratskeller« (1826). Diese geheiligten Hallen des Weingenusses besitzen riesige bemalte Fässer aus dem 18. Jahrhundert und eingebaute Trinklauben (Prölken). Seit 1408 schenkt man hier – heute zu bodenständiger Küche – ausschließlich Wein (kein Bier!) aus deutschen Anbaugebieten aus, wobei der Connaisseur unter rund 600 Tropfen wählen kann. Die ältesten Sorten werden im Apostel- und Rosekeller als kostbare Schätze gehütet. Am Markt, Tel. 0421 321676, www.ratskeller-bremen.de

Markante Felsformation im Elbsandsteingebirge: die Bastei. Von der gleichnamigen Brücke
bietet sich ein grandioser Panoramablick über
den Nationalpark Sächsische Schweiz.

DEUTSCHLAND DER OSTEN

Weltberühmt sind Schloss Sanssouci und Dresdner Zwinger,
doch zwischen Erzgebirge und Oderbruch gibt es so viel
mehr zu entdecken. Mit Luther geht es auf die Wartburg, durch
Wittenberg und Erfurt, mit Goethe durch Weimar und das
Gartenreich Dessau-Wörlitz, mit Heine durch den
Harz, mit Bach und Mendelssohn durch die Musikstadt
Leipzig und mit Fontane durch die stille Mark Brandenburg.
Ein Juwel der Renaissance ist die Grenzstadt Görlitz
an der Neiße, die Geburtsstätte der modernen Architektur
besichtigt man in Dessau. Nicht minder spannend
ist die Spurensuche nach der vor 30 Jahren gefallenen
Mauer in Berlin, dessen Museumsinsel über 3000 Jahre
Menschheitsgeschichte versammelt.

DEUTSCHLAND – DER OSTEN

BERLIN
24 Berliner Mauer
25 Berliner Museumsinsel

BRANDENBURG
26 Potsdam
27 Mark Brandenburg
28 Kloster Chorin
29 Spreewald

SACHSEN-ANHALT
30 Wittenberg
31 Dessau-Wörlitz
32 Dessau
33 Magdeburg
34 Quedlinburg
35 Harz
36 Naumburg

THÜRINGEN
37 Weimar
38 Erfurt
39 Wartburg

SACHSEN
40 Leipzig
41 Erzgebirge
42 Meißen
43 Moritzburg
44 Dresden
45 Sächsische Schweiz
46 Bad Muskau
47 Görlitz

Sachsen-

Berlin

Brandenburg

Anhalt

Sachsen

hüringen

24

Berliner Mauer

Auf Spurensuche

Bis 1989 führte der Regierende Bürgermeister wichtige Gäste gern hinaus auf den Schaubalkon des Reichstags, der fast über der Mauer hing. Man blickte über die ungeheure Schneise, die quer durch die Innenstadt verlief, starrte den Wachposten drüben an, der fotografierte zurück, und es sah so aus, als würde das noch 100 Jahre lang so bleiben: das Brandenburger Tor versperrt, der Potsdamer Platz eine Wüstenei. Heute blickt man nicht mehr von einem Balkon, sondern von Norman Fosters gläserner Reichstagskuppel über die Stadt, und alles ist anders.

Bilder einer geteilten Stadt: Das Loch im »antifaschistischen Schutzwall« gibt einen Moment lang Einblick in die Welt des anderen, die so nah und dennoch so unerreichbar ist.

Vier stählerne Stelen ragen in den Himmel über Berlin. Die Kunstinstallation an der Bernauer Straße ist Teil der Gedenkstätte Berliner Mauer, dem zentralen Erinnerungsort an die geteilte Stadt.

Und wie anders! Sanft gleitet der ICE in die 320 Meter lange gläserne Halle des Berliner Hauptbahnhofs. Ältere Passagiere werden sich daran erinnern, dass hier noch bis 2002 der verwahrloste Lehrter Bahnhof stand, ein schmuddeliger Abgesang des Westens, bevor es hinüberging in eine bizarre Landschaft aus Absperrungen, Minenfeldern, Backsteinruinen und viel grauer Leere, bis der Zug nach wenigen Minuten in den Bahnhof Friedrichstraße einlief. Auch ihn erkennt man nicht wieder, den einstigen Tränenpalast mit seinen von Grenzpolizisten gesäumten Bahnsteigen, seinen blassgelben Kacheln, dem

Geruch nach scharfen Reinigungsmitteln und den Klaustrophobie auslösenden Kabuffs, in denen DDR-Grenzer einem peinlich lange in die Augen stierten, als könnten sie darin die finsteren Absichten eines Republikfeinds herauslesen. Heute ist hier die ständige Ausstellung »GrenzErfahrungen. Alltag der deutschen Teilung« zu sehen. Der Bahnhof selbst wurde zum topmodernen Einkaufsbahnhof umgestaltet. Die DDR-Nostalgie ist damit endgültig passé.

Es ist schon ein Kreuz mit der Berliner Mauer. Niemand vermisst sie, und doch wünschte man sich, es gäbe von ihr noch etwas mehr zu sehen als das Stück East Side Gallery. Hier an der Mühlenstraße am Ufer der Spree haben Künstlerinnen und Künstler aus aller Welt 1990 in einer spontanen Aktion die grauen Segmente der »Hinterlandsicherungsmauer« zwischen Ostbahnhof und neogotischer Oberbaumbrücke bemalt und in ein insgesamt 1300 Meter langes buntes Kunstwerk verwandelt. Leonid Breschnew und Erich Honecker geben sich den sozialistischen Bruderkuss, ein Trabi durchbricht die Mauer. Man erinnert sich an die – meist weniger gelungenen – Graffiti, mit denen vielerorts die Mauer auf der Westseite bemalt war. Austoben konnte man sich ungestraft, die Grenzer schritten nicht ein. Kinder, die an der Mauer ihre Fußballkünste trainierten, durften aber nicht zu hoch zielen, oder sie konnten ihren Ball abschreiben.

Die Graffitis früherer Zeiten findet man heute eher in amerikanischen Vorgärten, in die so manches Mauerteil abtransportiert wurde, oft sind es nicht mal echte. Selbst die Malereien der East Side Gallery sind nicht mehr die originalen, sondern Repliken von 2009. Das lächerliche Pauschalhonorar, mit dem die Künstler für die Rekonstruktion ihrer eigenen Werke abgespeist wurden, stieß vielen sauer auf. Der Künstler Jim Avignon übermalte seinen Beitrag auf der Mauer sogar mit dem Wort »moneymachine« (Geldmaschine). Sei's drum: Es bleibt hier ohnehin bei einer vagen Ahnung, wie der »antifaschistische Schutzwall« zwischen den Stadtteilen Kreuzberg (West) und Friedrichshain (Ost) in den 1970er- und 1980er-Jahren auf Westberliner Seite ausgesehen hat.

Ein 70 Meter langes Original-Teilstück der Grenzanlagen richtete man 1998 an der Bernauer Straße wieder auf, mit Mauerteilen von anderen Abschnitten. Der Wachturm ist allerdings kein Original, denn das hatte man schon abgerissen, bevor der Denkmalschutz tätig wurde. Auf dem später erweiterten Gelände erinnert nun die »Gedenkstätte

Weiße Kreuze erinnern am Spreeufer am Friedrich-Ebert-Platz neben dem Reichstagsgebäude an die Todesopfer an der Mauer.

Berliner Mauer« an die Teilung Berlins und die Todesopfer an der Mauer. Neben dem Denkmal ersetzt die Kapelle der Versöhnung eine 1985 im Todesstreifen gesprengte Kirche von 1894.

Viel mehr als einige sporadische Mauerreste sind auch auf dem immerhin vorbildlich ausgeschilderten und auch landschaftlich recht reizvollen, 160 Kilometer langen Berliner Mauerweg nicht zu finden. Die in 14 Einzelstrecken gegliederte, jeweils mit dem öffentlichen Nahverkehr gut zu erreichende Rad- und Wanderroute folgt dem Verlauf der ehemaligen DDR-Grenzanlagen zu West-Berlin, größtenteils auf dem ehemaligen Zollweg (West-Berlin) oder auf dem sogenannten Kolonnenweg der DDR-Grenztruppen. An 29 Standorten entlang des Weges wird mit Kurzbiografien an die Toten der Berliner Mauer erinnert.

Die meisten Besucher werden sich wohl auf die jeweils sieben Kilometer langen Abschnitte des innerstädtischen Mauerwegs beschränken, die vom Potsdamer Platz zur Warschauer Straße bzw. zum Nordbahnhof führen. Der ehemalige Verlauf der Mauer ist im Boden mit einer doppelten Pflastersteinreihe und gusseisernen Tafeln »Berliner Mauer 1961–1989« markiert. 32 Stationen der Geschichtsmeile Berliner Mauer erinnern mit Fotografien und Texten an gescheiterte und tödlich endende, aber auch erfolgreiche Fluchtversuche, so z.B. an der Bernauer Straße zwischen Schwedter und Strelitzer Straße. Unvergessen bleibt das Foto des DDR-Grenzpostens Conrad Schumann, der hier 1961 den gerade erst errichteten Stacheldrahtverhau überwand. Ebenso aufregend verlief die erfolgreiche Flucht von 57 Menschen durch einen 140 Meter langen Tunnel. Weiße Kreuze erinnern am Ufer der Spree am Friedrich-Ebert-Platz neben dem Reichstagsgebäude an die Todesopfer an der Mauer.

Besonders im Gedächtnis geblieben ist der Grenzübergang Bornholmer Straße. Nach der live übertragenen Erklärung Günter Schabowskis auf einer Pressekonferenz am 9. November 1989 gegen 19 Uhr zur Reisefreiheit der DDR-Bürger hatten die dortigen Grenzposten das »unverzüglich« ernst genommen. Um 23.30 Uhr kapitulierten sie hier als Erste vor dem Ansturm der Massen und stellten – noch ohne Genehmigung von oben – die Passkontrollen ein. Gegen 24 Uhr hoben auch die anderen sechs Grenzübergänge die Schlagbäume, und das deutsche Volk war in dieser Nacht »das glücklichste der Welt«. Auf dem ehemaligen Mauerstreifen unterhalb der Bösebrücke nördlich der

Mai 1988: Bauarbeiten an der Mauer im Ostberliner Bezirk Neukölln werden von einem Grenzpolizisten mit Argusaugen überwacht.

*Am berühmt-berüchtigten Checkpoint Charlie
standen sich am 27. Oktober 1961 amerikanische und sowjetische
Panzer mit schwerer Munition gegenüber.*

Bornholmer Straße wurde ein Teilstück des Berliner Mauerweges mit einer kleinen Allee von Japanischen Zierkirschen gestaltet. Nach dem Wunsch der japanischen Spender sollen sie Frieden und Ruhe in die Herzen der Berliner bringen.

Vom Aufruhr ist heute am berühmt-berüchtigten Checkpoint Charlie, der damals Alliierten, Diplomaten und Ausländern vorbehalten war, wenig zu spüren. Hier standen sich am 27. Oktober 1961 amerikanische und sowjetische Panzer mit scharfer Munition gegenüber, weil DDR-Grenzposten versucht hatten, unter Bruch des Viermächteabkommens Angehörige der amerikanischen Streitkräfte zu kontrollieren. Am 17. August 1962 verblutete an gleicher Stelle der 18-jährige Maurergeselle Peter Fechter; eine Stunde lang lag er, nachdem er angeschossen worden war, im Todesstreifen. Die Bilder seines Todeskampfes, begleitet von ohnmächtigen »Mörder«-Rufen der Menschen auf der Westseite, gingen um die Welt. Erst der Besuch Präsident Kennedys glättete die Wogen der Empörung darüber, dass US-Streitkräfte Fechter nicht gerettet hatten, obwohl sie, anders als die Westberliner Polizei, den sowjetischen Sektor betreten durften.

Vor der nachgebauten weißen Kontrollbaracke der US-Armee mit aufgeschichteten Sandsäcken stehen Schauspieler in Uniform, die sich für bare Münze fotografieren lassen. Touristen aus aller Welt schießen Selfies vor dem legendären Schild YOU ARE LEAVING THE AMERICAN SECTOR und achten peinlich darauf, die grellen Leuchtreklamen von KFC und McDonalds auszublenden. Welche Geschichten hätte das in Würde verschlissene Café Adler direkt am Checkpoint, wo sich Spione mit Diplomaten trafen, heute zu erzählen, wenn es nicht 2008 dem Kommerz zum Opfer gefallen wäre, wie alles an diesem mythischen Ort deutsch-deutscher Geschichte, an dem man kitschigen Krempel des Kalten Kriegs an kichernde Touristen verhökert. Man muss sich schon ins Mauermuseum flüchten, um eine Vorstellung davon zu gewinnen, wie dieses bizarre Labyrinth aus nachts grell beleuchteten Grenzanlagen einmal ausgesehen hat. Wenige Meter vom ehemaligen Checkpoint Charlie entfernt ist jetzt Luxusshopping in den Friedrichstadt-Passagen angesagt. Aber wirklich spektakuläre Moderne bietet eigentlich nur der sensationelle Zeltdach-Fujijama des Sony-Centers auf dem Potsdamer Platz, der lange ödes Niemandsland war, zerteilt von Mauer und Grenzanlage. »Es gibt nichts oder fast nichts Altes mehr in Berlin«, hatte bereits 1909 der französische Reiseschriftsteller Jules Huret beklagt. Doch die Erinnerung daran, die gibt es sehr wohl.

UNTERKUNFT

Honigmond Garden Boutique Hotel
Adresse für Romantiker ganz in der Nähe der Gedenkstätte Berliner Mauer: 20 Zimmer, sechs Gartenbungalows und drei Suiten, äußerst geschmackvoll eingerichtet. Der wunderschöne Garten ist ein Idyll mitten in der Großstadt mit quakenden Fröschen und einem asiatisch anmutenden Brücklein.
Invalidenstr. 122, Tel. 030 28445577, www.honigmond.de

Hotel Grenzfall
Das barrierefreie Hotel neben der Gedenkstätte Berliner Mauer ist mit seiner gelebten Inklusion, einem verblüffend großen Garten und sehr viel Freundlichkeit ein echter Glücksfall für Berlin.
Ackerstr. 136, Tel. 030 34333300, www.hotel-grenzfall.de

RESTAURANTS

Nobelhart & Schmutzig
Gastroführer loben die »trendig-urbane Foodbar« (Guide Michelin) südlich des Checkpoint Charlie, in der strikt regionale Produkte »mit Zen-artiger Konzentration« (Gault Millau) verarbeitet werden, was man aufgrund des Konzepts der offenen Küche auch live mitverfolgen kann. Tatsächlich dürften Aal oder Zander aus der Müritz, Schwarzwurzeln aus dem Berliner Umland oder Chicorée mit sauer eingelegten Löwenzahnblüten nirgendwo besser schmecken als hier. Dafür gibt es weder Olivenöl noch Pfeffer oder Basilikum, denn man ist nach Eigenaussage nun mal »brutal lokal«. »Rotzfrech« nennen einige das Konzept von Billy Wagner, aber egal, was könnte besser zu Berlin passen?
Friedrichstr. 218, Tel. 030 25940610, www.nobelhartundschmutzig.com

Käfers Dachgarten
Frühstücken und speisen im Reichstag? Mit Reservierung kommt man ohne langes Anstehen durch den Seiteneingang nach oben in die Reichstagskuppel.
Platz der Republik 1, Tel. 030 2262990, www.feinkost-kaefer.de

25

Berliner Museumsinsel

Babylon und Pergamon

*Nofretete ist schon da! 2005 zog sie auf die Museumsinsel – zunächst
ins Alte Museum, wo sie in Gesellschaft der Thronenden Göttin von Tarent
ausharrte, bis sie in die Ägyptische Sammlung überwechselte. Diese
wurde im Neuen Museum eingerichtet, dessen Umbau David Chipperfield
vollendet hat. Auch einen Teil der Schätze aus Troja gibt es
jetzt hier zu sehen – und vielleicht kehrt ja sogar irgendwann
der berühmte Schatz des Priamos aus Russland zurück?*

*Glanzlicht im Neuen Museum ist die
Büste der ägyptischen Königin Nofretete.
Diese war bei Ausgrabungen, die vom
Berliner Kunstmäzen James Simon
finanziert wurden, 1912 nahe der Stadt
Amarna aufgefunden worden.*

Noch einige Jahre lang wird das UNESCO-Weltkulturerbe Berliner Museumsinsel »work in progress« bleiben. »Eine gewaltige Zeitmaschine« nennt Klaus-Dieter Lehmann, Präsident der Stiftung Preußischer Kulturbesitz, das größte Museumsprojekt der Welt. Inzwischen ist mit der neuen James-Simon-Galerie zwischen Neuem Museum und Kupfergraben auch ein zentrales Eingangsgebäude und Infozentrum für die gesamte Museumsinsel errichtet worden.

Begonnen hat das Abenteuer mit dem Alten Museum, einem 1830 eröffneten klassizistischen Meisterwerk Schinkels mit ionischer Vorhalle und Rotundenkuppel. So begeistert war König Friedrich Wilhelm IV., dass er schon 1835 seine Vision von einer Berliner Museumsakropolis mit kolonnadengesäumten Plätzen und herausgehobenen Tempeln skizzierte und beschloss, die ganze Spreeinsel »zu einer Freistätte für Kunst und Wissenschaft umzuschaffen«. Der Architekt Friedrich August Stüler entwickelte daraus 1841 einen Gesamtentwurf für die Museumsinsel. Mit ihren fünf Häusern demonstrierte sie den Anspruch, Kulturgeschichte zu schreiben. Bald wird die Museumsinsel der Gegenwart ihr endgültiges Gesicht annehmen. Dann wird man auf einer »Archäologischen Promenade« von Nofretete zum Pergamonaltar und zu spätgotischen Madonnen spazieren.

Schon heute wird in den lichten Sälen des Bode-Museums wieder die größte europäische Skulpturensammlung präsentiert. Ein halbes Jahrhundert lang war diese in verschiedenen Häusern in Ost und West untergebracht.

Um 1900 hatte Ernst von Ihne für die Skulpturen- und Gemäldesammlung Wilhelm von Bodes (1845–1929) einen Kuppelbau errichtet, den der Wiener Heinz Tesar großartig restauriert hat. Jetzt sind alle Stationen europäischer Bildhauerkunst an einem Ort erlebbar, eingebunden in ihre zeitlichen und stilistischen Zusammenhänge von der Spätantike über Byzanz und die Spätgotik Riemenschneiders bis hin zum Klassizismus. Wie galant, ja kokett rafft die mondäne »Maria« (1717) von Joseph Anton Feuchtmayer im galanten Stil des Louis-quinze ihre engen Schleier, mit welcher Anmut verharrt Antonio Canovas »Tänzerin« (1809–1812) in ihrem eleganten Schwung!

Noch trennt die Trasse der Stadtbahn das Bode-Museum vom neoklassizistischen Dreiflügelkoloss des Pergamonmuseums in der Mitte der Insel, das die Antikensammlung, das Vorderasiatische Museum und das Museum für Islamische Kunst vereint. Im Zuge des Umbaus vom Pergamonmuseum nach Plänen des Kölner Architekten Oswald Mathias Ungers (1926–2007) soll laut Auskunft

Detail des rekonstruierten Ischtar-Tors, eines der Stadttore von Babylon

Südlicher Säulengang der Kolonnaden auf der Museumsinsel – nach der Instandsetzung 2010 wieder der Öffentlichkeit übergeben

der Museumsinsel »mit einem ergänzenden vierten Flügel ein Hauptrundgang geschaffen werden, der die monumentale Architektur des Ägyptischen und des Vorderasiatischen Museums, der Antikensammlung und des Museums für Islamische Kunst zu einem Gesamtbild vereinigt«. Teile des Pergamonmuseums bleiben während des Umbaus geöffnet, der Saal mit dem Pergamonaltar ist aber voraussichtlich bis mindestens 2023 geschlossen. Danach wird sich der Zeusaltar aus Pergamon (um 180–159 v. Chr.) besonders effektvoll präsentieren, mit seinem umlaufenden, 120 Meter langen Fries, auf dem Götter gegen Giganten kämpfen. In neuem Ambiente wird man dann auch das rund 2000 Jahre alte hellenistische Markttor von Milet und Skulpturen aus Milet, Samos, Naxos und Attika bewundern können.

4000 Jahre Geschichte und Kultur durchwandert der Besucher im Vorderasiatischen Museum. Die meisten Funde stammen aus Grabungen, die ab 1898 von der Deutschen Orientgesellschaft durchgeführt wurden. Weltberühmt ist das Tor der Kriegs- und Liebesgöttin Ischtar aus der Zeit Nebukadnezars II. (605–562 v. Chr.). Das einstige Stadttor von Babylon setzten Archäologen aus unzähligen, in 399 Kisten verpackten Scherben wieder zusammen. Glänzende, blau glasierte Ziegel und fantastische Tierreliefs zieren es. Die kräftigen Stiere stehen für den Wettergott Adad, das Fabelwesen Muschuschu, eine bedrohliche Verkörperung des Stadt- und Hauptgottes Marduk, ist eine Mischung aus Hornviper, Raubkatze, Raubvogel und Skorpion. Feinde Babylons sollten da schon beim ersten Anblick Reißaus nehmen.

Auch die Höhepunkte des Museums für Islamische Kunst, das in den Nordflügel umziehen wird, werden in neuem Glanz erstrahlen, darunter die Haupttorfassade des unvollendet gebliebenen jordanischen Wüstenschlosses Mschatta aus dem 8. Jahrhundert. Das Meisterwerk der weltlichen frühislamischen Kunst war ein Geschenk des osmanischen Sultans Abdülhamid II. an Kaiser Wilhelm II. Nicht minder erlesen ist die um 1600 entstandene bemalte Vertäfelung eines Empfangsraumes aus einem privaten Wohnhaus im christlichen Viertel von Aleppo: das älteste vollständig erhaltene Beispiel seiner Art. Die figürlichen Darstellungen mit christlicher und islamischer Symbolik vermitteln Einblicke in die Bilderwelt orientalischer Christen und demonstrieren das Miteinander der Religionen.

Die sanierte Alte Nationalgalerie wurde 1866 bis 1876 nach Plänen von Friedrich August Stüler und Johann Heinrich Strack erbaut. In der Skulpturenhalle steht Schadows berühmtes, aber lange gering geschätztes Doppelstandbild der Schwestern Kronprinzessin Luise und Prinzessin Friederike: mit seiner lebensnahen, natürlichen Darstellung weiblicher Reize ein Hauptwerk des Berliner Frühklassizismus. Unter den Gemälden des 19. Jahrhunderts faszinieren besonders zwei Totenlandschaften. Caspar David Friedrichs »Abtei im Eichwald« (1809/10), das einen Klosterfriedhof im Winter mit der Ruine eines gotischen Chores zeigt, und Arnold Böcklins »Toteninsel« (1880–1886), das – in fünf erhaltenen Versionen – eine zypressenbestandene Insel abbildet und als eines der wichtigsten Schöpfungen des Symbolismus gilt.

Für immer verloren hat das Museum allerdings einen großen Teil der Sammlung deutscher Expressionisten, die von den Nazis ins Ausland verschleudert wurde. An diese unselige Zeit gemahnt heute vieles in Berlin, so das Denkmal zur Erinnerung an die Bücherverbrennung auf dem Bebelplatz oder das Stelenfeld des Holocaust-Mahnmals unweit des Brandenburger Tors. Bei aller Begeisterung für die großartigen Kunstschätze sollte man nicht vergessen, dass auch diese Orte unbedingt zu einem Berlin-Besuch gehören.

UNTERKUNFT

Radisson Blu
Das Hotel in unmittelbarer Nähe der Museumsinsel mit Blick auf den Berliner Dom ist eine Sehenswürdigkeit für sich, denn im Innenhof befindet sich das größte Rundaquarium der Welt: ein 25 m hoher Acrylzylinder, der diese Adresse zu einer maritimen Erlebnislandschaft macht.
Karl-Liebknecht-Str. 3, Tel. 030 238280, www.radissonblu.com

RESTAURANTS

The Rooftop Terrace
Das Bar-Restaurant des Hotel de Rome ist mit einem fabelhaften Blick über die Museumsinsel gesegnet und lockt mit leichter Küche und feinen Cocktails. Im Sommer finden abends auf der Dachterrasse Events mit DJ und Livemusik statt.
Behrenstr. 37, Tel. 030 4606090, www.roccofortehotels.com

James Simon Bar
Das 2018 in den S-Bahnbögen am Spreeufer im gleichnamigen Park eröffnete Theater-Restaurant des Monbijou-Theaters serviert Berliner Küche, darunter Currywurst mit Ofenkartoffeln, sowie Speisen aus dem südosteuropäischen Raum und neapolitanische Pizza, bei schönem Wetter auch im Freien mit tollem Blick auf die Museumsinsel,
Stadtbahnbogen 159–160, Tel. 030 84710709, www.jamessimonbar.de

Jolly
In unmittelbarer Nähe der Museumsinsel genießt man hier klassische asiatische und chinesische Gerichte wie Dim Sum und eine wirklich authentische Pekingente (kantonesischer Art), die man, wohl aufgrund des überwiegend asiatischen Publikums, tatsächlich auch ohne Vorbestellung bekommt, in geschmackvoll-moderner Einrichtung.
Am Kupfergraben 4 A, Tel. 030 20059500, www.restaurant-jolly.de

26

Potsdam

Sorgenfreie Tage auf Schloss Sanssouci

*Am Anfang war die Sehnsucht nach Italien. Einen Weinberg am
»Wüsten Berg« wollte Friedrich der Große anlegen. Die parabolisch nach
innen geschwungenen Terrassen sollten möglichst viel Sonne auffangen.
Landschaftskünstler Peter Joseph Lenné hatte in Frankreich, wo romantische
Gärten à l'anglaise gerade in Mode gekommen waren, ein Gespür
dafür entwickelt, wie man Parks, Gärten, künstliche Seen und elegant
gebogene Wege zu einem harmonischen Ganzen vereint.
Mit den Gärten von Sanssouci schuf der Königliche Garteningenieur
sein Meisterwerk.*

*Mehr als 4000 Skulpturen sind im
Schlosspark von Sanssouci zu bewundern,
darunter der anmutige »Betende Knabe«
im östlichen Gitterpavillon auf den
Weinbergterrassen – die Lieblingsstatue
von Friedrich dem Großen.*

*Der Grottensaal im Neuen Palais ist
über und über mit Fossilien und Mineralien
bestückt: Muscheln, Schnecken, Edel-
steine, fantasievoll zusammengefügt zu
Drachen und anderen Fabelwesen.*

Aber Friedrich wollte mehr: eine »maison de plaisance«, in der er nicht nur repräsentieren, sondern
nach Herzenslust philosophieren, dichten, Flöte
spielen und handverlesene Freunde empfangen konnte. In
den großen Palästen in Berlin und Charlottenburg fühlte
er sich nicht wohl, er suchte dezente Eleganz und ruhige
Ländlichkeit. »So will ich es haben«, sagte er seinem Freund
Georg Wenzeslaus von Knobelsdorff, wie Friedrich ein
Verehrer antiker Baukunst, als er ihm 1745 die erste Skizze
reichte – und so wurde es auch: ein gelbes Lustschloss, das
sich hinter der sechsten Weinterrasse beinahe versteckt. Wer

den militaristischen Geist von Potsdam sucht, in Sanssouci
findet er ihn nicht, es sei denn, man betrachtet die lediglich zwei Jahre währende Bauzeit als Sinnbild preußischer
Disziplin. Erst unter Friedrich Wilhelm IV. wurden 1840
die Seitenflügel des Schlosses verlängert und aufgestockt.

Im Park von Sanssouci regieren Leichtigkeit und Eleganz des Rokoko, raffiniert angelegte Sichtachsen eröffnen
immer wieder neue Perspektiven, eine ausgelassene Schar
von Bacchantinnen und Bacchanten aus Sandstein empfängt
den Spaziergänger. Kaum zu glauben, der erste Wunsch
Friedrichs galt einem stattlichen Mausoleum auf der obersten Terrasse: »Erst hier werde ich ohne Sorgen seyn.«

»SANS, SOUCI.«, so steht es an der Gartenseite.
Über das seltsame Komma ist viel spekuliert worden, und
nicht immer jugendfrei. Fest steht, dass Friedrich Frauen
grundsätzlich als Sorgen betrachtete, die er hier in Sanssouci nicht haben wollte, eingeschlossen seine ungeliebte
Gemahlin Königin Elisabeth Christine. Enge Alkovenbet-
ten in den als offene Zimmerfluchten konzipierten Gäs-
tequartieren und schmale Rokokosofas an den Wänden:

Für amouröse Ausschweifungen war Sanssouci denkbar ungeeignet. Hier sollten sich nach Friedrichs Wunsch die geistvollsten Männer Europas zur berühmten Tafelrunde treffen und über Gott und die Welt philosophieren, ohne von Weibsbildern abgelenkt zu werden.

Mittelpunkt des Schlosses ist der ovale Marmorsaal, den acht korinthische Säulenpaare aus Carraramarmor mit vergoldeten Kapitellen gliedern. Unter der Kuppel, für die das Innere des römischen Pantheons als Vorbild diente, diskutierte die Elite der europäischen Aufklärung freimütig über Kunst, Literatur, Philosophie, Religion, Geschichte und Kriegsführung, über Medizin und über die Wissenschaften: Francesco Algarotti, Julien Offray de La Mettrie, der Marquis Jean-Baptiste d'Argens, Pierre Louis Moreau de Maupertuis und natürlich Voltaire, der Berühmteste der Tafelrunde, der 1750 in Potsdam eintraf und zunächst sehr angetan war. »Nirgends auf der Welt wurde je mit so viel Freiheit über den Aberglauben der Menschen gesprochen, und nie mit so viel Spott und Verachtung. Gott war ausgenommen; aber von denen, die in seinem Namen die Menschen getäuscht hatten, blieb keiner verschont.«

An kalten, feuchten Tagen wich die plaudernde Runde lieber ins beheizbare Audienzzimmer aus. Prunkvoller geben sich die östlich anschließenden königlichen Zimmer. Als eine der schönsten Raumschöpfungen des friderizianischen Rokoko gilt das Konzertzimmer, ganz in strahlendem Gold und Weiß gehalten. Große Spiegel verstärken die phänomenale Raumwirkung. Goldene Rocaillen lassen Blumen und Früchte an den Wänden und der Decke sprießen, umranken die spielerisch leichten Gemälde von Antoine Pesne, die Liebesszenen aus Ovids Metamorphosen schildern. In diesem entzückenden Ambiente erklang Friedrichs Flötenspiel, von Adolf Menzel auf Leinwand gebannt.

Wie Friedrichs Arbeits- und Schlafzimmer nebenan einst aussah, wissen wir nur aus Beschreibungen des Marquis de Bouillé, denn Friedrich Wilhelm II. ließ es als einzigen Raum des Schlosses klassizistisch umgestalten. Das Gemach war tatsächlich äußerst renovierungsbedürftig, denn Friedrichs geliebte Hunde hatten hier allzu große Narrenfreiheit genossen. Die prunkvolle Bibliothek durften dagegen weder Gäste noch Hunde betreten: ein intimer Raum in warmen Farben. Die umlaufende Bücherwand ist mit kostbarem Zedernholz getäfelt und mit vergoldeten Bronzeornamenten verziert. Von der kreisrunden Decke strahlt eine vergoldete Sonne: das Symbol der Aufklärung und der Freimaurer. In den niedrigen Bücherschränken reihen sich in hellbraunes Maroquinleder oder rotes Zie-

genleder gebundene Werke von Voltaire und anderen französischen Autoren, naturwissenschaftliche Schriften und Architekturwerke bis hin zu den griechischen und römischen Philosophen und Geschichtsschreibern. Seneca und Mark Aurel las der König besonders gern.

Die fünf Gästezimmer, ohne Bad, aber jeweils mit Zutritt zum Garten, sind sparsam dekoriert. Das vierte, genannt das Voltairezimmer (in dem der Philosoph aber nie schlief), erinnert mit seinen in natürlicher Farbigkeit präsentierten Blumen- und Früchteverzierungen aus Stuck oder bemaltem Eisenblech an eine charmante Gartenlaube. »Man presst die Orange aus und wirft die Schale weg« – mit diesem abfälligen Spruch provozierte Friedrich die Abreise Voltaires. Nach dem verlustreichen Siebenjährigen Krieg ließ er zwischen 1763 und 1769 das gewaltige Neue Palais bauen: eine »Prahlerei«, wie er das Ganze selbst in weiser Selbsterkenntnis nannte. Allzu flüchtig war die heitere Zeit von Sanssouci, und aus dem Philosophenkönig wurde der griesgrämige Alte Fritz.

UNTERKUNFT

Bayrisches Haus
Mitten im Wald liegt Potsdams charmantestes Hotel, das an eine zu elegant geratene bayrische Almhütte erinnert. 1847 linderte Friedrich Wilhelm IV. damit das Heimweh seiner geliebten Gemahlin Elisabeth Ludovika, Prinzessin von Bayern. In den auf vier Gebäude verteilten Comfortzimmern regiert eleganter Landhausstil. Besonders edel gibt sich die Wellness Suite mit eigener Sauna und großem Balkon mit Waldblick. Dazu kommt ein nobler Spa.
Elisenweg 2 (im Wildpark), Tel. 0331 55050, www.bayrisches-haus.de

RESTAURANTS

kochZIMMER
»Neue preußische Küche« lautet das Credo der Familie Frankenhäuser, das sie in der aufgestylten Ratswaage von 1752 konsequent umsetzt, mit ausgesuchten Brandenburger Produkten und gründlich modernisierten Rezepten vom preußischen Königshof. Sehr fein munden Beelitzer Kaninchen mit glasiertem Kohlrabi und schwarzem Knoblauch oder Schweinebauch im Gewürzsud mit Zwiebeln, Senf und Sauerampfer. Besonders romantisch speist man an warmen Abenden im Barockambiente des Innenhofs mit plätscherndem historischen Brunnen. Erstklassige Weinkarte.
Am Neuen Markt 10, Tel. 0331 20090666, www.restaurant-kochzimmer.de

Gourmetrestaurant Kabinett F. W.
Soldatenkönig Friedrich Wilhelm I. wäre mit der modernen französischen Küche, die im Restaurant des Bayrischen Hauses serviert wird, sicher nicht glücklich geworden. Ganz anders die heutigen Gourmets, die sich in nobel getäfeltem Ambiente des Kaminsaals Sternekoch Alexander Dressels Flusskrebse aus dem Britzer Garten, Ibéricoschwein mit Pfifferlingen, Spargel, Mandel und Bärlauch oder Huchen mit Kohlrabi, Speck und Brunnenkresse schmecken lassen, begleitet von ausgesuchten deutschen Weinen.
Elisenweg 2 (im Wildpark), Tel. 0331 55050, www.bayrisches-haus.de

27

Mark Brandenburg

Unterwegs mit Fontane

Die wasserreiche Landschaft in der Mark Brandenburg mutet wie aus der Zeit gefallen an.

»Da lag er vor uns, der buchtenreiche See, geheimnisvoll, einem Stummen gleich, den es zu sprechen drängt.« Schön, wenn ein Meister der unpathetischen Erzählkunst für eine oft als langweilig verschriene Region die Werbetexte schreibt. Wenn es um seine Neuruppiner Heimat geht, sind Theodor Fontanes »Wanderungen durch die Mark Brandenburg« noch heute beste Reiselektüre. Es müssen ja nicht gleich alle 4000 Seiten sein.

So wie ihn Fontane anno 1862 beschrieb, tief und glasklar, ist der Stechlinsee immer noch, denn schon seit 1938 steht er unter Naturschutz. Er ist gar nicht besonders groß, aber etwa 68 Meter tief und so nährstoffarm, dass man bis zu zwölf Meter in die Tiefe schauen kann. Buchen, Eichen und Kiefern neigen sich weit in den See hinein. Am Ufer blühen Bärlapp, wilder Rosmarin und Waldhyazinthen, See- und Fischadler kreisen über dem spiegelglatten Wasser, Waldkäuzchen schreien, und »wenn's draußen was Großes gibt (…), dann brodelt's hier nicht bloß und sprudelt und strudelt, dann steigt (…) ein roter Hahn auf und kräht laut in die Lande hinein«. Halt, Letzteres ist nur eine Sage und überdies aus Fontanes Spätwerk »Der Stechlin«, in dem der Neuruppiner Literat den See dann doch noch zum Sprechen bringt, in Gestalt des Junkers Dubslav von Stechlin. »Zum Schluß stirbt ein Alter, und zwei Junge heiraten sich; – das ist so ziemlich alles, was auf 500 Seiten geschieht«, beschrieb der Meister bescheiden seinen Roman.

Heutzutage passiert mehr auf der Welt, und der Hahn wäre längst stockheiser. Dabei findet man den Stechlin gar nicht so schnell auf der Landkarte, so viele Seen gibt es nördlich und östlich von Rheinsberg … Moment mal, Rheinsberg? War das nicht das Schloss, in dem der Alte Fritz noch jung und glücklich philosophieren durfte, anstatt zu regieren? Rheinsberg, wo 1912 Kurt Tucholskys »Bilderbuch für Verliebte« spielt, diese wunderbare Liebesgeschichte von Wolfgang und Claire: »Träge schob sich der See in kleinen Wellchen an die schilfigen Ufer …« Da könnte man doch auch mal hinfahren!

Georg Wenzeslaus von Knobelsdorff schuf in Rheinsberg bis 1740 ein harmonisches barockes Stadtbild und verwandelte das Schloss nach und nach in schönstes friderizianisches Rokoko: mit Spiegelsaal, Muschelsaal, Bibliothek und Lustgarten jenseits des Sees. »An einem kleinen Rondell schimmerten weiße Figuren aus dem Blätterwerk. Ein Satyr lehnte an einem Baumstumpf, mit gesenkter Flöte, ein Faun stach eine fliehende Nymphe …«, fabulierte Kurt Tucholsky, dem man im Nordflügel ein Museum eingerichtet hat.

Alles trägt die Handschrift von Friedrichs frankophilem Bruder Prinz Heinrich von Preußen, der Unsummen für seine Residenz verschleudern durfte. Länger als ein halbes Jahrhundert hat er hier gewohnt und gestaltet, und hier ist er auch begraben, in einer von ihm selbst entworfenen Pyramide. Dabei hätte der kunstsinnige Heinrich, der auf militärische Mäßigung setzte, viel lieber die Arbeit seines großen Bruders getan, gern auch als König Polens. Erst allmählich erfüllt sich Fontanes Wunsch, dass dem »klugen, geistvollen Prinzen« endlich Gerechtigkeit und Anerkennung widerfahre.

Unweit von Rheinsberg lockt bestens erhaltenes Mittelalter in der »festen Stadt« Gransee, über die Fontane manch Geschichtchen zu erzählen wusste. Besonders prächtige Giebelarchitektur zeigt das Ruppiner Tor. Aber Fontanes höchstes Lob galt dem Luisendenkmal auf dem Marktplatz. Karl Friedrich Schinkel setzte diese Laube in Eisenguss zum Gedenken an die jung verstorbene, sehr geliebte Luise von Preußen an die Stelle, an der 1810 der Leichenzug der Königin gerastet hatte: »Es spricht nur für sich und die Stadt und ist rein persönlich in dem Ausdruck seiner Trauer. Und deshalb rührt es.«

Bleibt noch Zeit für Neuruppin, Heimatstadt Fontanes und auch Schinkels, der die mächtige frühgotische Klosterkirche restaurierte. In der Bilderbogengalerie des Alten Gymnasiums sind viele Exemplare des berühmten Neuruppiner Bilderbogens zu bewundern. Seine 22 000 verschiedenen Motive wurden von 1810 bis 1937 gedruckt, den Ereignissen der Weltgeschichte auf dem Fuße folgend, wie Fontane bemerkte. Für wenige Pfennige sah man mit diesem Vorläufer der Illustrierten hinaus in die große Welt, aber das wäre nun wirklich »ein zu weites Feld«.

UNTERKUNFT

Gasthof & Fleischerei Endler

Im 1750 errichteten, zentral gelegenen Gasthof wohnt man romantisch in Zimmern, die originales Fachwerk und altes Mobiliar mit modernem Komfort vereinen. Besonders groß und ruhig sind die Appartements im Nebengebäude drei Häuser weiter, alle mit recht großzügigem modernen Bad. Vielgelobt wird das üppige Frühstücksbüfett, mit Brötchen aus der benachbarten Bäckerei. Im Innenhof genießt man die hauseigenen Spezialitäten der Fleischerei (Vesperplatte mit Mett, Salaten und Aufschnitt).
Mühlenstr. 14, Rheinsberg, Tel. 033931 2079, www.gasthof-endler.de

RESTAURANTS

Der Seehof

Das umgestaltete Ackerbürgerhaus von 1750 mit hellblauer Fassade liegt nur etwa 100 Meter vom See entfernt. Familie Pfeiffer bietet ruhige Zimmer und dazu eine exzellente regionale Küche: Pilzravioli, Schweinefiletmedaillons mit Zwiebel-Senf-Kruste, selbst geräucherter Wels, Bouillabaisse mit lokalen Fischen, Hirschgeschnetzeltes und geschmorte Ochsenbacke schmecken sehr fein. Dazu kommt eine erstaunlich gut sortierte Weinkarte. Tipp: der Tisch auf dem Balkon mit herrlicher Aussicht.
Seestr. 18, Rheinsberg, Tel. 033931 4030, www.seehof-rheinsberg.de

Ratskeller Rheinsberg

In diesem traditionsreichen, gemütlich eingerichteten Lokal kommt Fontanes Leibspeise auf den Tisch: Alt-Brandenburgischer Schmorbraten in Ingwersauce, dazu Apfelrotkohl und Kartoffelklöße. Von der Terrasse genießt man einen schönen Blick auf das Schloss.
Markt 1, Rheinsberg, Tel. 033931 2264, www.ratskeller-rheinsberg.de

28

Kloster Chorin

Gotisches Solitär in der Schorfheide

Altbundeskanzler Helmut Schmidt geriet ins Schwärmen, wenn die Rede auf die romantische Ruine des im 13. Jahrhundert erbauten Zisterzienserklosters Chorin kam. Das Hauskloster der Askanier, der Markgrafen von Brandenburg, setzte als erstes die gotische Formensprache und die filigrane Ornamentierung der großen Kathedralen in Backstein um. Karl Friedrich Schinkel, der maßgeblich zur Erhaltung des Klosterensembles beitrug, bezeichnete Chorin als »des Landes schönsten Schmuck«.

Kreuzgang im ehemaligen Zisterzienserkloster Chorin: Das in gotischer Backsteinarchitektur erbaute Ensemble dient heute als Veranstaltungsort für Konzerte, darunter den Choriner Musiksommer.

*Choriner Musiksommer: ein idealer
Ausklang für die Entdeckungsreise durch ein Stück
stilles, unbekanntes Deutschland.*

Doch nicht nur das Kloster selbst, vor dessen Kulisse sich Schmidt für seine Autobiografie »Außer Dienst« in Szene setzen ließ, das gesamte Land zwischen Havel und Oder war für den Hamburger Kanzler von großer Bedeutung. In Schönow bei Bernau wurde Schmidts frühzeitig verstorbener Sohn bestattet. Loki und Helmut Schmidt haben die Grabstelle schon in DDR-Zeiten besucht. An die große Glocke hängte das damals niemand.

Das war im Dezember 1981 ganz anders. Für einen Tag blickte die halbe Welt auf das von knorrigen alten Eichen gesäumte Westufer des Werbellinsees, den Fontane als »Märchenplatz« bezeichnet hatte. Im pseudobayerischen Jagdschloss Hubertusstock bewarfen Helmut Schmidt und Erich Honecker handverlesenes DDR-Volk vom Balkon aus mit Schnee. Weiter nördlich, in Joachimsthal am Grimnitzsee, spazierte der Bundeskanzler mit dem Generalsekretär des ZK der SED und Vorsitzenden des Staatsrates der DDR – so viel Zeit musste im DDR-Fernsehen für den Titel sein – über einen fürsorglichst überwachten Weihnachtsmarkt: eine gespenstische Szene, in der wohl ausschließlich Mitglieder der Staatssicherheit die Komparsen abgaben.

Schmidt betrat hier ja nun auch Stasi-Revier par excellence. In der Schorfheide, einer wunderbar stillen Landschaft mit Mooren, ausgedehnten Wäldern und Wiesen, die während der Weichseleiszeit entstanden ist, lebten die SED-Oberen, ungestört vom werktätigen Volk, ihre Jagdleidenschaft aus und traten damit in die Fußstapfen von Kurfürsten, Königen, Kaisern und Nazigrößen. Daher gab es hier früher eigentlich viel zu viel Rot-, Dam- und Schwarzwild, schließlich wollten die Herren Jäger ja versorgt werden. Heute können See-, Fisch- und Schreiadler wieder ungestört brüten, und in den Feuchtgebieten fühlen sich Kraniche, Schwarzstörche, Fischotter, Rotbauchunken und Sumpfschildkröten wohl. Auch sehr seltene Orchideen sind hier heimisch. Die Landwirtschaft wird immer mehr von Ökobetrieben bestimmt.

Naturfreunde folgen im Nordosten Brandenburgs am besten der Märkischen Eiszeitstraße, die an stillen Seen entlang durch die Wälder und Flussauen von Uckermark und Schorfheide führt. Es sind poetisch herbe Landschaften, wie gemacht für Rad- und Kanuwanderer. Am Ende kehrt man zurück nach Chorin. Die Karten für Konzerte des Choriner Musiksommers, den Musikfreund Helmut Schmidt so genoss, solange es sein schwindendes Gehör zuließ, sind begehrt: ein idealer Ausklang für die Entdeckungsreise durch ein Stück stilles, schönes und unbekanntes Deutschland.

UNTERKUNFT

Seehotel Mühlenhaus
Schöne Hotelanlage am Großen Heiligen See in der unberührten Natur des Biosphärenreservats Schorfheide, gut drei Kilometer vom Bahnhof Chorin entfernt. Die hellen wohnlichen Zimmer sind komfortabel eingerichtet und mit Flachbildfernseher ausgestattet. Einige bieten zusätzlich eine Terrasse oder einen Balkon sowie ein Himmelbett. Das Restaurant serviert regionale Küche. Dazu kommt ein Yoga-Pilates-Angebot.
Ragöser Mühle 1, Sandkrug, Tel. 033366 52360,
www.seehotel-muehlenhaus.de

RESTAURANTS

Alte Klosterschänke
Zum Hotel Haus Chorin, das geschmackvolle, 2017 renovierte Zimmer anbietet und gern für Tagungen genutzt wird, gehört auch dieses einige Gehminuten entfernt direkt am Amtssee liegende Lokal. Die Klosterschänke Chorin gibt es schon seit 1753. Hier wird in einer restaurierten alten Fachwerkscheune leichte regionale und saisonale Küche serviert, nachmittags natürlich Kaffee und Kuchen.
Am Amt 9, Chorin, Tel. 033366 530100, www.chorin.de

Seeterrasse
Nur am Wochenende öffnet das Restaurant der Pension am Serwester See. Zwar erinnert hier äußerlich noch viel an verblichenen DDR-Charme aus alten Ferienlagerzeiten, innen ist das Restaurant jedoch inzwischen sehr nett eingerichtet, und die freundlichen Betreiber servieren sehr anständige gutbürgerliche Küche wie Schnitzel und Rouladen. Draußen sitzt man sehr schön in modernen Terrassenmöbeln direkt auf der Wiese am See.
Dorfstr. 39, Chorin, Tel. 033364 50878, www.pension-schorfheide-chorin.de

Nur einen Kilometer vom Kloster Chorin entfernt, im Biosphärenreservat Schorfheide-Chorin, liegt der stille Amtssee.

29

Spreewald
Auf Kahnfahrt

Weit verzweigte Kanäle durchziehen den Spreewald, eine einmalige Auen- und Moorlandschaft.

»Jesungen wird in Italjen, uff de Jondel!« Damit ist der Unterschied
zwischen Spreewaldschiffer und Gondoliere erschöpfend beschrieben,
abgesehen davon, dass es im Spreewald mehr Bäume und in Venedig mehr
Häuser gibt. Offenbar hält der zitierte Kahnschiffer nichts von Fontanes
Reimkunst: »Und daß dem Netze dieser Spreekanäle / Nichts von dem
Zauber von Venedig fehle, / Durchfurcht das endlos wirre Flussrevier /
In seinem Boot der Spreewalds-Gondolier.«

Sanft schaukelt der flache Holzkahn,
leise gluckst das Wasser, unglaublich grün ist das
Blätterwerk der Erlen und Moorbirken,
durch das tiefblauer Himmel blitzt.

Nun, als Fontane hier eine champagnerselige Segelpartie unternahm, ging das mit dem Touristenschippern in Lübbenau erst los. Seit über 100 Jahren floriert das Geschäft der Kahnführer. Die berühmten süß-sauer eingelegten Spreewälder Gurken, im 16. Jahrhundert von Holländern eingeführt, von Fontane lobend erwähnt und spätestens seit dem Film »Good bye, Lenin!« Inbegriff hemmungsloser Ostalgie, werden gleich am Bootsanleger aus Fässern verkauft. Sanft schaukelt der flache Holzkahn, leise gluckst das Wasser, unglaublich grün ist das Blätterwerk der Erlen und Moorbirken, durch das tiefblauer Himmel blitzt: So geht es durch das Wasserlabyrinth, von einem Dorfhafen zum nächsten, über 1000 Kilometer Wasserwege.

Erholsamer als die allzu lärmende Fahrt im drängend vollen Touristenboot ist das Paddeln im eigenen Kahn, der in Lübbenau gemietet werden kann. Gute Wasserwanderkarten und viel Mückenschutz sind aber unabdingbar. In ihren Nebenarmen entfaltet die Spree ihren ganzen Zauber: Hier blühen Teichrosen und Sumpfschwertlinien, Eisvögel stürzen sich ins klare Wasser, in dem man mit viel Glück sogar einen Fischotter erspäht.

Wenn Spreewälder Dörfer ihre Heimatfeste feiern, ist was los auf den Kanälen. Dann holen die Einwohner von Vetschau oder Burg ihre alten sorbischen Spreewaldkostüme hervor, die noch so aussehen wie bei Fontane beschrieben: kurzer faltenreicher Friesrock, knappes Mieder, Busentuch, Schnallenschuhe, bunte seidene Bänder und extravaganter Kopfputz. In Burg ist die Tracht nach wie vor Alltagskleidung der auf Deutsch Wenden genannten Sorben, die sich ihre slawische Kultur und Sprache über viele Jahrhunderte bewahren konnten. Ansonsten vermittelt das Freilichtmuseum von Lehde bei Lübbenau einen lebendigen Eindruck davon, wie es sich in wendischen Spreewaldhäusern lebte und arbeitete. In Luckau säumen noch verzierte barocke Schmuckgiebelhäuser den Markt, und in der spätgotischen Pfarrkirche ertönt eine herrliche Barockorgel.

Inzwischen hat der Spreewald sogar etwas Südseeatmosphäre zu bieten. Nordwestlich von Lübben wurde ein riesiger Luftschiffhangar in ein Tropenparadies verwandelt, mit Palmenstrand, Bali-Lagune und Bühnenshows. Mit dem Kahn kommt man da aber nicht hinein.

UNTERKUNFT

Hotel Schloss Lübbenau
Feudal im Grünen wohnt man in den mit Stilmöbeln eingerichteten Zimmern des klassizistischen Schlosses sowie in den nicht minder eleganten Räumen der Marstall-Residenz. Das abwechslungsreiche und üppige Frühstück wird in der romantischen Orangerie serviert. Außerdem bietet das Hotel ein Restaurant mit gehobener internationaler Küche, eine recht früh schließende Clubbar und einen Saunabereich. Das Schloss ist idealer Ausgangspunkt für kilometerlange Wanderungen und Kanutouren durch das Biosphärenreservat.
Schloßbezirk 6, Lübbenau, Tel. 03542 8730, www.schloss-luebbenau.de

RESTAURANTS

Gasthaus Kaupen Nr. 6
Lange nur mit dem Kahn und auch heute nicht per Auto zu erreichen ist das in einem alten Bauernhaus eingerichtete Gasthaus, dessen wendischer Name »Grasnarbe« oder auch »Insel« bedeutet. Heute führt ein schmaler Wiesenweg über eine Brücken vom Ortseingang Lehde zur Gaststätte, die Spreewälder Kost wie Hechtklößchen in Spreewaldsauce, Entenbrust aus der Röhre, Grützwurst, Hefeplinsen und selbst kreierte Senfgerichte serviert. Blickfang ist die sogenannte Kochmaschine, ein grüner, im Winter wohlige Wärme verbreitender Kachelofen mit Herd mitten in der Stube: Kochen wie zu Urgroßmutters Zeiten!
Kaupen 6, Lübbenau, Tel. 03542 47897, www.kaupen6.de

Spreewaldgaststätte Wotschofska
In dieser Spreewälder Institution mit ihrem urigen rustikalen Ambiente lässt man sich Klassiker wie Spreewälder Fischplatte und Sorbische Bauernsuppe schmecken.
Wotschofskaweg 1, Lübbenau, Tel. 03546 7601, www.gasthaus-wotschofska.de

30

Wittenberg
Hauptstadt der Reformation

Filigraner Blickfang: der Schlussstein mit Lutherrose in der Schlosskirche Wittenberg

»Hier stehe ich. Ich kann nicht anders«, so steht es zu lesen … auf den bunten Luthersocken der Souvenirshops von Wittenberg. Zusammen mit Martin Luthers Geburts- und Sterbeort Eisleben ist das auf halbem Wege zwischen Leipzig und Berlin gelegene Wittenberg seit 1993 UNESCO-Weltkulturerbe. Die Schlosskirche der Lutherstadt gilt als eines der beliebtesten Ausflugsziele in Sachsen-Anhalt.

Ausgerechnet die Schlosskirche? Eigentlich wurde die Universitätskirche Friedrichs des Weisen, der das kleine Elbestädtchen im 16. Jahrhundert zu einem europäischen Kunst- und Geisteszentrum machte, im Siebenjährigen Krieg zerstört und ist im Wesentlichen eine 1892 wiedereröffnete staatsprotestantische Anmaßung der Hohenzollern. »Eine Mischung aus Kaiserkrone, Pickelhaube und Wasserturm«, lästerte der Theologe Friedrich Schorlemmer über die Turmhaube.

Da ist natürlich das Portal, an dessen Tür Luther 1517 seine Thesen gegen den Ablasshandel Johann Tetzels heftete, was 2017 mit entsprechendem Brimborium gefeiert wurde. Doch leider: Selbst die Tür gibt es nicht mehr. Das verbrannte hölzerne Original wurde 1858 durch bronzene Türflügel ersetzt, in die alle 95 Thesen eingelassen sind, auf lateinisch in spätgotischen Minuskeln: Glorifizierung eines Akts der Weltgeschichte, der so möglicherweise nie stattgefunden hat.

Aber warum die Illusion zerstören? Die Thesen hat Luther ja wirklich zur Disputation gestellt, und sie bleiben gültig: »Dem Armen zu geben oder dem Bedürftigen zu leihen, ist besser als sich mit Ablass freizukaufen.« Unter der Kanzel, die das mächtigste Instrument der Reformatoren war, liegt er unter einer Bronzeplatte begraben, der »feiste Doktor und alte stinkende Madensack«, wie er sich selbstironisch nannte. In ebenso schlichter Manier ruht Philipp Melanchthon (1497–1560), der zweite große deutsche Reformator, neben ihm.

Der von schönen Bürgerhäusern gesäumte Marktplatz ist sommerliche Bühne für die in historischem Gewand gefeierte Lutherhochzeit. Vor dem mächtigen Renaissancerathaus findet man die beiden Freunde wieder, als neugotische Tabernakelfiguren unter eisernen Baldachinen: Luther unbeweglich wie die feste Burg, die sein Gott war, Melanchthon kompromissbereit, die Schriftrolle der Confessio Augustana in Händen, bis heute wichtigste Bekenntnisschrift der evangelischen Kirchen.

Den Platz beherrscht die wuchtige doppeltürmige Stadtkirche St. Marien, Luthers Predigtkirche. Berühmt ist der Hochaltar (1547) von Lucas Cranach d. Ä., dessen vier Bildtafeln die reformatorische Heilsbotschaft formulieren: Erlösung allein durch den Glauben.

Die vorreformatorische Kanzel, von der Luther regelmäßig predigte, steht heute im Lutherhaus. Originalgetreu erhalten blieb die Lutherstube, wo der Theologe fast 35 Jahre lebte und zu Tischgesprächen einlud. Heute ist das Lutherhaus mit seinen reichen Sammlungen das größte Museum zur Reformationsgeschichte und erinnert unter anderem daran, dass Wittenberg zur Reformationszeit auf dem Gebiet des Buchdrucks führend war. Hier hängt auch Cranachs »Luther mit Doktorhut« (um 1520), das älteste erhaltene gemalte Porträt des Reformators. Wie geschäftstüchtig die Cranach-Werkstatt für Katholiken Marienbilder und für Protestanten rebellische Holzschnitte fertigte, dokumentieren Cranach-Haus und Cranach-Höfe.

Nur einen Steinwurf vom Lutherhaus entfernt steht das im Jahr 1536 erbaute Melanchthonhaus in der Collegienstraße. Studier- und Sterbezimmer sind historisierend nachgebildet, das schmale dreigeschossige Giebelhaus selbst ist jedoch eines der schönsten Renaissancegebäude der Stadt. Drei Etagen erläutern das Wirken des berühmten Humanisten, der 1521 die erste gültige Zusammenfassung der reformatorischen Lehre schrieb.

An Melanchthons illustre Studenten erinnert manche Gedenktafel. Nur das bei seinen Studiosi sehr beliebte Freudenhaus an der Stadtmauer, wo sich wohl auch Lucas Cranach d. Ä. Anregungen für seine nackten Quellnymphen und Grazien holte, ist spurlos verschwunden. Zu heftig hatte Luther gegen das »giftige Geschmeiß« gewettert. So weit ging die Freiheit eines Christenmenschen dann auch in Wittenberg nicht.

UNTERKUNFT

Stadtpalais Wittenberg
Das Designerhotel (Best Western) in Nachbarschaft von Luther- und Melanchthonhaus am ruhigen Ende der Fußgängerzone bietet hinter einer klassizistischen Fassade komfortable und recht elegante Zimmer. Dazu kommt ein Restaurant mit international ausgerichteter Küche und eine begrünte Terrasse. Vom Saunabereich hat man sogar einen direkten Blick auf das Lutherhaus.
Collegienstr. 56/57, Tel. 03491 4250, www.bestwestern.de

RESTAURANTS

von Bora
In die Tradition von Luthers Gemahlin Katharina von Bora, an deren Tisch sich einst die Studenten und Gelehrten versammelten, möchte dieses in alten Mauern untergebrachte Restaurant anknüpfen. Christian Hirsch kreiert hier moderne, saisonal wechselnde Küche mit mediterranen Akzenten: Variation vom Pratauer Schafskäse, Pilzsud vom Wörlitzer Lamm, gefüllte Maispoularde, Störfilet und Granatapfelrisotto. Dazu kommen interessante regionale Weine und Spirituosen der Brennerei Scheibel.
Collegienstr. 54 A, Tel. 03491 6286565, www.restaurant-von-bora.de

Brauhaus Wittenberg
Die vier hausgebrauten Bierspezialitäten (Pils, Dunkel, Spezial und Weizen) werden im Brauhaus, im idyllischen schattigen Biergarten des historischen Innenhofareals und in der Adlerschänke nebenan serviert. Dazu gibt's deftige Klassiker der gutbürgerlichen Küche. Im Haus Goldener Adler, das schon 1480 errichtet wurde, soll Martin Luther als Stammgast verkehrt haben. Man kann hier auch übernachten.
Markt 6, Tel. 03491 433130, www.brauhaus-wittenberg.de

111

31

Dessau-Wörlitz

Im Paradies der Aufklärung

*»Unendlich schön« fand Goethe das Gartenreich bei
Dessau zwischen Elbe und Mulde, das er oft besuchte. In einen Brief
an Charlotte von Stein 1778 rühmte er den »Charakter elysischer
Felder«. Und in »Dichtung und Wahrheit« setzte er Fürst Franz von Anhalt-
Dessau (1740–1817) ein Denkmal: »Alles sprach zu Gunsten eines
Fürsten, der, indem er durch sein Beispiel den übrigen vorleuchtete,
Dienern und Untertanen ein goldenes Zeitalter versprach.«*

*Die Inspiration zu seinem Dessau-
Wörlitzer Gartenreich holte sich
der innovative Gründer, Fürst Franz,
nicht wie damals üblich bei
barocken Vorbildern, sondern in
England und in der Natur.*

Wer auf dem Elberadweg unterwegs ist, sollte in Wörlitz eine Pause einlegen und dabei auch den Blick vom 66 Meter hohen Bibelturm der St. Petri-Kirche über den Fluss genießen.

Denn Fürst Franz wollte, ganz im horazischen Sinne, Nützliches mit dem Schönen mischen. Barockgärten dienten immer nur der Ergötzung der Augen, doch in Wörlitz führte man den Besuchern moderne Agrarmethoden und neue Bewässerungstechniken vor, die der Herrscher in England kennengelernt hatte. 19 Brücken allein in den Wörlitzer Anlagen demonstrierten die fortwährende Verbesserung der Brückenbautechnik. Als »Stolz und Vorbild« des 18. Jahrhunderts rühmte Wieland das Gesamtkunstwerk, das keine Mauern und Zäune kannte und dem Volk frei zugänglich war.

114

Noch heute fasziniert die harmonische, ganz dem Geist der Aufklärung verpflichtete Verbindung aus Gartengestaltung, Architektur und freier Landschaft in den Elbauen. Wohldurchdacht war das System von Sichtbeziehungen, das die Gartenteile miteinander verbindet.

Aber wandern wir ziellos umher, so wie Goethe: »In der sachtesten Mannigfaltigkeit fließt eins in das andre, keine Höhe zieht das Aug' und das Verlangen auf einen einzigen Punkt, man streicht herum, ohne zu fragen, wo man ausgegangen ist und hinkommt.« Es gibt so viel zu entdecken. Verträumt liegen Rousseau-Insel und Nymphäum im milden Licht des späten Nachmittags, plötzlich rückt das Pantheon ins Blickfeld, spiegelt sich der Venustempel im Wasser, blitzt der Floratempel auf.

Und dann erst die großen Bauten! Schloss Wörlitz (1769–1773) entstand im Stil palladianisch geprägter Landhäuser, mit korinthischen Säulen und Dreiecksgiebelkrönung, und wurde zum Gründungsbau des deutschen Klassizismus. Die Inneneinrichtung mit kostbaren Sammlungen antiker Plastiken, Gemälde und Wedgwoodporzellan blieb überwiegend erhalten.

Bestimmendes Baudenkmal im Parkteil Schochs Garten ist das ab 1773 erbaute Gotische Haus, privates Refugium und Liebesnest des Fürsten, errichtet nach dem Vorbild von Horace Walpoles malerischem Landhaus Strawberry Hill. Die Fassade zum Kanal wurde der venezianischen Kirche Santa Maria dell'Orto nachgestaltet, die Gartenseite präsentiert – zum ersten Mal in Deutschland – das Formengut der englischen Tudorgotik. Herrliche Glasgemälde und Bilder von Lucas Cranach empfangen den Besucher.

Mit Schloss und Park Oranienbaum ist dagegen eine niederländisch geprägte Barockanlage erhalten geblieben – in Deutschland höchst selten. Zu den wertvollsten Räumen des Schlosses, das ab 1683 erbaut wurde, zählen der mit niederländischen Fliesen verzierte Sommerspeisesaal und der Nordflügel mit seinen Goldledertapeten. Im Park ließ der Fürst 1797 Europas einzigen in seiner ursprünglichen Form erhaltenen Englisch-chinesischen Garten mit Pagode und Teehaus anlegen. 1812 wurde außerdem die Orangerie modernisiert.

Ins bezaubernde klassizistische Landhaus Luisium, das in seiner Formensprache ebenso schlicht wie elegant ist, zog sich Fürstin Luise gern vor ihrem ungeliebten Gatten zurück. Schloss- und Gartenanlage Mosigkau sind wiederum ein in Mitteldeutschland seltenes Juwel des Rokoko, mit kostbaren, in barocker Manier an die Wand gehängten Gemälden flämischer und holländischer Meister im Galerie-

saal. Erhalten blieb auch der Rokoko-Lustgarten mit einem Irrgarten des 18. Jahrhunderts, alten Heckenbosketten und einem chinesisch inspirierten Teehaus.

Das 1780 angelegte Georgium mit Landhaus, Rotunde und einem Landschaftspark, in den klassizistische Skulpturen hineinkomponiert wurden, war die Antwort von Prinz Johann Georg, einem Bruder des Fürsten, auf den Wörlitzer Park. Hier sind seit 1959 erlesene Kunstwerke der Gemälde- und Grafiksammlungen anhaltinischer Fürstenhäuser versammelt.

Und noch ein spektakulärer Schlusspunkt: die Insel Stein. Sie wurde 1794 auf einem künstlichen Vulkan angelegt, mitsamt Grotte der römischen Quellnymphe Egeria, antikem Amphitheater und Nachbildung der berühmten Villa Hamilton in Neapel am Fuß des Vesuv. Auch der nächtens als künstlicher Lavafluss illuminierte Wasserstrom funktioniert – und sogar besser als zu Zeiten des Fürsten.

UNTERKUNFT

Ringhotel Zum Stein
In unmittelbarer Nähe der Insel Stein nächtigt man sehr angenehm und wird zudem mit exzellenter regionaler Küche verwöhnt. Im Frühjahr gibt es Spargel aus dem Zerbster Umland, im Herbst Wild aus den umliegenden Wäldern, und dazu Weine aus dem lokalen Anbaugebiet Saale-Unstrut. Das Hotel vermietet auch Ferienwohnungen im klassizistischen Roten Wallwachhaus aus dem Jahr 1772 oder im 1792/93 erbauten Piemonteser Bauernhaus, von dessen elegant eingerichteten Zimmern sich bezaubernde Ausblicke bieten, und das sogar vom Bett aus.
Erdmannsdorffstr. 228, Oranienbaum-Wörlitz, Tel. 034905 500, www.hotel-zum-stein.de

RESTAURANTS

Zieglers
Kulinarisches Highlight in Wörlitz: Im modernisierten ehemaligen Gasthof zu den drei Linden wird seit 2016 sehr gut und frisch gekocht, bodenständig, aber mit mediterranen Akzenten. Auf der Karte stehen eine sehr feine, in Olivenöl gegarte Lammhüfte, ein geschmorter Anhalter Meckersack (mit Hackfleisch und Ziegenkäse gefüllte Rinderhüfte), eine zarte Thießener Forelle, eine perfekt gebratene Kalbsleber oder ein aromatischer Coq au Vin. Viel gelobt wird auch das selbst gemachte Eis.
Neue Reihe 149 A, Oranienbaum-Wörlitz, Tel. 034905 308230, zieglers.de

Gasthaus Seeblick
Das idyllisch am See gelegene Ausflugslokal ist besonders wegen der hier servierten geräucherten Forelle beliebt. Das Lokal vermittelt auch preiswerte Parkführer.
Amtsgasse 42 B, Oranienbaum-Wörlitz, Tel. 034905 21344, www.gasthaus-seeblick-woerlitz.de

32

Dessau
Wo Funktion zur Kunst wurde

Klassiker: Treppe im Bauhaus-Gebäude in Dessau, entworfen von Walter Gropius

»… architektur erschöpft sich nicht in zweckerfüllung, es sei denn, dass wir unsere psychischen bedürfnisse nach harmonischem raum, nach wohlklang und maß der glieder, die den raum erst lebendig wahrnehmbar machen, als zwecke höherer ordnung betrachten.« Als Bauhausgründer Walter Gropius 1930 diesen Satz schrieb, träumte man in Dessau vom neuen, humanen, erschwinglichen Wohnen für alle.

116

*Es ist eine den herkömmlichen Baukörper
sprengende, transparent und fast schwerelos wirkende
kubische Komposition aus Stahl, Beton und Glas.*

Herausragenden Baumeistern und Künstlern der Weimarer Republik gelang ein neues Zusammenspiel von Architektur, Wandmalerei, Design, Typografie, Tischlerei, Weberei und plastischer Werkstatt. Architektur sollte die »Gestaltung von Lebensvorgängen« sein. Wer heute, ein knappes Jahrhundert später, durch die Gropiusallee geht, glaubt, das alles schon gesehen zu haben, in New York, London, Tel Aviv oder in der Heimatstadt, manchmal revolutionär modern, viel öfter aber ganz banal, in grauer Betontristesse. Meist ist man später dem zutiefst humanitären Anspruch vom Wohnen in der Zukunft durch Ausrichtung auf kostensparende industrielle Massenproduktion gerecht geworden, wie es Walter Gropius, Hannes Meyer und Ludwig Mies van der Rohe vormachten.

Doch vor dem Bauhausgebäude mit seinem weltberühmten vertikalen Schriftzug und der Glasvorhangfassade wird klar, wie gerade dieses 1925/26 von Walter Gropius geschaffene Ensemble zur Ikone der Klassischen Moderne werden konnte: Es ist eine den herkömmlichen geschlossenen Baukörper sprengende, transparent und fast schwerelos wirkende kubische Komposition aus Stahl, Beton und Glas. Die Architektur überbrückt die Grenzen zwischen Wohnen, Lernen und Arbeiten und präsentiert innen durch farbige Absetzung von tragenden und verkleidenden Bauteilen offen ihre konstruktiven Elemente.

Die zur gleichen Zeit im kleinen Kiefernwäldchen der heutigen Ebertallee errichteten weißen Meisterhäuser für die Professoren der Bauhausschule erinnern mit ihren ineinander verschachtelten kubischen Bauelementen, vertikalen Glasbändern und verglasten Ateliers an architektonische Umsetzungen der Bilder Picassos. Bauhausgebäude, Meisterhäuser, das Kunstschulgebäude sowie das in Weimar gelegene Haus am Horn wurden 1996 von der UNESCO zum Weltkulturerbe erklärt, doch auch andere über Dessau verstreute Bauten bieten interessantes Anschauungsmaterial, so das damalige Arbeitsamt, die Ausflugsgaststätte Kornhaus am Elbufer, das Konsumgebäude, die Siedlung Dessau-Törten, das Stahlhaus und die Laubenganghäuser.

Letztere wurden 2017 in das Weltkulturerbe aufgenommen, ebenso wie die Bundesschule des Allgemeinen Deutschen Gewerkschaftsbundes in Bernau.

Dass die Nazis 1932 die Schließung des Bauhauses in Dessau erzwangen, hat seinen weltweiten Einfluss eigentlich erst begründet. Wenige Jahre nach der Wende wurde die Stiftung Bauhaus Dessau gegründet, die das Erbe der Bauhausära erforscht, erhält und der Öffentlichkeit zugänglich macht.

Mit dem Bau des Umweltbundesamts beweist Dessau-Roßlau, wie die Stadt seit der Fusion von Dessau und Roßlau eigentlich heißt, dass es auch heute noch architektonische Maßstäbe setzen kann: energieeffizient und nachhaltig.

UNTERKUNFT

Hotel 7 Säulen
Mit Blick auf die gegenüberliegenden Meisterhäuser (etwa 700 Meter vom Bauhaus entfernt und in unmittelbarer Nähe des Georgengartens) schläft man in dieser schmucken familiengeführten Bleibe mit kleinem Garten in einem grünen Stadtteil. Die großen, recht komfortablen Zimmer (teils mit Betten für Allergiker) sind gepflegt und mit modernen Bädern ausgestattet. Besonders attraktiv ist die Junior-Suite im Bauhausstil. Gelobt wird das Frühstück im Wintergarten und der sehr freundliche Service. In der Umgebung gibt es mehrere Cafés, Restaurants und Bars.
Ebertallee 66, Tel. 0340 619620, hotel-7-saeulen.de

RESTAURANTS

Brauhaus zum Alten Dessauer
Der Spitzname »Alter Dessauer« ist untrennbar mit dem trinkfreudigen Fürst Leopold von Anhalt-Dessau verknüpft, dem Karl May einige Erzählungen widmete. Auch im Brauhaus erzählt man sich so manche Anekdote über ihn. Das Bier wird vor den Augen der Gäste gebraut. Zum Gerstensaft (Zwickelbier Hell, Zwickelbier Dunkel, Brauer Zwickel und Edles Pils) gibt es deftige regionale Hausmannskost wie Dessauer Bierfleisch und Anhalter Sauerbraten.
Lange Gasse 16, Tel. 0340 2205909, www.alter-dessauer.de

Kornhaus
Das Ausflugslokal wurde 1929 von Carl Fieger im Bauhausstil errichtet und 2012 umfassend restauriert. Sehr schön sind auch der Biergarten mit seinen hundertjährigen Kastanien sowie die große Elbterrasse.
Kornhausstr. 146, Tel. 0340 65019963, www.kornhaus-dessau.de

33

Magdeburg

Mittelalterliche Skulpturenpracht im Dom

Magdeburger Dom: die Statuen des mächtigsten deutschen Herrscherpaars Editha und Otto

*Als noch der Interzonenzug von Helmstedt nach Westberlin
fuhr, da passierte mancher Durchreisende aus dem Westen auf halbem Wege
Magdeburg. Manchmal tauchte im Industrienebel der Braunkohlewerke
nur eine mächtige Doppelturmsilhouette über der Elbe auf: der Magdeburger
Dom. Man hätte ihn sich gern einmal angesehen, aber Aussteigen
war unmöglich. Und so fuhr man ein ums andere Mal an Deutschlands
erster gotischer Kathedrale vorbei.*

*Wie oft man in Magdeburg der Zeit voraus
war, demonstriert der avantgardistische Jahrtausendturm
von 1999 im Elbauenpark.*

Der braune Nebel über Sachsen-Anhalts Hauptstadt hat sich längst gelichtet. Ein »sächsisches Rom« hatte Kaiser Otto I. im 10. Jahrhundert hier gründen wollen. Sein romanischer Dom muss prunkvoll gewesen sein, doch 1207 brannte er größtenteils ab. Eigentlich ein Wunder, dass überhaupt noch Mittelalterliches in der Stadt erhalten ist: Im Jahre 1631 »magdeburgisierte« Tillys Soldateska sie, und im Zweiten Weltkrieg versanken 90 Prozent ihrer Altstadt in Schutt und Asche. Aber den Dom St. Mauritius und Katharina gibt es immer noch.

Von außen ist die lichte Erhabenheit des gotischen Chors kaum zu erahnen. Erzbischof Albrecht I. hatte die Architektur französischer Kathedralen in der Île-de-France bewundert. So wollte er auch an der Elbe bauen: eine dreischiffige, kreuzrippengewölbte Pfeilerbasilika mit Umgang und Kapellenkranz, über den Ruinen des ottonischen Doms, im Jahre des Herrn 1209. Nur zögerlich lösten sich die Magdeburger Baumeister von der Romanik, doch der Skulpturenschmuck kann sich mit jedem französischen Vorbild messen. Ungemein differenziert sind die klugen und törichten Jungfrauen in der Paradiesvorhalle dargestellt: Eine himmelhoch jauchzende Brautjungfer blickt in das zutiefst verzweifelte Gesicht ihres Gegenübers, bei einem anderen Paar begegnen sich demütige Freude und melancholisches Nachsinnen.

Es gibt unglaublich viele Kunstschätze im Magdeburger Dom zu sehen, von antiken Säulen aus Ravenna und romanischen Bronzeplatten bis hin zu einem schlichten, ergreifenden Ehrenmal für die Toten des Ersten Weltkriegs von Ernst Barlach (1929). Im Chorraum ruhen die Gebeine Ottos I. im geplünderten Kaisersarkophag von 973. Würde und Freundlichkeit strahlt die erste authentische Darstellung eines Schwarzafrikaners in der deutschen Kunst aus: Es ist der heilige Mauritius (um 1250). Kaiser Otto der Große hatte den »Streiter Christi« besonders verehrt.

Wie oft man in Magdeburg der Zeit voraus war, demonstriert andernorts der avantgardistische Jahrtausendturm von 1999 im Elbauenpark, mit 60 Metern das

weltweit höchste Holzgebäude (jedoch nicht der höchste Holzturm) seiner Art. Durch ein astronomisches Fernrohr kann man die Uhr des Magdeburger Doms ablesen, und in der Turmspitze ist ein Foucaultsches Pendel aufgehängt. 6000 Jahre Menschheits- und Wissenschaftsgeschichte rollen im Inneren des Jahrtausendturms ab. Und da ist Magdeburg gut dabei. Immerhin hat Bürgermeister Otto von Guericke hier schon im 17. Jahrhundert demonstriert, dass man aus Nichts eine ganze Menge machen kann: Er begründete nämlich die Vakuumtechnik.

UNTERKUNFT

Residenz Joop
In einer eleganten Gründerzeitvilla im Grünen residierte einst das schwedische Konsulat. Heute bietet die sehr gastfreundliche Familie Joop hier stilvolle, komfortable und ruhige Zimmer. Bei der Reservierung unbedingt nach Nr. 12 fragen, einem großen Eckzimmer mit bepflanztem und möbliertem Balkon. Exzellentes Frühstücksbüfett, netter kleiner Garten. Wertvolle Besichtigungstipps gibt's gratis dazu.
Jean-Burger-Str. 16, Tel. 0391 62620, www.residenzjoop.de

RESTAURANTS

Hoflieferant
Mit feinem Slow Food und nordisch angehauchtem Ambiente setzt dieses Restaurant willkommene innovative kulinarische Akzente. Sehr lecker schmecken gebratenes Filet vom Selpiner Wels, Ragù vom heimischen, langsam in Rotwein geschmorten Wildschwein, gebackenes Kalbsschnitzel vom Linumer Wiesenkalb und gebratenes Paderborner Kikok-Maishähnchen. Vegetarier freuen sich über hausgemachte Mangoldknödel auf gebratenen Pilzen und aromatische Pappardelle mit Pesto von wilder Rauke aus der Börde. Idyllischer Garten.
Fürstenwall 3 B, Tel. 0391 58282441, www.restaurant-hoflieferant.de

Herrenkrug
Im (auch als Herberge empfehlenswerten) Parkhotel Herrenkrug serviert das Gourmetrestaurant »Die Saison« in glanzvollem Jugendstilambiente vorzügliche mediterrane Küche, z. B. Coq au Vin vom Stubenküken, Medaillons vom Rehrücken oder Rinderfilet unter Kartoffel-Thymian-Kruste.
Herrenkrug 3, Tel. 0391 85080, www.herrenkrug.de

34

Quedlinburg
Irrfahrt eines Domschatzes

Ein Wintertraum: die romanische Stiftskirche mit Domschatz auf dem Schlossberg

»Herr Heinrich saß am Vogelherd« – viele kennen die Quedlinburger Ballade von Heinrichs des Allerersten Königswahl anno 919. Wie ein gewaltiges Schiff thront die romanische Stiftskirche St. Servatius mit ihren Türmen auf dem Schlossberg von Quedlinburg, zu dessen Füßen Heinrich I. gern Fallen für Singvögel aufstellte. Ein anderer Heinrich, Himmler mit Nachnamen, erhob gut 1000 Jahre später den »Vogler« zum Ahnherrn des Dritten Reichs, präsentierte Königliche Gebeine aus der Hallenkrypta und profanierte den Dom von 1129 zur germanischen Weihehalle der SS.

Es waren nicht wirklich Heinrichs Knochen. Doch reden wir lieber über Heinrichs Kamm. Der ist aus Elfenbein, auch über 1000 Jahre alt und war plötzlich verschwunden, zusammen mit einem Gebetsbuch, einem Reliquienschrein, fünf juwelenbesetzten Kristallgefäßen, einer Reliquienkapsel aus Silber und dem mit Goldtinte geschriebenen Samuel-Bibelmanuskript aus dem 9. Jahrhundert samt Einband aus vergoldetem Silber und Juwelenintarsien. Ein kunstverständiger US-Leutnant hatte die ausgelagerten Preziosen im Juni 1945 per Feldpost ins texanische Kaff Whitewright geschickt, deklariert als »bible«, was nun wahrlich nicht gelogen war. Als die Erben das Evangeliar 1987 für viel Geld verscherbeln wollten, war dies der Beginn eines Kunstkrimis mit glücklichem Ausgang. Jedenfalls sind seit 1993 fast alle geraubten Dinge wieder daheim bei den anderen guten Stücken und die knapp drei Millionen Dollar, die für den gerichtlichen Vergleich bezahlt wurden, gut angelegt.

Doch bei allem Respekt vor dem Domschatz: Die ganze Altstadt von Quedlinburg ist eine Kostbarkeit – Deutschlands größtes Flächendenkmal. Mit ihren wuchtigen Kirchtürmen, verwinkelten Gassen, bröckelnden Ziegeldächern und modernden Fachwerkgiebeln adelte sie die UNESCO 1994 zum 90 Hektar großen Welterbe. Die Hälfte der über 1300 Fachwerkhäuser ist inzwischen saniert, erzählt die ehemalige Stadtführerin Christa Rienäcker. Acht Baustile gibt es in der Stadt. Das Fachwerkmuseum im gotischen Ständerbau von 1375 in der Wordgasse 3 informiert über Andreaskreuze, Fächerpalmetten, Sonnenscheiben, Laubstäbe, Diamantbänder, Schiffchen und Knaggen. Oft als ältestes Fachwerkhaus Deutschlands gehandelt wird ein Haus, das in der Hölle steht, Hausnummer 11. Dabei handelt es sich allerdings um ein Steingebäude mit erhaltenen hölzernen Fußböden und Dachstühlen von 1215 bzw. 1230. Die Gasse aber heißt wirklich so. Da erstaunt es auch nicht mehr, dass es in der Stadt sogar mal ein Holzwurmmuseum gab.

Ja, die Quedlinburg war bedeutend. Nicht nur Heinrich fühlte sich wohl auf seiner Lieblingspfalz, auch die Ottonen überhäuften das Damenstift auf dem Schlossberg mit Reliquien. In Quitilingaburg schloss Otto I. 973 Frieden mit den Ungarn, zumindest mit denen, die nicht 955 bei der Schlacht auf dem Lechfeld gestorben waren. Zu Pfingsten stellt eine Laienspielgruppe den Kaiserfrühling nach, mit viel Enthusiasmus und in historischem Gewand.

Aber es gab nicht nur olle Kaiser in Quedlinburg. Während der Reichsführer Heinrich Himmler morsche Knochen barg, rettete der Quedlinburger Architekt Hermann Klumpp viele Bilder des »entarteten« Malers Lyonel Feininger vor den Nationalsozialisten. Die Feininger-Galerie, die die Sammlung zeigt, liegt gleich neben dem Fachwerkhaus, in dem der Dichter und Aufklärer Friedrich Gottlieb Klopstock zur Welt kam. Das hier eingerichtete Museum weiß noch von anderen illustren Quedlinburgern zu berichten: von Johann Christoph Friedrich GutsMuths, der die Schulgymnastik erfand, und von Carl Ritter, neben Alexander von Humboldt bedeutendster wissenschaftlicher Geograf seiner Zeit. Auch Deutschlands erste promovierte Ärztin praktizierte in Quedlinburg. »Academische Abhandlung von der gar zu geschwinden und angenehmen, aber deswegen öfters unsicheren Heilung der Krankheiten«, lautete das Thema, mit dem Dorothea Erxleben (1715–1762) nach langem Kampf den Doktortitel erwarb.

Ob die Heilung des in DDR-Zeiten maroden Quedlinburgs zu geschwind verläuft, wird sich zeigen. Direkt über dem Rathausportal schüttet eine Figur der Göttin des Wohlstands ihr Füllhorn aus. Längst hat sich die Stadt zum Touristenmagneten gemausert. Wie heißt es doch in Johann Nepomuk Vogls Ballade vom Vogelherd so schön: »Du gabst mir einen guten Fang! Herr Gott, wie Dir's gefällt.«

UNTERKUNFT

Hotel Theophano
Ein barocker Fachwerktraum, benannt nach der byzantinischen Gemahlin Ottos II., der charmant mit Antiquitäten und edlen Teppichen eingerichtete Zimmer bietet. Einige erfordern etwas mühsames Treppensteigen (kein Fahrstuhl), also bei der Buchung nachfragen. Dafür bieten sie die beste Aussicht auf den Marktplatz. Auch die knarrenden Dielen stehen unter strengem Denkmalschutz. Gäste erwartet ein Bistrorant mit mediterraner Küche, ein Café und ein romantischer Innenhof.
Markt 13/14, Tel. 03946 96300, www.hotel-theophano.de

RESTAURANTS

Weinstube am Brühl
Das auch als Unterkunft sehr zu empfehlende Hotel am Brühl ist eine erstklassige kulinarische Adresse. Die mit Backsteindecke und Terrakottafliesen ausgestattete Weinstube ist in einer ehemaligen Stallung untergebracht. Hier serviert Sebastian Lorenz verfeinerte regionale, saisonal wechselnde Leckereien wie Beelitzer Kaninchenkeule, Harzer Bachforelle, Ochsenschwanzsülze und Terrine vom Harzgeröder Reh.
Billungstr. 11, Tel. 03946 96180, www.hotelambruehl.de

Brauhaus Lüdde
Das Brauhaus (mit rustikalem Hotel) serviert regionale Küche aus dem Harz wie Bierschmorbraten und Bauernsülze. Dazu werden sechs hausgebraute Biersorten ausgeschenkt, darunter das besonders leichte Braunbier mit dem sprechenden Namen »Pubarschknall«, das schon kräftigere Schwarzbier »Knuttenforz« und ein starkes Bockbier.
Blasiistr. 14, Tel. 03946 705206, www.hotel-brauhaus-luedde.de

35

Harz

Heinrich Heines Brocken

*»Die Bäume flüstern wie mit tausend Mädchenzungen,
wie mit tausend Mädchenaugen schauen uns an die seltsamen
Bergblumen, sie strecken nach uns aus die wundersam
breiten, drollig gezackten Blätter, spielend flimmern hin und
her die lustigen Sonnenstrahlen, die sinnigen Kräutlein erzählen
sich grüne Märchen, es ist alles wie verzaubert.«*

*Der Brocken ist mit 1141 Metern
sowohl der höchste Berg im Harz als
auch in Norden des Landes. Und
dazu der nebelreichste Ort Europas.
Nicht selten ist er, wie auf diesem Foto,
völlig »benebelt«.*

Ja, keiner hat dem Brocken ein schöneres literarisches Denkmal gesetzt als Heinrich Heine 1824. Dabei waren vor ihm schon viele Poeten auf den höchsten Gipfel des Harzgebirges hinaufgestiegen. Goethe schrieb Charlotten von den Gefühlen, die ihn 1777 auf dem Gipfel überwältigten, in Briefen: »Ich hab's nicht geglaubt bis auf der obersten Klippe … Alle Nebel lagen unten, und oben war herrliche Klarheit.« Selbstredend führt jetzt ein Goetheweg hinauf. Joseph von Eichendorff, Adelbert von Chamisso, Theodor Fontane und Hermann Löns, der während eines Urlaubs gleich 16-mal den Gipfel erklomm, sie alle gerieten ins Schwärmen – und heute wandeln jährlich über eine Million Besucher auf ihren Spuren. Nach Rom sind es 1119 Kilometer, verkündet eine Tafel auf der »Brockenuhr«, doch hier, auf 1141 Meter Höhe, pfeift es eher sibirisch, was eigentlich nur der arktischen Krautweide, dem kleinsten Baum der Erde, so recht behagen dürfte. Dafür sah Märchendichter Hans Christian Andersen frühmorgens »deutlich Magdeburg mit seinen Türmen, Halberstadt und Quedlinburg, die Türme der großen Domkirche zu Erfurt …«. Meistens aber blickt man vom Gipfel nur in eine trübe Wolkennebelsuppe. Warum waren den Poeten immer die klarsten Tage vergönnt?

Zeugnis norddeutschen Historismus: Schloss Wernigerode, dessen 200 Jahre altes Gemäuer heute ein Museum beherbergt, das sich der Historie des Schlosses sowie Land und Leuten widmet.

Auch der Nebel hat allerdings seine Reize, wenn einem so ist, »als ob hinter jedem Erlenstamm eine Hexe hervorsähe«, wie es in Fontanes »Cécile« heißt. Versagen wir uns Heines »ergötzliche Blocksbergsgeschichten«, denn die Berichte von den wilden Orgien der Walpurgisnacht sind kaum romantische Lektüre, sondern schon seit 1540 aktenkundig und meist unter Folterqualen erpresst. Das hindert aber viele Leute nicht daran, von weit her anzureisen, um in der Nacht zum 1. Mai eine ausgelassene Walpurgisnachtfeier zu erleben, allerdings nicht auf dem zugigen Brocken, sondern weiter östlich am Hexentanzplatz. Da ist es wärmer, wenn auch sehr touristisch, und der Ausblick von Teufelskanzel und Rosstrappe ins wildromantische Bodetal mit seinen bizarren Felsformationen und mächtigen Granitblöcken im tosenden Flussbett ist höchst beeindruckend. Einst sprang hier die schöne Königstochter

Brunhilde waghalsig mit ihrem Pferd über das tiefe Tal zum gegenüberliegenden Felsen. Vor Heine, dem das Antlitz der Bode »in sonnigster Pracht« entgegenleuchtete, wanderte hier Goethe und sammelte Inspiration für seinen Faust.

»Der Brocken ist ein Deutscher«, befand Heine – aber oft doch ein sehr kalter. Ein halbes Jahrhundert lang war er sogar unzugänglich, als von hier aus der »VEB Horch und Guck« die Telefonate zwischen der BRD und West-Berlin abhörte. Wir lauschen beim Abstieg durchs Ilsetal lieber dem Quellengemurmel von Heines »lieblicher, süßer Ilse« und freuen uns, dass endlich wieder »goldene Sonnenlichter« durch dichtes Tannengrün und moosige Baumwurzeln huschen. Aber bitte nicht vom markierten Heinrich-Heine-Weg abschweifen: Der Renditeforst Harz soll wieder Urwald werden, zumindest in einem 2900 Hektar großen Kernbereich. Für Fußlahme gibt's die Brockenbahn mit Dampflok und brauner Koksfahne.

Heine war ja kein naiver Schwärmer: Auf seiner Harzwanderung bekam so mancher Ort einen bissigen Seitenhieb ab. Das alte Goslar erschien ihm als »Nest mit meistens schmalen, labyrinthisch krummen Straßen, allwo mittendurch ein kleines Wasser, wahrscheinlich die Gose, fließt, verfallen und dumpfig, und ein Pflaster, so holprig wie Berliner Hexameter«. Heute schätzen die Besucher das mittelalterliche Flair des einstigen salischen Kaisersitzes, seine 1200 Fachwerkhäuser, das spätgotische Rathaus, die zweistöckige Kaiserpfalz von 1050, heftigst restauriert und mit schwülstigen Kaiserdarstellungen aus wilhelminischer Zeit ausgemalt, sowie die Domvorhalle, die der Abrisswut des frühen 19. Jahrhunderts entging. Wie hatte schon Heine gespottet: »Wir leben in einer bedeutungsschweren Zeit: tausendjährige Dome werden abgebrochen, und Kaiserstühle in die Rumpelkammer geworfen.« Immerhin, der Thronsessel der Salier- und Stauferkaiser ist zurückgekehrt.

Seit 1992 ist Goslar Weltkulturerbe, zusammen mit dem Oberharzer Wasserregal (seit 2010) und dem 1,5 Kilometer entfernten historischen Bergwerk Rammelsberg, wo man lange nach Silber, Eisenerz und Kupfer schürfte. Wer mit der Grubenbahn einfährt, kann ermessen, wie sich Heine fühlte, als er die Grube Caroline bei Clausthal-Zellerfeld besuchte: »Immerwährendes Brausen und Sausen, unheimliche Maschinenbewegung, unterirdisches Quellengeriesel, von allen Seiten herabtriefendes Wasser, qualmig aufsteigende Erddünste, und das Grubenlicht immer bleicher hineinflimmernd in die einsame Nacht.«

Mehr als ein Frösteln wird Besucher überkommen, die in die Gedenkstätte des Konzentrationslagers Mittelbau-Dora einfahren, wo 60 000 aus Buchenwald herange-

schaffte Häftlinge ab August 1943 eine gigantische unterirdische Raketenfabrik für den Bau der VI in den Kohnstein sprengen mussten. Den Dichtern hätte bei dieser Höllenfahrt die Stimme versagt.

Naturkundler Goethe durchkroch dagegen die seit 1646 zugängliche Baumannshöhle: »Schwarze Marmormassen aufgelöst, zu weißen kristallinischen Säulen und Flächen wieder hergestellt, deuteten mir auf das fortwebende Leben der Natur. Freilich verschwanden vor dem ruhigen Blick alle die Wunderbilder, die sich eine düster wirkende Einbildungskraft so gern aus formlosen Gestalten erschaffen mag …« Die märchenhafte Hermannshöhle, eine der schönsten Tropfsteinhöhlen Deutschlands, kannte Goethe noch nicht: Sie wurde erst 1866 entdeckt. Beide Höhlen liegen beim Dörfchen Rübeland, an der Straße von Elbingerode nach Blankenburg: schon wieder ein Harzstädtchen mit romantischen Gassen und malerischen Fachwerkhäusern.

Noch mehr Fachwerkseligkeit bietet das östlich von Blankenburg gelegene Wernigerode, dessen Rathaus mit zwei spitzen Türmchen ein architektonisches Wahrzeichen des Harzes ist. Viele Häuser sind farbenfroh gestrichen und zeigen fantasievolles Schnitzwerk. Die Goethe- und Heinezitate aber sind uns jetzt ausgegangen …

UNTERKUNFT

Weißer Hirsch
Das familiengeführte, schon 1717 erwähnte Hotel in einem schönen Fachwerkbau mit blumengeschmückten Balkonen am Marktplatz von Wernigerode bietet komfortable, geschmackvoll eingerichtete Zimmer, wobei die Räume zur Hofseite ruhiger, aber auch kleiner sind. Das Restaurant serviert ansprechende Harzer und internationale Küche. Auf der Terrasse genießt man Kaffee und Kuchen mit Blick auf das berühmte Rathaus der Stadt.
Marktplatz 5, Wernigerode, Tel. 03943 267110, www.hotel-weisser-hirsch.de

RESTAURANTS

Zeitwerk
Angenehm modern-puristisch und mit regionalen Zutaten präsentiert sich die kreative Küche von Robin Pietsch. Zum Menü mit vielen kleinen Gängen wird eine kundige Weinbegleitung angeboten. Die »Tote Oma« ist übrigens eine Thüringer Grützwurst, die hier als unerwartet feine Reduktion mit Pellkartoffelschaum, Schweinebacke und Kohl serviert wird. Ebenfalls sehr lecker ist die geräucherte Lachsforelle mit Saiblingskaviar.
Große Bergstr. 2 A, Wernigerode, Tel. 03943 6947884, robin-pietsch.de

Bohlenstube
Das Gotische Haus, ein auch als Unterkunft sehr empfehlenswertes Fachwerkensemble mit Wintergarten und Spa, besuchen Feinschmecker wegen der feinen Küche von Ronny Kallmeyer. Lachsforelle aus Veckenstedt, Perlhuhn mit Trüffel, Milchferkel an Blutwurst und Sauerkraut oder zarter Steinbutt sind nur einige Gerichte seines ständig wechselnden Dreigängemenüs.
Marktplatz 2, Wernigerode, Tel. 03943 675500, www.travelcharme.com

36

Naumburg

Die Stifterfiguren im Dom

Rätselhafte Schöne: Detail der Stifterfigur Uta im Westchor des Naumburger Doms

Sie hieß Uta von Ballenstedt und stammte aus dem Geschlecht der Askanier. Seit über 750 Jahren blickt die unnahbare Schöne vom Westchor des Doms zu Naumburg an der Saale herab. Herder, Wieland, Goethe und Schiller haben sie noch ignoriert: Sie war eben nicht antik genug.

*Über das Ehepaar Ekkehard und Uta wissen wir
kaum mehr, als dass sie kinderlos blieben und ihr Vermögen
einem Vorgängerbau des Doms stifteten.*

Später musste Uta hanebüchene literarische Ergüsse über sich ergehen lassen. Wirklich Infames widerfuhr ihr, als ihr Foto 1937 in der Münchner NS-Ausstellung »Entartete Kunst« als Symbol für die Reinheit der deutschen Rasse gegen die Frauenporträts eines Otto Dix oder Max Ernst antreten musste.

Von wegen deutsch: Ihr Schöpfer, der unbekannte Naumburger Meister, hat seine Handschrift auch in Metz, Amiens, Noyon, Straßburg und Mainz hinterlassen. Ob er bei Uta nicht eher an eine französische Dame gedacht hat, wie sie so kapriziös den Mantelkragen hochschlägt, als wolle sie nichts zu tun haben mit ihrem herrischen Gemahl Ekkehard II., Markgraf von Meißen, der neben ihr steht? 1034 hatte dieser skrupellose Herrscher den Grafen Dietrich ermorden lassen. Kein Wunder, dass Dietrichs Sohn, Thimo von Kistritz, so ein grimmiges Gesicht zieht. Dagegen blickt Graf Wilhelm von Camburg schwermütig. Er war ein erbitterter Gegner Kaiser Heinrichs IV. und wurde von ihm ins slawische Exil getrieben. Neben dem etwas entrückt wirkenden Hermann, Markgraf von Meißen, lächelt heiter, geradezu keck seine Gattin Reglindis, eine polnische Prinzessin. Hinter seinem Schild versteckt sich »Ditmarus comes occisus«: Dietmar, der Graf, der erschlagen wurde.

Der Naumburger Meister, der die Figuren Mitte des 13. Jahrhunderts schuf, musste improvisieren, denn die abgebildeten Herrschaften waren bereits seit 200 Jahren tot. Über das Ehepaar Ekkehard und Uta wissen wir kaum mehr, als dass sie kinderlos blieben und ihr Vermögen einem Vorgängerbau des Doms stifteten. Dennoch bleibt es eine Sensation, dass sie erhöht auf einem Podest die Wände des Westchors zieren dürfen, der sonst nur Heiligen vorbehalten war.

Es gibt im Naumburger Dom, der es im dritten Anlauf 2018 endlich zum Weltkulturerbe geschafft hat, noch viel mehr zu sehen: eine frühgotische Trennwand zwischen Langhaus und Westchor mit kunstvollem Figurenfries der Leidensgeschichte sowie gotische Glasmalereien im Chor.

Auch die Naumburger Altstadt ist attraktiv. Ein harmonisches Ensemble von Bürgerhäusern aus Renaissance und Barock säumt den Marktplatz. Hier stehen auch das spätgotische Rathaus und die schöne Kirche St. Wenzel, deren 1746 eingeweihte Hildebrandt-Orgel wegen ihrer Klangfülle als Verkörperung des Bach'schen Orgelideals gilt.

Die Lokale in Naumburg kredenzen gern den angenehm trockenen Wein von Deutschlands nördlichster Rebfläche, dem Saale-Unstrut-Gebiet. Zu DDR-Zeiten waren die edlen Tropfen begehrte Bückware. Auch der bekannte Rotkäppchen-Sekt wird nicht weit von Naumburg gekeltert: in der Freyburger Sektkellerei. Es gibt ihn übrigens auch trocken …

UNTERKUNFT

Gasthof Zufriedenheit
Freundliches, in einem traditionsreichen Gasthof 2017 neu eröffnetes Boutique-Hotel im Zentrum der Altstadt, nur zwei Minuten vom Dom entfernt. Die 15 geschmackvoll und sachlich-elegant eingerichteten Zimmer bieten einen Blick in den wunderschönen Hofgarten, die zwei Suiten gehen zur nachts ruhigen Fußgängerzone hinaus. Im Restaurant serviert Robert Klaus ansprechende, saisonal wechselnde regionale Küche, z.B. Fasanenbrust oder Kalbstafelspitz. Die Weinstube schenkt feine Tropfen der Saale-Unstrut-Region ein. Steinweg 26, Tel. 03445 7912051, www.gasthof-zufriedenheit.de

RESTAURANTS

Gaststätte Bürgergarten
Traditionsreiche Lokalität mit schönem Sommerbiergarten. Hier gibt es sorgfältig zubereitete Klassiker der gutbürgerlichen Küche: Schwarzbierbraten, Mettenden mit Grünkohl, knusprige Ente, Medaillons von der Schweinelende, Pfeffersteak vom Jungbullen-Roastbeef, Wels- und Zanderfilet sowie Hirschbraten und Wildgulasch.
Bürgergartenstr. 31, Tel. 03445 771807, www.buergergarten-naumburg.de

Ratskeller
Fangfrische Forelle aus dem Saalearm und gebratener Wels aus Schkölen mit Wurzelgemüse passen bestens zum spritzigen goldgelben Ratskeller Pilsner, während man den kastanienbraunen Ratskeller Urtyp am besten zu Naumburger Biergulasch vom Schwein genießt. Ungewöhnlich fruchtig schmeckt das Polaris Pilsner, das mit einer neuen Hopfensorte gebraut wird: ein perfekter Durstlöscher.
Markt 1, Tel. 03445 2616397, www.ratskeller-brauhaus.de

37

Weimar

Ruhm und Elend des deutschen Geistes

»Nach Weimar zieht es die Deutschen gewaltig hin; es ist
auch einzig in der ganzen Geschichte«, notierte Robert Schumann 1828
in sein Tagebuch. Schon zu Lebzeiten Goethes kamen die Leute in
Scharen in das thüringische Städtchen an der Ilm, um ihn, den berühmten
Geheimen Rat, einmal aus der Nähe zu besehen.

*Eine bildschöne Wendeltreppe führt in den
Turm der Anna-Amalia-Bibliothek. Dichterfürst Goethe soll ihren Einbau veranlasst
haben. Der Bücherturm selbst stammt aus
dem 15. Jahrhundert und gehörte einmal
zur Weimarer Stadtmauer.*

Ein Jahrhundert später spöttelte Egon Erwin Kisch: »Ganz Weimar ist eine zur Stadt erhobene Dichterbiografie. Wer nicht zumindest einige Werke über das Leben Goethes studiert hat, kann sich in der Stadt verirren. Fragt man den Einheimischen, wie man ins Hotel kommt, so antwortet er, man müsse am Wohnhaus der Frau von Stein vorüber, bei der Bank, bei der Christiane Vulpius ihrem nachmaligen Gemahl mit einer Bittschrift entgegentrat, nach links biegen, dann geradeaus ... und schon sei man beim Absteigequartier Zelters.«

Wo nur fängt man an im klassischen Weimar? Weltkulturerbe ist es, zur Kulturhauptstadt aufgeputzt, aber trotzdem keine museale Puppenstube. Dafür sorgt schon das Autonome Cultur Centrum (ACC), das im angeblich ersten Wohnhaus Goethes das Weimarer Bürgertum provoziert, 2019 auch mit seiner eigenen Sicht auf 100 Jahre Weimarer Verfassung. Fast alles liegt in Rufweite. »Bei uns in Weimar gibt's dergleichen wie weite Wege nicht«, heißt es in Thomas Manns Roman »Lotte in Weimar«. Und so könnte man sich von Zitat zu Zitat schwingen – die Sehenswürdigkeiten der Altstadt wären in zwei Stunden abzulaufen: »Wo finden sie auf einem so engen Fleck noch so viel Gutes«, so Goethe zu Eckermann. Nur abends wird es allzu still.

Hermann Bigelmayrs Großplastik »Lehrstuhl – leerer Stuhl« ragt seit 2005 auf dem Hochschulforum der Bauhaus-Universität auf.

Lust auf Unklassisches, Profanes kommt auf: Köstlich schmecken Weimarer Zwiebelkuchen und -suppe. Anfang des 19. Jahrhunderts fand der Zwiebelmarkt mit seinen kunstvoll geflochtenen Zwiebelrispen auf dem Frauenplan statt. »Goethe ließ davon für 14 Pfennig für das ganze Jahr einkaufen und hing sie an seinem Fenster patriotisch auf«, erzählt Carl Friedrich Zelter, Komponist und Freund des Dichterfürsten. Schon holt uns die Klassik wieder ein, denn Goethes Haus, heute Goethe-Nationalmuseum, steht just hier, in Rufweite zum Haus der Frau von Stein. Die spröde Dame bestimmte Goethes frühe Jahre in Weimar, bis Goethe sich wegstahl, ins sinnenfreudige Italien.

Seit 1782 wohnte er am Frauenplan. Über die großartige Treppe betritt man Goethes häusliche Welt, ausgebreitet in den 20 Räumen des ersten Stockwerks. Verteidigt hat sie einst Goethes »kleine Hausfreundin« Christiane Vulpius, die 1806 napoleonische Plünderer in die Schranken wies. Dankbar legalisierte der geadelte Dichterfürst daraufhin die missbilligte Verbindung mit einer Blumenbinderin, auch das revolutionär.

Immerhin, kein Drudenfuß auf der Schwelle, sondern ein »Salve« begrüßt den Besucher des Gelben Saals. Überhaupt ist der Spaziergang durch die Räume eine Stunde praktische Goethe'sche Farbenlehre. 50 Jahre lang war das Haus ein geistiger Mittelpunkt Deutschlands, und noch heute ist es von einer Anziehungskraft, die manchmal sprachlos macht. »Verweile doch! du bist so schön!«, möchte man vor dem Gipsabguss der Juno Ludovisi im blauen Junozimmer deklamieren, doch dem Gast sind nur Minuten vergönnt, und stumme Zweisamkeit schon gar nicht. Also hinüber zum original erhaltenen Schillerhaus, es ist ja so nahe, »dass die beiden Freunde einander die Briefe und Zettel hätten in die Fenster werfen können«, wie Hebbel notierte. Zum ungestörten Schreiben zog sich der Nachtmensch Schiller in die schlichte Mansarde zurück, das Bett stand im Arbeitszimmer, um bei Bedarf die kranken Glieder ruhen zu lassen. Und trotz aller Leibesqual entstanden »Die Braut von Messina« und »Wilhelm Tell«. Nur noch drei Jahre waren Schiller im endlich eigenen Haus beschieden, im Tod ist er mit Goethe in der barocken Fürstengruft auf dem Historischen Friedhof vereint.

Vor dem Nationaltheater, in dem Goethe die meisten Dramen Schillers aufführen ließ und wo man 1919 das Stück »Geburt der Weimarer Republik« gab, präsentiert Rietschels Denkmal Schiller und Goethe in vertrauter Pose: Ihre Zusammenarbeit in den Jahren 1794 bis 1805 war Weimars Goldene Epoche.

Als Begründerin des Weimarer Musenhofs gilt die Fürstin Anna Amalia (1739–1807). An ihrer Tafel im Wittumspalais saß jeder Dichter, Künstler und Gelehrte des klassischen Weimar, und die Italiendarstellungen im nahezu authentisch erhaltenen Grünen Salon haben Goethes Sehnsucht nach dem Land der blühenden Zitronen sicherlich beflügelt. Der Brand in Anna Amalias kostbarer Bibliothek, dem 50000 wertvolle Bände zum Opfer fielen, entsetzte auch diejenigen, die von Goethe nur das Götz-Zitat kennen.

Ein wenig Natur an der Ilm täte jetzt gut. Das »liebe Gärtgen vorm Tore« ist ein herrlicher Landschaftspark mit klassizistischen Lustbauten, Blutbuchen, Eichen und Eiben. Oft durchquerten ihn Goethe und sein junger Schützling, Herzog Carl August, in scharfem Galopp, woran mancher in Weimar Anstoß nahm. Harmonisch fügt sich das Gartenhaus in die Landschaft ein; Goethe ließ es im Stil der Frühklassik renovieren. Hier arbeitete er an »Iphigenie«, »Egmont« und »Torquato Tasso«, und die rauschende Ilm flüsterte ihm Melodien zu, die ihn wohl auch zu seinem Gedicht »An den Mond« inspirierten.

Es ließe sich noch lange berichten – von noch mehr Schlössern, Denkmälern und Museen, vom Wirken Cranachs, Herders und Wielands, von Nietzsche, der hier seinen Lebensabend verbrachte, von Franz Liszt, der musikalischen Glanz auf die Stadt warf.

Anlässlich des 100-jährigen Bauhaus-Jubiläums eröffnete 2019 das Bauhaus-Museum, ein Besuchermagnet. Das Musterhaus am Horn, einziges realisiertes Zeugnis der Bauhauszeit in Weimar, erzählt von einer Chance, die Weimar nicht ergriff. Ein Jahrzehnt später zerstörte das protzige Gauforum den Traum von Deutschland als Bildungsnation. Weimar sei, so jubelte 1937 der Präsident der Reichsschrifttumskammer, »Symbol jener Sehnsucht nach dem Reich der Deutschen, das uns heute wahre Wirklichkeit wurde«. Auf dem Ettersberg versank es in nackter Barbarei. Von Schloss Ettersburg, barocker Sommersitz Anna Amalias, wo philosophiert und diskutiert wurde, wo Schiller »Maria Stuart« vollendete, von dort sind es 1,3 Kilometer hinüber zum Konzentrationslager Buchenwald. Zwischen 1937 und 1945 waren hier etwa 250000 Menschen inhaftiert, über 56000 wurden als »Feinde der Volksgemeinschaft« zu Tode gequält. »Jedem das Seine« steht zynisch über dem Lagereingang. Beides, das klassische Weimar und das barbarische Buchenwald, ist das Unsrige.

UNTERKUNFT

Hotel Elephant
Thomas Mann verewigte in »Lotte in Weimar« das im Art-déco- und Bauhausstil wieder aufgebaute Hotel. 2018 hat es sich neu erfunden und tritt nun als elegantes Boutique-Hotel der Marriotts Autograph Collection mit ambitioniertem Kulturprogramm auf. Komplett neu gestaltet wurde der Lichtsaal mit seiner charakteristischen Glasdecke. Leicht und hell präsentieren sich die Zimmer und Suiten, die elegante Bar bietet feine Weinkost, während das Restaurant AnnA klassische deutsche und internationale Gerichte mit regionalen Zutaten neu interpretiert. Dazu kommt ein großer Fitnessbereich mit Sauna. Markt 19, Tel. 03643 8020, www.hotelelephantweimar.de

RESTAURANTS

Anastasia
Das Jugendstilrestaurant im eleganten Grand Hotel Russischer Hof serviert Andreas Scholz' gehobene, mediterran inspirierte Küche wie Essenz von der Poularde, Brust und Keule vom Maisstubenküken, hausgemachte Trüffelgnocchi und gebratenes Heilbuttfilet, jeweils mit passender Weinbegleitung. Goetheplatz 2, Tel. 03643 774814, www.restaurant-anastasia.info

Köstritzer Schwarzbierhaus
In Weimars schönstem Fachwerkhaus schmecken Weimarer Zwiebelgulasch, Köstritzer Bierfleisch und natürlich Thüringer Bratwurst. Man nimmt auch gern im neu gebauten Wintergarten, im Ratsherrenzimmer und im Sommer auf der sonnigen Terrasse und im schattigen Biergarten Platz. Scherfgasse 4, Tel. 03643 779337, www.koestritzer-schwarzbierhaus-weimar.de

38

Erfurt

Auf der Krämerbrücke

Ein Ponte Vecchio in Deutschland? Ja, den gibt es: in Thüringens Hauptstadt Erfurt! Hier führt die malerische, 1325 errichtete steinerne Krämerbrücke in sechs Bögen über den Fluss Gera. Sie ist heute die einzige bebaute Brücke nördlich der Alpen. Ende des 15. Jahrhunderts drängten sich 62 mittelalterliche Fachwerkhäuser auf der Brücke zwischen Anger und Domplatz zusammen. Heute sind sie zu 32 größeren Häusern zusammengefasst.

So sah im Jahre 1835 das Buch
»Die Erde und ihre Bewohner« von
Karl Friedrich Vollrath Hoffmann
den Erfurter Dom: als ein Bollwerk der
Christenheit, neben dem sich der
Mensch klein und unbedeutend vorkam.

Detail der Krämerbrücke in Erfurt. Mit ihrer beidseitigen Bebauung dient sie wie der Ponte Vecchio in Florenz als Brückenhaus, in dem auch heute noch gelebt und gearbeitet wird.

Schuld an allem waren Zölle, die man in Erfurt nicht zahlen wollte. Da die Enden der Krämerbrücke die Grenzen zu zwei Fürstentümern bildeten, musste jeder, der auf der anderen Seite etwas verkaufen wollte, Zoll bezahlen. Pfiffig, wie sie waren, verlegten die Kaufleute ihren Markt also einfach direkt auf die Brücke. Noch heute leben und arbeiten Menschen in den Brückenhäusern. Ateliers und Galerien haben sich hier niedergelassen, und auch die Geschäftstüchtigkeit haben die Krämer unserer Zeit nicht verlernt. Im Haus »Zum Schwarzen Ross«

werden hübsche Flaschen mit hochprozentigem »Krämerbrücken-Wasser« angeboten. Im Juni sorgen die Ritter, Gaukler und Artisten während des Krämerbrückenfests für Amüsement.

Vom Turm der Ägidienkirche am östlichen Brückenende schweift der Blick über Luthers vieltürmiges »Erfordia turrita« mit seiner markanten gotischen Doppelkirchenanlage von Erfurter Dom und Severikirche und der mächtigen Freitreppe, die zu den Gotteshäusern hinaufführt. Über 300 Jahre lang hat man am Dom gebaut. Die gotischen Glasfenster in seinem Chor zählen zu den schönsten Deutschlands. Im mittleren Domturm hängt eine der größten frei schwingenden Glocken der Welt: Wenn die 1497 gegossene, über elf Tonnen schwere Gloriosa läutet, ist sie bis nach Weimar zu hören.

Schon Luther wird sie vernommen haben, als er 1505 über die Krämerbrücke zog. Zu dieser Zeit war Erfurt eine Hochburg der Humanisten, seine Universität eine der ältesten des Heiligen Römischen Reichs. Im Haus zum Güldenen Stern (Allerheiligenstraße 1) wurde 1473 erstmals in Erfurt mit beweglichen Lettern gedruckt, ausgerechnet ein Ablassbrief.

Zunächst studierte Luther in Erfurt Philosophie und Juristerei, doch als ihn im Juli 1505 in der Nähe von Stotternheim ein schweres Gewitter überraschte, gelobte er in Todesangst, zur Theologie zu wechseln. Aus dem fröhlichen Zecher, der in den Kellergewölben der Altstadtkneipe »Engelsburg« so manchen Humpen weggeschluckt hatte, wurde ein sittenstrenger Mönch im Erfurter Augustinerkloster.

In den Altstadtkneipen wird nach wie vor fröhlich gebechert. Das Gasthaus »Zur Hohen Lilie« an der Südseite des Domplatzes fand schon 1341 Erwähnung. Wie zu Luthers Zeiten kündigt inzwischen wieder ein durchs Viertel ziehender Bierausrufer an, wo es »junges gutes Bier« gibt. Und im Andreasviertel pflegt eine Minibrauerei im »Haus zur Pfauen« die Tradition der im Mittelalter gebrauten obergärigen »Erfurter Schlunze«.

»Im Übrigen war Erfurt damals nichts Besseres denn ein Hurenhaus und Bierhaus. Die zwei Lectiones haben die Studenten am fleißigsten allda gehört«, urteilte Luther. Dass die jungen Erfurterinnen scherzhaft »Puffbohnen« genannt werden, hat mit der liederlichen Vergangenheit der Stadt allerdings gar nichts zu tun. Puffbohnen sind vielmehr ein traditionelles knackiges Gemüse, das während des Kochens aufpufft. Auf dem großen Erfurter Wochenmarkt am Domplatz wird es inzwischen sogar schon als Plüschmaskottchen verkauft.

Für ihre Trinkfestigkeit haben die Erfurter eine gute Ausrede. Schon im Mittelalter mixte man hier aus den blauen Schoten des Färberwaids einen überwiegend blauen Farbstoff zusammen, der als thüringisches Waidpulver in ganz Mitteleuropa gehandelt wurde. Zur Herstellung wurde auch eine menschliche Zutat benötigt, für deren Gewinnung viel getrunken werden musste. Bis dann die Fermentation zu Indigo abgeschlossen war, dauerte es etliche Stunden, und so wurde das »Blaumachen« zu einer Lieblingsbeschäftigung der Erfurter. Am schönsten ist das Nichtstun in einem der vielen Biergärten oder – anspruchsvoller – bei einem Musikabend im idyllischen Fachwerkhof der Michaeliskirche. Und wer beim Verlassen der Stadt, vom Nordrand des Erfurter Steigerwaldes, am sogenannten Tannenwäldchen, noch einmal zurücksieht, der begreift, warum die Humanisten Erfurt als »thüringisches Rom« bezeichneten.

UNTERKUNFT

Evangelisches Augustinerkloster zu Erfurt
Ruhe und Einkehr an einem Ort, an dem Luther seine Novizenjahre verbrachte und den man ansonsten nur auf einer Führung kennenlernt. Natürlich sind die Zimmer, mit Ausblick auf den Renaissancehof, klein und eher spartanisch, aber mit guten Betten ausgestattet. Man schläft hier vielleicht besser als in den Hotelketten der Stadt. Kein Fernseher stört die Besinnung. Das Frühstück fällt erfreulicherweise nicht asketisch aus. Auch im modernen Waidhaus außerhalb der historischen Mauern werden Zimmer angeboten.
Augustinerstr. 10, Tel. 0361 576600, www.augustinerkloster.de

RESTAURANTS

Clara-Restaurant im Kaisersaal
Im Kaisersaal hat schon Napoleon Diners gegeben. Schillers »Don Carlos« wurde hier aufgeführt. 2018 hat Arne Linke das Clara übernommen und konnte mit seiner kreativen aromenreichen Küche den Michelin-Stern halten, den Johannes Wallner dem Restaurant gesichert hatte. Man speist unter den wachsamen Augen von Clara Schumann, deren großes Porträt die Wand ziert, oder sehr angenehm auf der Gartenterrasse.
Futterstr. 15/16, Tel. 0361 5688207, www.restaurant-clara.de

Das Ballenberger
Ganz in der Nähe der Krämerbrücke bietet dieses exzellente Restaurant saisonal wechselnde, mediterran akzentuierte »europäische Landküche« in drei oder vier Gängen (mittags auch zwei) mit Weinbegleitung. Nachmittags genießt man den mit Liebe selbst gebackenen Kuchen. Die fünf hochwertig eingerichteten Appartements in den »Schottennestern« direkt in der Altstadt sind ein echter Geheimtipp.
Gotthardtstr. 25/26, Tel. 0361 64456088, www.das-ballenberger.de

39

Die Wartburg

Ein deutscher Mythos

Wo ist er denn nur, Doktor Luthers berühmter Tintenklecks an der Wand seiner Stube, den der Kastellan von Zeit zu Zeit angeblich wieder auffrischt? »Die meisten Reisenden haben doch etwas Handwerksburschenartiges und sehen sich gern nach solchen Wahrzeichen um«, notierte Goethe. Die modernen Kuratoren der Wartburg, die weithin sichtbar auf einer Felskuppe südlich von Eisenach über dem Thüringer Wald thront, nehmen auf solche Schnurren keine Rücksicht mehr: Der Fleck ist weg. Die Originaltinte aus dem Fässchen, mit dem Luther nach dem Teufel geworfen haben soll, hatten Souvenirjäger wohl ohnehin schon im 16. Jahrhundert abgeschabt.

Der Burghof der Wartburg, den schon viele illustre Persönlichkeiten passiert haben: darunter Elisabeth von Thüringen, Martin Luther, Goethe, die Teilnehmer des Sängerwettstreits, Studenten und Burschenschaftler, aber auch NS-»Prominenz«

Was ist überhaupt noch original in der Vogteistube, die Luther vom Mai 1521 bis März 1522 als Junker Jörg bewohnte? Der Schreibtisch, an dem er das Neue Testament aus dem griechischen Urtext übersetzte und damit die Grundlage für eine einheitliche deutsche Schriftsprache schuf, ist es wohl nicht mehr, aber der Gesamteindruck wirkt authentisch. Kunstschätze aus Luthers Zeit zeigt das Museum. Berühmt sind der Dürerschrank sowie Gemälde von Lucas Cranach d. Ä., darunter die »Madonna mit der Weintraube« von 1527.

Kein Geringerer als Goethe regte 1815 die Gründung des Museums an. Als der Geheimrat die Wartburg 1777 zum ersten Mal besuchte, beeindruckte ihn eher die herrliche Landschaft, weniger der Palas, den er als »öden Kasten mit ungeheurem Dach und kleinen Fenstern« bezeichnete und in dessen Inneren er »eine unbeschreibliche Unbehaglichkeit« vorfand. Dennoch hat Goethe viel zur Wiedererweckung der Wartburg und ihres Mythos beigetragen. Aus seinen Zeichnungen wissen wir, wie die Anlage vor ihrer Restaurierung aussah.

Die 500 Burschenschaftler sind dem Dichter nicht so ganz geheuer gewesen, »unsere Jenaer Brauseköpfe«, die 1817 den Jahrestag der Leipziger Völkerschlacht und der Reformation zum Anlass nahmen, »Ehre, Freiheit, Vaterland« einzufordern. Doch führten sie Goethe und dem Weimarer Herzogshaus die Bedeutung des Nationaldenkmals Wartburg, der »deutschesten aller Burgen«, vor Augen.

Ihr Mix an verschiedensten Baustilen ist etwas gewöhnungsbedürftig, denn im 19. Jahrhundert entstanden unter dem Architekten Hugo von Ritgen zahlreiche historisierende Neubauten wie der Bergfried, die Neue Kemenate und die Torhalle. Der mächtige, um 1155 von rheinischen Steinmetzen errichtete Palas aber ist mit seinen Arkaden, Säulen und reich verzierten Kapitellen einer der schönsten und besterhaltenen romanischen Profanbauten diesseits der Alpen.

Der Rittersaal im Erdgeschoss zeigt noch ein unverfälschtes Raumerlebnis des 12. Jahrhunderts. Darüber liegt die Elisabeth-Kemenate, das einstige Frauengemach. Von 1211 bis 1227 lebte hier die mildtätige ungarische Königstochter Elisabeth als Braut und Gemahlin Ludwigs IV. von Thüringen. Gleich daneben betritt man den Sängersaal. Hier soll 1206 der berühmte Wettstreit der sechs Minnesänger stattgefunden haben. Erwiesen ist, dass Heinrich

Der mächtige Palas ist mit seinen Arkaden und Säulen einer der schönsten und besterhaltenen romanischen Profanbauten diesseits der Alpen.

von Veldeke, Walther von der Vogelweide und Wolfram von Eschenbach am landgräflichen Hofe Hermanns I. auf der Wartburg zu Gast waren. 1845 setzte Richard Wagners »Tannhäuser« dem Ereignis ein musikalisch-dramatisches Denkmal, und im Sängersaal erzählt ein spätromantisches Fresko von Moritz von Schwind die Legende.

Besonders prächtig ist der Festsaal, der das gesamte zweite Stockwerk des Palas einnimmt. Moritz von Schwinds Darstellungen beeinflussten unmittelbar auch die Opernbilder und Opernfiguren Richard Wagners bis weit über beider eigene Zeit hinaus.

Historie und Legende vermischten sich auf der Wartburg schon früh. Bereits die Gründung der Burg um 1067 hat Sagenpotenzial: »Wart, Berg, du sollst mir eine Burg tragen«, rief Landgraf Ludwig der Springer beim Anblick des schroffen Felsens, und weil ihm das Land nicht gehörte, ließ er einfach Erde von seinem eigenen Grund und Boden herbeischaffen. Ein wenig neidisch ob dieser simplen Methode des Grunderwerbs möchte man da schon werden.

UNTERKUNFT

Romantik Hotel auf der Wartburg
Die Zeit des »Gasthofs für fröhliche Leut'« ist lange vorbei, dafür nächtigt man auf dem Burgfelsen jetzt in Fünf-Sterne-Qualität. Die 37 individuell gestalteten Zimmer und Suiten sind wirklich sehr romantisch eingerichtet. Die mit einer grandiosen Aussicht gesegnete Landgrafenstube kocht alte Rezepte der Region nach, und das richtig gut. Rustikal-mittelalterlich geht es im Burgcafé Gadem zu. Der Vitalbereich »Jungbrunnen« bietet Sauna und Fitnessbereich.
Auf der Wartburg 2, Eisenach, Tel. 03691 7970, www.wartburghotel.de

RESTAURANTS

Turmschänke
Das in und neben dem mittelalterlichen Nikolaiturm untergebrachte, mit Holzvertäfelungen, Bleiglasfenster und alten Gobelins ausgestattete, schon 1912 eröffnete Weinrestaurant serviert regionale Leckereien und deutsches Slow Food wie Kalbstafelspitz, Lammhüfte oder geschmorte Wildschweinkeule mit Thüringer Hüllerchen. Im heute natürlich recht traulichen Turmverlies kann man ausgelassene Feste feiern. Der Weinkeller kann sich sehen lassen.
Karlsplatz 28, Eisenach, Tel. 03691 213533, www.turmschaenke-eisenach.de

Weinrestaurant Baron
Irische Ochsenbäckchen, Entenbrust- oder Rinderfilet, Thunfischsteak, Heilbutt und Dorade sind vorzügliche kulinarische Begleiter für die wirklich umfangreiche Auswahl exzellenter Weine. Auch der Service ist geradezu vorbildlich.
Karlsplatz 13, Eisenach, Tel. 03691 2453240, www.baron-eisenach.de

40

Leipzig

Musikalisches zwischen Thomaskirche und Gewandhaus

Seit 1908 blickt Johann Sebastian Bach von seinem Podest vor der Thomaskirche herab.

»Ei! wie schmeckt der Coffee süße / Lieblicher als tausend Küsse / Milder als Muskatenwein.« Ja, Leipzig und der Kaffee! Als Johann Sebastian Bach 1734 seine »Kaffeekantate« (BWV 211) komponierte, da waren die Einwohner der sächsischen Messestadt dem Türkentrank bereits verfallen.

Schon 1695 wurde in Leipzig zum ersten Mal Kaffee getrunken, und seit 1719 reicht über dem Portal des ältesten erhaltenen, seit Ende 2018 aber (hoffentlich nur vorübergehend) geschlossenen Kaffeetempels »Zum arabischen Coffe Baum« in der Fleischergasse ein liegender Osmane dem kleinen Amor ein »Schälchn Heeßen«. Es heißt, August der Starke habe die Plastik zum Dank für erbrachte Liebesdienste der ersten Wirtin gestiftet. Noch wenige Jahrzehnte zuvor war der Kaffeegenuss gelegentlich von höchster Stelle verboten worden, hochoffizielle »Kaffeeriecher« gingen durch die Straßen, um illegalen »Gaffeesaggsn« auf die Spur zu kommen. Kaffeehäuser waren gar als Lasterhöhlen verschrien, in denen »verdächtige Weibspersonen« nicht nur die Sucht nach dem schwarzen Türkentrank stillten …

Aber es half alles nichts: So wie Liesgen aus der Bachkantate vom Kaffee nicht lassen wollte, so blühten auch die Leipziger Kaffeehäuser, und bald spielte sich hier das kulturelle Leben der Stadt ab. Bach produzierte in Leipzig als Thomaskantor nicht nur Kirchenmusik, er war auch Leiter des Collegium Musicum. Dieses spielte in der Regel zur Unterhaltung der Gäste im (1943 zerstörten) Zimmermann'schen Kaffeehaus in der Katharinenstraße zum »Ordinairen Concerte« auf, besonders häufig während der dreimal im Jahr stattfindenden Handelsmessen.

Vom Coffe Baum sind es nur wenige Schritte zur berühmten Thomaskirche. Hier führte Bach ab 1723 als Thomaskantor den nunmehr seit über 800 Jahren bestehenden Thomanerchor zu neuen musikalischen Höhen und ließ nicht weniger als eine neue Kantate pro Woche einstudieren. Noch heute begleiten die etwa 100 Chormitglieder in der neogotisch umgebauten, durch vortreffliche Akustik glänzenden Kirche den Gottesdienst am Sonntag. Am Freitagabend und Samstagnachmittag singt der Knabenchor Motetten und Kantaten: stets ein Hochgenuss.

Heute mag man kaum glauben, wie schwer es Bach trotz seiner Schaffensfülle mit der »wunderlichen und der Musik wenig ergebenen Obrigkeit« hatte. Am Ende seines Lebens entsprach seine komplexe, geradezu mathematisch präzise Musik nicht mehr dem Zeitgeschmack, und er geriet fast in Vergessenheit, bis der junge Felix Mendelssohn Bartholdy als Leipziger Gewandhauskapellmeister eine bis heute andauernde Bach-Renaissance einleitete. Auch Robert Schumann, der in Leipzig lange um seine Clara kämpfen musste, hat das Andenken Bachs maßgebend gefördert.

Womit wir noch einmal zum Coffe Baum zurückkehren, in dem Mendelssohn, Liszt, Schumann, Wagner und viele andere Komponisten und Musiker Stammgäste waren. Das hatte Gründe: Mendelssohn hatte ab 1835 das seinerzeit im ehemaligen Zunfthaus der Tuchmacher untergebrachte Gewandhausorchester zum zweiten musikalischen Fixstern Leipzigs gemacht. Zahllose musikalische Berühmtheiten traten am Gewandgäßchen auf, Tschaikowski, Mahler und Grieg dirigierten hier, der Thomanerchor begleitete das Orchester.

Das 1884 vollendete Neue Concerthaus wurde im Zweiten Weltkrieg zerstört, 1981 weihte man das neue Gewandhaus an der Südseite des Augustusplatzes ein. Kurt Masur, von 1970 bis 1997 populärer Leiter des Gewandhausorchesters, war einer von sechs prominenten Leipzigern, die mit ihrem Aufruf »Keine Gewalt!« wesentlich zum friedlichen Verlauf der historischen Montagsdemonstration von 100 000 Leipzigern am 9. Oktober 1989 beitrugen. Keimzelle des gewaltlosen Widerstands war die Nikolaikirche. »Offen für alle« – unter diesem Motto hatte ihr Pfarrer Christian Führer jahrelang auch nicht religiösen Protestgruppen Zuflucht gewährt. Im schönen lichten klassizistischen Kirchenraum, dessen Säulen in zartgrünen Palmwedeln enden, wurde gebetet, musiziert und diskutiert. Als sich dann an jenem schicksalhaften Montag der große Demonstrationszug von der Nikolaikirche aus in Bewegung setzte, wurde die Staatsmacht völlig überrascht: »Wir hatten alles geplant, wir waren auf alles vorbereitet, nur nicht auf Kerzen und Gebete.«

UNTERKUNFT

Hotel Fürstenhof
In diesem klassizistischen Patrizierpalast von 1770 mit prachtvollem Serpentinsaal wohnt man besonders nobel. Das Hotelrestaurant Villers serviert in elegantem Ambiente kulinarische Klassiker, z. B. einen Sächsischen Hirschrücken oder Kabeljaufilet. Im Sommer sitzt man sehr schön auf der Terrasse des Innenhofs. Bistroküche gibt's in der Vinothek 1770 und im Wintergarten. Tröndlinring 8, Tel. 0341 1400, www.hotelfuerstenhof-leipzig.com

RESTAURANTS

Falco
Der fantastische Blick vom 27. Stock des Westin-Hotels passt perfekt zum modernen Design des Lokals und zur phänomenalen Sterneküche, die der aus dem Schwarzwald stammende Produktfanatiker Peter Maria Schnurr hier kreiert. Das vielseitige Menü verwöhnt mit manchmal exzentrischen, aber verblüffend harmonischen Kompositionen. Immer wieder sorgt Grüner Apfel als Würzelement für Akzente. Langustinen, Blauflossen-Thunfisch, Felsen-Rotbarbe, Ibérico Schwein und Wagyu Beef: alles verarbeitet zu komplexen, ausgefallenen Aromaexplosionen mit Ausflügen nach Asien. Gerberstr. 15, Tel. 0341 9882727, falco-leipzig.de

Stadtpfeiffer
Detlef Schlegels moderne, unaufgeregte französische Küche verleiht dem Neuen Gewandhaus kulinarischen Glanz. Limousin-Lamm oder Hirsch aus der Region sind wirklich fein. Augustusplatz 8, Tel. 0341 2178920, www.stadtpfeiffer.de

Leipzigs dritte große Stätte der Musik, die 1693 eingeweihte Oper, ist das drittälteste europäische Musiktheater.
Drei bedeutende Komponisten haben ihren Ruf begründet: Johann Adam Hiller im 18. Jahrhundert sowie Albert
Lortzing und Richard Wagner im 19. Jahrhundert. Nach
einer Durststrecke in DDR-Zeiten hat sie sich seit 1990
im Nachkriegsbau am Augustusplatz erneut einen großen
Namen gemacht.

»Ich komme nach Leipzig, an einen Ort, wo man die
ganze Welt im kleinen sehen kann ...«, schrieb Gotthold
Ephraim Lessing 1749, und tatsächlich sind es von den drei
musikalischen Fixpunkten immer nur wenige Schritte zu
den anderen Sehenswürdigkeiten der Altstadt. Überblick
aus 120 Metern Höhe verschafft das Restaurant Panorama
Tower im ehemaligen Universitätshochhaus. Vom Alten
Rathaus mit seiner schönen Renaissancefassade spaziert
man hinüber zur Alten Börse, Leipzigs erstem Barockbau,
und zum Museum der bildenden Künste, das einer der
bedeutenden europäischen Kunstsammlungen eine Heimat bietet. In der Messe- und Verlagsstadt Leipzig wurden
schließlich nicht nur die musikalischen, sondern auch die
anderen Künste gefördert. Im 18. Jahrhundert schwamm
das »Schaufenster der Welt« geradezu in Geld. »Wenn einer
in der größeren Welt noch so sehr Neuling wie ich, um

*Die Leipziger Nikolaikirche war im
Herbst 1989 Ausgangspunkt der berühmten
Montagsgebete in der DDR, einer
friedlichen Revolution, die wesentlich
zur Wiedervereinigung beitrug.*

die Meßzeit zum erstenmal nach Leipzig kommt, so ist es,
wo nicht verzeihlich, doch wenigstens sehr begreiflich, daß
er in den ersten Tagen über den Mannigfaltigkeiten, die
durch seinen Kopf gehen, seiner selbst vergißt ...«, hatte
Schiller 1785 beeindruckt geschrieben. Das galt auch noch
zu DDR-Zeiten, in denen die Messewochen immer wieder
ein wenig große weite Welt nach Leipzig brachten. Längst
residiert die Messe in einem viel gerühmten avantgardisti-
schen Neubau im Norden der Stadt.

Trotz vieler Kriegsverluste prägen noch immer schöne
Barock-, Gründerzeit- und Jugendstilfassaden das Stadtbild.
Man kann leicht die Zeit vergessen in Leipzigs eleganten
Einkaufspassagen und versteckten Durchgängen. Natürlich
muss man durch die schicke Mädler-Passage hinter dem
Alten Rathaus bummeln und im berühmten Auerbachs Keller auf »Drallewatsch« gehen, sprich einen draufmachen – so
wie die fröhlichen Zecher aus Goethes »Faust«: »Uns ist ganz
kannibalisch wohl / Als wie fünfhundert Säuen!«

41

Erzgebirge
Winterliche Romantik mit Pyramiden und Nussknackern

Typische Schnitzkunst aus dem Erzgebirge: Kurrendesänger (eine Art Laufchor)

*Auf jedem deutschen Weihnachtsmarkt sind sie zu finden:
Nussknacker und Räuchermännchen, Lichter tragende Bergleute und Engel,
Kurrendesänger mit ihrem Stern, Pfennigvieh, Spanbäume,
Hängeleuchter und natürlich die zwei rührenden Striezelkinder,
die frierend Spielzeug feilbieten.*

Im Dezember verwandelt sich das Erzgebirge südlich von Chemnitz in eine festliche Weihnachtswunderwelt. Verschneit muss es freilich sein, damit die Romantik sich voll entfalten kann. Lichterketten und hell erleuchtete Schwibbögen, wohin man schaut. Fast jeder Haushalt baut seine eigene Krippe auf, deren Figurenreichtum oft über viele Jahrzehnte gewachsen ist. Schon 1809 berichtet Christian Gottlob Wild in seinen »Interessanten Wanderungen durch das sächsische Obererzgebirge« vom fleißig schnitzenden Bergmann: »So findet man hölzerne Steiger, in deren Bauche man ein ganzes, wohllöbliches Bergamt mit den Köpfen nickend Session halten sieht; überbaute vier bis fünf Stock hohe Pyramiden, wo man das ganze Bergwesen, auch die Eisenhammer, Wasserkünste in völligem Gange sieht.«

Im westlichen Erzgebirge hatten die Bergleute der Silberminen ein relativ gesichertes Auskommen und konnten ihre wenigen Mußestunden mit Schnitzarbeiten für den Heimbedarf zubringen. Dagegen waren die Holzdrechsler im Raum Seiffen, die ursprünglich Gebrauchsgegenstände wie Teller und Spindeln herstellten, auf den kargen Lohn ihrer mühevollen Arbeit bitter angewiesen. Zwar war bereits um 1750 auf den Messen von Leipzig und Nürnberg »Spiel- und Tändelkram« aus Seiffen begehrt und wurde bis nach Frankreich und England exportiert, doch speiste man die Hersteller stets mit Hungerlöhnen ab. Anfang des 20. Jahrhunderts trat die Seiffener Zündholzschachtelware mit ihren Miniaturen den Siegeszug durch Europa an. Selbst heute aber verdienen die Schnitzer erbärmlich wenig und müssen sich überdies der Konkurrenz durch billige Plagiate aus Asien erwehren. Zu DDR-Zeiten waren die »Jahresendfiguren« aus dem Erzgebirge so wertvoll wie Devisen, denn fast alles ging in den Export. Wer eine kunstvolle Weihnachtspyramide zu vergeben hatte, konnte mit ihr sogar die Wartezeit auf einen Trabi verkürzen.

Einmalig auf der Welt ist das Handwerk des Reifendrehens, bei dem aus einem in Form gedrechselten Fichtenholzring zahlreiche identische Figuren gesägt werden. Das Erzgebirgische Spielzeugmuseum in Seiffen gibt einen umfassenden Überblick über die historische Spielzeugproduktion. Die Seiffener Arche Noah, die 192 Tierpaare zählt, lässt nicht nur Kinderaugen leuchten. Nicht minder faszinierend ist die über zwei Stockwerke reichende, über sechs Meter hohe Weihnachtspyramide.

Entlang der Hauptstraße von Seiffen reihen sich über 100 Schnitzereiwerkstätten aneinander. Mancher Meister lässt sich bei seiner Arbeit über die Schulter gucken; auf jeden Fall bietet die Schauwerkstatt der Seiffener Volks-

kunst diese Gelegenheit. Im Handwerksbetrieb Füchtner wurde im Jahre 1870 der Nussknackerkönig geboren – etwa 130 Handarbeitsschritte sind notwendig, um ihn herzustellen. Im benachbarten Neuhausen zeigt Europas einziges Nussknackermuseum an die 2000 Figuren aus aller Welt: Die größte ist fast sechs Meter hoch, die kleinste gerade mal 6,5 Millimeter. Die meisten stammen natürlich aus Werkstätten des Erzgebirges.

Mitten in Seiffen steht die kleine Dorfkirche, die, 1000-fach modelliert, in alle Welt gegangen ist. Sie wurde nach dem Vorbild der Dresdner Frauenkirche als barocker achteckiger Zentralbau mit steilem Zeltdach und Glockentürmchen errichtet. Einmal in dieser Weihnachtskirche die Christmette feiern: welch ein Erlebnis!

In der Bergbaustadt Freiberg 30 Kilometer östlich von Chemnitz bietet der mittelalterliche Obermarkt eine wunderbare Kulisse für den Weihnachtsmarkt. Die Goldene Pforte, ein reich verziertes spätromanisches Rundbogenportal an der Südseite mit thronender Muttergottes, gewährt Einlass in den prunkvoll ausgestatteten Dom St. Marien. Von der spätgotischen Tulpenkanzel verkündet der Pastor die Weihnachtsbotschaft, und die große Silbermannorgel spielt mit unvergleichlicher Brillanz das alte Weihnachtslied: »In dulci jubilo: Nun singet und seid froh!«

UNTERKUNFT

Hotel Erbgericht Buntes Haus
Das Traditionshaus mit 500 Jahren Geschichte liegt in unmittelbarer Nähe des Spielzeugmuseums und der berühmten Kirche. Es bietet liebevoll restaurierte, komfortable und in fröhlichen Farben – blau gestrichenes Holzmobiliar und orangeroter Teppich – dekorierte Zimmer mit viel Atmosphäre. Das Frühstücksbüfett mit kleinen Plunderstücken und Obstsalat ist sehr lecker. Erzgebirgsschnitzereien zieren das Restaurant, das stolz auf seine frisch geklopften Schnitzel ist. Die in olivgrün und rot gehaltene Pastabar Postkutsche (mit Terrasse) setzt auf leckere Nudelgerichte.
Hauptstr. 94, Kurort Seiffen, Tel. 037362 7760, www.buntes-haus.de

RESTAURANTS

Gaststätte Holzwurm
In urig-gemütlicher Atmosphäre kommen in zwei kleinen Gasträumen regionale Spezialitäten auf den Tisch. Das »Arzgebirgsche Arme Leite Assen« ist ein Menü mit süß-saurer Erzgebirgischer Linsensuppe, »Aardeppeln un Quork« (Kartoffeln, Zwiebelquark, Leberwurst und frisches einheimisches Leinöl) und als Nachspeise »E Seiff'ner Dalken« (Kartoffelpuffer mit Apfelmus). Lecker schmeckt auch der sächsische Sauerbraten mit Rotkraut und Kartoffelklößen.
Hauptstr. 71 A, Kurort Seiffen, Tel. 037362 7277, www.holzwurm-seiffen.de

Stadtwirtschaft Freiberg
Hier fühlt man sich fast nach Böhmen eingemeindet, und im entsprechenden – recht humorvollen – Ambiente schmecken Knedlik, Gulasch, Svicková (Lendenbraten auf Rahm) und Schnitzel. Natürlich stammen auch die hier ausgeschenkten Biersorten aus böhmischen Brauereien. Unbedingt reservieren.
Burgstr. 18, Freiberg, Tel. 03731 692469, www.stadtwirtschaft.de

42

Meißen

Im Reich des Porzellans

»Tu mir zurecht, Böttger, sonst laß ich dich hängen.«
So motivierte August der Starke den jungen Johann Friedrich Böttger,
denn der ließ die versprochene Goldherstellung für Augusts
Geschmack allzu gemächlich angehen.

Porzellanmanufaktur Meißen:
Es erfordert schon große Fingerfertigkeit,
um Dekor wie winzige Rosetten und
andere Schmuckelemente auf einem noch
rohen Werkstück anzubringen.

Ausgerechnet in die Hände des verschwendungssüchtigen sächsischen Kurfürsten war der unglückliche Alchimist gefallen, und nun sollte das wertvolle Edelmetall her. Das Gold, dessen Rezeptur Böttger dem Naturforscher Ehrenfried Walther von Tschirnhaus abgeschaut hatte, war dann zwar weiß, aber August war dennoch hochzufrieden: Bis dato hatte sich die Niederländische Ostindien-Kompanie mit dem Import von Vasen, Tässchen und Tellern aus China die Taschen gefüllt, und alle Mächtigen Europas fieberten danach, das wertvolle Porzellan selbst herstellen zu können. Böttger machte schließlich die fabrikmäßige Produktion möglich. 1710 gründete August auf der Albrechtsburg die erste Porzellanmanufaktur Europas. Seit 1723 sind die dem Wappenschild der sächsischen Kurfürsten entnommenen kobaltblauen Schwerter unverkennbares Markenzeichen des Meißner Porzellans. Bald lösten Blumenmalerei und Zwiebelmuster die frühen Chinoiserien ab. Johann Joachim Kaendler modellierte im 18. Jahrhundert die heute teuer gehandelten fantasievollen Porzellanfigürchen, wobei er sich von der Commedia dell'arte und der Schäferromantik des Rokoko inspirieren ließ. Als zeitloses Kunstwerk gilt Kaendlers 1753 entstandene Affenkapelle, die heute in der Sammlung Ludwig in Bamberg zu sehen ist. Auch in späterer Zeit blieb die hohe künstlerische Qualität des Meißner Porzellans stets gewahrt.

Heute zieht es Touristen aus aller Welt in das über 1000-jährige Meißen, und sie bekommen viel mehr zu sehen als die Porzellanfabrik. Vom barocken Schloss Proschwitz, Sachsens ältestem noch existierenden Weingut, schweift der Blick über das Elbtal zum »Palladium des Sachsenlandes« (Gottfried Semper): dem harmonischen Ensemble aus gotischem Dom, Bischofsschloss und Albrechtsburg, das auf einem steilen Plateaufelsen thront.

Unter Markgraf Heinrich dem Erlauchten blühte auf der Meißner Burg der mittelalterliche Minnesang: Walther von der Vogelweide war 1210 zu Gast, Heinrich Frauenlob von Meißen besang ein Jahrhundert später auch Frauen aus dem einfachen Volk. Ihr heutiges Aussehen erhielt die Albrechtsburg zwischen 1471 und 1524: ein spätgotischer Profanbau mit ersten Schmuckelementen der Renaissance. Da die Albrechtsburg fast nie bewohnt war, konnte sie ihr Erscheinungsbild weitgehend erhalten.

Stilreine Gotik zeichnet den um 1260 begonnenen Meißner Dom aus. Goethe rühmte ihn in höchsten Tönen als »das schlankste schönste aller Gebäude (…), die ich kenne, durch keine Monumente verdüstert, durch keine Emporkirchen verderbt«. Die Türme der 1413 weitgehend eingestürzten Doppelturmfassade wurden allerdings erst

Anfang des 20. Jahrhunderts neogotisch wieder aufgebaut. Aus der Naumburger Werkstatt stammen die Stifterfiguren im Chor.

Meißens romantische Altstadt hat nicht nur den Zweiten Weltkrieg unbeschädigt überstanden, sondern auch mit knapper Not die Gleichgültigkeit der DDR-Zeit überlebt. Heute präsentiert sie sich mustergültig restauriert, mit engen Kopfsteinpflastergassen, vielen Treppen und schönen Ausblicken. Viele Bürgerhäuser besitzen noch reich verzierte Renaissance- und Barockportale, und in den alten Werkstätten rund um die Albrechtsburg haben sich Porzellan- und Antiquitätenhändler eingerichtet. Das Meißner Porzellan wird schon seit 1863 in der neuen Fabrik im Triebischtal hergestellt. In den Museumsräumen der ersten Manufaktur auf der Albrechtsburg demonstriert eine Schauwerkstatt, wie das weiße Gold mit Kaolin, Quarz, Feldspat, sehr viel Hitze und noch mehr künstlerischem Geschick entsteht. Hinterher kann man im Café Zieger »Meißner Fummel« kosten, ein luftiges Gebäck, das August der Starke angeblich den trinkfreudigen Fuhrleuten mit dem Meißner Porzellan mitgeben ließ. Blieb das fragile Gebäck intakt, dann war auch das kostbare Porzellan heil geblieben.

UNTERKUNFT

Hotel Fährhaus Meißen B & B
Dieses kleine Designhotel in Altstadt- und unmittelbarer Elbnähe, das zahllose Kunstwerke aus dem Atelier des Porzellanmalers Fedder-Christian Paulsen zieren, ist wirklich etwas Besonderes: Alle Zimmer sind absolut individuell dekoriert und eingerichtet, und das mit sehr viel Liebe zum (blumigen) Detail. Das Tüpfelchen auf dem i sind die freundlichen Gastgeber, die ein sehr feines Frühstück servieren, bei schönem Wetter auch im blumengeschmückten, üppig grünen Innenhof.
Hafenstr. 16, Tel. 03521 7288860, designhotel-meissen.de

RESTAURANTS

Ohm's
In der wunderschönen Ohmschen Jugendstilvilla von 1870 ist nicht nur das Dorint Parkhotel untergebracht, im mit viel Geschmack eingerichteten Restaurant speist man auch sehr angenehm. Neben internationalen Gerichten ist Sächsisches wie Sülze vom Meißner Landschwein im Angebot. Dazu gibt's natürlich erlesene sächsische Tropfen. Man kann das alles auch im attraktiven Wintergarten genießen.
Hafenstr. 27, Tel. 03521 72250, www.parkhotel-meissen.de

Domkeller
Schon seit 1470 gibt es den Domkeller, in dem in behaglicher Atmosphäre Altmeißner Brotsuppe, Biergulasch, Schüsselsülze und Dresdner Sauerbraten auf den Tisch kommt, »fom Ohworr im Diechl serwierd«. Dazu schenkt man natürlich Meißner Wein und andere feine Tropfen von der Sächsischen Weinstraße ein. Von der Terrasse bietet sich ein herrlicher Ausblick.
Domplatz 9, Tel. 03521 457676, www.domkeller-meissen.de

43

Moritzburg

Ein König geht jagen

Zweifellos einmal ein Jagdschloss: Das verrät der steinerne Jägersmann auf der Balustrade.

*»Hier, Mademoiselle, regieren nur Sie, und aus dem Groß-Sultan,
den ich jetzt noch spiele, wird Ihr Sklave werden.« So warb
August der Starke im Winter 1696/97 auf der Moritzburg bei Dresden
um Maria Aurora von Königsmarck, die seine erste offizielle
Mätresse werden sollte.*

Wie ein grüner Teppich im Teich: Aus der Vogelperspektive zeigt sich das barocke vierflügelige Schloss Moritzburg, das sein Aussehen August dem Starken verdankt, von seiner schönsten Seite.

Der junge August musste sich einiges einfallen lassen, um die kluge Schwedin zu erobern, von der Voltaire sagte, sie sei die bemerkenswerteste Frau zweier Jahrhunderte gewesen. »Zähne wie Perlen, feurige dunkle Augen, volles schwarzes Haar hoben den Glanz ihrer weißen Haut«, pries ein Zeitgenosse die Schönheit der Gräfin. Also bereitete August auf Schloss Moritzburg ein rauschendes Fest vor. Eine Schar leicht geschürzter Nymphen, deren Anführerin als Diana verkleidet war, empfing die neue Favoritin. Dann trat August auf, verkleidet als Gott

Pan und umgeben von einem Satyrgefolge. Nach einer spielerischen Hirschjagd brachte man Aurora mit einer Gondel auf eine Insel im Schlossteich, wo in einem türkischen Zelt der nun als Sultan verkleidete August wartete. Schließlich legte der Kurfürst ein kostbares Diadem um Auroras Hals, und da war's um die Morgenröte geschehen.

Auroras Stern sollte bald sinken. 25 Jahre später beauftragte August seine Baumeister Matthäus Daniel Pöppelmann und Zacharias Longuelune damit, das Jagdschloss im Barockstil umzubauen. Kurfürst Moritz von Sachsen (1521–1553) hatte einst hier im Friedewald, dem bevorzugten Jagdgebiet der Wettiner, ein kastellartiges Schloss im Stil der Renaissance errichten lassen. Pöppelmann machte daraus ein prächtiges Lustschloss in Ocker und Weiß, dessen vier rotbemützte Eckrundtürme sich effektvoll im damals ebenfalls neu angelegten Schlossteich spiegeln. Bei den zahlreichen Wasserfesten auf Schloss Moritzburg wurden auf dem Großteich sogar Seeräuberspiele veranstaltet. Dazu errichtete man künstliche Ruinen und mit Geschützen versehene Bastionen, die sogenannten Dardanellen. Die nach dem Vorbild echter Kriegsschiffe geschaffene Miniaturfregatte ist allerdings nicht erhalten.

Vor dem Schloss bläst ein steinerner Piqueur zum fröhlichen Jagen. Aber August war nicht nur an kapitalen Hirschen, sondern auch an hübschen Damen interessiert. In vielen Räumen des Schlosses hängen Geweihtrophäen, so auch im Steinsaal, wo das etwa 10 000 Jahre alte Schaufelgeweih eines Riesenhirsches ausgestellt ist, ein kostbares Geschenk des Zaren Peter I. Im Zimmer mit den Damenbildnissen sind dagegen sieben sächsische und polnische Hofdamen verewigt: nur eine sehr kleine Auswahl der ganz speziellen Trophäen des unersättlichen Kurfürsten, der Hunderte von Kindern gezeugt haben soll.

Über 200 Räume zählt das Schloss, das seit 1947 als Sächsisches Barockmuseum dient. Als schönster Saal gilt der Audienz- oder Monströsensaal mit seiner Ausstellung von fehlgebildeten Geweihtrophäen, darunter der berühmte Moritzburger 66-Ender. Die kostbaren Ledertapeten, die mit Blattsilber belegt und danach mit Goldlack und Farben kunstvoll verziert wurden, zeigen – natürlich – Jagdszenen, in denen Diana, die antike Göttin der Jagd, nicht fehlen darf. Beim Spaziergang durch die Gemächer kann man sich kaum sattsehen an dem Barockmobiliar aus Frankreich und Sachsen, an ostasiatischen und europäischen Lackmöbeln, an feinstem Meißner Porzellan und an Gemälden europäischer Meister des 18. Jahrhunderts. In der frühbarocken Schlosskapelle fasziniert die Statue des gegeißelten Christus (um 1725) von Balthasar Permoser.

Einen wunderbaren Kontrapunkt setzt das unter Kurfürst Friedrich August III. ab 1769 wiedererstandene Fasanenschlösschen, eine verspielte Chinoiserie des sächsischen Rokoko. Drunten am Teich wurde ein Miniaturhafen angelegt, mit dem am weitesten landeinwärts gelegenen Leuchtturm Europas, der als standesgemäße Kulisse für nachgestellte Seeschlachten diente.

Dass sich August der Starke gern die eine oder andere königliche Extravaganz leistete, erfährt man im Federzimmer, in dem nach langer Restaurierungszeit wieder »ein von allerhand bunten natürlichen und gemahlten Federn kostbar gewürcktes« Paradebett mit Baldachin und Vorhängen zu sehen ist: mit Millionen in Leinwand gewebten Federn von Hühnern, Enten, Eichelhähern, Pfauen und Fasanen. 1723 kaufte August dem Federschmücker Nicolas Le Normand das außergewöhnliche Stück ab. Man kann nur hoffen, dass Augusts Mätressen im Bett nicht allzu oft niesen mussten …

UNTERKUNFT

Churfürstliche Waldschänke
Das ehemalige Torwärterhaus von 1770 liegt im Wald nicht weit von Schloss Moritzburg entfernt. Die modern ausgestatteten Zimmer sind im 1. Stock des Haupthauses und in dem 1995 errichteten Haus Moritz untergebracht. Hier schläft man in romantischer und gemütlicher Atmosphäre. Das Restaurant serviert originelle Wild-, Fisch- und Fleischgerichte aus Sachsen. Man speist im Prinzenzimmer, das mit Original-Ledertapeten und einem antiken Kachelofen ausgestattet ist, sowie im Jagdzimmer mit Trophäen an den Wänden und im holzvertäfelten Klubzimmer mit kunstvollen Bleikristallfenstern und Vitrinen voller Meißner Porzellan. Attraktiv ist auch die Terrasse.
Große Fasanenstr. 1, Tel. 035207 8600, www.waldschaenke-moritzburg.de

RESTAURANTS

Forsthaus
In einem der ältesten Häuser des Orts, das schon zu Zeiten Augusts des Starken erbaut wurde, sind schon früh Jäger eingekehrt. In rustikalem Ambiente werden Wildgulasch mit Pilzen, hausgemachte Sülze, Kümmelschweinebraten, Sächsischer Sauerbraten und gebackener Karpfen aufgetragen. Im Winter verbreitet der große Kamin wohlige Wärme.
Schloßallee 11, Tel. 035207 81500, www.gasthof-forsthaus.de

Hotel & Restaurant Eisenberger Hof
Im familiengeführten Hotel kommen Klassiker der bürgerlichen Küche auf den Tisch, darunter vorzügliche sächsische Hausmannskost wie in Wurzelsud gekochter Tafelspitz und Moritzburger Wildtopf. Man schläft hier aber auch sehr anständig.
Kötzschenbrodaer Str. 8, Tel. 035207 991770, www.eisenberger-hof.net

44

Dresden

Canaletto malt Elbflorenz

*Stahlblau glänzt die Elbe, in mattem Ocker schimmern
die barocken Prachtbauten, und darüber wölbt sich ein silbriger
Himmel: So kennt man Canalettos berühmte
Stadtansicht von 1748, die im Saal 102 der weltbekannten
Dresdner Gemäldegalerie Alte Meister hängt.*

*Dresdens berühmteste Stadtansicht
hängt in der Gemäldegalerie Alte Meister.
Das Werk stammt aus dem Pinsel des
Malers Bernardo Bellotto, besser bekannt
unter dem Namen Canaletto (1721–1780).*

Nun ja, ein wenig geschummelt hat Canaletto schon bei der Perspektive«, erklärt ein Student der Dresdner Kunstakademie, der am Neustädter Ufer im barocken Garten des Japanischen Palais den »Canaletto-Blick« gefunden hat und jetzt die gleiche und doch Stunde um Stunde wechselnde Stimmung auf Leinwand zu bannen sucht. Für die Vedute »Dresden vom rechten Elbufer unterhalb der Augustusbrücke« hatte Canaletto die katholische Hofkirche und die noch unter August dem Starken errichtete Elbbrücke als Schwerpunkt der Komposition gewählt und die steinerne Kuppel der Frauenkirche in relative Ferne gerückt.

Trotz mancher Überhöhung und Idealisierung haben die detailgetreuen Darstellungen des Venezianers beim Wiederaufbau Dresdens unschätzbare Dienste geleistet. Kurfürst Friedrich August II., zugleich als August III. König von Polen, hatte 1748 Bernardo Bellotto, wie Canaletto eigentlich hieß, zum Hofmaler ernannt – und ihn beauftragt, alle drei Monate eine Vedute der sächsischen Residenzstadt zu fertigen, die zu dieser Zeit ein strahlender Mittelpunkt spätbarocker Kunst und Kultur war. Mit dem Ausbruch des Siebenjährigen Kriegs im Jahr 1756 endete diese glorreiche Zeit.

Das »Elbflorenz«, ein Begriff, der auf Herder zurückgeführt wird, entfaltet seinen ganzen Zauber vom Fluss aus. Die 90-minütige Fahrt mit dem Schaufelraddampfer vom eleganten Schloss Pillnitz zurück nach Dresden ist ein unvergessliches Erlebnis. Durch eine malerische Weinberglandschaft gleitet das Schiff vorbei an den drei Elbschlössern und unter der Hängebrücke »Blaues Wunder« hindurch. Zurück in der Stadt, bietet sich von der Brühlschen Terrasse, dem einstigen »Balkon Europas«, aus ein freier Blick auf die Dresdner Prachtbauten. Gottfried Sempers berühmte Oper fügt sich vortrefflich in die eindrucksvolle Szenerie ein. 1878 setzte Goethes »Iphigenie auf Tauris den Auftakt zu zahlreichen umjubelten Aufführungen, 1911 geriet die Premiere des »Rosenkavalier« von Richard Strauss zum rauschenden Fest. 1985 wurde die Oper nach langjährigem Wiederaufbau neu eröffnet, diesmal mit Webers »Freischütz«.

»Ich musste, was schön sei, nicht erst aus Büchern lesen«, beschrieb Erich Kästner das Glück, in Dresden aufgewachsen zu sein. Auf dem Theaterplatz, einem der schönsten Plätze Deutschlands, begreift man schnell, was Kästner meinte. Zwinger, Sempergalerie, Hofkirche, Schloss, Taschenbergpalais, Semperoper, die klassizistische Altstädter Wache Schinkels und das zwischen 1911 und

Elbflorenz entfaltet seinen ganzen Zauber vom Fluss aus.

1913 entstandene Italienische Dörfchen von Hans Erlwein bilden trotz der unterschiedlichen Baustile aus allen Epochen ein einzigartiges und harmonisches architektonisches Ensemble. »Soviel ich vermag«, lautete die Devise Augusts des Starken – und das war einiges. Unter seiner Herrschaft von 1694 bis 1733 entstanden die Dresdner Meisterwerke des Barock; unter seinem nicht minder kunstsinnigen Sohn wurden sie vollendet.

Die Pläne für den Zwinger hatte August der Starke sogar eigenhändig entworfen. Auf einer Bastion der Stadtbefestigung schufen der Architekt Matthäus Daniel Pöppelmann und der Bildhauer Balthasar Permoser ein eigentlich als Orangerie konzipiertes Meisterwerk des höfischen Barock. August wollte damit dem französischen Sonnenkönig nacheifern: ein großer Festplatz, umgeben von Längsgalerien, Pavillons und dem Kronentor. »Die sämtlichen Gebäude sind durch eine rings herum geführte Gallerie miteinander vereiniget, darauf findet man nicht nur die schönsten Spatzier-Gänge, (…) sondern es pflegen auch in diesem mitten in der Stadt und ganz nahe am Schlosse liegenden Garten (…) die vornehmsten Dames und Cavaliers vom Hofe und viele Einwohner der Stadt spatzieren zu gehen, welche sich an den lustigen Aussichten nach allen vier Himmels-Gegenden daselbst ergötzen.« So beschrieb Pöppelmann selbst sein grandioses Werk, das trotz des wuchtigen Sandsteins fast schwerelos wirkt.

Aus dem restlichen Schlossprojekt wurde dann allerdings nichts mehr. Erst Sempers fast 100 Jahre später entstandene Galerie schloss den Zwinger zur Elbseite hin endlich ab. In der Nacht vom 13. auf den 14. Februar 1945 sank die ganze Pracht in Trümmer. Schon zu frühen DDR-Zeiten konnte man jedoch wieder durch das goldblitzende Kronentor schreiten und August als »Hercules Saxonicus« auf der Zinne des Wallpavillons bewundern. Heute sind im Zwinger die weltberühmte Gemäldegalerie Alte Meister mit Raffaels »Sixtinischer Madonna«, die Porzellansammlung und der Mathematisch-Physikalische Salon untergebracht. Ein wunderbares Erlebnis sind die Serenaden im Zwinger und die Ballettaufführungen vor den prunkvollen Giebelbauten des Wallpavillons.

Auch das Dresdner Schloss ist – zumindest äußerlich – in seiner Formenpracht von Renaissance und Neorenaissance wiedererstanden: mit Kupferstich-Kabinett, Türckischer Cammer und Rüstkammer. Im ersten Obergeschoss des Westflügels ist das Neue Grüne Gewölbe zu bewundern, das Schätze wie die Elfenbeinfregatte und die

Juwel der italienischen Renaissance: Raffaels weltberühmte »Sixtinische Madonna« (1512) ist seit 1754 in Dresden beheimatet.

Hutagraffe mit dem Grünen Diamanten präsentiert. Noch prunkvoller erstrahlt das Historische Grüne Gewölbe von 1723 im Erdgeschoss: ein barockes Gesamtkunstwerk und eine der kostbarsten Schatzkammern Europas. Juwelenzimmer, Bernsteinkabinett, Elfenbeinzimmer, Weißsilberzimmer … In all dem unerhörten Spiegelglanz gehen die Meisterwerke der Juwelier- und Goldschmiedekunst fast ein wenig unter, aber zum Glück nur fast.

Canalettos Stadtsilhouette wird von der katholischen Hofkirche (Kathedrale), die den streng protestantischen Dresdnern lange ein Dorn im Auge war, beherrscht. Die Hinwendung zum Katholizismus hatte für den sächsischen Kurfürsten ganz pragmatische Gründe: Er wollte gern König sein, und die Polen duldeten nur einen Katholiken auf ihrem Thron. August der Starke konvertierte zwar für die Krone, traute sich aber noch nicht an den Bau eines Gotteshauses. Erst sein Sohn August III. beauftragte 1738 den römischen Architekten Gaetano Chiaveri mit dem Neubau der Kirche, die an prominenter Stelle mit ihrer versetzten Längsachse zum Denkmal der Gegenreformation wurde. 1755 wurde sie vollendet. Canaletto zeigt sie noch mit eingerüstetem Turm, der übrigens die Bombennacht von 1945 heil überstand. Erst 1807 durften die Glocken der Kirche zum ersten Mal läuten, vorher duldete man katholisches Glockengeläut im protestantischen Sachsen nicht.

In der Gruft der Kathedrale sind 49 Angehörige des sächsischen Fürstengeschlechts aus der albertinischen Linie der Wettiner bestattet, darunter auch Sachsens letzter König Friedrich August III., der 1918 mit den unvergesslichen Worten »Nu, dann machd eiern Dregg alleene!« abgedankt haben soll. August der Starke ist allerdings im Krakauer Dom beigesetzt, lediglich das Herz des kurfürstlichen Weiberhelden ruht hier in einer Bleikapsel. Der Legende nach beginnt es kurz zu schlagen, wenn eine hübsche Dame vorbeigeht. Sobald August die Liebesglut packte, verlor er bekanntlich jedes Maß. So ließ er für seine Mätresse Anna Constantia von Cosel ein prächtiges Barockpalais erbauen; heute ist in dem aus Ruinen wieder aufgebauten Taschenbergpalais das Kempinski Hotel untergebracht.

Seit 2005 ist das Dresden, wie es Canalettos Stadtsilhouette zeigt, endlich wieder komplett. 60 Jahre hat es gedauert, bis die viel geliebte Frauenkirche wiedererstand, das »Dräsdner Schmäckerschen«. Der Wiederaufbau kostete 180 Millionen Euro, rund zwei Drittel wurden durch Spenden finanziert. Es handelt sich bei dem 95 Meter hohen turmartigen Zentralbau George Bährs um eine der großartigsten Kirchenschöpfungen des Protestantismus, in der später Barock und früher Klassizismus ineinander

verschmelzen. Canaletto bildete die Kirche mehrfach im Detail ab, unter anderem in den Veduten »Neuer Markt in Dresden von der Moritzstraße« und »Der Neumarkt zu Dresden vom Jüdenhof aus«. Die grandiose Kuppel widerstand dem dreitägigen Beschuss durch die Kanonen Friedrichs des Großen und zunächst sogar den Bomben des Zweiten Weltkriegs, doch am 15. Februar 1945, einen Tag nach der verheerenden Dresdner Bombennacht, stürzte sie ausgeglüht in sich zusammen. 3634 alte Sandsteinquader wurden geborgen und in den Neubau eingefügt: Man erkennt sie an der dunklen Färbung. Das neue vergoldete Kuppelkreuz schmiedete der Sohn eines britischen Bomberpiloten. Während die Ruine zu DDR-Zeiten als Mahnmal gegen den Krieg diente, ist die wiederauferstandene Frauenkirche nunmehr ein Symbol der Versöhnung.

UNTERKUNFT

Hotel Taschenbergpalais Kempinski Dresden

Das 1995 komplett restaurierte, geschichtsträchtige Barockpalais ist Dresdens edelstes Hotel. Allein schon die Fassade und die Toplage zwischen Zwinger und Schloss bringen viele ins Schwärmen. Die modern gestalteten Suiten und der weitläufige Wellnessbereich unterm Dach setzen noch eins drauf. Das Palais Bistro überzeugt mit leichter feiner Küche. Im Winter wird der zauberhafte Innenhof zur öffentlichen Eislaufbahn umfunktioniert.
Taschenberg 3, Tel. 0351 49120, www.kempinski.com

Penck Hotel Dresden

Das Kunsthotel ist dem Dresdner Künstler A. R. Penck gewidmet und mit vielen seiner Werke ausgestattet. Es besticht durch seine individuell designten Zimmer, seinen stilvollen Gesamteindruck und durch die Nähe zur Semperoper und den anderen Sehenswürdigkeiten der Dresdner Altstadt.
Ostra-Allee 33, Tel. 0351 4922785, www.penckhoteldresden.de

RESTAURANTS

Caroussel

Im Fünfsternehotel Bülow Palais setzt der Münchner Designer Graf Pilati theatralische Akzente: warme Gold- und Grüntöne, Porzellanlüster und bequeme Stühle im lichtdurchfluteten Wintergarten mit großem Glasdach. Dazu passt die geradlinige aromenreiche Küche von Benjamin Biedlingmaier, natürlich auf feinstem Meißner Porzellan serviert. Gezaubert wird mit »banalem« Schweinebauch, Balik Lachs, Goldforelle, Maibockessenz, Kaninchen und spanischem Rinderfilet. Sommelière Jana Schellenberg hält eine exzellente Auswahl an raren sächsischen und Saale-Unstrut Weinen bereit, auch den nur noch in Sachsen angebauten Goldriesling mit feinwürzigem Bukett und leichter Muskatnote.
Königstr. 14, Tel. 0351 8003140, www.buelow-palais.de/restaurants-bar

Molkerei Pfund

Schon das erlesene Jugendstilinterieur macht den Besuch geradezu zur höchst angenehmen Pflicht. Schließlich spaziert man hier in den wahrscheinlich schönsten Milchladen der Welt. 1892 wurde er eröffnet. Das Geschäft im Erdgeschoss ist mit 3500 handbemalten Majolikafliesen von Villeroy & Boch verziert und eine wahre Augenweide. Das Restaurant im ersten Stock serviert unter anderem die Dresdner Klassiker Eierschecke und Quarkkäulchen.
Bautzner Str. 79, Tel. 0351 808080, www.pfunds.de

45

Sächsische Schweiz
Sandsteinnadeln & Felsriffe

Auch im Winter ein majestätischer Anblick: der Basteifelsen bei Rathen

»Ich blickte von dem hohen Ufer herab über das herrliche Elbtal, es lag
da wie ein Gemälde von Claude Lorrain unter meinen Füßen – es schien mir
wie eine Landschaft auf einem Teppich gestickt, grüne Fluren, Dörfer,
ein breiter Strom, der sich schnell wendet, Dresden zu küssen, und hat er es
geküsst, schnell wieder flieht – und der prächtige Kranz von Bergen,
der den Teppich wie eine Arabeskenborde umschließt – und der reine blaue
italische Himmel, der über die ganze Gegend schwebte ...«

»Überfahrt am Schreckenstein« heißt Ludwig Richters 1837 entstandenes Bild. Ansichten von Flüssen und Schiffen hatten es dem Dresdner Künstler besonders angetan.

Wie in südlichen Gefilden muss sich Heinrich von Kleist gefühlt haben, als er seiner Schwester in einem Brief das Panorama des sächsischen Elbtals rund um Dresden schilderte. Schon August der Starke hatte in der ersten Hälfte des 18. Jahrhunderts die Landschaft um Dresden mit Schlössern, Villen, Parks und Weinbergen zu einem sächsischen Italien umgestaltet. Heute zählt das Elbtal zwischen Schloss Übigau im Westen der Stadt und dem östlich gelegenen Schloss Pillnitz zum Welterbe. Zu Augusts Zeiten fuhr man mit Gondeln nach Pillnitz und nach Pirna, das Canaletto in mehreren Veduten verewigte. Das nur 35 Kilometer von Dresden entfernte Elbsandsteingebirge diente hingegen lediglich als Zuflucht in unsicheren Zeiten.

Heute tuckern historische Schaufelraddampfer durch das Elbtal stromaufwärts bis nach Rathen, dem Tor zur Sächsischen Schweiz. Hier beginnt eine in Millionen von Jahren geformte Landschaft mit Tafelbergen, bizarren Felstürmen, Felsnadeln, Schluchten und Wäldern, in deren »Kellerklima« seltene Eiszeitblumen wie Gelbes Veilchen oder Sumpfporst gedeihen. Ab hier heißt es wandern. Schon Ferdinand Thal riet 1846 von der Kutsche ab: »Wer zu Wagen reist, und denselben nicht verlassen will, für den bleibt sehr Vieles ungesehen.«

Seit 2006 ist der historische Malerweg ausgewiesen, der über Lohmen durch den Uttewalder Grund zur Bastei, zum Hockstein, zur mittelalterlichen Burg Hohnstein, ins malerische Bad Schandau, durch das idyllische Kirnitzschtal, über den Kuhstall und über den Großen Winterberg zum eindrucksvollen Felsgebilde des Prebischtors führt. Mit Eröffnung der Eisenbahnlinie Dresden–Tetschen–Bodenbach 1851 war der Weg lange in Vergessenheit geraten. Zwar hatten schon vor 250 Jahren die Schweizer Maler und Kupferstecher Anton Graff und Adrian Zingg immer wieder die Landschaft im Elbsandsteingebirge gezeichnet und oft »Grüße aus der Sächsischen Schweiz« nach Hause geschickt, doch die romantische Begeisterung für diese »ideale Landschaft« lösten erst die Bilder von Caspar David Friedrich und Ludwig Richters Radierungen aus. Carl Maria von Weber fand hier die Wolfsschlucht und damit vielleicht die Szenerie für seinen »Freischütz«, und den dänischen Märchendichter Hans Christian Andersen überwältigte das Panorama von der Bastei vollends: »Hier ist es hoch, sehr hoch! Du musst ein paar Kirchtürme aufeinandersetzen und dann nicht schwindlig dabei werden, wenn du auf der obersten Spitze stehst. Ein Gitter ist angebracht, damit du nicht fällst!«

Den ersten Wanderführer hatte bereits 1801 der Lohmener Stadtpfarrer Carl Heinrich Nicolai veröffentlicht: Sein »Wegweiser durch die Sächsische Schweiz« hat nichts von seinem Nutzen verloren. Karl Baedeker beschwerte sich in seinem »Handbuch für Reisende in Deutschland und dem österreichischen Kaiserstaate« schon 1848 über den Andrang bei den Ausflugszielen und Gaststätten des »wildromantischen Gebirgslands« in der Pfingstwoche. Im Oktober 1853 schoss der Lichtbildner Hermann Krone auf der Bastei die ersten deutschen Landschaftsfotos.

Geklettert wurde hier schon in der Mitte des 19. Jahrhunderts, nur nannte man das noch nicht Freeclimbing. Auch das Boofen, das Übernachten in freier Natur unter Felsvorsprüngen oder in einer der zahlreichen Höhlen, hat eine lange Tradition, der die Nationalparkverwaltung, ebenso wie dem Klettern, klare Regeln auferlegt. Nur ausgewiesene freistehende Felstürme dürfen erobert werden. Die besten Boofplätze werden per Mundpropaganda weitergegeben, inzwischen sogar mit GPS-Koordinaten: Teufelsturm, Bussardboofe, Rauschengrund, Falknertürme, Sachsenhöhle im Dom … Die Profis wissen Bescheid.

Trotz Millionen Besuchern pro Jahr – schließlich braucht die S-Bahn von Dresden nach Rathen gerade mal 20 Minuten – gibt es in der Sächsischen Schweiz nach wie vor einsame Wanderwege, besonders im Ostteil des 1990 eingerichteten Nationalparks mit dem Kletterparadies der Schrammsteine, dem Felsentor namens Kuhstall und dem Großen Winterberg, über dessen Südseite die Grenze zu Tschechien verläuft. Uhus, Wanderfalken, Schwarzstörche und Kolkraben nisten hier, und von Böhmen wandern sogar immer wieder Luchse ein.

Die kurze Wanderung von Rathen hinauf zu der 200 Meter über der Elbe aufragenden Bastei ist dagegen alles andere als einsam. Nur am frühen Morgen teilt man sich den Ausblick lediglich mit Hunderten statt Tausen-

den Besuchern. Links am Horizont die böhmischen Berge, rechts das Erzgebirge, vorn der Königstein mit der Festung und der Lilienstein. Drunten mäandert die Elbe durch das Tal. Vom Lilienstein wiederum bietet sich ein großartiger Blick auf die Bastei. Im Herbst, wenn über der Elbe noch Nebelschwaden hängen und die Sonne die Felsen erleuchtet, ist das fast nicht auszuhalten vor Schönheit. »Glotzt nicht so romantisch«, würde Brecht dazu sagen.

Es gab ja durchaus Menschen, die der Idylle herzlich wenig abgewinnen konnten. Auf der über dem Elbtal thronenden Festung Königstein wurden zwischen 1591 und 1922 mehr als 1000 Häftlinge festgehalten, darunter Johann Friedrich Böttger, Begründer der Porzellanmanufaktur, der Anarchist Michail Alexandrowitsch Bakunin, August Bebel und Frank Wedekind.

Im 18. Jahrhundert ging es aber auch fidel zu: Der trinkfeste August der Starke feierte hier rauschende Feste und ließ seinen Hofarchitekten Matthäus Daniel Pöppelmann ein riesiges Weinfass konstruieren, das nahezu eine Viertelmillion Liter Wein fasste. Und als Friedrich der Große im Siebenjährigen Krieg in Sachsen einfiel, konnte ihm der sächsische Hof von der uneinnehmbaren Festung aus eine lange Nase drehen – und mit einem Gläschen Wein auf die exponierte Lage anstoßen.

UNTERKUNFT

Hotel Elbiente
In schönster Lage direkt an der Elbe, mit Blick auf den Basteifelsen, punktet das sehr komfortable Haus mit 30 Zimmern mit modernem klaren Design und exklusivem Spa mit Pool, Solebad und Saunen. Dazu kommen ein Restaurant mit Panoramaterrasse und frischer regionaler Küche sowie eine Lobbybar. Der Elberadweg, der Malerweg und viele Wanderrouten führen direkt am Haus entlang. Eine Pendelfähre bringt Gäste ans andere Ufer. Nur dort kann man parken, da Rathen auf der Bergseite für auswärtige Fahrzeuge gesperrt ist.
Wehlener Weg 1, Kurort Rathen, Tel. 035024 75500, www.elbiente.de

RESTAURANTS

Berghotel Panoramarestaurant Bastei
Schon Hans Christian Andersen gefiel das damalige Wirtshaus auf der Bastei über alle Maßen. Heute lädt hier eine luxuriöse Wellnessoase mit noblen Zimmern und zweistöckigem Panoramarestaurant zum Verweilen ein. Die internationale Küche setzt auf Klassiker wie rosa gebratene Entenbrust, geschmorte Wildschweinkeule und Hüfte vom Lamm.
Lohmen/Bastei, Tel. 035024 7790, www.berghotel-bastei.de

Landgasthaus zum Schwarzbachtal
In recht versteckter Lage bietet man hier nicht nur gemütliche Zimmer, sondern auch sehr empfehlenswertes regionales Slow Food mit frischesten Zutaten, z. B. Wildkräutersuppe, Lammrücken in Senf-Kräuter-Kruste oder Suppe aus regionalen Edelfischen mit Saiblingsravioli und Safran. Zum Dessert gibt's unter anderem hausgemachtes Eis.
Niederdorfstr. 3, Hohnstein, Tel. 035975 80345, www.schwarzbachtal.de

46

Bad Muskau

Fürst Pücklers ruinöser Traum von gestalteter Natur

Morgenstimmung an der Rakotzbrücke im Azaleen- und Rhododendronpark Kromlau

*»Wer mich ganz kennenlernen will, muß meinen Garten kennen,
denn mein Garten ist mein Herz.« So lautete das Credo von
Hermann Fürst von Pückler-Muskau (1785–1871), Mitglied des preußischen
Hochadels, Frauenheld, Verfasser von Reisejournalen,
liberaler Weltenbummler und Visionär – aber nicht Erfinder
der nach ihm benannten Eiskreation.*

Vielleicht war ja Goethe an allem schuld. Auf dessen Anregung hin studierte der exzentrische Pückler die Parks von Weimar und Dessau-Wörlitz, die ihm viel besser gefielen als die traditionelle strenge Gartenarchitektur. Danach streifte Pückler durch Gärten in England und Frankreich und fasste einen kühnen Plan: Auch er wollte mit den Mitteln der »Naturmalerei« ein solches Kunstwerk schaffen, und zwar in den idyllischen Oberlausitzer Neißeauen nördlich von Görlitz, wo er 1811 die Standesherrschaft geerbt hatte. Bald darauf begann er mit der Umgestaltung des Neißetals und der angrenzenden Höhen und schuf idealisierte Landschaftsbilder. Dabei schwebte ihm, wie er in seinem berühmten, 1834 erschienenen Werk »Andeutungen über Landschaftgärtnerey« darlegte, eine Parkschöpfung vor, »die nur den Charakter der freien Natur und der Landschaft haben [soll], die Hand des Menschen also wenig darin sichtbar seyn und sich nur durch wohlunterhaltene Wege und zweckmäßig verteilte Gebäude bemerklich machen«.

Kern der Muskauer Anlage ist der Schlosspark. Neu angelegte Seen, einbezogene Wasserläufe, kulissenartige Baumgruppen, mit eisernen Ziergittern eingefasste Blumengärten: Zusammen mit einer Burgruine jenseits der Neiße, der Stadt Bad Muskau, einem Weinberg, einem Bergwerk mit Wohnkolonie, dem Bad Muskauer Moorbad und zwei Dörfern fügt sich all das zu einem harmonischen Mosaik. Der Schriftsteller Friedrich Förster vermeinte 1832 auf Spaziergängen durch den Park, »durch eine Bildergalerie der schönsten Claude Lorrains, Poussins und Ruisdaels« zu streifen. Der Blumengarten beim Schloss als »ausgedehnte Wohnung« war durch den Pleasureground mit dem Park verbunden. Den Park erschloss Pückler durch strahlenförmig vom Parkzentrum ausgehende Fahrwege. Die hier wohnenden Menschen durften als romantische Staffage bleiben, sogar unentgeltlich, und wurden, solange es ging, von Pückler mit Arbeit versorgt.

Um seine hochfliegenden Pläne zu verwirklichen, musste Pückler viel Land zukaufen, was ihn schließlich ruinierte. Schon 1826 hatte er sowohl sein Erbe als auch das Vermögen seiner verständnisvollen Frau Lucie durchgebracht. Daraufhin reichte Lucie pro forma die Scheidung ein, damit Pückler sich in England eine neue reiche Braut suchen konnte. Sein Plan war allerdings nicht von Erfolg gekrönt. Lucie schaffte es jedoch, mit der Veröffentlichung anonym herausgegebener »Briefe eines Verstorbenen« erneut etwas Geld in die Gartenkasse zu spülen. In Wahrheit hatte Pückler diese Berichte im Lauf seiner Reisen, die ihn bis nach Nordafrika führten, an seine Frau geschrieben.

Die Bürger der Zeit wussten die unverblümten Einblicke eines Insiders und Dandys in die ihnen meist verschlossene Welt des europäischen Adels zu schätzen.

1845 hatte Pückler einen Schuldenberg von 1,7 Millionen Talern aufgehäuft und musste Muskau verkaufen. Glücklicherweise pflegten die nachfolgenden Besitzer das Werk des Fürsten. Wie sehr sein Gartenreich die Landschaftsarchitektur in Europa und Amerika beeinflussen sollte, erlebte der Fürst nicht mehr. Entmutigen ließ er sich allerdings nicht: Bereits 60-jährig, legte er auf völlig ebener sandiger Kiefernheide in seinem Erbbesitz Branitz bei Cottbus einen weiteren Landschaftspark nach englischem Vorbild mit zwei Pyramiden an. Heute zählt der Branitzer Park zu den schönsten Naturschöpfungen in der Lausitz.

Das Muskauer Gartenkunstwerk erklärte die UNESCO 2004 zum Weltkulturerbe. Das Alte Schloss im Renaissancestil und das Neue Schloss wurden 1945 zerstört, sind aber wieder aufgebaut. Auch das barocke, 1772 errichtete Kavaliershaus ist in alter Schönheit auferstanden, es dient nun als Kurhaus. Über die Gitterbrücke gelangt man in den polnischen Teil des Pücklerparks (Park Mużakowski), der ebenfalls in das Welterbe aufgenommen wurde. Die Stiftung Fürst-Pückler-Park Bad Muskau hat daher den grenzübergreifenden Europäischen Parkverbund Lausitz gegründet.

UNTERKUNFT

Hotel Am Schlossbrunnen
Direkt am Parkrand und am Neiße-Radweg bietet das Hotel moderne komfortable Zimmer, die geschmackvoll in Weiß- und Olivtönen eingerichtet sind. Abends sitzt man schön auf der Gartenterrasse bei einem Glas sächsischen Wein oder Bier. Das Hotelrestaurant serviert Steaks vom Lavasteingrill, Lausitzer Forelle und schlesische Spezialitäten. In der hauseigenen Glasschleiferei wird die Herstellung von Bleikristall gezeigt.
Köbelner Str. 68, Tel. 035771 5230, www.schlossbrunnen.de

RESTAURANTS

Grüner Fürst
Die Küche im Kulturhotel Fürst Pückler Park ist von den Tafelbüchern des Fürsten inspiriert, in denen die servierten Menüs und die Gäste des Fürsten dokumentiert wurden, mit präzisem Datum. Einige der seinerzeit aufgetragenen Gerichte werden originalgetreu nachgekocht, z. B. mariniertes Hühnchen oder gedünstetes Hechtfilet, andere neu interpretiert. An schönen Nachmittagen wird Kaffee, Eis und Kuchen auch auf der Sommerterrasse serviert.
Schlossstr. 8, Tel. 035771 5330, www.kulturhotel-fuerst-pueckler-park.de

Schloss Café
Hier gibt's zum Kaffee oder Tee (auch hausgemachten Eistee) leckeren Blechkuchen und natürlich hausgemachtes Fürst-Pückler-Eis. Die hier servierte Fürst-Pückler-Torte orientiert sich an einer vereinfachten Version des Fürst-Pückler-Eisdesserts, das nachweisbar für Fürst Pückler kreiert wurde. Das Eis schmeckt aber besser.
Schlossstr. 2, Tel. 035771 639237

47

Görlitz

Was von Schlesien blieb

Diese Jugendstilfassade wartet am Nikolaigraben 6 in Görlitz auf Bewunderer.

*Wo liegt das Zentrum Mitteleuropas? In Görlitz, der östlichsten
Stadt der Bundesrepublik im Dreiländereck von Deutschland, Polen
und Tschechien. Durch den Stadtpark verläuft der 15. Längengrad,
hier herrscht exakt Mitteleuropäische Zeit. Die seit 1945 getrennten Ortsteile
der niederschlesischen Stadt, das deutsche Görlitz und das
polnische Zgorzelec, sind seit 2004 durch eine Fußgängerbrücke über
die Neiße miteinander verbunden.*

Inzwischen hat sich herumgesprochen, dass Görlitz, 1945 kampflos durch die Rote Armee eingenommen und daher fast unzerstört geblieben, eine der schönsten Städte Deutschlands ist, und dazu noch mit sehr günstigen Mieten lockt. Kaum irgendwo sonst findet man ein so geschlossenes Bauensemble aus allen Stilepochen: Gotik, Renaissance, Barock, Gründerzeit und Jugendstil. Von Braunkohlestaub zerfressene Fassaden gibt es kaum noch, heute erstrahlen die historischen Gebäude in Gelb und Rosa.

Der um 1220 entstandene Untermarkt kündet noch heute vom Reichtum der alten Stadt, der dem Stapelrecht für Färberwaid zu verdanken war. Ein Juwel der Görlitzer Renaissancearchitektur ist das Rathaus, das mit einer elegant geschwungenen Freitreppe und einem prachtvollen Portal die gesamte Westfront des Platzes beherrscht. Die gotischen Kaufherrnhäuser der Tuchhändler brannten zwar 1525 ab, doch blieben die für Görlitz typischen Laubengänge erhalten, die vortrefflich mit den Renaissance- und Barockfassaden harmonieren. Auch die Grundstruktur der schmalen, aber tiefen spätmittelalterlichen Hallenhäuser mit ihren großzügigen Eingangsbereichen konnte in einigen Fällen bewahrt werden.

Schöne Gebäude sind auf der Ostseite des Markts der ehemalige Gasthof Brauner Hirsch und auf der Nordseite die Ratsapotheke von 1550 mit zwei Sonnenuhren sowie das Haus Nr. 22, dessen spätgotisches Portal seiner Akustik wegen Flüsterbogen genannt wird. Vom Untermarkt führt die von Renaissancehäusern gesäumte Peterstraße zur oberhalb der Neiße thronenden spätgotischen Pfarrkirche St. Peter und Paul. Sie ist eine der größten Hallenkirchen Sachsens und besitzt ein großartiges Rippengewölbe sowie eine ausgemalte Krypta.

Renaissance- und Barockhäuser stehen auch in der Brüderstraße, die vom Untermarkt zum barock geprägten Obermarkt führt. Wendel Roskopf d. Ä. errichtete 1526 den Schönhof, Deutschlands ältestes datiertes bürgerliches Renaissancehaus. Zu den prächtigsten Bürgerresidenzen zählt das Barockhaus in der östlich vom Untermarkt abzweigenden Neißstraße (Nr. 30). Hier ist die prunkvolle Oberlausitzische Bibliothek untergebracht. Gleich nebenan sind an der Fassade eines 1570 errichteten Renaissancebaus Szenen aus der Bibel zu sehen: Die figurenreichen Reliefs in den Brüstungsfeldern schildern das Leben Jesu, den Sündenfall, Abrahams Opfer und Moses beim Empfang der Gebote.

Görlitz ist auch eine Perle des Jugendstils. Am Demianiplatz, gleich gegenüber der filigranen spätgotischen Frauenkirche, findet man Deutschlands einziges großes Warenhaus aus der Zeit vor dem Ersten Weltkrieg, das mit Arkadengang und Glaskuppel noch im Originalzustand erhalten ist. Seit 2009 ist es wegen Sanierung geschlossen. Das kam dem amerikanischen Filmregisseur Wes Anderson ganz gelegen, denn so konnte er 2013 das Gebäude als Drehort für den Film »Grand Budapest Hotel« nutzen. Bald aber soll es als mondäner Konsumtempel wiedereröffnet werden.

Schon auf der ältesten Görlitzer Stadtansicht von 1565 beherrschen Türme das Stadtbild. Eine barocke Haube krönt den Reichenbacher Turm am Obermarkt, von dem sich ein großartiger Blick auf die Altstadt bietet. Mächtig geben sich der Rundbau des Kaisertrutz sowie der Dicke Turm des ehemaligen Frauentors.

In der Nikolaivorstadt ist das einzigartige Heilige Grab zu bewundern, ein zwischen 1481 und 1504 entstandenes spätmittelalterliches Landschafts- und Architekturensemble. Eingebettet in die gestaltete Szenerie des Ölberggartens sind die Doppelkapelle zum Heiligen Kreuz, die originalgetreue Nachbildung des maurisch-romanischen Heiligen Grabes und die Salbungskapelle mit der Skulptur »Die Beweinung Jesu« von Hans Olmützer. Wer wissen möchte, wie sich die heiligen Stätten Jerusalems um 1460 darboten, der muss nach Görlitz pilgern.

UNTERKUNFT

Hotel Börse
Barockes Ambiente prägt dieses 1706 errichtete, mustergültig renovierte Palais, dessen individuell eingerichtete Zimmer mit Kronleuchtern, Himmelbetten und altem Holzparkett ausgestattet sind. Das Flair begeisterte auch die Filmcrew von Wes Anderson, die hier während der monatelangen Dreharbeiten von »Grand Budapest Hotel« abstieg. Zum Hotel gehört das Gästehaus im Flüsterbogen, das ebenfalls am Untermarkt steht. Untermarkt 16, Tel. 03581 76420, www.boerse-goerlitz.de

RESTAURANTS

Lucie Schulte
In den Görlitzer Höfen am restaurierten Untermarkt liegt dieses feine Restaurant, in dem leichte, mediterran inspirierte Küche mit frischen regionalen Zutaten auf den Tisch kommt. Im romantischen Innenhof mit Weinkeller speist man inmitten alter Olivenbäume, blühender Oleander und duftender Zitrusbäume. Untermarkt 22, Tel. 03581 410260, lucieschulte.de

Schneider Stube
Im Romantik Hotel Tuchmacher, einem Patrizierhaus aus dem 16. Jahrhundert, werden im holzgetäfelten Restaurant kulinarische Spezialitäten aus Sachsen und Schlesien serviert, darunter Oberlausitzer Linsensamtsuppe, Rindsroulade in Bautz'ner Senfsauce, Frikassee vom Landkaninchen in Weinrahm-Estragon-Sauce und Schlesische Mohnklöße. Küchenchef Thierry Baumgart beherrscht aber auch feine mediterran inspirierte Klassiker. Peterstr. 8, Tel. 03581 47310, www.tuchmacher.de

Tiefgrün im Sommer, weiß gepudert im Winter:
die Braxenbucht am Eibsee bei Grainau mit Blick
auf Deutschlands höchsten Berg, die Zugspitze
mit 2962 Metern

DEUTSCHLAND DER SÜDEN

Bei Föhn scheinen vom Chiemsee oder Ammersee die Berge
zum Greifen nah, und ein weiß-blauer Himmel rückt die
Zwiebeltürme der Barockkirchen in heiteres Licht. In der Donau
spiegeln sich die gotischen Münster von Ulm und Regensburg,
im Bodensee und im Schwarzwald liegt die Wiege der
mitteleuropäischen Klosterkultur. Besonders malerische
Stadterlebnisse garantieren Bamberg, Rothenburg und
Heidelberg, weitere Glanzpunkte setzen das mittelalterliche
Nürnberg, die Renaissancemetropole Augsburg und die
Barockstädte Würzburg und Passau. München schließlich
bietet Musik- und Theatergenuss pur und dazu
bayerische Lebenslust in schattigen Biergärten

DEUTSCHLAND – DER SÜDEN

BAYERN
48 Würzburg
49 Rothenburg ob der Tauber
50 Bamberg
51 Nürnberg
52 Bayreuth
53 Regensburg
54 Bayerischer Wald
55 Passau
56 Fraueninsel im Chiemsee
57 Ramsau und Königssee
58 Musikstadt München
59 Biergärten in München
60 Augsburg
61 Starnberger See
62 Murnau
63 Pfaffenwinkel
64 Neuschwanstein
65 Zugspitze

BADEN-WÜRTTEMBERG
66 Ulm
67 Blaubeuren
68 Tübingen
69 Reichenau
70 Freiburg
71 Baden-Baden
72 Maulbronn
73 Heidelberg
74 Schwetzingen
75 Neckartal

Baden-

Württemberg

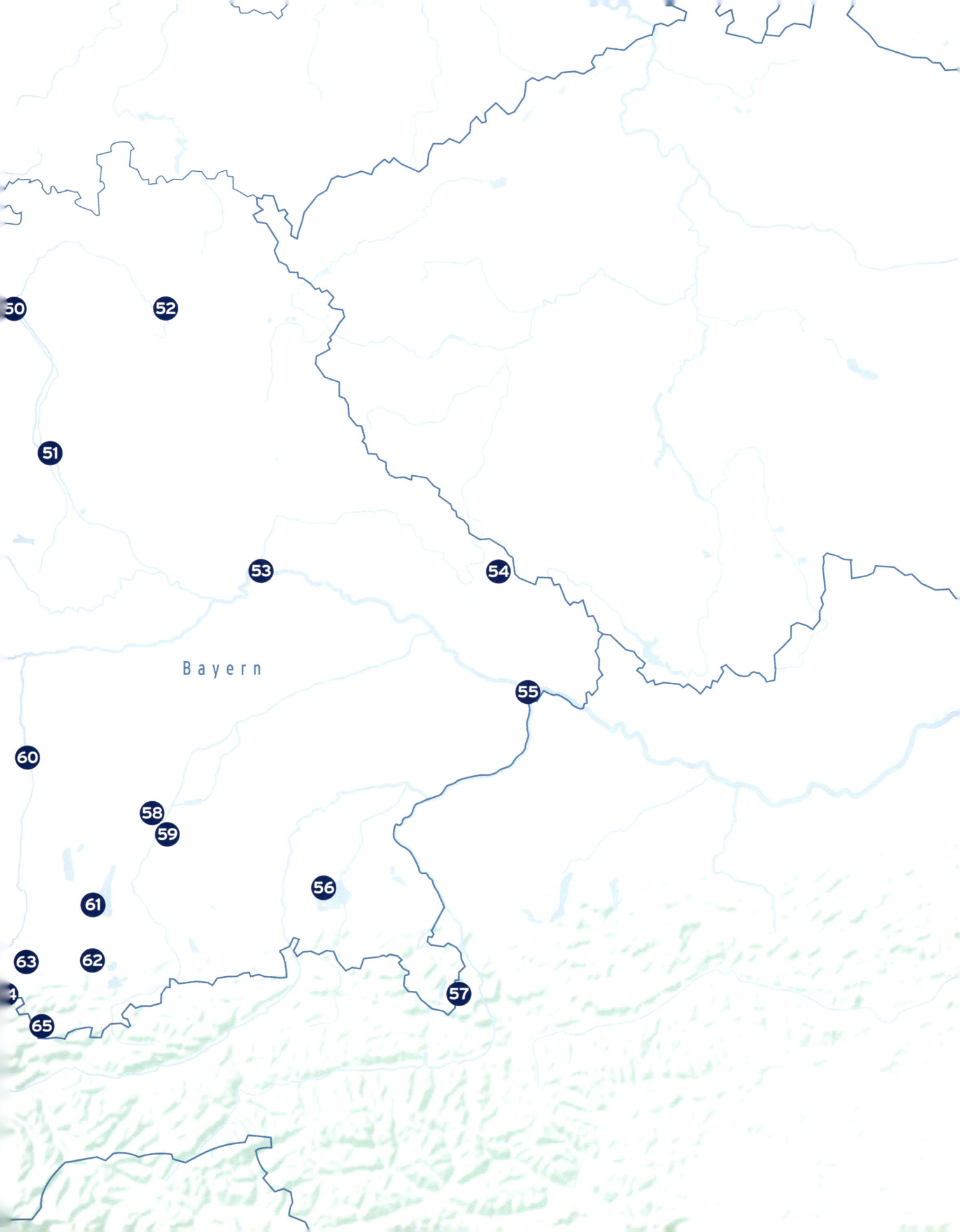

Bayern

48

Würzburg
Ein Fürstbischof hält Hof

Tiepolos Fresko im Kaisersaal zeigt die Hochzeit Kaiser Friedrich Barbarossas mit Beatrix von Burgund.

»Die Landschaft war nicht zerstört. Über dem ganzen Tal schier ein Seidenteppich zu liegen – grün in grün geknüpfte Rebhügel, Wald und Obstbaumfelder und das bogenreiche blaue Band, an dessen Ufer Würzburg gewesen war, das jetzt eine zerhackte Ruine ist, ein Denkmal der Naziherrschaft.« So beklagte der Würzburger Schriftsteller Leonhard Frank in »Die Jünger Jesu« den Untergang seiner Heimatstadt in dem 17 Minuten währenden britischen Bombenhagel am 16. März 1945.

Das ist die traurigste Geschichte, die der Nachtwächter zu erzählen hat, der in historischer Uniform mit Laterne und Hellebarde durch die erleuchteten Gassen Würzburgs zieht. Man kann ihn begleiten und dabei erfahren, wo der Bildhauer Tilman Riemenschneider wohnte und wo Stadtbaumeister Balthasar Neumann auf seinem Balkon den Ausblick auf die Stadt genoss. Der Nachtwächter wird von der Alten Mainbrücke mit ihren zwölf Heiligen berichten und über das alte Mainviertel mit der romanischen Basilika St. Burkard und dem gotischen Gotteshaus des Deutschherrenordens plaudern. All das, auch den romanischen Dom St. Kilian, gab es 1945 nicht mehr.

Doch der Nachwächter hat auch eine tröstliche Anekdote auf Lager: die des Johann Lucas von Hildebrandt, des Architekten, der maßgeblich an den Entwürfen für die Würzburger Residenz (www.residenz-wuerzburg.de) beteiligt war. Dieser schwor, sich »auf eigene Kosten« in der Mitte der Treppenhausdecke der Residenz aufhängen zu lassen, falls die gewagte Gewölbekonstruktion seines Konkurrenten Balthasar Neumann Bestand haben sollte. Hildebrandt hielt nicht Wort – was hielt, war die Decke: Das freitragende Muldengewölbe Neumanns überstand sogar die Brandbomben des Zweiten Weltkriegs. Während die spätbarocke Hofkirche wieder aufgebaut und das prunkvolle Spiegelkabinett nach seiner völligen Zerstörung anhand von Farbfotos rekonstruiert werden musste, blieb die Welt heil.

Die Welt? Ja, die ganze Welt huldigt dem Würzburger Fürstbischof Carl Philipp von Greiffenclau (1690–1754), jedenfalls auf dem gewaltigen, 1753 vollendeten Fresko Tiepolos, das mit 677 Quadratmetern Fläche als größte allegorische Darstellung von Himmel und Erde gilt und das standhafte Gewölbe Neumanns schmückt. Seit 2006 erstrahlt es frisch renoviert und gibt dem fünfschiffigen Treppenhaus mit gedoppeltem Treppenumlauf und Balustradenumgang seine alte Pracht zurück.

Was der Venezianer Giovanni Battista Tiepolo (1696–1770) mit allerhand Humor und unter genialer Ausnutzung der schwierigen Lichtverhältnisse schuf, ist in der Tat einzigartig. Architektur, Stuckdekor und Malerei scheinen förmlich zu verschmelzen. Die vier damals bekannten Erdteile rahmen den Götterhimmel mit Apollo im Strahlenkranz ein. Asia, auf einem Elefanten reitend, lässt die Weisen aus dem Morgenland – die Mathematik, Alchemie, Astronomie und Medizin – Schrift und Feuer bringen. America erscheint als wilde barbusige Indianerin auf einem furchterregenden Alligator inmitten einer Horde von Kannibalen. Africa reitet auf einem Dromedar zum Markt, und Europa sonnt sich im Glanz seiner Kunst und Architektur, residiert als Königin mit Zepter und Weltkugel, während Fama ihren Ruhm in die ganze Welt hinausposaunt. Und daneben, in einem Medaillon, der stolze Fürstbischof – der übrigens gerade mal einen Teil Mainfrankens regierte. Mit seiner Barockresidenz, die heute Weltkulturerbe ist, machte er sich unsterblich.

Für das fürstliche Honorar von 22 000 Gulden malte Tiepolo auch noch den prunkvollen Kaisersaal aus. Würzburger Motive aus der staufischen Reichsgeschichte – Kaiser Friedrich Barbarossas Hochzeit mit Beatrix von Burgund 1156 in Würzburg – verschmelzen mit antiker Mythologie, und natürlich dürfen Bacchus als Schirmherr Weinfrankens und der Flussgott Moenus nicht fehlen.

Eine Weinprobe im kerzenerhellten Hofkeller ist ein besonderes Erlebnis, auch wenn man von der Trockenbeerenauslese Jahrgang 1540, die das letzte Mal 1961 verkostet wurde, nichts eingeschenkt bekommt. Aber die süffigen Schoppen im Weinhaus Stachel schmecken vermutlich ohnehin besser.

UNTERKUNFT

Best Western Premier Hotel Rebstock
Hinter einer vornehmen Rokokofassade in der Innenstadt verbirgt sich ein Hotel mit edlem Interieur und allen modernen Annehmlichkeiten. Die Zimmer sind sehr stilvoll eingerichtet. Auf dem benachbarten Klostergelände entstehen derzeit 54 neue Gästezimmer und Suiten. Ein echtes Highlight ist das vorzügliche Hotelrestaurant KUNO 1408, das die fränkische Küche entweder »pur« oder »weltoffen« interpretiert.
Neubaustr. 7, Tel. 0931 30930, www.rebstock.com

RESTAURANTS

Der Reiser
Mitten im Weinberg, hoch über Würzburg, verwöhnt Bernhard Reiser seine Gäste mit feiner Sterneküche. Lust auf Überraschung? Dafür ist das »5-Gang-Menü aus dem Warenkorb« gedacht. Wer auf die traditionelle Art bestellt, kann sich auf Delikatessen wie Zweierlei vom Walisischen Lamm oder Kalbsfilet in Macadamianuss freuen. Die edlen Tropfen des Weinguts vom Stein passen natürlich perfekt zu allem.
Mittlerer Steinbergweg 5, Tel. 0931 286901, www.der-reiser.de

Stachel
Dieses schon 1319 erwähnte Restaurant und Weinhaus ist das älteste Würzburgs. Im 19. Jahrhundert genossen die »Stachelwirte« hohes Renommee. Das verdienen sie noch heute, denn die feine fränkische Küche mit Zutaten, die größtenteils aus biologischem Anbau stammen, ist vorzüglich: Kalbstafelspitz mit Meerrettichsauce, Sauerbraten mit Rotkraut und Knödel, Duett vom Weidelamm oder fangfrischer Fisch aus dem Lohrertal. Dazu gibt's eine große Auswahl erlesener Frankenweine. Unbedingt reservieren!
Gressengasse 1, Tel. 0931 52770, www.weinhaus-stachel.de

49

Rothenburg ob der Tauber

Mittelalterromantik im Postkartenformat

Fachwerk, Türme, Zinnen: Mittelalterflair in Rothenburg ob der Tauber

*»Die Häuser mit den hohen, spitzen Giebeln, die Stockwerke immer
das darunter liegende überragend, altertümliche Schilder und
Innungszeichen, gotische Kapellen und Kirchen, aber selten ein paar
Menschen in den Gassen, alles so still in dieser Dämmerstunde«, schwärmte
der Maler Ludwig Richter, als er 1826 in das Tauberstädtchen südlich
von Würzburg kam. Zu dieser Zeit strömten aber auch noch nicht Millionen
Besucher im Jahr durch die mittelalterlichen Pflastergassen Rothenburgs.*

Denn das mit der Romantik hat sich rumgesprochen seit der Zeit, da Richter hier nostalgische Ansichten malte und Carl Spitzweg mit kleinstädtischen Interieurbildern Rothenburg 1858 zur kleinbürgerlichen Biedermeieridylle verklärte. Heute ist Rothenburg ein Höhepunkt auf der 1950 ausgerufenen Romantischen Straße. Dinkelsbühl und Nördlingen sind zwar nicht minder schön, doch dafür haben die Busse des »See Europe in 14 days«-Tourismus keine Zeit.

Warum gotische Kirchen, turmbewehrte Mauern, krumme Gassen und Fachwerkhäuser mit Butzenscheiben eine so heftige Sehnsucht nach der guten alten Zeit auslösen, sollen Psychologen klären. Zur Ehrenrettung Rothenburgs sei gesagt, dass die Stadt diesem Nostalgie-Überschwang durchaus entgegensteuert. Hinter der um 1400 errichteten St. Johannis-Kirche führt das Mittelalterliche Kriminalmuseum, Deutschlands bedeutendstes Rechtskundemuseum, mit spektakulären Folterwerkzeugen, Halsgeigen und Schandmasken einen Aspekt des Mittelalters vor, den Tieck, Novalis, Eichendorff und Brentano lieber aussparten. Spätestens dann, wenn die zahlreichen Busse fort sind und die Abendsonne die Stadtsilhouette Rothenburgs in magisches Licht taucht, sind Spanischer Stiefel, Eiserne Jungfrau und Judaswiege wieder vergessen.

Was macht es da schon, dass die florierende Andenkenindustrie inzwischen oft in Fernost fertigen lässt und der chinesische Tourist Rothenburger Kitsch mit nach Hause nimmt, der in seinem Heimatland für einen kargen Lohn hergestellt wurde? Man erzählt den Touristen so manches nicht – oft nicht einmal, dass ein Drittel Rothenburgs, das Viertel zwischen dem Weißen Turm und dem so oft fotografierten Rödertor mit seinem schief aufgesetzten Dachreiter, originalgetreu wieder aufgebaut wurde, nachdem es 1945 einem amerikanischen Bombenangriff zum Opfer gefallen war.

Da ist die Legende um Altbürgermeister Georg Nusch viel attraktiver: Nach der Eroberung Rothenburgs im Dreißigjährigen Krieg 1631 leerte er vor dem grimmigen Feldherrn Tilly einen über drei Liter Frankenwein fassenden Pokal in einem Zug und erreichte mit dieser Heldentat die Schonung seiner Stadt. Seit über 100 Jahren zeigt die Kunstuhr im Giebel der Ratstrinkstube mehrmals täglich das selbst von Rilke bedichtete Spektakel.

Aber man sollte nicht zu zynisch sein. Das Rathaus mit Gebäudeteilen der Gotik und der Renaissance, mit Eckerker, Treppenturm und barockem Arkadenvorbau, ist tatsächlich eines der schönsten Süddeutschlands, und der Blick von seinem 60 Meter hohen Turm auf das Dächermeer der stets giebelseitig zur Straße stehenden Bürgerhäuser lässt wirklich nur ganz Abgebrühte kalt. Die Kirche St. Jakob versammelt absolute Höhepunkte der spätmittelalterlichen Schnitzkunst: Perfekt erhalten ist der 1466 entstandene monumentale Zwölf-Boten-Altar aus der Ulmer Werkstatt. Die Rücken der Seitenflügel zeigen die älteste Darstellung der Stadt sowie äußerst seltene Bildlegenden von Jakobspilgern. Tatsächlich führte ein Jakobsweg von Nürnberg über Rothenburg zum Kaiserdom in Speyer und weiter nach Frankreich. Das zweite Highlight der Kirche ist der Heilig-Blut-Altar, den der berühmte Würzburger Bildschnitzer Tilman Riemenschneider zwischen 1500 und 1505 geschaffen hat. Die im Relief dargestellten Passionsszenen – Einzug in Jerusalem, Abendmahl und Ölberg – sind von einer bis dahin ungekannten Raffinesse und Lichtdramaturgie, die durch die monochrome Fassung besonders zur Geltung kommen.

Im Sommer und in der Adventszeit herrscht in Rothenburg oft ein heilloses Gedränge. Die Weihnachtsromantik ist aber inzwischen zu allen Jahreszeiten erlebbar. Der riesige Nussknacker im Haus in der Herrngasse 1 weist den Weg in Käthe Wohlfahrts Weihnachtsdorf, das besonders Touristen aus Asien und Amerika begeistert, auch wenn es draußen 30 Grad hat. Bevor man nun zu lästern beginnt: Hier ist das Kunsthandwerk wirklich von hoher Qualität, und die Holzfiguren, Glaskugeln und Rauschgoldengel stammen aus heimischen Ateliers.

UNTERKUNFT

Hotel Herrnschlösschen
In einem der ältesten Gebäude der Stadt ist dieses elegante Schmuckstück untergebracht, das Historie mit stilvollem modernen Komfort kombiniert. Alle vier Zimmer und vier Suiten des Boutique-Hotels sind absolute Unikate. Vielleicht stimmt gerade deshalb hier einfach alles, vom Ambiente bis hin zur herzlichen Gastlichkeit. Das Frühstück ist fabelhaft, und auch sonst isst man im Restaurant sehr gut. Das Tüpfelchen auf dem i ist der verträumte Barockgarten.
Herrngasse 20, Tel. 09861 873890, www.hotel-rothenburg.de

RESTAURANTS

Villa Mittermeier
In der attraktiven Sandsteinvilla von 1892 kommt »viel Geschmack ohne Chichi« mit regionalen Zutaten und französischem Einschlag auf den Tisch: abwechslungsreiches »Casual Fine Dining«, das überzeugt. Dazu werden Taubertaler Weine eingeschenkt.
Vorm Würzburger Tor 7, Tel. 09861 94540, www.villamittermeier.de

Romantik Hotel Markusturm
Das 1264 erbaute Zollhaus mit stilecht eingerichteten Biedermeierzimmern verdient als Unterkunft eine Empfehlung, ist aber auch wegen seiner regionalen Küche, darunter Sauerbraten, Hirschgulasch oder Roulade mit handgemachten Spätzle, einen Besuch wert. Dazu wird selbst gebrautes Bier eingeschenkt.
Rödergasse 1, Tel. 09861 94280, www.markusturm.de

50

Bamberg

Der Bamberger Reiter als Ideal der Staufer

»Du Fremdester brichst doch als echter spross / Zur guten kehr aus deines volkes flanke / Zeigt dieser dom dich nicht: herab vom ross / Streitbar und stolz als königlicher franke! // Dann bist du leibhaft in der kemenat / Gemeisselt – nicht mehr Waibling oder Welfe – / Nur stiller künstler der sein bestes tat / Versonnen wartend bis der himmel helfe.«

Steinerner Zeuge aus dem 13. Jahrhundert:
der Bamberger Reiter am Georgenchor des Doms.
Der geheimnisvolle Reiter ist wahrscheinlich
der ungarische König Stephan, der vor über tausend
Jahren zum Christentum übertrat.

So dichtete Stefan George über den Bamberger Reiter. Warum fasziniert gerade er uns so in diesem auf sieben Hügeln errichteten »Fränkischen Rom«, das reich an mittelalterlichen Kunstschätzen ist? So viel wurde über die Erscheinung des Bamberger Reiters geschrieben, dass darüber der mächtige romanische Dom fast in den Hintergrund rückt. Die Mutmaßungen zur historischen Identität des Reiters gingen in verschiedenste Richtungen. Die Nationalsozialisten wollten ihn gar neben Uta von Naumburg stellen, als Inbegriff des deutschen Herrenmenschen. Aber inzwischen hat sich die Forschung darauf verständigt, dass es sich bei der steinernen Skulptur um den ungarischen König Stephan handelt, der 995 die Schwester Heinrichs II. ehelichte und zum Christentum übertrat.

Die Skulptur, die oben auf einem Seitenpfeiler im Schatten des Doms steht, ist mit 2,33 Metern längst nicht so groß, wie die manipulativen Fotos aus der Zeit des Dritten Reichs, die ausgerechnet einen Ungarn in übermächtiger Pose zeigen, vermuten lassen würden. Doch egal, was man schon über ihn gehört, gelesen und gesehen hat – er zieht den Betrachter sofort in seinen Bann.

Unerhört naturalistisch ist er gestaltet, selbst sein Pferd, mit dem er zu einer hoheitsvollen Einheit verschmilzt. Im 13. Jahrhundert wurde die Skulptur aus heimischem grau-grünlichen Schilfsandstein gemeißelt und war ursprünglich vollständig farbig bemalt: der Sockel grün, das Pferd ein rötlicher Fuchs (also kein kaiserlicher Schimmel), Sattel, Zaumzeug und Hufeisen golden, das Gewand rot, der Mantel nachtblau, die Krone golden und mit bunten Edelsteinen besetzt.

In solch bunter Bemalung müsste man sich den gesamten romanischen Dom vorstellen, das fein skulptierte Fürstenportal und natürlich auch die beiden gotischen Statuen Ecclesia (lateinisch: Kirche) und Synagoge im südlichen Seitenschiff. Sie symbolisieren den einstigen Hochmut der Kirche: Die Synagoge wird mit verbundenen Augen, entgleitenden Gesetzestafeln und gebrochenem Stab dargestellt, die Ecclesia hingegen erhaben und anmutig.

Ein harmonisches Ensemble mit dem Dom bildet die Renaissancefassade der Alten Hofhaltung, in der das Historische Museum der Stadt Bamberg untergebracht ist. Der wunderschöne, von Fachwerkbauten gesäumte Innenhof bildet einen festlichen Rahmen für die Calderón-Festspiele des ETA Hoffmann Theaters. 1808 hatte Hoffmann eine Anstellung als Musikdirektor an der Königlich Privilegierten Schaubühne bekommen und zog in ein schmales Spitzgiebelhaus am Schillerplatz 26 (heute Museum). Vor dem Theater hat man Hoffmann, der seine Bamberger Zeit

später als »Lehr- und Marterjahre« begriff, ein Denkmal gesetzt. Auf seiner Schulter hockt der Kater Murr aus den Fantasiestücken des Autors, in die man sich geradezu versetzt fühlt, wenn man durch die verwinkelten Gassen der Altstadt wandert, am reich mit Fresken bemalten barocken Rathaus vorbei. Die gesamte Bamberger Altstadt wurde zum UNESCO-Weltkulturerbe erklärt. Vom Turm des Residenzschlosses Geyerswörth bietet sich das schönste Panorama. Und abends bringen zahllose Studenten die Fachwerkidylle beim Bamberger Rauchbier richtig in Schwung.

Wer durch den Stadtpark Hain mit seinen uralten Eichen und Tempelchen wandelt, erwartet fast, Hoffmanns sprechendem Hund Berganza zu begegnen, und im Gassengewirr des Bamberger Klein-Venedig mit seinen putzigen Fachwerkhäuschen direkt an der Regnitz verirrt sich der Spaziergänger beinahe ebenso schnell wie in der Lagunenstadt. Am Ende lässt man sich, nachdem man die Gemäldegalerie altdeutscher Meister in der prunkvollen Neuen Residenz bewundert hat, im herrlichen Rosengarten nieder und genießt die traumhafte Aussicht auf die Altstadt und das Kloster Michelsberg.

UNTERKUNFT

Villa Geyerswörth

Am Ufer der Regnitz, in fußläufiger Entfernung zur Altstadt, hat man zwei Villen im toskanischen Stil zu einem mediterran anmutenden modernen Hotel zusammengefasst. Die schallisolierten klimatisierten Zimmer sind elegant eingerichtet, verfügen über viel gelobte Betten und großzügige Bäder. Der Frühstücksraum befindet sich in idyllischer Lage am Fluss. Im Hotelrestaurant La Villa speist man in Bistro-Ambiente international mit mediterranem Akzent, z. B. Lammrücken unter der Kräuterkruste, Rinderfilet mit gebratener Foie gras oder Lachsforellenfilet.
Geyerswörthstr. 15–21 A, Tel. 0951 91740, www.villageyerswoerth.de

RESTAURANTS

Weinhaus Messerschmitt

Das Geburtshaus des Flugzeugkonstrukteurs Willy Messerschmitt bietet neben stilvoll eingerichteten Zimmern im Alt- oder Neubau und einer Dachterrasse mit toller Aussicht auch erstklassige fränkische Küche, darunter besonders leckere Mainfische, eine feine Rehterrine und eine köstliche ausgelöste Landente. Neben Fassbier werden natürlich erlesene weiße und rote Frankenweine, aber auch französische und italienische Tropfen kredenzt.
Lange Str. 41, Tel. 0951 297800, www.hotel-messerschmitt.de

Brauereigasthof Greifenklau

In urgemütlicher Atmosphäre mit einem sehr schönen Biergarten schmecken »Knöchla« (Haxe) und »Blaue Zipfel« (leckere Bratwürste, die sich im Essigsud blau färben). Im Angebot sind auch Brauereiführungen.
Laurenziplatz 20, Tel. 0951 53219, www.greifenklau.de

51

Nürnberg
Auf dem Christkindlesmarkt

Weihnachtliche Leckerei aus der Bäckerei am Hauptmarkt: Nürnberger Lebkuchen

Rauschgoldengel, Christbaumschmuck, Nussknacker, Zwetschgenmännle und Krippenfiguren, zur Stärkung Nürnberger Elisenlebkuchen, »Brodwörschdla« und Glühwein – und das alles vor der romantischen Kulisse des Nürnberger Hauptmarkts mit der Frauenkirche und dem filigranen Schönen Brunnen.

*Wie wenig idyllisch das Mittelalter
tatsächlich war, zeigen die Lochgefängnisse
in den Kellergewölben des Rathauses.*

Mehr als zwei Millionen Menschen besuchen jährlich Deutschlands größten Christkindlesmarkt. Ein sehr blondes Christkind, stets eine Nürnbergerin zwischen 16 und 19 Jahren, eröffnet den Markt am Freitag vor dem ersten Advent von der Empore der Frauenkirche. »Städtlein aus Holz und Tuch« nennt man das Ensemble aus 180 mit rot-weißem Stoff dekorierten Buden, und die allerschönsten bekommen einen Preis verliehen: den sogenannten Zwetschgermoh in Gold, Silber und Bronze.

Schon seit 1628 ist der »Kindles-Marck« schriftlich belegt, aber vermutlich ist er noch um einiges älter. »Nürnberger Tand geht durch alle Land« lautet ein altes Sprichwort, und wie gut sich Spielwaren und Weihnachten vertragen, ist ja kein Geheimnis.

Man spricht nicht so gern darüber, dass ausgerechnet die Nationalsozialisten 1933 den Brauch des Christkindlesmarkts wiederbelebten, doch haben die braunen Männer in Nürnberg, »des Deutschen Reiches Schatzkästlein«, weiß Gott Schlimmeres verbrochen. Die mächtige Reichsstadt des 15. und 16. Jahrhunderts, in der Albrecht Dürer, der Erzgießer Peter Vischer und die Bildhauer Veit Stoß und Adam Kraft wirkten, in der Meistersänger Hans Sachs das »bittersüße eheliche Leben« bejammerte, Martin Behaim seinen berühmten Globus schuf und Peter Henlein an seiner Taschenuhr, dem Nürnberger Ei, tüftelte, erlebte unter den Nazis ihre finsterste Epoche. Sie verkam während der Reichsparteitage zum »Aufmarschgelände der Dummheit und Gewalt« (Lion Feuchtwanger), war Erscheinungsort von Julius Streichers Hetzblatt »Der Stürmer« und Namensgeber der infamen Nürnberger Gesetze.

Das romantische Nürnberg mit seinen gotischen Kirchen und runden Wachtürmen, seinen engen Gassen und Fachwerkhäusern ist im Bombenhagel des Zweiten Weltkriegs weitgehend untergegangen. Nur auf den Lebkuchen- und Christstollen-Dosen lebt es unverdrossen weiter. Eigentlich haben lediglich die Kaiserburg und die Stadtmauer den Krieg einigermaßen heil überstanden. Der wunderbare gotische Chor der Sebalduskirche, das mittelalterliche Heilig-Geist-Spital, alles wurde mühsam rekonstruiert, und bei aller guten Absicht sieht man das dem oft zu neu wirkenden rötlichen Sandstein auch an. Der Blick über die roten Dächer der Altstadt hinüber zur Burg täuscht: Nur wenige der alten Fachwerkhäuser sind noch Originale, auch der Schöne Brunnen aus dem 14. Jahrhundert ist eine Kopie, die allerdings schon 1912 entstand. Trotzdem soll es immer noch Glück bringen, am nahtlos ins Gitterwerk eingefügten Ring zu drehen.

Wie wenig idyllisch das Mittelalter tatsächlich war, zeigen die Lochgefängnisse in den Kellergewölben des Rathauses, wenige Schritte vom Hauptmarkt entfernt.

UNTERKUNFT

Hotel Drei Raben
Kaum ein Hotel der alten Reichsstadt verströmt mehr Flair als dieses. Die Themenzimmer erzählen von alten Nürnberger Mythen und Helden wie Albrecht Dürer in Rom, Martin Behaim, Raubritter Eppelein, den Meistersingern, Kaspar Hauser und dem Nürnberger Trichter. Eine Suite widmet sich dem Fußballverein 1. FCN. Die Hotelbar Rabenwein ist auf langsam gegärte Weine spezialisiert.
Königstr. 63, Tel. 0911 274380, www.hoteldreiraben.de

RESTAURANTS

Essigbrätlein
Schon seit 1550 existiert Nürnbergs ältestes Gasthaus, und seit nunmehr 30 Jahren kreiert Andree Köthe in diesem intimen Lokal unaufgeregte, aber auch nach all den Jahren immer noch kreative Gourmetküche, wobei streng auf regionale Produkte geachtet wird. Überhaupt spielt Gemüse hier eine große Rolle, aber auch Lamm wird man in ganz Franken nicht besser bekommen als hier. Seine zwei Sterne verteidigt das Lokal daher Jahr für Jahr, wie lange eigentlich schon?
Weinmarkt 3, Tel. 0911 225131, www.essigbraetlein.de

Bratwursthäusle
Neben fränkischen Gerichten wie feines Knöchla (Eisbein) gibt es, ganz in der Nähe der Sebalduskirche, im preiswerten, urigen Bratwursthäusle die berühmten kleinen Nürnberger Rostbratwürste vom Buchenholzgrill. Sie werden auf Zinntellern serviert, wahlweise mit Weinsauerkraut, Kartoffelsalat oder Meerrettich. »Saure Zipfel« (oder »Blaue Zipfel«) werden in Zwiebel-Essig-Sud zubereitet und serviert mit etwas Sud, Zwiebeln und einem frischen Bauernbrot.
Rathausplatz 1, Tel. 0911 227695, www.die-nuernberger-bratwurst.de

Sie haben den Krieg überlebt; der prunkvolle Rathaussaal im Stil der Renaissance wurde dagegen wieder aufgebaut, ebenso wie das Albrecht-Dürer-Haus am Tiergärtner Tor unterhalb der Burg. Hier wirkt Nürnberg noch sehr mittelalterlich, und dementsprechend oft wird der Platz fotografiert. Mindestens ebenso häufig klicken die Kameras um zwölf Uhr mittags, wenn sich am Giebel der Frauenkirche die Figuren der Kunstuhr von 1509 in Bewegung setzen. Bei diesem »Männleinlaufen« umschreiten sieben rot gekleidete Kurfürsten Kaiser Karl IV. und erinnern damit an den Erlass der Goldenen Bulle.

Originale Kunstschätze bewahren die Kirchen und Museen. Im Ostchor von St. Sebaldus fesseln das Schreyer-Landauer'sche Grabmal von 1492, ein Hauptwerk von Adam Kraft, die »Madonna im Strahlenkranz« (1438) an einem Pfeiler im nördlichen Seitenschiff und das berühmte, von Peter Vischer gegossene Sebaldusgrab (1507–1519).

Nürnbergs Kaiserburg: Die auf einem Felsen über der Stadt errichtete Pfalzanlage diente ab ihrer Erbauung im 11. Jahrhundert den im Land umherreisenden Herrschern der Staufer und Salier als Aufenthaltsort.

All die Meisterwerke der Nürnberger Kunst versammelt das Germanische Nationalmuseum, das größte kunst- und kulturgeschichtliche Museum im deutschsprachigen Raum, das überdies jedes Jahr mit hochkarätigen Wechselausstellungen lockt. Die einzigartige Sammlung historischer Puppenhäuser bringt Mädchenaugen zum Glänzen, und spätestens im Nürnberger Spielzeugmuseum werden sich Dramen mit dem Nachwuchs abspielen. Denn es gibt natürlich einen Museumsshop …

52

Bayreuth

Kultur einer Markgräfin

Sie war ein echter Glücksfall für das verschlafene
Markgrafentum in Franken. Wilhelmine von Bayreuth (1709–1758)
aus dem Hause Hohenzollern war hochgebildet und
ein Naturtalent in Sachen Architektur und Inneneinrichtung.
Über die Jahre unter ihrer Herrschaft hat sich in
Bayreuth nie jemand beklagt.

*Markgräfin Wilhelmine von Bayreuth,
porträtiert von Antoine Pesne um 1734. Die
Lieblingsschwester Friedrichs des Großen
verhalf dem fränkischen Provinznest zum
glanzvollen Aufstieg.*

Ein Blickfang sind die von Mai bis Oktober stündlich statt-findenden Wasserspiele in der Eremitage: In der Oberen Grotte vor der Orangerie tummeln sich Meeresgötter und Nymphen.

Reich war man hier nicht, eben ein kleines deutsches Fürstentum, und so macht das ab 1753 erbaute Neue Schloss von außen eigentlich nicht viel her. Aber drinnen demonstrierte Wilhelmine (www.bayreuth-wilhel mine.de) ihr unvergleichliches Talent, aus wenig das Beste zu machen. Ja, die Fürstengemächer des Markgrafenpaars Friedrich und Wilhelmine sind kostbar ausgestattet, das Rokokozimmer schmücken kunstvoll verzierte Möbel, die Vertäfelung aus Nussholz ist mit geschnitzten, vergoldeten Palmbäumen veredelt. Im Erdgeschoss erfrischt eine pracht-voll mit Bergkristallen und Muscheln ausgestaltete Grotte.

Von Verschwendung hielt Wilhelmine allerdings wenig. Wozu braucht es einen sündteuren Spiegelsaal, wenn es ein reizendes Spiegelscherbenkabinett auch tut? Alles, was zu teuer war, ersetzte Wilhelmine einfach durch Trompe-l'œil. Trotzdem, oder vielleicht gerade deshalb, ist ihr Markgräfliches Opernhaus, das im Inneren weitgehend aus Holz und bemalter Leinwand besteht, ein Meisterwerk der barocken Theaterarchitektur, in der Illusion ja ohne-hin eine zentrale Rolle spielt. Mit dem Geld, das sie an anderer Stelle einsparte, gründete Wilhelmine lieber eine Universität.

Ihren Bruder, Friedrich II. von Preußen, konnte sie mit dieser ihr eigenen Bescheidenheit nicht begeistern, noch weniger mit ihrer beharrlichen Weigerung, sich an dessen ruinösen Kriegszügen zu beteiligen. Fast wäre es daher zum Bruch zwischen Friedrich und seiner Lieb-lingsschwester gekommen. Sei's drum: Wilhelmines Neues Schloss ist heute ein Hauptwerk des deutschen Rokoko, Friedrichs Neues Schloss in Potsdam dagegen nur ein Protzbau.

Selbstverständlich war Wilhelmines Abneigung gegen Kriege nicht. Schließlich hatte sie, ebenso wie ihr später so verdrießlicher Bruder, unter einer brutalen Jugend gelitten. Am Hof ihres Vaters, dem berüchtigten preußischen Solda-tenkönig, wurde sie von ihrer Erzieherin fast zum Krüppel geschlagen, man sperrte sie wie auch ihren Bruder ein und zwang ihr eine Ehe auf, aus der sie dann wirklich das Aller-beste machte.

Wilhelmine korrespondierte auch mit Voltaire, der 1743 zusammen mit Friedrich Bayreuth besucht hatte. Im Herbst 1750 begegnete die Markgräfin in Potsdam dem französischen Philosophengenie erneut.

Vielleicht hätte sie Voltaire damals nach Bayreuth ent-führen sollen, bevor man ihn in Sanssouci wie eine Orange auspresste und die Schale wegwarf. An schönen Tagen hätte er mit ihr durch den Bayreuther Hofgarten mit seinen alten Bäumen, Pavillons und Statuen wandeln können. Oder sie wären hinaus zur zauberhaften Eremitage am Stadtrand gefahren, einem ebenfalls von Wilhelmine ausgestalteten Kleinod des Rokoko mit Laubengängen, Wasserspielen, Grotten und Heckenquartieren. Im Japanischen Kabinett und im Chinesischen Spiegelkabinett des Alten Schlosses hätten sie darüber parliert, wie aufgeklärter Absolutismus wirklich aussehen könnte. Im Musikzimmer hätten sie das meisterhafte Spiel der Hausherrin auf der Laute genossen und im achteckigen Sonnentempel des Neuen Schlosses den Tee genommen. Aber Wilhelmine war eben nur eine Markgräfin. Und doch sind ihre Schöpfungen heute Welt-kulturerbe.

UNTERKUNFT

Goldener Anker
Das zentral neben dem Markgräflichen Opernhaus in der Fußgängerzone gelegene historische Gebäude blickt auf mehrere Jahrhunderte Familien-tradition zurück. Es bietet 35 großzügig gestaltete und mit zauberhaften Stoffen dekorierte elegante Zimmer. Ein intimes Restaurant mit original erhaltener Inneneinrichtung von 1927 serviert klassische Küche mit französisch-mediterranem Einschlag und marktfrischen Zutaten. Opernstr. 6, Tel. 0921 7877740, anker-bayreuth.de

RESTAURANTS

Oskar
Das Wirtshaus am Markt im Alten Rathaus mit Biergarten ist auf fränkische bodenständige Küche spezialisiert. Auf den Tisch kommen z. B. eine viel gelobte saftige Haxe, Ochsenbacken in Rotweinsauce, Sauerbraten oder »Kloß mit Soß«. Es gibt auch vegetarische Gerichte und natürlich aus-gewählte fränkische Biersorten. Maximilianstr. 33, Tel. 0921 5160553, www.oskar-bayreuth.de

Zur Sudpfanne
In stilvoll eingerichteten Räumen serviert das Restaurant leichte internatio-nale, aber auch kreative fränkische Küche, z. B. buntes, mit Rahmpilzen und Mozzarella überbackenes Filet-Pfännchen, rosa gebratene Barbarie-Enten-brust an Schokoladen-Cassis-Sauce oder Hirschrücken mit Rosmarinkruste auf weißen Karotten. Im großen Brasseriegarten lässt man sich gerne nieder. Mittags gibt es ein täglich wechselndes, äußerst preiswertes Gericht. Oberkonnersreuther Str. 6, Tel. 0921 52883, www.sudpfanne.de

53

Regensburg

Mittelalterliches Gesamtkunstwerk

Detail eines Freskos, das David und Goliath an einer Hauswand in der Altstadt zeigt

Schon Goethe blickte begeistert vom nördlichen Donauufer auf
die mittelalterliche Stadtsilhouette, die in Deutschland ihresgleichen sucht.
Auf 16 mächtigen Pfeilern schwingt sich die Steinerne Brücke über die
Donau. Das stadtseitige Brückentor samt Salzstadel bildet ein harmonisches
Ensemble mit dem hoch aufragenden gotischen Dom. Hier beginnt die
Entdeckungsreise durch 2000 Jahre Geschichte, vom keltischen Radasbona
bis zur quirligen oberpfälzischen Universitätsstadt von heute.

In Regensburg steht »Kirche gegen Kirche, Stift gegen Stift«, notierte Goethe 1786 in sein Tagebuch. 2006 kehrte ein bayerischer Papst an seine langjährige Wirkungsstätte zurück, von der einst die Missionierung Bayerns ausgegangen war und wo im 13. Jahrhundert der Regensburger Gelehrte Albertus Magnus als »Doctor universalis« die Geistesgeschichte des Mittelalters maßgeblich mitbestimmte. Ebenfalls 2006 erklärte die UNESCO die Altstadt von Regensburg zum Weltkulturerbe. Wer einmal die engen Gassen, die schiefen Mauern, die schmalen Durchgänge, die weiten Plätze und schattigen Innenhöfe bewundert hat, der fragt sich, warum das eigentlich so lange gedauert hat.

Am schönsten ist Regensburg am Alten Kornmarkt, der Blick über den Herzogshof und den Römerturm auf den Dom ist einfach unbezahlbar. Das romanische Figurenprogramm am Nordportal der Schottenkirche birgt noch immer Geheimnisse. Frühgotisch mit barocken Ochsenaugenfenstern zeigt sich die Ulrichskirche, als Juwel des Rokoko die Alte Kapelle: Baustilkunde auf engstem Raum.

»Weit ausgedehnt, mit Mauern bewehrt, uneinnehmbar aus Quadern erbaut, mit hochragenden Türmen und vielen Brunnen«, so beschrieb schon 765 ein Bischof die alte Castra Regina, die sich bis zum 12. Jahrhundert zur bedeutendsten Metropole des süddeutschen Raums aufschwingen sollte. Im 13. Jahrhundert gewährte Kaiser Friedrich II. Regensburg den Status einer Freien Reichsstadt. Stolz bauten sich die Patrizier ihr San Gimignano an der Donau: Bald ragten über 60 schlanke, wehrhafte Geschlechtertürme bis zu zwölf Stockwerke hoch in den Himmel. Einige stehen noch heute, darunter der schöne Baumburger Turm am Watmarkt und der markante, neun Stockwerke hohe Goldene Turm in der Wahlenstraße. Ein viel fotografierter frühgotischer Kaufmannspalast ist das Goliathhaus, dessen Straßenseite ein Monumentalfresko von 1573 ziert. Mit der Kaufmannsherrlichkeit ging es in Regensburg aber bald bergab. Zu erdrückend wurde die Konkurrenz der Freien Reichsstädte Nürnberg, Augsburg und Ulm. Türme baute dann erst mal lange keiner mehr.

Zwei mächtige Türme sollten aber noch kommen, allerdings erst um 1860, als man dem nach französischem Vorbild ab 1275 errichteten Dom endlich die beiden Turmspitzen aufsetzte. Besonders an heißen Sommertagen wirkt die Kühle des Doms ungemein anziehend. Durch das spätgotische Hauptportal mit reichem Figurenschmuck gelangt man in einen harmonisch gegliederten Innenraum, dessen meisterhafte Glasgemälde die gotischen Baldachinaltäre in mystisches Licht tauchen. Am Ende spaziert man durch den Domgarten, um den filigranen, majestätischen Chor mit reich geschmückten Maßwerkfenstern von außen zu bewundern.

Gotisch sind noch der Turm und der Erker des Alten Rathauses. In seinem prächtigen Reichssaal fand zwischen 1663 und 1806 der Immerwährende Reichstag statt. Da traf sich das Fürstenkollegium an einem mit grünem Tuch bedeckten Tisch, um zu gemeinsamen Beschlüssen zu kommen, aber oft wurde sich die auf langen Bänken sitzende Versammlung nicht einig: Die Redewendungen »am grünen Tisch entscheiden« und »alles auf die lange Bank schieben« fanden hier ihren Ursprung.

Die Reichstage begründeten den Aufstieg des fürstlichen Hauses Thurn und Taxis. 1812 baute die Familie das ihr überlassene säkularisierte Benediktinerkloster St. Emmeram, das schon zu diesem Zeitpunkt fast alle Stilperioden vereinte, im Sinne des Historismus zur Residenz um. Der fürstliche Bibliothekssaal im Westflügel ist ein prachtvolles Werk des Rokoko, das Cosmas Damian Asam 1737 schuf. Auch die Gemälde und Stuckaturen der Klosterkirche sind größtenteils ein Werk der Asambrüder. Regensburger Glanz und Gloria eben …

UNTERKUNFT

Hotel Orphée
Diese Regensburger Institution beherbergt Gäste in drei ganz unterschiedlichen Häusern der Altstadt. Das Große Haus, ein altes Barockpalais, dient als Stammhaus. Die 38 großzügigen und sehr stilvoll-eleganten Zimmer besitzen antike Dielenböden und barocke Türstöcke und bieten herrliche Ausblicke über Regensburg. Nicht weniger charmant, aber etwas uriger sind die Zimmer im Kleinen Haus am Kohlenmarkt beim Rathaus, ruhig und großzügig mit mediterranem Flair gestalten sich die Räumlichkeiten im Künstlerhaus Andreasstadl linksseitig der Donau bei der Steinernen Brücke. Die Gastronomie im Haupthaus serviert französische Bistroküche.
Untere Bachgasse 8, Tel. 0941 596020, hotel-orphee.de

RESTAURANTS

Storstad
Asiatisch-deutsche Fusionsgerichte in preisgekröntem hellen nordischen Ambiente haben dem Lokal von Anton Schmaus einen Michelin-Stern beschert. Den haben aber nicht nur Klassiker wie Heilbutt mit Kimchi, Sushireis und Jackfruit oder Lamm mit Polenta, Bärlauch und grünem Spargel verdient, sondern auch der Ausblick von der Dachterrasse auf die Altstadt.
Watmarkt 5, Tel. 0941 59993000, storstad.de

Weltenburger am Dom
Hier gibt's preiswerten ofenfrischen Schweinsbraten vom Hals mit Kartoffelknödel und Dunkelbiersauce und als Nachspeise Apfel- oder Topfenstrudel mit Vanillesauce, und dazu natürlich die süffigen Weltenburger Biere aus der ältesten Klosterbrauerei der Welt.
Domplatz 3, Tel. 0941 5861460, www.weltenburger-am-dom.de

54

Bayerischer Wald

Luchse, Bären und Wölfe im Nationalpark

Heimkehrer mit Pinselohren: Der Luchs ist zurück im Bayerischen Wald.

»Waldwoge steht hinter Waldwoge, bis eine die letzte ist und den
Himmel schneidet«, beschrieb Adalbert Stifter seinen geliebten Hochwald
in Niederbayern an der Grenze zur Tschechischen Republik: die
Heimat der Glasbläser und Schnapsbrenner. Im 1970 gegründeten
Nationalpark Bayerischer Wald darf die Natur noch tun und lassen, was sie
will. Nirgendwo sonst in Deutschland kann man besser beobachten, wie auch
aus tot geglaubtem »alten Wald« wildes neues Leben wächst.

182

*»Mit Bäumen kann man wie mit Brüdern
reden und tauscht bei ihnen seine Seele um. Die Wälder
schweigen. Doch sie sind nicht stumm.«
(Erich Kästner)*

Moose und Farne überwuchern die Wurzelteller umgestürzter Baumriesen, kein Jäger oder Förster greift regulierend ein. Selbst den so gefürchteten Borkenkäfer muss der Urwald aushalten. Spaziergänger dürfen in dem inzwischen auf 24 250 Hektar erweiterten Schutzgebiet die markierten Wanderwege nicht verlassen. Aber das ist auch nicht nötig, um grüne Berggipfel, reißende Bäche und auf über 1100 Metern Höhe Sattelhochmoore wie den Latschenfilz zu entdecken. Außerdem erschließen Radwege den Nationalpark in Europas größter E-Bike-Region, und die drei Grenzübergänge bei Ferdinandsthal, Gsenget und Buchwald ermöglichen das Überwechseln in den tschechischen Nationalpark Šumava (Böhmerwald).

Besonders spannend ist natürlich der sieben Kilometer lange Rundweg durch das 200 Hektar große Tierfreigelände. In den großzügigen Gehegen sind Luchse, Wölfe, Braunbären, Wisente und Steinkäuze zu beobachten – sie alle waren früher im Bayerischen Wald und im angrenzenden Böhmerwald heimisch. Wolf, Luchs, Wanderfalke und Schwarzstorch sind mittlerweile von allein in den Nationalpark zurückgekehrt. Über 50 Waldvogelarten leben im Freigelände, darunter sehr seltene wie Auerhuhn, Schwarzspecht, Dreizehenspecht, Rauhfußkauz, Sperlingskauz und Hohltaube. Allerdings kommt man besser am frühen Morgen oder bei Sonnenuntergang, wenn keine lärmenden Gruppen die scheuen Tiere vergrämen.

Besonders malerisch sind die Steige des Felswandergebiets rund um die Kleine Kanzel (1011 m), dessen Bergmischwälder (Fichte, Tanne, Buche, Bergahorn) schon lange vor Gründung des Nationalparks nicht mehr angerührt wurden. Hier klopft ein seltener Weißrückenspecht, da flattert vor den Augen des Wanderers ein Haselhuhn senkrecht in die Höhe. Von einem Aussichtsfelsen ist manchmal sogar die Alpenkette zu sehen.

Den hölzernen Erlebniswanderweg Seelensteig säumen Holztafeln mit Zitaten bekannter Schriftsteller. Sie demonstrieren auf eindringliche Weise die Selbstheilungs-

kräfte der Natur in einem schwer zugänglichen Bergmischwald. Die schönsten Worte dazu stammen vielleicht von Erich Kästner: »Die Seele wird vom Pflastertreten krumm. Mit Bäumen kann man wie mit Brüdern reden und tauscht bei ihnen seine Seele um. Die Wälder schweigen. Doch sie sind nicht stumm. Und wer auch kommen mag, sie trösten jeden.«

UNTERKUNFT

Das Reiners
Außen alpin, innen modern und stilvoll eingerichtet präsentiert sich dieses Ferienhotel. Die thematisch akzentuierten Zimmer im 2. Stock zur Ostseite mit Balkon und Blick zum Lusen tragen so schöne Namen wie GenussZeit, HeimatZeit und NaturZeit, aber auch die regulären Doppelzimmer sind sehr geschmackvoll gestaltet. Dazu kommen ein gutes Restaurant, in dem mit ausgewählten frischen Produkten aus dem »Woid« gekocht wird, und das sehr raffiniert, sowie eine Biergartenterrasse und ein umfangreiches Wellnessprogramm.
Grüb 20, Grafenau, Tel. 08552 96490, www.dasreiners.de

RESTAURANTS

Landgasthof Euler
Seit über 130 Jahren gibt es diese Wirtschaft, die heute ein Vorbild für die Gastfreundschaft im »Woid« ist. Hier übernachtet man nicht nur gerne und verblüffend günstig, sondern genießt auch die vorzügliche regionale Küche, die saisonale Schwerpunkte setzt und heimische Lebensmittel verarbeitet. Dabei profitiert man von der hohen Qualität der lokalen Metzgerbetriebe, und natürlich steuern Jäger und Angler das ihre bei. Sehr fein schmecken Bärlauchschaumsuppe mit knusprigem Frischkäseknödel, Wiener Backhendl und Spanferkelhaxe mit Biersauce, Semmelknödel und Speckkrautsalat. Für feine hausgemachte Kuchen und Torten ist Ulrikes Backstube zuständig.
Kaiserstr. 10, Neuschönau, Tel. 08558 1007, landgasthof-euler.de

St. Florian
Im gleichnamigen familiengeführten Wellnesshotel schläft man sehr gepflegt. Dazu kommt die gute Regionalküche des Hotelrestaurants. Lammkarree, Wiener Zwiebelrostbraten und Saiblingsfilet munden vorzüglich und werden von kenntnisreich ausgesuchten Weinen begleitet.
Althüttenstr. 22, Frauenau, Tel. 09926 95 20, www.st-florian.de

55

Passau

Italienische Ansichten in der Dreiflüssestadt

An sonnigen Tagen wähnt man sich am Gardasee oder an der
ligurischen Küste: Nicht umsonst gilt die Innpromenade mit ihrer schönen
Kastanienallee als Passauer Riviera. Auf der Flussterrasse treffen sich
die Studenten zum Sonnen und Flirten. Vom gegenüberliegenden Innufer
wirkt die niederbayerische Bischofsstadt mit ihren in heiteren
Pastellfarben leuchtenden barocken Bauten und ihrer Kirchturm-
silhouette besonders italienisch.

*Unbeschreiblich schön ist der Blick vom
Turm des Passauer Stephansdoms auf den
Zusammenfluss von Inn und Donau,
Kloster Niedernburg (li.) und die ehemalige
Jesuitenkirche St. Michael (re.).*

500 Jahre lang prägten römische Kaufleute, Handwerker, Legionäre und Winzer das Geschick der Grenzfestung Castra Batava, bis sie um 475 die Region verließen. Sie führten auch das Christentum ein. Schon 470 gründete der heilige Severin hier ein kleines Kloster, und ab 739 bestimmten die Fürstbischöfe von Passau über 1000 Jahre lang das Leben in der Dreiflüssestadt. Reich wurde Passau durch sein Stapelrecht am Handelsweg des Goldenen Steigs: ein Vorkaufsrecht für alle Waren, die auf den Flüssen transportiert wurden, besonders Salz, Öl, Gewürze und Südfrüchte.

Nach den großen Stadtbränden von 1662 und 1680 engagierten die Fürstbischöfe italienische Baumeister. Napoleon erklärte Passau zur schönsten Stadt Deutschlands. Heutige Besucher spazieren entzückt durch die wunderbar geschlossene Altstadt, deren enge Gassen oft Schwibbögen zur Abstützung der Häuser überspannen. Besonders schön ist der Christophorusbogen in der Pfaffengasse. Verspielte Erker und Türmchen, eiserne Fensterläden, stuckverzierte Fassaden, geschnitzte Haustore und Fresken: An jeder Ecke warten reizvolle Motive.

Die erste Aussicht über alle drei Flüsse bietet sich bei der Wallfahrtskirche Mariahilf. Danach geht es durch den schattigen Eschen- und Buchenwald des Ludwigsteigs hinauf zum Aussichtspunkt Batterie Linde am Ostende der Veste Oberhaus. Von hier eröffnet sich ein Panorama bis zu den Alpen. Das schwärzliche Wasser der kleinen moorigen Ilz löst sich schnell in der graugrünen Donau auf, die wiederum von dem milchig grünen Inn fast an die Kaimauer gedrückt wird, denn der Inn ist breiter, druckvoller und führt mehr Wasser.

Aber es gibt eine noch spektakulärere Aussicht. Dafür muss man das Donau-Südufer entlang nach Österreich fahren. Blickt man dann vom Café-Restaurant Blaas auf der Hinding-Anhöhe hinab, wirkt es, als führe Passau wie ein vieltürmiges steinernes Schiff auf Österreich zu. In der Abenddämmerung, wenn die Lichter der Stadt zu funkeln beginnen, ist das Panorama geradezu magisch.

Ein Wahrzeichen Passaus sind die beiden 68 m hohen Kuppeltürme des Doms St. Stephan (der dritte, besonders elegante Turm gehört zur barockisierten Kirche St. Paul), den der Italiener Carlo Lurago ab 1668 zur größten Barockkirche Deutschlands umgestaltete, wobei er den reich verzierten Ostchor des gotischen Doms harmonisch in das barocke Ensemble einfügte. Im Inneren bewundert man Stuckarbeiten von Giovanni Battista Carlone, Gewölbefresken von Carpoforo Tencalla, eine vergoldete Kanzel und die größte Kirchenorgel der Welt. Sie besitzt fünf Manuale,

233 klingende Register und 17 974 Orgelpfeifen. Ein Orgelkonzert im Dom ist stets ein Genuss, und die Orgelnacht anlässlich der Europäischen Wochen bleibt unvergesslich.

Im Mittelalter verschanzten sich die bei den freiheitsliebenden Bürgern verhassten Bischöfe auf der Veste Oberhaus und feuerten Steinkugeln auf das teilweise noch aus gotischer Zeit stammende Alte Rathaus. Später residierten sie lieber unten in der Altstadt. Besonders prunkvoll ist das Rokokotreppenhaus in der 1730 vollendeten Neuen Residenz des Fürstbischofs Leopold von Firmian, in der heute das Domschatzmuseum mit über 200 romanischen bis barocken Kunstwerken und einer verschwenderischen Bibliothek von Reichtum und Macht der Passauer Kirche erzählt.

Aber eine stockkonservative Pfaffenstadt ist Passau nicht mehr. In den 1980er-Jahren holte das »schreckliche Mädchen« Anna Rosmus die dunklen Seiten der Passauer Geschichte während des Dritten Reichs ans Tageslicht. Und wenn sich heute die »Großkopferten« zu viel herausnehmen, müssen sie den Spott im Scharfrichterhaus in der Milchgasse fürchten. Sein bekanntester Kabarettist Bruno Jonas entschuldigte sich für die ausgegossenen Kübel des Hohns mit der Drohung: »Ich verspreche, das kommt wieder vor.«

UNTERKUNFT

Altstadt-Hotel
Direkt am Dreiflüsse-Eck bietet dieses Hotel sowohl klassisch als auch modern gestaltete Zimmer an. Besonders attraktiv sind die Themen-Juniorsuiten, darunter die extravagante Kristall-Suite, die in Lagunenblau und Gold gehaltene Venezianische Suite mit grandiosem Blick auf Donau und Burgen sowie die farbenfroh-moderne Künstler-Suite mit historischen Deckenbalken und eigener Malstaffel. Den spektakulärsten Ausblick bietet aber das Panoramazimmer mit kleinem Balkon Richtung Dreiflüsse-Eck. Bräugasse 23–29, Tel. 0851 3370, www.altstadt-hotel.de

RESTAURANTS

Weingut
Vorzügliche Tropfen (die Karte zählt an die 200 Positionen) begleiten die feine internationale Küche im Weingut. Das Filet vom Rottaler Jungbullen ist butterweich. Auch die Barbarie Entenbrust, das auf der Haut gebratene Doradenfilet mit schwarzen Tagliolini und die üppigen, sehr appetitlich zubereiteten Salate munden vorzüglich. Theresienstr. 28, Tel. 0851 37930500, www.weingut-passau.de

Heilig-Geist-Stift-Schenke
Schmankerl aus der regionalen Küche sowie Spezialitäten aus Österreich und Fische aus eigener Zucht kommen in dieser historischen Weinstube auf den Tisch, deren Kellergewölbe um die tausend Jahre alt sein sollen. Ausgeschenkt werden dazu Weine aus den stiftseigenen Wachauer Weinbergen, die an das Kremser Weingut Salomon verpachtet wurden. Heiliggeistgasse 4, Tel. 0851 2607, www.stiftskeller-passau.de

56

Fraueninsel im Chiemsee
Im Zaubergarten der Nonnen

Liebevoll gehegt und gepflegt: der Klostergarten mit Blick auf den Glockenturm

*Als am Pfingstmontag 1845 das erste Dampfschiff zur Fraueninsel
hinüberfuhr, sollen sich die Nonnen der Abtei Frauenwörth vor Schreck
bekreuzigt haben. Noch heute durchpflügt der 1926 erbaute und
vor einigen Jahren schön renovierte Schaufelraddampfer »Ludwig Fessler«
in den Sommermonaten die Wogen des Chiemsees: Nostalgie pur.*

Wer unter einem strahlend weißblauen Maihimmel übersetzt zu Bayerns ältestem fast durchgehend bewohnten Kloster (www.schloesser.bayern.de), der versteht, warum die Frauaninsel im 19. Jahrhundert Maler wie Max Haushofer begeisterte, der gleich die Tochter des Lindenwirts ehelichte. Auch Schriftsteller wie Ludwig Thoma und Ludwig Ganghofer waren verzückt.

Schon von Weitem grüßt die Zwiebelhaube des freistehenden achteckigen Kirchturms, dessen untere Partien wohl noch aus dem 10. Jahrhundert stammen. Am Dampfersteg empfangen üppige Gärten den Besucher auf der autofreien Insel, und vielleicht führt Schwester Katharina persönlich durch ihren Zaubergarten. Im April blühen die Apfel-, Birnen- und Pflaumenbäume des Obstangers, im Sommer leuchten die Rosenbüsche in vielen Farben. »Sorge für diesen Weinstock und für den Garten, den deine Rechte gepflanzt hat«, lautet Katharinas Wahlspruch

Aus der Vogelperspektive mutet das 1200 Jahre alte Kloster Frauenwörth auf der Fraueninsel wie ein Farbtupfer im Chiemsee an. Die Chiemsee-Schifffahrt steuert das Inselchen mehrmals täglich an.

aus dem 80. Psalm. Wenn sie Zeit hat, öffnet sie auch ihren Kräutergarten, den sie nach den Erkenntnissen der berühmten Äbtissin Hildegard von Bingen angelegt hat.

In nur 20 Minuten könnte man um die kleine Fraueninsel laufen, doch allein die 1000-jährigen Linden fesseln den Spaziergänger länger. Um tief in die klösterliche Wunderwelt einzutauchen, braucht es Zeit.

Schon der Agilolfinger Herzog Tassilo III. soll hier 782 ein Kloster gegründet haben. Belegt ist die Existenz der Benediktinerinnenabtei seit dem 9. Jahrhundert, als Irmengard, eine Urenkelin Karls des Großen und selig gespro-

*Man sitzt beim Inselwirt, lässt sich ein
butterweiches Chiemseezanderfilet schmecken und verpasst
doch glatt das letzte Linienschiff zum Festland.*

chene Schutzpatronin des Chiemgaus, hier als Äbtissin wirkte. Aus dieser Zeit stammt die karolingische Torhalle des Klosters, der älteste vollständig erhaltene Hochbau Süddeutschlands. In der Michaelskapelle im Obergeschoss hat man vor wenigen Jahrzehnten zarte Engelsfresken aus der Zeit um 860 entdeckt: Leider sind sie neugierigen Blicken entzogen.

Familien von der Insel, Künstler und namenlose Ertrunkene liegen auf dem anrührenden Friedhof. Von hier betritt man durch das noch romanische nördliche Rundbogenportal die spätgotisch geprägte Münsterkirche Mariä Opferung. Im 17. Jahrhundert erhielt sie ihre barocke Ausstattung, auch den mächtigen Hochaltar.

Bis zu 5000 Tagesgäste zählt die kleine Insel an schönen Hochsommertagen. Dann blüht das Geschäft im Klosterladen, der Likör, Magenbitter und Marzipan der Benediktinerinnen verkauft. Auch in der Inseltöpferei der Familie Klampfleuthner lässt sich manch schönes handgefertigtes Souvenir erstehen.

Und im Winter? Da liegt Reif auf Schwester Katharinas Rosenstöcken, und wer zwischen Weihnachten und Lichtmess auf die dann oft in geheimnisvollen Nebel gehüllte Insel kommt, lernt die zweite große Passion der Ordensschwester kennen: die liebevoll betreute, kostbare barocke Weihnachtskrippe. Besonders zauberhaft ist die Figur des »tanzenden Jesuleins von Frauenwörth«, das den Heiligen Drei Königen bei der Huldigungsszene mit der zum Friedenszeichen erhobenen Hand auf einer Chiemseewelle entgegentanzt.

Nur alle drei Jahre bauen die Nonnen von Frauenwörth in der Irmengardkapelle ihre größte Kostbarkeit auf: eine Krippe, deren prunkvoll gewandete Figuren die Hochzeit zu Kana nachstellen, auf der Jesus als Gast Wasser in Wein verwandelt.

Und dann sitzt man beim Inselwirt, lässt sich ein butterweiches Chiemseezanderfilet schmecken und verpasst doch glatt das letzte Linienschiff zum Festland. Hoffentlich hat das Inselhotel Zur Linde noch ein Zimmer frei.

Sanft gluckst der See, silbern schimmern die Chiemgauer und Salzburger Berge im Mondlicht. Dort drüben liegt die Herreninsel, auf der König Ludwig II. sein ganz privates Versailles errichten ließ. Doch durch die goldstrotzende, 98 Meter lange Spiegelgalerie ist der König nur wenige Male gewandelt, das versenkbare Tischleindeckdich im Speisezimmer blieb unbenutzt, und im über alle Maßen prunkvollen Paradeschlafzimmer hat der König keine einzige Nacht verbracht. »Ein ewig Rätsel will ich bleiben«, schrieb Ludwig einst. Wenigstens dieser Wunsch des »Kini« hat sich erfüllt.

UNTERKUNFT

Gasthaus & Hotel Zur Linde
Schon im Jahre 1396 wurde das Haus am höchsten Punkt der Insel erstmals erwähnt. 2019 eröffnete es frisch renoviert. Man schläft in immer noch gemütlichen holzgetäfelten, aber um einiges eleganteren hellen Zimmern mit nunmehr modernem ansprechenden Bad. Die Aussicht ist einfach traumhaft. Das bayerische Frühstück mit frischem Kräuterquark, Brezn und Semmeln schmeckt immer. Bei schönem Wetter genießt man Krustenschweinsbraten und Tafelspitz im Biergarten unter alten Linden, bei »zapfigem« (kühlem) Wetter drinnen im Stüberl mit alten Kachelöfen. Ohne Reservierung geht hier tagsüber allerdings meist nichts. Vor und nach dem Ansturm der Tagesbesucher (9–17 Uhr) ist es dagegen zauberhaft lauschig.
Haus 1, Tel. 08054 90366, www.linde-frauenchiemsee.de

RESTAURANTS

Inselwirt
»Griabig, gschmackig, gschmeidig« präsentiert sich das urige Lokal mit schattigem Biergarten neben der Anlegestelle. »Bassd scho«, sagt der Gast und lässt sich fangfrische Renken, Brachsen und Zander aus dem Chiemsee schmecken. Dazu gibt's Petersilienkartoffeln oder Reiberdatschi und ein Helles (oder zwei) vom Wieningerbräu. Die Gästezimmer sind völlig akzeptabel. Hat oft noch spätabends auf.
Haus 43 A, Tel. 08054 630, www.hotel-inselwirt.de

Klosterwirt
Traditionshaus aus dem 16. Jahrhundert direkt am Kloster, dementsprechend ist der Andrang tagsüber groß. Die resolute Bedienung im Dirndl serviert anständige bayerische Küche: Neben Saibling und Renke gibt's Leberknödelsuppe, Fleischpflanzerl oder Gulasch vom heimischen Galloway-Rind, Schweinsbraten in Dunkelbiersauce und Ente mit Blaukraut.
Haus 50, Tel. 08054 7765, www.klosterwirt-chiemsee.de

57
Ramsau und Königssee
Inmitten von Kalendermotiven

Juwel am Westufer des Königssees: die berühmte Wallfahrtskirche St. Bartholomä (um 1700)

Die Ramsauer Pfarrkirche ist ein beliebtes Motiv für Weihnachtskarten. Schließlich verbrachte Joseph Mohr Weihnachten 1815 in Ramsau und verfasste kurz darauf den Text zu »Stille Nacht«. Ob tief verschneit oder als Herbstansicht: Das hinter der Kirche aufragende Wagendrischlhorn (2251 m) ist meist im Bild, die parkenden Reisebusse dagegen nie.

Weniger fotografiert, obwohl kunsthistorisch viel bedeutender ist die in einsamer Höhe über einem bewaldeten Tal und vor eindrucksvoller Gebirgskulisse gelegene Wallfahrtskirche der Sennerinnen, St. Maria Himmelfahrt am Kunterweg bei Ramsau. Man erreicht sie auf einem von Kreuzwegstationen gesäumten Fußweg. Die zwischen 1731 bis 1733 errichtete Kirche gilt als eine der originellsten Schöpfungen des bayerischen Rokoko. Leider ist sie oft geschlossen. Ob man protestantischen Gelegenheitsbesuchern das prachtvolle Deckenfresko vorenthalten will? Es zeigt eine triumphierende Gottesmutter, die Blitze auf die 1733 aus dem Berchtesgadener Stiftsgebiet vertriebenen Lutheraner schleudert. Dabei waren die Anhänger des »verderbenden Irrglaubens« begnadete Holzschnitzer, die in Nürnberg maßgeblich zum Aufschwung der Spielzeugmanufakturen beitrugen.

Zu Erntedank steht die Kirche garantiert offen und wird prachtvoll mit Wald- und Feldfrüchten geschmückt. Auch die kunstvollen »Fuikln«, der Kopfschmuck des Viehs beim Almabtrieb, zieren dann das Gotteshaus. Die Votivbilder der Kirche erzählen von manchem »daschossenen« Wilderer, und es ist sicher kein Zufall, dass in dem mit Bergsturztrümmern übersäten Zauberwald von Ramsau schon 1929 die Geschichte vom Wildschütz Jennerwein verfilmt wurde. Zwei Jahrzehnte später durfte der schlitzohrige Brandner Kaspar vor der malerischen Kulisse des Ramsauer Hintersees im Film mit dem »Boandlkramer« (dem bayerischen Tod, gespielt von Paul Hörbiger) um das ewig' Leben karteln.

Nicht minder malerisch ist die Ansicht der Wallfahrtskirche Maria Gern, ein Juwel des alpenländischen Bauernbarock im Gerner Hochtal, das 45 Gehminuten nördlich von Berchtesgaden liegt. Die Bergkulisse löste bei Ludwig Ganghofer heftigste Heimatgefühle aus: »Der beschneite Untersberg stieg wie ein silberweißes Märchenbild in die Lüfte, schön und keusch, gewaltig und dennoch zart, umgaukelt von allem Erdenreiz und umflüstert von den Sagen vergangener Zeiten.« In 90 Minuten steigt man von Maria Gern zum Gipfel der Kneifelspitze (1189 m) auf und genießt den fabelhaften Blick auf die Silhouette der Berchtesgadener Kirchtürme hinüber zum mächtigen Watzmann (2713 m).

Auf dem Weg zur »heiligleuchtenden Schönheit« (Ganghofer) des Königssees geht es durch Berchtesgaden. Viele Häuser zeigen hier noch die alpenländische Lüftlmalerei. Ein besonders originelles Beispiel ist am Hirschenhaus am Marktplatz zu sehen, dessen 1610 entstandene Fresken Affen zeigen, die menschliche Laster parodieren.

Heute halten manche den Trubel in Schönau am Königssee für einen Affenzirkus. Eine Million Besucher pro Jahr zwängen sich durch die Ladenzeile zwischen Großparkplätzen und Anlegestelle, wo unglaublichster Souvenirkitsch feilgeboten wird. Aber nur 15 Gehminuten entfernt liegt der Malerwinkel mit wunderbarer Aussicht über den tiefgrünen, glasklaren Königssee, der sich wie ein Fjord zwischen die steilen Felswände von Watzmann, Steinernem Meer und Hagengebirge zwängt. Dem Zauber einer Fahrt mit einem geräuschlosen Elektroboot hinüber zur kleeblattförmigen Wallfahrtskirche St. Bartholomä (www.schloesser.bayern.de), inklusive routiniert inszeniertem siebenfachen Trompetenecho, können sich auch Zyniker nicht entziehen. Und man kann ja weiterfahren bis zur Endhaltestelle Salet und von dort zum stillen Obersee hinüberwandern. Abseits des Massentourismus entdeckt man im Nationalpark Wilde Alpenveilchen und Schneerosen, vielleicht lugt ein Murmeltier hinter einem Fels hervor, und in den Lüften kreisen Steinadler und Greife. Nur dem Ruf des Watzmanns sollten ungeübte Bergsteiger lieber widerstehen, denn »der Berg, der kennt kei Einsehn net«.

UNTERKUNFT

Kempinski Hotel Berchtesgaden
Das Luxushotel auf 1000 Metern über dem Meer mit traumhafter Bergkulisse läuft in dieser Region außer Konkurrenz. Die Penthouse-Maisonette-Suiten bieten sogar eine Dachterrasse mit entsprechendem Panorama. Nach Verwöhnstunden im Mountain Spa lockt die Sterneküche des Le Ciel mit Höhenflügen feiner Cuisine, für die Ulrich Heimann verantwortlich zeichnet. Das Menü »Bayrische Alpen« setzt mit Schweinebauch, Kalbsbries, Waller und Rehrücken auf Regionales, »Kraut & Rüben« ist für Vegetarier und Veganer komponiert, während »Welt« internationale Genüsse zelebriert. Hintereck 1, Berchtesgaden, Tel. 08652 97550, www.kempinski.com/berchtesgaden

RESTAURANTS

Gasthof Vorderbrand
Trotz bester Ausflugslage wird hier wirklich authentische bayerische Küche serviert. Nach langer Wanderung schmecken Obatzter, Haxe und Schweinsbraten, mit Bier aus dem Steinkrug auf der sonnigen Terrasse genossen, gleich zweimal so gut. Der Kaiserschmarrn ist die längere Wartezeit wert. Man kann hier auch sehr nett in Gästezimmern im alpenländischen Stil übernachten.
Vorderbrandstr. 91, Schönau am Königssee, Tel. 08652 2059

Lichtmannegger's im Berghotel Rehlegg
Wer in Ramsau mehr als nur einen kurzen Fotostopp einlegt, sollte hier einkehren und sich im Galerierestaurant, im Almstüberl, auf der Sonnenterrasse, im Kastaniengarten oder in der Bauernstube verführen lassen: mit Wildgerichten, die mit Kräutern aus dem eigenen Garten gewürzt werden, und himmlischen Mehlspeisen. Das Wellnesshotel bietet sehr schöne helle Zimmer an und hat offenbar viel Erfahrung mit kurzentschlossenen Gästen. Man ahnt, warum.
Holzengasse 16–18, Ramsau, Tel. 08657 98840, www.rehlegg.de

58

München

Besuch in der Musikstadt

»Aber am Schlimmsten ist das Münchner Opernpublikum – hat
überhaupt keine Ahnung, aber jubelt kritiklos jeden Schmarrn zu einem
einmaligen Erlebnis hoch.« Unvergessen sind die bissigen Worte, die
Helmut Dietl in seiner Erfolgsserie »Monaco Franze« einem empörten
Opernkritiker in den Mund legte.

*Der im Empirestil gestaltete und in
Rot- und Goldtönen gehaltene Zuschauerraum mit der prächtigen Königsloge im
Zentrum des Nationaltheaters ist ein Werk
des Architekten Jean Baptiste Métivier;
er bietet rund 2100 Zuschauern Platz.*

Ein rechter Scheißdreck war's. Altmodisch bis provinziell war's. Des war's!« So manchem Münchner sprach der Kommentar des Franze angesichts einer durchlittenen vier- bis fünfstündigen Walküre, »je nach dem wer's dirigiert«, auf den unbequemen Klappstühlen der Bayerischen Staatsoper sitzend, aus der Seele. Aber wenn im Januar 2020 Anna Netrebko in München die »Turandot« singt, wird es in und vor der Staatsoper am Max-Joseph-Platz wieder ein Schaulaufen der Abendroben, Angermeier-Luxusdirndls und ja, auch verflixt kurzen Miniröcke geben, denn die dazugehörigen Damen sind keineswegs ausschließlich vorgerückten Alters. Opernbesuch in München, das ist ein gesellschaftliches Ereignis, eine Inszenierung. Gleichzeitig wechseln auf der Vortreppe des Nationaltheaters, Münchens Kulturschwarzmarkt, die letzten Karten gegen etliche grüne Scheine ihren Besitzer. Die Käufer sind oft die wahren Musikliebhaber, denn ja, es gibt in München nicht nur gelangweiltes Abonnentenvolk. 600 000 Gäste besuchen jährlich über 300 Veranstaltungen, und die größten Fans nehmen sogar mit einem Stehplatz vorlieb. Die Damen wissen natürlich, dass man dort nach Beginn der Vorstellung die Stöckelschuhe gegen Bequemeres tauscht.

Nur in Wien gäbe es eine vergleichbare Vernarrtheit in die Oper, schwärmt Kirill Petrenko, Generalmusikdirektor der Bayerischen Staatsoper. Das war schon im 17. Jahrhundert so, als Kurfürst Ferdinand Maria nach einem Plan seines Vaters das erste freistehende Opernhaus Deutschlands errichten ließ, indem er das alte Kornhaus am Salvatorplatz zu einem Barocktheater umgestaltete. Hier feierte die italienische Oper ihre Siegeszüge. Unter Max III. Joseph erbaute François Cuvilliés das Residenztheater. Mit seiner herrlichen Barockausstattung, die – im Krieg rechtzeitig ausgelagert – den Bombenhagel überstand, bietet es Münchens prunkvollsten Rahmen für Theateraufführungen.

Noch unter Max III. Joseph hatte Mozart im Alter von 19 Jahren »La finta giardiniera« als seine erste Münchner Auftragsoper komponiert und im Salvatortheater aufgeführt, in das die Liebhaber der damals sehr populären »opera buffa« strömten. Wie gerne wäre Mozart geblieben! »Es ist keine Vacatur da«, bedauerte der musikverliebte, aber notorisch klamme Kurfürst: »Mir ist leid.« An der größten kulturellen Fehlentscheidung seiner Geschichte knabbert München bis heute. Nur Mozarts »Idomeneo« wurde 1781 noch im Cuvilliés-Theater uraufgeführt. Statt von einer Wiener Klassik würden wir heute wohl von einer Münchner Klassik sprechen, denn der junge Beethoven wäre seinem Mentor Mozart sicher auch an die Isar gefolgt.

Das Nationaltheater am Max-Joseph-Platz: ein Musentempel erster Güte.

194

Das Instrument und sein Meister: Impression einer Orchesterprobe im Münchner Prinzregententheater im Stadtteil Bogenhausen

Wie sehr sich Mäzenatentum auszahlt, hatten Herzog Albrecht und sein Sohn und Nachfolger Wilhelm zwei Jahrhunderte zuvor demonstriert, als sie mit der langjährigen Verpflichtung von Orlando di Lasso (1532–1594), dem wohl bedeutendsten Komponisten und Kapellmeister der Renaissance, München erstmals zu einer der führenden Musikstädte machten. Einen besonders glanzvollen Rahmen für die damaligen Feste bot das prachtvolle Antiquarium: heute perfekt wieder aufgebaut in der Münchner Residenz zu besichtigen.

Erst der bayerische Märchenkönig Ludwig II., der von 1864 bis 1886 auf dem Thron saß, verhalf München zu neuerlichem musikalischen Glanz. Die Vorarbeit hatte der Komponist und Dirigent Franz Lachner (1803–1890) geleistet, der der Stadt den provinziellen Mief gründlich austrieb. 1855 leitete er sogar die Münchner Erstaufführung des »Tannhäuser«, 1858 den »Lohengrin«, und das, obwohl er den »aufgeblasenen Hansdampf« Wagner eigentlich nicht ausstehen konnte. Als Ludwig II. kurz nach seiner Thronbesteigung den völlig verschuldeten Wagner nach München holte, zog sich Lachner zurück. Die Uraufführungen von fünf Meisterwerken Richard Wagners – »Tristan und Isolde«, »Die Meistersinger von Nürnberg«, »Das Rheingold«, »Die Walküre« und »Die Feen« – sorgten dafür, das ganz Europa wieder bewundernd auf das Königliche Hof- und Nationaltheater blickte. Bis heute sorgen die Münchner Opernfestspiele, die erstmals 1875 als Festsommer mit Opern von Mozart und Musikdramen von Wagner stattfanden und den Münchnern 1901 das Prinzregententheater bescherten, für das Klassik-Highlight im Sommer. Unter dem Slogan »Oper für alle« gibt es jedes Jahr einen Opern- und einen Konzertabend auf dem Max-Joseph-Platz vor dem Nationaltheater, der Eintritt ist frei.

Gleich drei Orchester von Weltrang leistet sich die Musikstadt München. Dem Bayerischen Staatsorchester der Bayerischen Staatsoper München haben August Everding, Wolfgang Sawallisch, Sir Peter Jonas und Zubin Mehta ihren Stempel aufgedrückt. Die 1893 gegründeten Münchner Philharmoniker unter der Leitung von Valery Gergiev und das derzeit von Mariss Jansons dirigierte Symphonieorchester des Bayerischen Rundfunks sind untrennbar mit großen Namen wie Eugen Jochum, Rafael Kubelík, Sergiu Celibidache, James Levine, Christian Thielemann und Lorin Maazel verbunden, von zahlreichen weltberühmten Gastdirigenten ganz zu schweigen.

Nur mit den Konzertstätten ist das so eine Sache. Die Akustik in dem nach dem Krieg erbauten Herkulessaal der Münchner Residenz ist nach wie vor besser als im

1985 eröffneten, gern als Kulturvollzugsanstalt verspotteten Gasteig, dem Leonard Bernstein schon im gleichen Jahr in einem Gästebucheintrag die Niederbrennung empfahl. Voraussichtlich Ende 2020 wird der Gasteig für einen umfassenden Umbau geschlossen. Bis Toyota die Akustik auf internationale Standards gebracht hat, werden die Philharmoniker in einen Interimsbau auf dem Gelände am Heizkraftwerk Süd Unterschlupf finden.

Einen neuen Konzertsaal soll München aber auch bekommen, und zwar im Werksviertel hinter dem Ostbahnhof. Der Zuschlag ging an den gläsernen Entwurf des Bregenzer Architekturbüros Cukrowicz Nachbaur. Im jetzt schon spöttisch »Schneewittchensarg« genannten Konzerthaus soll alles auf das Klangerlebnis ausgerichtet sein. Der erste Spatenstich dürfte frühestens 2020 erfolgen. Auch wenn's dann nicht so lange dauert wie bei der Hamburger Elbphilharmonie: Noch bleibt viel Zeit für die Musiker des BR-Symphonieorchesters, »ihre Pauke zu stimmen«, wie es in Karl Valentins Sketch »Orchesterprobe« von 1933 heißt.

UNTERKUNFT

Bayerischer Hof
Die Tradition des luxuriösen und distinguierten Fünf-Sterne-Hotels reicht zurück bis 1841. Das Haus, in dem gern Prominenz vom Papst bis zum Popstar logiert, ist im Besitz der Familie Volkhardt. Es verfügt über 395 Zimmer und Suiten, Dachgarten und ein kleines, aber feines Spa. Im Haus laden gleich sechs Bars zum Feiern ein, darunter die edel designte falk's Bar. Im Restaurant Atelier holt Jan Hartwig als Einziger in München drei Michelin-Sterne vom Himmel.
Promenadeplatz 2–6, Tel. 089 21200, www.bayerischerhof.de

RESTAURANTS

EssZimmer
Im EssZimmer ermöglicht die Rundumverglasung den Blick auf die edlen Ausstellungsstücke der BMW-Auslieferungshalle, während man sich in großzügig gestaltetem Ambiente eines der beiden ständig wechselnden Menüs von Bobby Bräuer schmecken lässt. Der gebürtige Bayer weiß vortrefflich auf der Klaviatur mediterraner Aromen zu spielen: Suprême vom Bressehuhn, Filet und Schulter vom Milchkalb, Kalbszunge und Bries mit grünem Spargel und Passionsfrucht oder ein zartes Reh mit Pfifferlingen. Auf der Zunge zergeht Atlantik Kabeljau mit Holunder, Purple Curry und Rauchmandel. Dazu kommt eine exzellente Weinbegleitung, für die Frank Glüer verantwortlich zeichnet.
Am Olympiapark 1, Tel. 089 358991814, www.esszimmer-muenchen.de

Trattoria Al Torchio
Koch und Inhaber Pasquale stammt aus der süditalienischen Basilicata und serviert in dieser kleinen Trattoria mit geradezu fanatischer Hingabe authentische italienische Cucina regionale mit marktfrischen Zutaten, und das zu erstaunlich moderaten Preisen. Kleine, aber feine Auswahl an italienischen Weinen.
Amalienstr. 42, Tel. 089 285049, www.al-torchio.de

59

München

Dem bayerischen Biergarten-Lebensgefühl auf der Spur

Bier gilt in Bayern als Grundnahrungsmittel: Mit dem Gerstensaft versüßten sich bereits ab 1040 die Benediktinermönche von Weihenstephan das karge Leben, und in der Fastenzeit braute man das »flüssige Brot« gern etwas kräftiger. Starkbierzeit, Oktoberfest und Biergartensaison sind die wahren Münchner Jahreszeiten, wobei letztere gelegentlich schon an lauen Februartagen beginnt und bis in föhnige Spätnovembertage hinein verlängert wird.

Nicht nur die Besucher brezeln sich auf: Festlich herausgeputzt sind auch die Brauereirösser beim Einzug der Wiesnwirte auf dem Oktoberfest. Im Bild ein Hofbräu-Prachtgespann in den bayerischen Landesfarben Weiß-Blau.

Eigentlich heißen die Biergärten der Landeshauptstadt erst seit etwa 50 Jahren so. Früher ging der Münchner »auf den Bierkeller«, und das trifft es genau. Die Biergärten gehen auf die bayerische Brauordnung von 1539 zurück, die festlegte, dass nur zwischen dem hl. Michael (29. September) und dem hl. Georg (23. April) Bier gebraut werden durfte: Im Sommer herrschte Brauverbot wegen erhöhter Brandgefahr beim Biersieden. So erfand man das länger haltbare Märzenbier. Um es im Sommer schön kühl zu halten, streuten die Brauereien Kies über ihre Keller und pflanzten schattige Rosskastanien an.

König Ludwig I. war es, der den Brauern erlaubte, den Gerstensaft an Ort und Stelle auszuschenken. Zum Schutz der Gastwirte durften jedoch keine Speisen verkauft werden. So brachten die Münchner ihre Brotzeit selbst mit, im karierten »Pschorrtücherl«. Das königliche Verbot gibt es längst nicht mehr, die Selbstverpflegung aber schon: Ein Biergarten, der den Verzehr von mitgebrachten Speisen prinzipiell untersagt, ist eigentlich ein Wirtsgarten.

Streng genommen ist der Biergarten am Viktualienmarkt ein »Reingschmeckter«, denn ein Bierkeller existierte hier nie, und die Kastanien pflanzte man erst in den 1980er-Jahren an. Die Brotzeit zum Gerstensaft holt man sich gleich nebenan bei den vielen Standln und Metzgerläden. Das kann ein eingesalzener Radi (Rettich) sein, eine knusprige Brezn mit frischem Obatzt'n (Käsecreme aus Camembert, Butter, Zwiebeln und Paprikagewürz) oder eine Leberkässemmel.

Es gibt keinen besseren Ort als den Biergarten, um mit der Entdeckung Münchens zu beginnen und beim Flirt der Devise des seligen Monaco Franze zu frönen: »A bisserl was geht allaweil.« Auswärtige und Einheimische sitzen friedlich vereint bei einer Maß, denn der Münchner pflegt dem Fremden gegenüber, der ja »nur fremd ist in der Fremde«, wie es Karl Valentin formulierte, eine lässige, geradezu weltmännische Toleranz, die berühmte »Liberalitas Bavarica« eben. Allzu impertinente Kommentare aus Sphären jenseits des Weißwurstäquators über sein Millionendorf kontert er jedoch mit einem gedehnten »Eam schaug' o«. Was weiß er schon, »der ganz der andere«! Der Münchner selbst darf nach Herzenslust granteln, auch gegenüber der Bedienung, wenn die ihm mit der überflüssigen Frage kommt, ob er noch eine Maß wünscht. »Wann I koane mea wui, sog I's scho!«

Zwischen Marienplatz und Hofbräuhaus trifft der Einheimische häufig hilflose Touristen, auf deren Stadtplan der direkte Weg vom Tal durch die Böhmler-Passage zum weltberühmten Hofbräuhaus von 1589 nicht einge-

Sonnenuntergang im Biergarten am Kleinhesseloher See

zeichnet ist. In dessen »Schwemme« vergaß einst Ludwig Thomas »Münchner im Himmel« überm Bier, dass er doch eigentlich mit dem Auftrag auf die Erde gekommen war, der bayerischen Staatsregierung die göttlichen Ratschläge zu übermitteln (auch wenn diese hartnäckig darauf besteht, sie erhalten zu haben). Jeder Eingesessene kann den Spruch herbeten, mit dem der legendäre Dienstmann Alois Hingerl im Himmel gegen die »boanigen Engel« randaliert hat, bis man ihn ins geliebte München zurückschickte: »Eia Manna könnt's selba saufa!«

Ein gewisser Herr Mayer, ab September 1900 für einige Monate wohnhaft in der Schwabinger Kaiserstraße 46, fing sich dagegen im Hofbräuhaus von einer resoluten Bedienung, die er angetatscht hatte, eine zünftige Watsch'n ein. Unter dem sicher bekannteren Namen Wladimir Iljitsch Lenin löste er 1917 die Oktoberrevolution aus.

Zuflucht vor dem »Oans, zwoa, gsuffa« aus japanischen Kehlen bietet der erstaunlich ruhige Biergarten des Hofbräuhauses.

Geradezu als Inbegriff des Münchner Biergartens gilt der Augustinerkeller in der Arnulfstraße beim Hauptbahnhof. Schattige Kastanien, Holzfassausschank, Steckerlfisch, Hendlbraterei und resolute Bedienungen: Hier ist alles so, wie es sein muss. Profis holen die nächste Maß immer dann, wenn eine Glocke den Fasswechsel ankündigt. Durch die Arnulfstraße fährt die Tram zum Hirschgarten: Münchens größter und auch einer der beliebtesten Biergärten. 7000 Durstige finden hier Platz, aus den Fässern fließt Augustiner Helles, das Kenner dem sonst oft ausgeschenkten Augustiner Edelstoff vorziehen. Wem der Hirschgarten zu groß ist, der lässt sich im intimeren Taxisgarten in Neuhausen nieder, eine der schönsten Kastanienanlagen Münchens. Mit der U-Bahn ist man schnell da, es gibt eine hauseigene Metzgerei und ofenfrische Brezn.

Es versteht sich von selbst, dass es im Englischen Garten, Deutschlands größtem Stadtpark, gleich mehrere Biergärten gibt: natürlich den am hölzernen Chinesischen Turm, wo nicht selten eine Blaskapelle aufspielt, dann das ziemlich schicke Seehaus am Kleinhesseloher See, wo man schon mal Spieler des FC Bayern beim Feiern erlebt, die ruhigere Hirschau unmittelbar nördlich des Mittleren Rings und noch weiter nördlich den Aumeister, Tummelplatz der Unterföhringer Medienwelt.

Wer an der Isar entlang in Richtung Süden radelt, könnte unterwegs im schattigen Biergarten des Hofbräukellers am Wiener Platz in Haidhausen einkehren oder noch weiter südlich im Paulanerkeller, besser bekannt als Nockherberg, wo sich im März die politische Prominenz einfindet, um sich beim Starkbieranstich »derbleckn« (verspotten) zu lassen. Wer dabei unerwähnt bleibt, zählt nichts mehr.

In Thalkirchen sonnt man sich tagsüber nackert auf dem Isarkies oder badet im Fluss, anschließend setzt man sich – bittschön bekleidet – zu einer Maß Löwenbräu in den Biergarten des Flaucher. Wer am westlichen, schöneren Isarufer die Hochleite entlangradelt, kehrt in der Harlachinger Menterschwaige ein, wo schon König Ludwig I. seine Maß trank und sein »Gschpusi« Lola Montez einquartierte. Noch weiter südlich liegt auf der anderen Isarseite die schöne Waldwirtschaft Großhesselohe mit Jazzbiergarten, von wo aus die Münchner Biergartenrevolution ihren Ausgang nahm. Prost, Herr Nachbar!

UNTERKUNFT

Hotel Torbräu

Münchens ältestes Hotel, direkt am Isartor und nur einen Katzensprung vom Hofbräuhaus entfernt, hat schon 1490 Gäste empfangen. Heute bietet es individuell eingerichtete Zimmer (von traditionell bis topmodern), einen fabelhaften Blick von den Suiten über das Ta auf die Türme der Münchner Altstadt und Jugendstilambiente mit bayerisch-mediterraner Küche in der Schapeau Lounge.
Tal 41, Tel. 089 242340, www.torbraeu.de

Gästehaus Englischer Garten

Näher am Englischen Garten als in den elf individuell eingerichteten Zimmern im Haupthaus sowie 20 modernen Appartements im Nebenhaus kann man nicht wohnen. Dieser Aspekt, gepaart mit der privaten Atmosphäre des Hauses und den vergleichsweise günstigen Preisen, führt dazu, dass die familiäre Herberge oft lange im Voraus ausgebucht ist.
Liebergesellstr. 8, Tel. 089 3839410, hotelenglischergarten.de

RESTAURANTS

Beim Sedlmayr

Im gemütlichen Restaurant am Viktualienmarkt setzt Rudi Färber auf urbayerische Gerichte wie Schweinsbraten mit Kartoffelknödl und Bœuf à la Mode mit Semmelknödl und Kalbskopfbackerl. Natürlich gibt's auch frische Weißwürste vom »Wallner« zum Paulaner Bier.
Westenriederstr. 14, Tel. 089 226219, www.beim-sedlmayr.de

Zum Dürnbräu

Das Wirtshaus mit über 500-jähriger Tradition serviert in holzgetäfelten Räumlichkeiten oder im charmanten Wirtsgarten Münchner Klassiker wie Saures Kalbslüngerl, gebackenes Kalbsbries und ofenfrischen Schweinekrustenbraten zum Bier der Spaten-Franziskaner-Brauerei.
Dürnbräugasse 2, Tel. 089 222195, www.zumduernbraeu.de

Schneider Bräuhaus

Neben bayerischen Brauhausklassikern wird hier auch die beinahe vergessene Tradition der Münchner Kronfleischküche gepflegt, vom altbayerischen Hirnschmarrn bis zum lauwarm marinierten Kalbskopf. Das »Münchner Voressen« ist ein Ragout aus Kalbs- und Schweinslunge, Kutteln und Kalbsbries. Wenn's voll ist, rucken wildfremde Gäste gern an den langen Tischen zusammen, und die Atmosphäre ist dank dem exzellenten Weißbier sehr kontaktfreudig.
Tal 7, Tel. 089 2901380, www.weisses-brauhaus.de

202

60

Augsburg

Das soziale Gewissen der Krämer

Weltweit einzigartig: die Fuggerei in Augsburg, eine 1521 gegründete Sozialsiedlung

Mietangebot: 60 Quadratmeter große Dreizimmerwohnung mit Bad oder Dusche, Miete ein Rheinischer Gulden (88 Cent) im Monat auf unbefristete Zeit, plus täglich dreimal für den Vermieter beten. Nun, man müsste auch noch Augsburger sein, bedürftig und mit einwandfreiem Leumund, um an eine »Gnadenwohnung« in der Fuggerei zu kommen. Die Nachteile: Wer nach Mitternacht Einlass begehrt, schuldet dem Nachtwächter am Ochsentor einen Euro. Außerdem glotzen einem ständig Touristen ins Fenster.

Gestiftet haben die älteste Sozialsiedlung der Welt Jakob Fugger der Reiche (1459–1525) und seine beiden Brüder Ulrich und Georg. Ob die Fugger ein wenig das schlechte Gewissen plagte, weil sie nicht nur mit Tuchen und Gewürzen, Silber und Kupfer handelten, sondern auch mit Sklaven? Im 16. Jahrhundert finanzierten die Augsburger Kaufleute die Schweizer Garde im Vatikan, die Feldzüge der Kaiser, die Medici in Florenz. Es war jedenfalls genug Geld da, als Baumeister Thomas Krebs 1516 seine Arbeit aufnahm. 1523 gab es bereits 52 Häuser. Nach dem Zweiten Weltkrieg wurde die weitgehend zerstörte Fuggerei wieder aufgebaut und vergrößert. Ihre 200 Bewohner leben heute deutlich komfortabler als zu den Zeiten, von denen das Fuggereimuseum erzählt.

Die Kaufherren selbst residierten natürlich standesgemäß. 88 Meter lang ist die Fassade der 1512 bis 1515 errichteten Fuggerhäuser in der Maximilianstraße – und das, obwohl in Augsburg die Steuer nach der Länge der Hausfront berechnet wurde! Besonders schön zeigt sich der Damenhof im Stil der italienischen Renaissance. In dieser fürstlichen Kaufmannsresidenz waren Kaiser Karl V. und der Maler Tizian zu Gast, 1518 unterzog Kardinal Cajetan hier Martin Luther einer »Befragung«. Zur gleichen Zeit malte Albrecht Dürer ein Porträt Jakob Fuggers, das in der Staatsgalerie Altdeutsche Meister nebenan hängt. Zusammen mit der Deutschen Barockgalerie ist sie im 1765 bis 1770 erbauten Schaezlerpalais untergebracht, einem Rokokobau mit großem Festsaal.

Die Maximilianstraße war das erste Stück der römischen Kaiserstraße, die von »Augusta Vindelicum«, 15 v. Chr. als römisches Militärlager gegründet, nach Italien führte. Heute ist sie mit ihren Prachtbauten und drei Renaissancebrunnen das Aushängeschild Augsburgs. Im Süden schließt sie der Ulrichsplatz ab. Hier bilden die Zwiebeltürme der weißen spätgotischen Hallenkirche St. Ulrich und Afra und der kleinen gelben evangelischen Ulrichskirche ein harmonisches Ensemble.

Maßgeblich geprägt hat das Stadtbild der geniale Baumeister Elias Holl (1573–1646). Sein Rathaus mit dem glanzvollen rekonstruierten Goldenen Saal gilt als bedeutendster profaner Renaissancebau nördlich der Alpen. Vom benachbarten Perlachturm, ebenfalls ein Werk Holls, schweift der Blick bei Föhn bis zu den Bergen. Auch das Zeughaus mit manieristischer Fassade und das Reichsstädtische Kaufhaus hat Holl gebaut. Im Heilig-Geist-Spital, einem Spätwerk Holls, spielt die Augsburger Puppenkiste die beliebten Geschichten von Jim Knopf und Urmel aus dem Eis nach: Dafür ist man nie zu alt!

Auf den Spuren von Bert Brecht, der in der Gasse Auf dem Rain 7 geboren wurde, bummelt man durch das von Lechkanälen durchzogene Handwerkerviertel mit seinen schmalen Häusern und romantischen Stegen: Augsburgs Klein-Venedig! Im Domviertel, in der Frauentorstraße 30, kam wiederum Leopold Mozart zur Welt. Der Dom besitzt ein prächtiges Südportal mit einer um 1056 entstandenen Bronzetür, deren Original das benachbarte Diözesanmuseum hütet. Das Kircheninnere zieren Fresken aus romanischer und gotischer Zeit und die Altargemälde von Hans Holbein d. Ä. Die fünf Fenster an der Südseite mit Prophetendarstellungen aus der Mitte des 12. Jahrhunderts sind Deutschlands älteste figürliche Glasmalereien.

Kurioserweise befindet sich die Grabkapelle der katholischen Fugger ausgerechnet in der evangelischen Annakirche. Immerhin wurde in Augsburg 1555 der berühmte Religionsfrieden geschlossen, den die Stadt bis heute jedes Jahr am 8. August mit einem offiziellen Feiertag, dem Friedensfest, würdigt. In der Fuggerei aber durften stets nur Katholiken wohnen, nach dem Motto: »Cuius regio, eius religio ...«

UNTERKUNFT

Dom Hotel Augsburg

Sehr zentral gelegenes, recht verwinkeltes familiengeführtes Cityhotel auf dem Grund der ehemaligen Dompropstei. Im Vorgängerbau hat bereits Kaiser Maximilian I. von Habsburg logiert. Es bietet ein erstklassiges Preis-Leistungs-Verhältnis und überzeugt mit Ruhe, persönlichem Service und viel Liebe zum Detail. Besonders zu empfehlen sind die Zimmer mit Loggien, die eine herrliche Aussicht auf das Domviertel bieten. Sehr gutes Frühstück, das man auf der Terrasse einnehmen kann.
Frauentorstr. 8, Tel. 0821 343930, www.domhotel-augsburg.de

RESTAURANTS

Sartory

Im Nobelhotel Drei Mohren wird unter Kronleuchtern mit Stern serviert. Simon Lang setzt auf aromenstarke französische Cuisine. Fischliebhaber werden mit einem eigenen Menü verwöhnt: Ceviche vom Yellow Fin Thunfisch, Coho-Wildlachs, bretonische Seezunge, geflämmter Hamachi und gegarter weißer Heilbutt. Wer Fleisch bevorzugt, kommt mit Brust von der Challans-Ente, gebratenem Limousin-Lamm und irischem Rinderfilet auf seine Kosten. Die Weinkarte ist bestens sortiert. Von der Terrasse im Innenhof bietet sich ein schöner Blick auf das Schaezlerpalais.
Maximilianstr. 40, Tel. 0821 50360, www.augsburg.steigenberger.com

Bayerisches Haus am Dom

Wo im einstigen Schönefelder Hof im 15. Jahrhundert Ordensfrauen speisten, kommt heute hochanständige bayerisch-schwäbische Küche auf den Tisch, im Sommer auch im Biergarten. Sehr resch ist die ofenfrische Haxe mit Dunkelbiersauce und Kartoffelknödel. Gelobt wird auch der Kaiserschmarrn.
Johannisgasse 4, Tel. 0821 3497990, www.bayerischeshaus.de

Ein Besuchermagnet ist die mit Blattgold verkleidete, 14 Meter hohe Decke im Goldenen Saal des Augsburger Rathauses.

61

Starnberger See

Exquisite Kunst im Buchheim-Museum

Roseninsel im Nebel: Refugium von König Ludwig I. und Elisabeth von Bayern

Ein wenig die Fantasie beflügelt hat er schon immer, der Starnberger See, auch als er noch Würmsee hieß und noch nicht die Badewanne Münchens war. Vor 350 Jahren inszenierte die barocke Flotte der bayerischen Kurfürsten im Gefolge der Prunkgaleere Bucentaur spektakulär beleuchtete Wasserspiele. Ab 1850 schufen sich die bayerischen Könige auf der kleinen Roseninsel vor Feldafing ein mediterranes Refugium mit verschwenderischem Rosarium.

*Am Ende schaut man auf ein vom
Föhn freigewehtes Alpenpanorama und mag sich
keinen schöneren Ort auf der Welt vorstellen.*

Auf Schloss Possenhofen verbrachte Elisabeth, die spätere Kaiserin von Österreich, ihre Jugend, später kam Sisi mitsamt ihrem Hofstaat zur Sommerfrische nach Feldafing. Drüben, am anderen Ufer, fand König Ludwig II. am 13. Juni 1886 bei Schloss Berg einen noch immer geheimnisumwitterten Tod im See, und im Wagnerhaus von Kempfenhausen turtelte Richard Wagner mit der verheirateten Cosima von Bülow. Am See residiert seit einigen Jahren sogar wieder ein waschechter König – zumindest gelegentlich: Thailands König Maha Vajiralongkorn besitzt in Tutzing nämlich eine 10-Millionen-Villa, die er Gerüchten zufolge dem Leben im goldenen Palast von Bangkok vorzieht.

Ein paar Kilometer südlich, in Bernried mit seiner romantischen Klosteranlage, erfüllte sich 2001 der Maler, Fotograf und Autor Lothar-Günther Buchheim (1918–2007) seinen Traum von einem Museum der Phantasie. Heute erscheint es als Glücksfall, dass Buchheims Heimatgemeinde Feldafing »ihr Ruah« haben wollte und das Projekt ablehnte. So konnte Günter Behnisch, der Architekt des Münchner Olympiageländes, in Bernried an einer der schönsten Stellen am Starnberger See ein lang gestrecktes avantgardistisches Museum zaubern, das teilweise in den Hang hineingebaut ist und in einem zwölf Meter über dem See schwebenden Steg endet.

Die weitläufigen Hallen dieses Museumsschiffs, das hier am Ufer vertäut zu liegen scheint, präsentieren eine der bedeutendsten Sammlungen des deutschen Expressionismus: Aquarelle, Zeichnungen, Skizzen und insbesondere Druckgrafiken. Dabei spannt sich der Bogen von Lovis Corinth über die Mitglieder der Künstlergruppe »Die Brücke« mit Werken von Erich Heckel, Ernst Ludwig Kirchner, Otto Mueller, Emil Nolde, Max Pechstein und Karl Schmidt-Rottluff bis hin zu den Expressionisten der zweiten Generation, darunter Otto Dix. Hinzu kommt ein in seinem Facettenreichtum faszinierendes Kaleidos-

kop der Buchheim'schen Sammelwut, von indonesischen Schattenspielfiguren über bayerische Volkskunst bis hin zu 3000 gläsernen Briefbeschwerern. Natürlich sind auch farbenfrohe Aquarelle des exzentrischen Künstlers selbst zu bestaunen.

Schon beim wunderbaren Spaziergang durch den südlichen Teil des Höhenrieder Parks mit seinen Baumgruppen, Teichen, Pagoden und Skulpturen verschmelzen Natur- und Kunstgenuss. Am Ende schaut man auf ein vom Föhn freigewehtes Alpenpanorama und mag sich keinen schöneren Ort auf der Welt vorstellen.

UNTERKUNFT

Hotel Seeblick
Bereits 1891 erbaut, bietet das Haus heute geschmackvoll eingerichtete Zimmer in frischen Farben und mit klarem Design, die nicht nur Buchheim-Fans anziehen. Dazu kommt ein Wellnessbereich mit Schwimmbad und Fitnessangebot. Vorzügliche regionale Küche serviert das Hotelrestaurant: Lendensteak vom bayerischen Alpenrind, gebratenes Bachsaiblingsfilet mit Mandelbutter, aber auch eine bayerische Brotzeit für den kleineren Hunger: Weißwürste, Wurstsalat und Obazda mit Radieserl.
Tutzinger Str. 9, Bernried, Tel. 08158 2540, www.seeblick-bernried.de

RESTAURANTS

Landgasthof Drei Rosen
Gutes und preiswertes altes Lokal direkt im Dorfzentrum mit schattigem Biergarten und bayerischen Schmankerln. Man kann in diesem Gasthof aus dem 17. Jahrhundert auch übernachten, wobei das Münchner Ausflugspublikum die Preise der im Landhausstil eingerichteten komfortablen Zimmer bisher nicht verdorben hat. Abends ist es hier himmlisch ruhig.
Dorfstr. 11, Bernried, Tel. 08158 904053, www.dreirosenbernried.de

Forsthaus Ilkahöhe
Der Blick ist einfach traumhaft, besonders bei Föhnwetter scheint hinter dem südlichen Ende des Starnberger Sees die Alpenkette zum Greifen nah. Das Ausflugslokal mit Panoramafenstern und Biergarten serviert die Klassiker der bayerischen Küche und moderne leichte, auch mal asiatische Speisen im gemütlichen Ambiente und mit flinkem freundlichen Service.
Oberzeismering 2, Tutzing, Tel. 08158 8242, www.restaurant-ilkahoehe.de

62

Murnau

Im Land des Blauen Reiters

Zart und pastellfarben zeigt sich das Murnauer Moos in der Vorfrühlingssonne.

*Blaugrau schimmern die nahen Berge des Werdenfelser Lands,
grünblau leuchten Staffelsee und Riegsee, weiß-blau wölbt sich darüber
der föhnige Himmel: Im Murnauer Moos, dem »Blauen Land«,
herrscht eine ganz eigene Farb- und Lichtstimmung.*

*Für Gabriele Münter bedeutete Murnau
einen Sprung »vom Naturabmalen
zum Fühlen eines Inhalts«.*

Im Jahre 1908 lernten Gabriele Münter (1877–1962) und Wassily Kandinsky (1866–1944) das Murnauer Moos kennen und lieben. Ohne Trauschein bewohnte das Künstlerpaar in den Sommermonaten eine kleine Villa, die wegen Kandinskys Herkunft das »Russenhaus« genannt wurde. In den Murnauer Wirtshäusern zerriss man sich die Mäuler über das »gschlamperte Verhältnis«. Dabei entwickelte sich in dieser heiter-melancholischen Moorlandschaft Bedeutendes: die expressive Malerei der Künstlergruppe Blauer Reiter. Kandinsky war zusammen mit Franz Marc und August Macke Gründer und Theoretiker der Vereinigung, deren 1912 erschienener Almanach in Murnau Gestalt annahm. Er verfolgte hier seinen konsequenten Weg zur gegenstandsfreien Kunst. Für Münter bedeutete Murnau einen Sprung »vom Naturabmalen zum Fühlen eines Inhalts«. Leuchtende, unvermischt nebeneinander gesetzte Farben und Formen, von dunklen Umrisslinien begrenzt, inspiriert von der örtlichen flächigen Hinterglasmalerei, prägten jetzt ihre Bilder. »Besonders bei Föhn standen die Berge als kräftiger Abschluss im Bilde, schwarzblau. Dies war die Farbe, die ich am meisten liebte.«

Stolz präsentiert das Schlossmuseum neben Hinterglasmalerei auch manche Werke des Blauen Reiters: viele Münter-Bilder, aber auch einiges von Kandinsky, Marianne von Werefkin, Alexej von Jawlensky, Heinrich Campendonk und Franz Marc, dem im nahen Kochel ein eigenes Museum gewidmet ist. Eine andere Abteilung erzählt von dem österreichisch-ungarischen Schriftsteller und Dramatiker Ödön von Horváth (1901–1938), der 1924 nach Murnau zog. Sein Volksstück »Italienische Nacht« (1931) ist vom Murnauer Kleinbürgertum inspiriert.

Vom Museum ist es nur ein Spaziergang zum »Russenhaus« am Ortsrand. Alles sieht noch so aus, als käme Gabriele Münter gleich von ihrem Spaziergang durchs Moos zurück. Tische und Schränke verzierte Kandinsky mit Pferden und Ornamenten, sogar eine Staffelei mit eingetrockneten Farben ist noch da. Von der Gartenbank genießt man die Maleraussicht auf Murnau.

Im Ort werden Radtouren und Wanderungen auf den Spuren des Blauen Reiters organisiert. Da führt der Weg natürlich auch ins nahe Hochmoor, das im Frühsommer eine herrliche Farbsymphonie aus Sibirischen Schwertlilien, Knabenkräutern, Trollblumen und Wollgras aufführt, mit den Gipfeln des Wettersteinmassivs als majestätischem Hintergrund. Ein Bad im sommerlich warmen Staffelsee ist stets ein Hochgenuss und die Seehausener Bootsprozession zu Fronleichnam unbedingt sehenswert. Und Murnau selbst, mit seinen pastellfarbenen Giebelhäusern am Ober- und Untermarkt, lohnt ohnehin das ganze Jahr einen Besuch – auch im Winter, wenn der romantische Christkindlmarkt die Weihnachtszeit einläutet.

UNTERKUNFT

Alpenhof Murnau
Das luxuriöse Hotel lockt Münchner Ausflugspublikum mit charmanten Zimmern, die im alpenländischen Stil eingerichtet sind. Von den Südbalkonen der großzügig gestalteten Suiten entfaltet sich die gesamte Theatralik von Ammergauer Alpen, Zugspitze und Wettersteinmassiv. Die Sauna- und Badelandschaft setzt ein weiteres Ausrufezeichen. Dazu kommt ein Panoramarestaurant mit herrlicher Sonnenterrasse. Für dessen neuen bayerischen Küchenstil zeichnet Küchenchef Claus Gromotka verantwortlich. Sehr stolz ist Sommelier Guarino Tugnoli auf den ausgezeichneten Weinkeller mit über 900 Positionen aus den besten Lagen Europas.
Ramsachstr. 8, Tel. 08841 4910, www.alpenhof-murnau.com

RESTAURANTS

Gasthof Griesbräu
In diesem Gasthof mit Biergarten übernachteten schon Münter und Kandinsky, die Zimmer sind heute aber bedeutend wohnlicher. Die bayerische Küche setzt auf frische Zutaten der Murnauer Region und gibt sich inzwischen recht anspruchsvoll: mit Griesbräu Alpenburger aus Dry Age Beef, Spanferkelrücken, geschmorter Lammkeule oder Hüftsteak vom Riegsee Bio-Ochsen.
Obermarkt 37, Tel. 08841 1422, www.griesbraeu.de

Kargs Bräustüberl
Man sieht es dem Wirt an, dass er »aus dem Bauch kocht«, wie er selbst sagt: knusprige Schweinshaxn mit Weißbiersauce, Biergulasch vom Aidlinger Weiderind mit Spätzle und dazu Weißbiere der Murnauer Brauerei sind das Markenzeichen dieser zünftigen bayerischen Wirtschaft. Die Karte wechselt wöchentlich.
Untermarkt 27, Tel. 08841 8272, www.karg-murnau.de

63

Pfaffenwinkel

Fröhliches Rokoko in der Wieskirche

Von außen eine sanftmütige, etwas zu groß geratene Landkirche
auf blühender Wiese vor der ruhigen Silhouette des Trauchbergs, von innen
ein rauschhafter Rokokotraum: das ist Bayerns Wallfahrtskirche zum
Gegeißelten Heiland auf der Wies im Pfaffenwinkel südwestlich von
Schongau bei Steingaden. Sie ist keineswegs das einzige bedeutende
Gotteshaus der mit Klöstern reich gesegneten Region, aber schon wegen ihrer
abgeschiedenen Lage am Fuß der ersten Vorberge zwischen Lech und
Ammer einzigartig. Von Einsamkeit kann jedoch bei über einer Million
Besuchern pro Jahr heute keine Rede mehr sein.

*In der Wieskirche bei Steingaden erlebt
der Besucher Rokoko in höchster Vollendung.
Beim Blick auf die Kuppelfresken von
Johann Baptist Zimmermann wähnt man
sich beinahe wie im Himmel.*

*Alle Flüchtigkeit des Seins
drückt sich aus in dieser theatralischen,
provisorisch wirkenden Architektur,
die Übergang vom Irdischen ins
Himmlische sein will.*

Begonnen hat die Wallfahrt mit der Wiesbäuerin Maria Lori. Sie will im Jahre 1738 in ihrer Schlafkammer beim Beten vor dem Gegeißelten Heiland – eine ausrangierte geschnitzte Prozessionsfigur eines Christus an der Geißelsäule – bemerkt haben, wie dieser Tränen vergoss, und erzählte davon nicht nur ihrem Beichtvater. Bald war die Wallfahrt zum »Wiesherrle« nicht mehr aufzuhalten, und am Ende beschloss man im Welfenmünster Steingaden, das eigentlich gerade mit der eigenen Renovierung beschäftigt war, den göttlichen Gnadenerweis anzuerkennen, nicht zuletzt deshalb, weil man selbst kein Wallfahrtsort war.

Zwar wurde die Erscheinung kirchenrechtlich nie als »miraculum« akzeptiert, doch als die Wieskirche 1754 fertig war, hatte einer auf jeden Fall für ein Wunder gesorgt: der Wessobrunner Architekt Dominikus Zimmermann, der in Süddeutschland schon manches Kloster gebaut oder verschönert hatte. Die Dekorateure der Wessobrunner Schule waren zu dieser Zeit in ganz Europa heiß begehrt und arbeiteten in Versailles, Potsdam und St. Petersburg – aber natürlich besonders in Süddeutschland und stets in eingespielten Teams.

Das UNESCO-Weltkulturerbe präsentiert sich als Hallenkirche, bei der ein ovaler Rundbau und ein Querrechteckraum miteinander verschmelzen. Genial gelöst sind die fast immateriell im Licht stehenden Zwillingspfeiler, die niemals ein gemauertes Gewölbe hätten tragen können, die geschwungenen Balustraden, flirrender vergoldeter Stuck, neckische Putti und die hölzerne Spiegeldecke, deren gewölbte Anmutung fast ausschließlich den luftigen Fresken zu verdanken ist. Alles soll den Blick nach oben, gen Himmel, ziehen, zum Fresko im Hauptraum, für das Johann Baptist Zimmermann verantwortlich zeichnet und das den auferstandenen, auf einem Regenbogen thronenden Heiland zeigt.

Auf dem verschlossenen Tor zur Ewigkeit an der Decke über dem Eingang heißt es: »Tempus non erit amplius« (Es wird keine Zeit mehr sein). Alles ist in der Schwebe, in Erwartung. Alle Flüchtigkeit des Seins drückt sich aus in dieser theatralischen, provisorisch wirkenden Architektur, die Übergang vom Irdischen ins Himmlische sein will. Die Welt ist eine Bühne, selbst der Kirchenraum ist vergänglich. Nur die Botschaft des Erlösers ist ewig.

UNTERKUNFT

Gasthof Graf
In den liebevoll und individuell eingerichteten Zimmern des Gasthofs lohnt es zu übernachten. Denn am frühen Morgen kann man in etwa 90 Minuten auf dem Brettlweg durch den Wiesfilz, eine geschützte Hochmoorlandschaft, zur Wieskirche wandern und den Massen der Busausflügler ein Schnippchen schlagen. Im Gasthof isst man auch gut: im Sommer gerne im sehr schönen Biergarten unter hundertjährigen Kastanienbäumen. Es gibt gebeizten Saibling, Käsespätzle, Forelle, Steak, Apfelküchle oder einfach einen zünftigen Brotzeitteller.
Schongauer Str. 15, Steingaden, Tel. 08862 246, www.gasthof-graf.de

RESTAURANTS

Gasthof Moser
Hier genießt man einen herrlichen Ausblick auf die Wieskirche und gute Küche mit Fleisch vom Vollmilchkalb aus überwiegend eigener Aufzucht. Auch der resche Krustenbraten vom Schwein, der Rinderschmorbraten und das Hirschgulasch schmecken sehr gut und sind trotz der touristischen Lage erstaunlich günstig.
Wies 1, Steingaden, Tel. 08862 503, www.gasthof-moser.de

Gasthof Schweiger
Auch hier gibt's in Sichtweite der Wieskirche preiswerte bayerisch-schwäbische Schmankerl, darunter sehr gute Bärlauchspätzle, Schweinekrustenbraten mit roh geriebenem Kartoffelknödel und Speckkrautsalat, geschmorte Ochsenbackerl in Burgunder-Rotweinsauce, in Mandelbutter gebratenes Filet vom heimischen Flusszander und gespickter Hirschbraten mit hausgemachten Butterspätzle.
Wies 9, Steingaden, Tel. 08862 500, www.gasthof-schweiger-wieskirche.de

64

Neuschwanstein

Königliche Gralsträume

Zwischen Gral und Kathedrale: Des Königs Anspruch manifestierte sich im Thronsaal.

Wenn man einmal in der glücklichen Lage war, vom Schlafzimmerfenster aus zusehen zu dürfen, wie die morgendlichen Nebelschleier langsam Schloss Neuschwanstein freigeben, wenn man als Student amerikanische Reisegruppen durch das Schloss gehetzt hat, um ihnen dann nur wenige Minuten im Thron- und Sängersaal zu vergönnen – dann möchte man den oft stundenlang im Schlosshof wartenden Besucherschlangen am liebsten zurufen: »Geht nicht hinein! Von außen ist das Schloss viel schöner!«

Da die Busgesellschaft aber abends schon im Münchner Hofbräuhaus oder in Salzburg erwartet wird, bleibt nur wenig Zeit, die wahre Faszination von Schloss Neuschwanstein zu erleben, es aus ungewöhnlichen Perspektiven zu betrachten – nicht nur von der Marienbrücke über die Pöllatschlucht, für die vermutlich bald Eintritt kassiert wird. König Ludwig soll hier nächtens gestanden haben, um sein von Fackeln und Kerzen hell erleuchtetes Schloss zu bewundern. Auch auf dem per Seilbahn erreichbaren Tegelberg (1881 m), einem beliebten Startplatz für Gleitschirm- und Drachenflieger, herrscht noch Trubel, aber beim Abstieg über den Westgrat teilt man den Schlossblick nur mit wenigen eingeweihten Wanderern.

»Im echten Styl der alten deutschen Ritterburgen, auf steiler Höh', umweht von Himmelsluft«, so stellte sich Ludwig II. sein Neuschwanstein vor, wo sich Gralsritter, Tannhäuser und Lohengrin versammeln und Richard Wagners Bühnenfestspiele stattfinden sollten. Ja, das Schloss sollte »heilig und unnahbar, ein würdiger Tempel für den göttlichen Freund« werden. Ironie des Schicksals: Richard Wagner hat Neuschwanstein, für das Ludwig die recht ansehnlichen mittelalterlichen Ruinen von Schloss Schwangau abtrug, nie besucht. Ludwigs fantastische Burg ist Bühnenbildern aus Wagner-Opern nachempfunden, und mit ihren romanischen Rundbogenfenstern und gotischen Spitztürmen sowie ihrer byzantinischen Marmor- und Goldausstattung evoziert sie ein surreales Mittelalter, das es so nie gegeben hat – schon gar nicht mit elektrischen Klingeln, Zentralheizung und Spülklosetts. Wie im Ammergauer Schloss Linderhof hielt Ludwig hier stille Zwiesprache mit imaginären Gestalten der Geschichte, während die Handwerker peinlich darauf achteten, dem menschenscheuen König nicht über den Weg zu laufen.

Fertig ist das Schloss nicht mehr geworden, was den Touristen viel Lauferei erspart. So führt man die Besucher hauptsächlich durch sechs königliche Gemächer und zwei Prunksäle. Der Thronsaal ist wie eine spätrömische Basilika gestaltet, mit vergoldeten Mosaiken und Säulen aus Porphyr und Lapislazuli. Im Sängersaal erzählen Motive aus dem »Parzival« von Ludwigs Sehnsüchten und Erlösungsträumen, die er hier einsam auslebte, bis ihm am 11. Juni 1886 eine Delegation der bayerischen Regierung die Entmündigung überbrachte. Zwei Tage später vollendete sich Ludwigs Schicksal bei Schloss Berg im Starnberger See, und schon sieben Wochen danach entweihte die Regierung das Schloss, indem sie es gegen Entgelt zur Besichtigung freigab.

In Sichtweite der Schlösser informiert das Museum der bayerischen Könige auch über die hochfliegenden Pläne des »Kini«. Der hatte 1883 beschlossen, nur 15 Kilometer von Neuschwanstein entfernt die wahre Gralsburg auf dem Falkenstein oberhalb von Pfronten zu bauen. Auf 1268 Metern Höhe stehen hier die Ruinen von Deutschlands höchstgelegener Burg. Der Theatermaler Christian Jank hatte bereits eine vieltürmige gotische Illusion der Burg Falkenstein geliefert, der Grund war gekauft, und 1885 waren schon die ersten Bautrupps angerückt. Heute lohnt es sich, zur Burgruine hinaufzusteigen. Im Norden liegt Schwaben, im Süden Tirol. Und im Osten schimmert weiß, wie eine wundersam kitschige Vision, Schloss Neuschwanstein (www.neuschwanstein.de).

Vor einmaliger Seekulisse setzt »Ludwigs Festspielhaus« in Füssen die Illusionen des Märchenkönigs in Szene. Ein »ewiges Rätsel« wird er dennoch bleiben, so wie er es sich selbst immer gewünscht hat. Und das Objekt royalistischer, aber zugleich realistischer Sehnsüchte. Der unvergessene Ludwig-Fan Georg Lohmeier formulierte es so: »Mia brauch' ma koan Kini, aba scheena waars scho!«

UNTERKUNFT

Villa Ludwig Hohenschwangau
Feines Boutique-Hotel mitten in Hohenschwangau. Die nach Wagner-Opern benannten Suiten bieten elegant-modernen Komfort. Weitere Pluspunkte sind der großzügige Spa-Bereich mit Finnischer Sauna, Dampfkabine, Erlebnisdusche und Luxusmassagen, das reichhaltige Frühstücksbüfett, Kaffee und Kuchen bzw. »Tea Time« am Nachmittag, freundlicher Service und ein herrlicher Schlossblick. Auch der kurzfristige Ticketschalter funktioniert bestens. Das Hotel vermietet ebenfalls das exklusive Ferienhaus Villa Ludwig Chalet, in dem vier bis acht Personen Urlaub machen können.
Colomanstr. 12, Hohenschwangau, Tel. 08362 929920, www.suitehotel-neuschwanstein.de

RESTAURANTS

Gams & Gloria
Das Schwangauer Boutique-Hotel Rübezahl ist mit attraktiver Wellnesstherme und Traumkulisse ein exzellenter Übernachtungstipp. Kulinarisches Highlight ist die Gourmetküche im kleinen, mit heimeliger Holzvertäfelung alpinen Charme verströmenden Restaurant unterm Dach. Seit 2019 funkelt hier ein Michelin-Stern, den sich Tatar vom Saibling, Entenbrust und Gamsrücken, alle mit alpinen Zutaten angerichtet, auch redlich verdient haben. Bei nur vier Tischen ist Reservierung natürlich auch für Hotelgäste ein Muss.
Am Ehberg 31, Schwangau, Tel. 08362 8888, www.hotelruebezahl.de

Madame Plüsch
In wirklich liebenswert nostalgischem Wohnzimmerambiente mit echten Antiquitäten und Flair der 1920er-Jahre schmecken Allgäuer Zwiebelrostbraten und bayerische Entenbrust mit Orangensauce. Ist noch Platz für den vorzüglichen Kaiserschmarrn?
Drehergasse 48, Füssen, Tel. 08362 9300949, www.madame-pluesch.de

Ludwigs Stein gewordener Traum: Schloss Neuschwanstein, ab 1869 für den Bayernkönig mit modernster Technik erbaut

65

Zugspitze

Annäherungen an Deutschlands höchsten Berg

»… wenn es regnet, ist meistens während der Fahrt die Aussicht
auf das bayerische Gebirge wegen schlechter Aussicht nicht zu sehen«,
notierte Karl Valentin sinnig. Dafür ist die Alpenkette bei Föhn
umso schöner, ob man nun vom Augsburger Perlachturm übers Lechfeld
oder vom Dachauer Schloss über die Münchner Schotterebene
»ins Land einischaut« oder ob man vom Hochhaus der Studentenstadt
in München-Freimann die Zugspitze mit dem Teleobjektiv
an die Frauenkirche rückt oder oder oder …

*Deutschlands höchster Berg, die Zugspitze,
ist von Garmisch-Partenkirchen aus
bequem mit Seilbahn oder Zahnradbahn zu
erreichen. Vom österreichischen Ehrwald
aus gelangt man mit der Tiroler Zugspitzbahn
in nur zehn Minuten zum Gipfel.*

Von der Ilkahöhe bei Tutzing blickt man auf Weideland, Obstwiesen und den Starnberger See. Benannt ist die Anhöhe nach Fürstin Ilka von Wrede, die sich im Krieg von 1870/71 um verwundete bayerische Soldaten verdient gemacht hat.

Ja, es gibt viele Aussichtspunkte, und jeder Bewohner des Alpenvorlandes hat seinen Lieblingsort, von dem er das markante, im Westen steil abfallende Profil der Zugspitze bewundert. Da gibt es Geheimtipps wie den Spazierweg zwischen Grafrath und Türkenfeld im Münchner Westen, wo der Blick übers Ampermoos ins weite Alpenvorland schweifen kann, oder so bekannte Aussichtsplätze wie die Ilkahöhe bei Tutzing, wo sich das Alpenpanorama hinter dem Starnberger See auftürmt. Den besten Blick auf die Alpenkette zwischen Karwendel und Allgäuer Berge bietet mit 988 Metern der Hohe Peißenberg im Pfaffenwinkel zwischen Weilheim und Schongau.

Deutschlands höchstem Berg sollte man sich jedenfalls ganz langsam nähern. Bei Murnau zeichnet sich das Wettersteinmassiv mit Zugspitze, Dreitorspitze, Alpspitze und den zwei Waxensteinen schon deutlich ab. Auf der Weiterfahrt verdecken erst mal Vorberge die Aussicht. In Oberau ist die steinerne Phalanx wieder da, und wer von hier aus die schon recht anspruchsvolle Wanderung hinauf zum Hohen Fricken (1940 m) bewältigt, wird mit einem wahren Traumblick auf die Zugspitze belohnt. Noch besser: Man nimmt sich zwei Tage Zeit und übernachtet in der Weilheimer Hütte auf dem benachbarten Krottenkopf (2086 m), um zu erleben, wie das erste Sonnenlicht Wetterstein- und Karwendelmassiv zartrosa färbt. Wohl jeder Münchner hat seinen Lieblingshausberg. Ob Ettaler Mandl, Pürschling oder Heimgarten: Hauptsache, man kann an einem Tag hinauf und hinunter und schlechtes Wetter notfalls in einer Hütte mit Jagatee aussitzen.

»Wann I mit meiner Wamp'n kannt, gangad I auf'd Kampenwand«, heißt ein beliebter oberbayerischer Schüttelreim für Wanderfaule. Aber den schönen Garmischer Kramerplateauweg mit noch schönerer Aussicht schafft jeder Knödelfriedhof, und wer gar nicht laufen mag, fährt mit Gondel- und Seilbahnen auf die Garmischer Aussichtsberge. Traumhaft ist der Rundblick vom Wank (1780 m), besonders bei herbstlichen Inversionswetterlagen, wenn das im klaren Sonnenlicht erstrahlende Zugspitzmassiv über dem nebligen Tal zu schweben scheint. Noch näher heran? In nur sieben Minuten schwebt die Kreuzeckbahn auf 1650 Metern Höhe: Zum Greifen nah ist die Alpspitze (2628 m), und durchs Höllental schaut man hinüber zur Zugspitze.

Aber wie kommt man nun auf Deutschlands höchsten Berg? Geübte schaffen den Aufstieg durch Partnachklamm, Reintal (Übernachtung in der Reintalangerhütte), übers karge Zugspitzplatt und den Schneeferner-Gletscher auf den Gipfel. Anspruchsvoller und schneller ist der abwechslungsreiche, aber hochalpine Höllental-Anstieg.

Die meisten Gipfelstürmer entscheiden sich für die bequemere Variante. Erst geht es gemütlich vom Garmischer Bahnhof mit der Zugspitzbahn nach Grainau und zum Eibsee. Dann klettert die Zahnradbahn hinauf zum Rifflriss, und bevor sie dort im Bergtunnel verschwindet, bieten sich wunderbare Aussichten hinunter ins Tal. Auf dem Zugspitzplatt, auf knapp 2600 Metern Höhe neben dem Schneeferner-Gletscher, ist die Fahrt zu Ende. Schon

Echte Bergsteigergefühle vermittelt der Ostgipfel mit seinem vier Meter hohen goldenen Kreuz: eine gar nicht so leichte kurze Kletterpartie.

auf dieser alpinen Karst-Hochfläche ist das Alpenpanorama fantastisch. Die Gletscherseilbahn überwindet dann die letzten Höhenmeter bis zum zugebauten Westgipfel auf 2962 Metern Höhe. Bei klarem Wetter reicht der Blick von der breiten Terrasse im Westen bis zum Schweizer Piz Bernina und im Osten bis zum österreichischen Großglockner. Echte Bergsteigergefühle vermittelt der Ostgipfel mit seinem vier Meter hohen goldenen Kreuz: eine gar nicht so leichte kurze Kletterpartie, und das oft mit Anstehen. Mit der im Dezember 2017 eröffneten neuen Seilbahn schwebt man von der imposanten Bergstation, eine technische Meisterleistung in dieser Höhe, in bodentief verglasten Großraumkabinen wieder hinunter zum Eibsee. Die Ohren knacken, aber unten umfängt wohlige Wärme den Ausflügler. Denn »zapfig« war's schon da oben, auf der zugigen Spitze.

UNTERKUNFT

Staudacherhof
Das exklusive Hotel bietet individuell eingerichtete, sehr wohnliche Zimmer. Die Kategorie »Alpin« prägen dezente Farben und helles lokales Holz. Edel und modern mit Eiche und Naturstein gibt sich die Kategorie »Naturcharakter«. Nur wenige Schritte vom Haupthaus entfernt schläft man in einem traditionellen Werdenfelser Bauernhaus in »urig-gemütlicher Atmosphäre«. Dazu kommen ein sehr großzügiger Wellnessbereich und eine gesunde Vitalküche mit »bayurvedischer« Philosophie.
Höllentalstr. 48, Garmisch-Partenkirchen, Tel. 08821 9290,
www.staudacherhof.de

RESTAURANTS

Wurzelwerk
Im sehr empfehlenswerten Werdenfelserei Hotel setzt die Gastronomie auf extravagante bayerische Küche mit Beilagen aus Wurzeln und Knollen: Werdenfelser Lammfilet, geschmorte Kaninchenkeule, gesottener Tegernseer Rindertafelspitz sowie sehr feine vegetarische Gerichte. Am Tag des Herrn wird der Familientradition des bayerischen Sonntagsbratens gehuldigt.
Alleestr. 28, Garmisch-Partenkirchen, Tel. 08821 6869390,
www.werdenfelserei.de

Joseph Naus Stub'n
Komfortabler Landhausstil prägt die sehr gepflegten Zimmer im Hotel Zugspitze, in dessen heimeligen Stüberl Georg Strohmeyer nur ausgesuchte Zutaten aus der Umgebung zu kreativer Regionalküche verarbeitet, vom Ammergauer Rind, dessen Fleisch die renommierte Murnauer Metzgerei Haller liefert, bis zur butterzarten Forelle aus den Seen Oberbayerns und Tirols. Das Biogemüse, auch interessante Raritäten, stammt aus der Ohlstädter Gärtnerei »Garten Eden«.
Klammstr. 19, Garmisch-Partenkirchen, Tel. 08821 9010,
www.hotel-zugspitze.de

66

Ulm
Donauschwäbische Höhenflüge

Eine ausgeklügelte Konstruktion trägt die filigrane Turmspitze des Ulmer Münsters.

»Wohlauf, lasst uns eine Stadt und Turm bauen, des Spitze bis an den Himmel reiche, dass wir uns einen Namen machen …« So steht es in der Bibel, die Rede ist natürlich vom Turmbau zu Babel. Doch der immer noch höchste Kirchturm der Welt ist der 161,53 Meter hohe »Finger Gottes« in Ulm. Wer die 768 Stufen zur Aussichtsplattform auf 143 Meter Höhe erklommen hat, wird bei klarer Sicht mit einem Panorama belohnt, das im Süden bis zum Schweizer Säntis und zur Zugspitze reicht.

*Als der Schneider von Ulm 1811
mit einem selbst gebastelten Hängegleiter
vor den Augen hoher Gäste ins kalte
Donauwasser platschte, regnete es nichts
als Spott und Häme.*

Im Jahre 1377 begannen die stolzen Ulmer Bürger, durch den Handel mit Barchent und Leintuch zu Geld gekommen, mit dem Bau. 1543 wurden die Arbeiten mangels Geld und aufgrund der Reformation eingestellt. Erst zwischen 1885 und 1890 setzte man dem Turmstumpf die Spitze auf.

Die Ulmer hatten stets noch andere Pläne, den Himmel zu erobern. Als Albrecht Ludwig Berblinger, der unglückliche Schneider von Ulm, 1811 mit einem selbst gebastelten Hängegleiter vor den Augen hoher Gäste von der Adlerbastei kläglich ins kalte Donauwasser platschte, regnete es allerdings nichts als Spott und Häme. Dabei hatte sich der visionäre Tüftler nur eine wegen mangelnder Aufwinde schlicht ungeeignete Stelle ausgesucht. Selbst modernste Gleitschirmflieger schaffen es hier nur mit Müh und Not über den Fluss. Im Treppenhaus des aufwändig restaurierten gotischen Rathauses steht eine Rekonstruktion des damals verwendeten Flugapparates, und die liefert den Beweis: Das Ding war tatsächlich flugtauglich. 2020 feiert Ulm den 250. Geburtstag ihres berühmten Flugpioniers.

Nicht nur vom Fliegen, auch vom Schwimmen verstanden die Ulmer eine Menge. Am Südgiebel ist das Fresko der »Ulmer Schachtel« zu sehen, ein ausschließlich in Ulm gezimmertes Flussschiff, auf dem donauschwäbische Händler im Mittelalter bis hinunter zum Schwarzen Meer fuhren. Weniger ernst zu nehmen sind die abenteuerlichen schwimmenden Untersätze, mit denen die Ulmer Ende Juli am Schwörmontag den fröhlichen Wasserfestzug Nabada begehen: Überdimensionale Pappmachéfiguren ziehen die Ulmer Lokalpolitik heftigst durch den Kakao.

Der Volksbelustigung voraus geht jedoch eine höchst ernste Angelegenheit. 1397 hatten die Stände und Zünfte mit dem Großen Schwörbrief dem regierenden Patrizier eine Stadtverfassung abgetrotzt. Noch heute erneuert der Oberbürgermeister jedes Jahr am vorletzten Julimontag den Eid, »den Reichen und den Armen ein gemeiner Mann zu sein, in allen gleichen, gemeinnützigen und redlichen Dingen«. Und dann geht alles den Bach, pardon, die Donau hinunter …

UNTERKUNFT

Schiefes Haus
Seit 1997 gilt das viel fotografierte spätgotische fünfgeschossige Fachwerkhaus im romantischen Fischer- und Gerberviertel laut Guinness-Buch der Rekorde als schiefstes Hotel der Welt. Natürlich wurde die Statik längst gesichert: Das Haus, in dem die Witwe des Schneiders von Ulm ihren Lebensabend verbrachte, wird also nicht in den Fluss fallen. Seit 1995 ist es ein Hotel. Das moderne Design der Zimmer passt hervorragend zu den alten Holzbalken und Dielen, die Betten wurden hausgerecht hergestellt. Man schläft also waagerecht, wie die Wasserwaagen in ihren Kopfenden beweisen.
Schwörhausgasse 6, Tel. 0731 967930, www.hotelschiefeshausulm.de

RESTAURANTS

Seestern
Im modernen, schön am See gelegenen Hotel LAGO serviert das nordischelegant eingerichtete Restaurant exquisite französische Küche, z. B. gebeizten Balik Lachs, Bretonische Langustine, Poularde aus der Bresse mit Morcheln und Polenta oder ein feines Salzwiesenlamm mit schwarzem Knoblauch und Couscous. Klaus Buderath hat sein Handwerk im Hamburger Hotel Atlantic gelernt.
Friedrichsau 50, Tel. 0731 2064000, hotel.lago-ulm.de

Zunfthaus der Schiffleute
Das verwinkelte Fachwerklokal serviert in gemütlicher Atmosphäre leichte saisonale Küche und schwäbische Spezialitäten wie hausgemachte Maultaschen und »Buabaspitzla« oder Schwäbischen Zwiebelrostbraten mit hausgemachten Käsespätzle. Sehr schön ist die Terrasse direkt auf dem Fischerplätzle.
Fischergasse 31, Tel. 0731 64411, www.zunfthaus-ulm.de

67

Blaubeuren

Im Reich von Mörikes Wasserfrau

Es blaut so blau: die berühmte Karstquelle Blautopf im Talkessel von Blaubeuren

»Im Schwabenlande, auf der Alb, bei dem Städtlein Blaubeuren, dicht hinter dem alten Mönchskloster, sieht man nächst einer jähen Felsenwand den großen runden Kessel einer wundersamen Quelle, der Blautopf genannt. Gen Morgen sendet er ein Flüßchen aus, die Blau, welche der Donau zufällt. Dieser Teich ist einwärts wie ein tiefer Trichter, sein Wasser von Farbe ganz blau, sehr herrlich, mit Worten nicht wohl zu beschreiben; wenn man es aber schöpft, sieht es ganz hell in dem Gefäß.«

*Schon früh hat die Lage des geheimnisvoll
leuchtenden Blautopfes in dem engen Talwinkel
die Fantasie der Maler und Dichter angeregt.*

So beginnt Eduard Mörikes »Historie von der schönen Lau«, eine Binnenerzählung in seinem »Stuttgarter Hutzelmännlein«. Die Tochter einer Menschenfrau und eines Wassernix aus dem Schwarzen Meer war von ihrem Gemahl, dem Donaunix, in den Blautopf verbannt worden, weil sie nicht lachen konnte und nur tote Kinder gebar. Unter der fidelen Bevölkerung von Blaubeuren gewann die Nixe ihr Lachen zurück.

Schon früh hat die Lage des geheimnisvoll leuchtenden Blautopfes in dem engen Talwinkel die Fantasie der Maler und Dichter angeregt. In neuerer Zeit inspirierte die mythische Quelle sogar einen Tatortkrimi: »Bienzle und die schöne Lau«. Die Handlung dreht sich um das nicht ungefährliche Höhlentauchen unter dem Blautopf. Jochen Hasenmayer hat 1985 weite Teile dieser Unterwasser-Wunderwelt erforscht und in dem weit verzweigten Karsthöhlensystem einen riesigen, stellenweise mit Wasser gefüllten Hohlraum entdeckt, den er Mörikedom nannte. Im Rahmen weiterer Forschungen ist man auf den riesigen Äonendom und eine faszinierende Tropfsteinhalle mit dem Namen Apokalypse gestoßen.

Die Erklärung für das tiefe Blau der Quelle ist allerdings recht prosaisch. Wenn Sonnenlicht sehr tief in glasklares Wasser eindringen kann, dominiert die Farbe Blau bei der Lichtbrechung. Der Trichter des Blautopfs ist immerhin rund 21 Meter tief.

Im Wasser der Quelle spiegelt sich nicht nur die alte Hammerschmiede von 1804, in der ein Film über die Tauchfahrt in das Reich der schönen Lau gezeigt wird, sondern auch der Turm und die Seitenfront der Klosterkirche Blaubeuren. Kunstvoll geschnitzt ist das spätgotische Chorgestühl von 1493. Größter Schatz ist jedoch der etwa zur gleichen Zeit entstandene Hochaltar, ein Wandelaltar, der fast bis zum gotischen Sternengewölbe hinaufreicht. In der Advents- und Passionszeit ist er geschlossen und zeigt dann in vier Bildern die Passion Christi. Bei geöffneten Flügeln sieht man 16 Szenen aus dem Leben Johannes des Täufers. Nur an hohen Festtagen zeigt sich der Altar in seiner vollen Pracht: Maria mit Jesuskind, ihr zur Seite Johannes der Evangelist und Johannes der Täufer, der heilige Benedikt und dessen Schwester, die heilige Scholastika.

In der Sage von der schönen Lau kommt nicht nur das Kloster an der Schwäbischen Barockstraße vor, sondern auch das bei Kletterern beliebte mächtigste Felsgebilde der Stadt, das »Klötzle Blei«, das zu einem schwäbischen Zungenbrecher inspirierte: »'s leit a Klötzle Blei glei bei Blaubeura, glei bei Blaubeura leit a Klötzle Blei …« Da musste sogar die schöne Lau lachen.

UNTERKUNFT

Hotel Restaurant Ochsen
Das 1457 erstmals erwähnte und 1730 wieder aufgebaute Fachwerkhaus (mit modernem Anbau) bietet elegant-moderne Zimmer mit viel Komfort. In ihrer behaglichen Gaststube tischt Familie Unsöld hausgemachte Maultaschen, Sauerbraten vom Albler Rind, Ochsenschwanzragout mit Spätzle vom Brett, Forelle und Saibling auf, und das alles mit präzisem Produktnachweis.
Marktstr. 4, Tel. 07344 969890, www.ochsen-blaubeuren.de

RESTAURANTS

Forellenfischer
Das gemütliche Restaurant in Weiler im Aachtal serviert fangfrische Forellen aus der glasklaren Dorfquelle quasi vor der Haustüre in vielen Zubereitungsvarianten, aber auch einen leckeren schwäbischen Zwiebelrostbraten mit handgeschabten Spätzle (eigentlich muss es Spätzla heißen, wie man vor Ort gern erläutert). Bei schönem Wetter genießt man die sommerlichen Schmankerl im malerischen Garten. Nette Gästezimmer mit schönem Blick gibt es auch.
Aachtalstr. 6, Tel. 07344 6545, www.forellenfischer.de

Gasthof Blautopf La Locanda
Schöner Gasthof ganz in der Nähe von Blautopf und Kloster. Forelle und Dorade, italienisch zubereitet, und frische Pastagerichte schmecken hier ganz vorzüglich und werden mit Kräutern aus dem eigenen Garten gewürzt. Rustikaler Innenraum, schöne Sommerterrasse.
Blautopfstr. 4, Tel. 07344 952466, www.gasthof-blautopf.de

68

Tübingen

Genie und Wahnsinn

»Weh mir, wo nehm ich, wenn / Es Winter ist, die Blumen, und wo / Den Sonnenschein / Und Schatten der Erde? / Die Mauern stehn / Sprachlos und kalt, im Winde / Klirren die Fahnen.« Wie eine dunkle Vorahnung klingt Friedrich Hölderlins berühmtes Gedicht »Hälfte des Lebens«.

36 Jahre lang bewohnte der psychisch kranke Dichter Friedrich Hölderlin den nach ihm benannten Turm in Tübingen. Dieser Rückzugsort inspirierte ihn zu Gedichten, die er unter Pseudonym veröffentlichte. 2020 wird das Haus als Museum wiedereröffnet.

*Mönche im Kreuzgang des ehemaligen
Zisterzienserklosters Bebenhausen.
Das Kloster, das nach der Säkularisation
als Schule, Jagdschloss und Archiv diente,
ist heute ein beliebtes Ausflugsziel.*

Nachdem der Dichter 1807 aus einem 231-tägigen
Zwangsaufenthalt in der Tübinger Psychiatrie als
nicht therapierbar entlassen worden war, lebte
er 36 Jahre lang im »Hölderlinturm« am Neckar. Selbst
vor berühmten Besuchern wie Justinus Kerner, Ludwig
Uhland, Eduard Mörike und Christoph Theodor Schwab,
der sich an einer ersten Ausgabe »Sämmtlicher Werke« Hölderlins versuchte, bestritt er seinen bürgerlichen Namen
und stellte sich stattdessen als Killalusimeno, Buonarotti
oder Scardanelli vor.

226

Leider mussten die oberen Stockwerke mit Hölderlins Zimmer im sogenannten Rundel nach einem Brand 1875 komplett neu aufgebaut werden. Heute erinnert im Turm eine Ausstellung der Hölderlin-Gesellschaft an die Studienjahre des Dichters im Tübinger Stift, an seine Freundschaft mit Schelling und Hegel sowie an die Zeit der Schizophrenie von 1807 bis zu seinem Tod im Jahre 1843.

Schon zu Hölderlins Zeiten wurden weitere Wohnungen im Turm an Studenten vermietet. Tübingen hat eine lange Tradition als renommierte Universitätsstadt. In der 1477 gegründeten Universität und ab 1536 auch im berühmten Evangelischen Stift wurde europäische Geistesgeschichte geschrieben. Hier studierten der Astronom Kepler, die Philosophen Hegel und Schelling sowie die Dichter Mörike, Hauff und eben Hölderlin. Der Humanist Melanchthon wirkte in Tübingen, Wilhelm Schickard erfand hier 1623 die erste Rechenmaschine, und 1869 entdeckte der erst 25 Jahre junge Friedrich Miescher die menschliche DNS.

Der schon ab 1515 benutzte Alte Karzer in der Münzgasse 20 erinnert daran, dass sich die Tübinger Studiosi nicht immer tadellos betrugen. Hier büßten sie »schwere Schlag-, Rauf- und Ehrhändel nach reichlichem Weingenuss« ab. Später malte man das Verlies mit biblischen Sprüchen und Figuren aus, da die studentischen Wandkrakeleien alles andere als jugendfrei waren.

Heute sorgen rund 27 500 Studenten für ein blühendes kulturelles Leben und eine nicht minder florierende Kneipenszene, wobei sich Avantgarde recht gut mit malerischen Treppengassen verträgt. Auf einem Spaziergang über die Platanenallee zwischen dem Fluss und einem seiner Seitenarme bis zur Eberhardsbrücke genießt man das altdeutsche Idyll der Neckarfront mit spitzgiebeligen Häusern und dem Renaissanceschloss Hohentübingen darüber. Vor dem dicken gelben Hölderlinturm liegen meist vertäute Stocherkähne, die man im Sommer für Ausflüge mieten kann. Mit der Behäbigkeit ist es vorbei, wenn sich beim traditionellen Stocherkahnrennen am Fronleichnamstag an die 50 Kähne ein wildes Rennen liefern.

Von den Bomben des Zweiten Weltkriegs blieb Tübingen weitgehend verschont. So kann man auch heute noch das prächtige bemalte Renaissancerathaus mit rundem Erker und reich verziertem Giebelaufbau bewundern. Eine kunstvolle astronomische Uhr mit Glockenspiel illustriert den Lauf der Gestirne, und im Vordergrund plätschert der Neptunbrunnen. Solche Idyllen finden sich an

Heute sorgen rund 27 500 Studenten für ein blühendes kulturelles Leben und eine nicht minder florierende Kneipenszene.

vielen Ecken der Altstadt, beim herzoglichen Fruchtkasten mit seinem alemannischen Fachwerk aus dem 15. Jahrhundert, rund um das Nonnenhaus und am Holzmarkt mit der spätgotischen Stiftskirche St. Georg, von deren Turm sich ein wirklich berauschender Blick auf Tübingen bietet.

Noch mehr Romantik gefällig? Im stillen Tal des Goldersbachs liegt das um 1190 gegründete Zisterzienserkloster Bebenhausen, ein Juwel der Hochgotik. Wahre Träumer pilgern bei Sonnenuntergang in Richtung Herrenberg zur Wurmlinger Kapelle. Sie liegt auf einem Hügel mit wunderbarem Ausblick und inspirierte schon den jungen Ludwig Uhland: »Droben stehet die Kapelle / Schauet still ins Tal hinab …« Und wenn hinter der Kapelle ein Gewitter aufzieht, klingen die berühmtesten Hölderlin-Verse im Ohr: »Nah ist / Und schwer zu fassen der Gott / Wo aber Gefahr ist, wächst / Das Rettende auch.«

UNTERKUNFT

La Casa
Sehr feines familiengeführtes Boutique-Hotel in Altstadtnähe mit spanisch-maurischem Flair. Die Zimmer sind in fröhlichen Farbtönen gehalten und sehr geschmackvoll-modern eingerichtet. Die Räume zum Innenhof sind besonders ruhig. Hinzu kommt eine großzügige Wellnesslandschaft über zwei Ebenen mit Spa La Casa unterm Dach und einem Arabischen Bad & Hamam mit Alhambra-Touch. Das Restaurant serviert legere mediterrane Küche, abends von dezenten Pianoklängen begleitet. Schöne Gartenterrasse.
Hechinger Str. 59, Tübingen, Tel. 07071 946660, www.lacasa-tuebingen.de

RESTAURANTS

Weinstube Forelle
Schon Goethe becherte in den holzgetäfelten Räumen dieser Weinstube, die mit vorzüglicher Küche glänzt. Sehr fein schmecken hausgemachte Kalbsmaultaschen und Kässpätzle, Zwiebelrostbraten vom Roastbeef und Ossobuco in Rotweinsauce. Der Speisesaal im ersten Stock beherbergte im 18. Jahrhundert eine Druckerei, in der die Erstausgabe von Schillers »Wallenstein« entstand.
Kronenstr. 8, Tübingen, Tel. 07071 5668980, www.weinstube-forelle.de

Schranners Waldhorn
Tübingens Gourmets pilgern gern nach Bebenhausen, um sich die exquisite, saisonal wechselnde Küche von Maximilian Schranner im Naturpark Schönbuch schmecken zu lassen. Kalbsfilet mit Erbsencreme, Lammrücken und Praline von der Schulter, Saltimbocca vom Seeteufel und Zwiebelrostbraten sind wirklich perfekt zubereitet. Günstiges Mittagsmenü.
Schönbuchstr. 49, Bebenhausen, Tel. 07071 61270, www.waldhorn-bebenhausen.de

69

Reichenau

Heilige Insel im Bodensee

Kunstvolle ottonische Wandmalereien schmücken die Kirche St. Georg in Oberzell.

»Der Rheinstrom, von den östlichen Alpen in großem Bogen westwärts
flutend, umspült diese Stätte mit dem Wellenschlag des Meeres. Er trägt in der
Mitte eine Insel, die im Schmuck ihrer neuen Bauten prangt«, schrieb
Abt Walahfrid Strabo (808/809–849) in einem Brief an Papst Gregor. Schon
724 nach Christus soll der Wandermönch Pirmin in der »Reichen Au«
mit 40 Mitbrüdern auf der damals noch unwirtlichen Insel im Untersee
ein Benediktinerkloster gegründet haben.

Während die heute bekanntere Insel Mainau mit ihren subtropischen Garten- und Parkanlagen Blumenfreunde aus ganz Deutschland anzieht, gedeihen im milden Bodenseeklima auf dem fruchtbaren Inselboden der Reichenau vor allem Obst und Gemüse vortrefflich. Das war schon zu Zeiten Strabos so, der im Gedichtzyklus »De cultura hortorum« die Heilwirkung einzelner Kräuter erläuterte und damit auf der Reichenau die erste europäische Abhandlung über den Gartenbau verfasste. Strabos »Visio Wettini«, die in lateinischen Hexametern die Visionen des Mönches Wetti im Angesicht des Todes schildert, gilt als Vorläufer von Dantes »Göttlicher Komödie«.

Auch die Reichenauer Buchmalkunst des 10. und 11. Jahrhunderts zählt zu den Sternstunden des frühen Mittelalters. Besonders kostbar ist das um 998 entstandene Evangeliar Ottos III. Ihre meisterliche Beherrschung der Buchillumination übertrugen die Reichenauer Mönche auf die Wandgemälde der Inselkirchen. So präsentiert die um 799 geweihte Kirche St. Peter und Paul in Niederzell in der noch karolingischen Ostapsis eine Darstellung des in der Mandorla thronenden Christus als Pantokrator (Allherrscher), die als eine der frühesten nördlich der Alpen gilt.

Nicht minder faszinierend ist die großflächige ottonische Ausmalung des Langhauses der um 890 geweihten Kirche St. Georg in Oberzell, die sorgsam restauriert wurde. Das Gotteshaus sollte die Kopfreliquie des heiligen Georg bewahren, die Abt Hatto III. von Papst Formosus erhalten hatte. Auf der Nord- und Südwand erscheinen je vier Evangelienszenen aus dem 10. Jahrhundert mit den Wundertaten Christi, darunter die Heilung des Besessenen von Gerasa, die Auferweckung des Lazarus und die Heilung eines Wassersüchtigen. Auffällig ist, dass der Messias dabei stets von links in das Bild tritt. Vertikale Ornamentleisten rahmen die rechteckigen Bilder, die unten perspektivisch wirkende durchgehende Mäanderfriese abschließen. In den Bogenzwickeln über den Säulen erscheinen Äbte mit Büchern in ihren Händen. Aus späterer Zeit stammen die Apostelbilder zwischen den Kirchenfenstern. Das Weltgericht in der Westapsis fügte der Konstanzer Maler Mohr 1708 hinzu.

Die 816 geweihte Mittelzeller Abteikirche St. Maria und Markus kann zwar nicht mit romanischen Fresken, dafür aber mit einem spätgotischen Hochaltar und Wandgemälden im Renaissancestil aufwarten. Außerdem besitzt sie einen offenen »normannischen Dachstuhl« aus Eichenholz, der wie ein umgestülptes Boot gezimmert wurde und fast vollständig erhalten ist. Vierung und Querhaus im Osten stammen noch von der karolingischen Kreuzbasilika Abt Heitos I., der als Berater Karls des Großen kurz zuvor von einer diplomatischen Reise aus Konstantinopel zurückgekehrt war und byzantinische Bauweisen auf der Reichenau einführte. Ein barockes Gemälde im nördlichen Seitenschiff illustriert, wie die Abtei vor dem Abriss der Klosterbauten aussah.

Dreimal im Jahr lebt die große religiöse Tradition der Reichenau wieder auf. Beim Markusfest (25. April) trägt die Bürgerwehr Gebeine des Evangelisten Markus in einem Schrein über die Insel, an Mariä Himmelfahrt (15. August) wird das Patrozinium des Münsters gefeiert, und dann gibt es noch das Heilig-Blut-Fest, das in der Woche nach Pfingstmontag stattfindet. Es geht zurück auf das Jahr 925, als ein byzantinisches Abtskreuz in den Besitz der Abtei kam, das nach der Überlieferung Blut Christi enthalten soll. An diesem Tag legen die Reichenauer Frauen die alten Trachten mit ihren schwarzen Radhauben an. Was Frauen betrifft, hatten die Mönche ja durchaus Humor. In einer um 1300 entstandenen Darstellung auf der linken Wand vor dem Chor von St. Georg ziehen Teufel eine Kuhhaut auseinander, auf der ein Gedicht geschrieben steht, das über die Schwatzhaftigkeit der Frauen lästert. Die geht ja bekanntlich auf keine Kuhhaut drauf.

UNTERKUNFT

mein inselglück
Individuelles Wohlfühlhotel der sympathischen Familien Staiger und Deggelmann inmitten von Salatbeeten. Die Zimmer sind in hellblau oder auberginefarben gehalten und geschmackvoll-modern eingerichtet, mit schöner Aussicht vom überdachten Balkon. Entspannung pur bietet der Wellnessbereich mit Sauna, Biosauna, Dampfbad, Infrarotkabine und vielfältigem Massageangebot. Dachterrasse mit Seeblick. Viel gelobt werden Frühstücks- und Salatbüfett. Gern nimmt man bei der Abreise eine leckere Kiste voller Gemüse mit (auf Vorbestellung). Das Hotel verleiht E-Bikes für Inselstreifzüge. Zum See sind es zu Fuß ca. sieben Minuten.
Abt-Berno-Str. 3, Tel. 07534 9955960, www.meininselglueck.de

RESTAURANTS

Restaurant Mohren
Das Restaurant des Ganter Hotels, eine empfehlenswerte Unterkunft in zentraler Lage, serviert feine regionale Fisch- und Fleischspezialitäten, darunter Rinderfilet, Kalbstafelspitz, Lammkeule, Schweinebacke, Kabeljau und Heilbutt.
Pirminstr. 141, Tel. 07534 99440, www.mohren-bodensee.de

Bei Riebels
Der viel gerühmte traditionsreiche Familienbetrieb, eine Fischhandlung mit offener Fischküche, glänzt mit köstlich frischem Bodenseefisch: Forelle, Saibling und Felchen aus eigener Räucherung. Sehr lecker sind auch der Fischburger und die pikante Fischsuppe. Man genießt die schwimmenden Schätze des Bodensees unter einem Glasdach oder im Grünen auf Bierbänken.
Seestr. 13, www.reichenauer-fischhandlung.de

70

Freiburg

Ein Stück sonniges Europa

*Was gibt es Schöneres, als in einem Freiburger Straßencafé
zu sitzen und sich vom Kellner erklären zu lassen, was »Ritscherle« und
»Sonnenwirbele« sind? Das Gespräch über badischen Feldsalat
ließe sich dann im Kastanienbiergarten der Hausbrauerei Feierling in der
Gerberau vertiefen. Auf dem malerischen Augustinerplatz nebenan
unterhalten Straßenkünstler ein buntes Publikum. Zu Hochform läuft die
Freiburger Multikulti-Szene auf, wenn über 150 000 Menschen
zum sommerlichen Zelt-Musik-Festival strömen: ein Spektakel mit
hochkarätigen Stars, heimischen Künstlern,
Gauklern und Clowns.*

*Blick vom herbstlich belaubten
Schlossberg zum Freiburger Münster.
Der 116 Meter hohe Westturm
des zwischen 1200 und 1513
erbauten Gotteshauses gilt als
ein Meisterwerk der Gotik.*

Immer weniger Abgase stören in der Radfahrerstadt mit ihrem vorbildlichen Nahverkehrskonzept die Idylle. Die Altstadt ist sogar ganz autofrei. Die Stöckelschuhe bleiben des Kopfsteinpflasters wegen aber besser zu Hause. Dafür kann man an schwülen Sommertagen die Füße in einem »Bächle« kühlen. So heißen die schmalen Kanäle, die noch heute an den Straßenrändern entlang die Innenstadt durchziehen.

Mit durchschnittlich rund 1700 Sonnenstunden im Jahr ist es am südwestlichen Zipfel Deutschlands fast immer etwas wärmer als anderswo. Kein Wunder, dass Freiburg schon früh den Ausstieg aus der Atomenergie beschloss und zum Zentrum der deutschen Solarenergieforschung aufstieg. Heute warnen die ersten Schwarzseher bereits vor einer Verspiegelung der Landschaft und würden die glitzernden Solarkollektoren aus den Urlaubsgebieten im Schwarzwald am liebsten verbannen.

Keine Solarzellen, sondern mittelalterliche Buntglasfenster erleuchten das Innere des Freiburger Münsters, eine beschwingte Stilreise von der Spätromanik über die Hochgotik zur Frührenaissance. Ein absolutes Meisterwerk ist der zwischen 1512 und 1516 von Hans Baldung Grien geschaffene Hochaltar. In einem von musizierenden Kinderengeln bevölkerten Himmel setzen Christus und Gott Vater, die beide wallende rote Mäntel tragen, einer demütig blickenden Maria in goldfarbenem Kleid und dunkelblauem Mantel eine goldene Krone auf. Über ihrem Kopf schwebt in einer goldenen Aureole die Taube des Heiligen Geistes. Auf den Seitenflügeln, den Pfingsttafeln, erscheinen jeweils sechs weiß gekleidete Apostel. Zwischen dem 1. Advent und Mariä Lichtmess bleibt der Altar geschlossen. Dann zeigen die Weihnachtstafeln vier Szenen aus dem Marienleben: Verkündigung, Heimsuchung, Christi Geburt und die Flucht nach Ägypten. Stundenlang könnte man exquisite Details bewundern. So symbolisiert ein Keramiktopf mit Maiglöckchen Marias Reinheit, Demut und Bescheidenheit, eine Gruppe weißer Kaninchen steht für Frühlingserwachen und Fruchtbarkeit, während der Distelfink ein Hinweis auf die Passion und den Opfertod Jesu Christi ist und die Schwertlilien den Schmerz der Mutter über den Tod ihres Sohnes allegorisch zum Ausdruck bringen.

Am reich skulptierten Hauptportal des Münsters lernt sogar der Teufel das Beten. Schließlich wartet noch der »schönste Turm der Christenheit«, wie der Kunsthistoriker Jacob Burckhardt begeistert notiert haben soll. Während man den gotischen Kathedralen in Köln und Ulm erst im 19. Jahrhundert die Turmspitzen aufsetzte, wurde der Freiburger Turm schon 1330 vollendet. Das Münster selbst,

dessen Grundstein um 1200 die Baumeister der Zähringer Herzöge legten, wurde allerdings erst 1513 fertig – gerade noch rechtzeitig. Kurz darauf überschwemmte billiges Edelmetall aus der Neuen Welt Europa, und die Silbervorkommen im nahen Waldgebirge, mit denen sich Freiburg im 14. Jahrhundert sogar die Reichsfreiheit unter dem Habsburger Doppeladler erkauft hatte, verloren bedeutend an Wert.

Insgesamt 333 Stufen sind bis oben zu erklimmen, eine Verschnaufpause kann in der Turmwächterstube und bei der Angelusglocke Hosanna, die 1258 gegossen wurde, eingelegt werden. Die Knöpfleglocke schlägt pünktlich um elf Uhr: Sie soll die Hausfrauen angeblich daran erinnern, dass der Knöpfleteig fürs Mittagessen gerührt werden muss. Immer wieder bleibt man stehen, um das filigrane rötliche Maßwerk des Turms zu bewundern. Der Ausblick von der Plattform auf die nach dem Krieg größtenteils wieder aufgebaute Altstadt ist sagenhaft. Eng schmiegen sich die Häuser in den Gassen aneinander, bunt leuchten die Stände des Bauernmarkts auf dem Münsterplatz, rostrot erstrahlt das spätgotische Historische Kaufhaus mit Arkadengang und wappengeschmückten Erkern.

UNTERKUNFT

Colombi
Freiburgs Renommierhotel bietet einfach alles. Die Zimmer sind sehr individuell und elegant mit Stilmöbeln eingerichtet und in den Farbtönen Crème, Gold, Rot und Grün gehalten. Die besonders luxuriöse Colombi-Suite eröffnet einen berauschenden Ausblick auf das Freiburger Münster und die malerische Altstadt. Für Höhenflüge der badisch-französischen Gourmetküche sorgt Renee Rischmeyer im Sternelokal Zirbelsube. Wellness pur verspricht die großzügige Badelandschaft mit Sauna und Dampfbad.
Rotteckring 16, Tel. 0761 21060, www.colombi.de

RESTAURANTS

Oberkirchs Weinstube
In diesem Traditionshaus von 1738 laden nicht nur die wohnlichen Zimmer des Hotels Oberkirch zur Übernachtung ein. Hier genießt man in behaglicher Atmosphäre regionale Leckereien, im Frühjahr abgestimmt auf badischen Spargel, im Herbst auf Schwarzwälder Wildgerichte. Die Karte mit badischen Weinen ist vorzüglich. An warmen Tagen lockt die Münsterplatzterrasse.
Münsterplatz 22, Tel. 0761 2026868, www.hotel-oberkirch.de

Zum Roten Bären
Am Schwabentor serviert der Gasthof mit langer Geschichte – der erste Bärenwirt wird 1387 urkundlich erwähnt – in seiner alemannischen Stube modern und leicht interpretierte regionale Spezialitäten und Weine. Man kann hier auch in behaglichen Zimmern übernachten.
Oberlinden 12, Tel. 0761 387870, www.roter-baeren.de

Das Münster, im Krieg wie durch ein Wunder verschont, weist einen reichen Schatz an mittelalterlichen Glasfenstern auf.

71

Baden-Baden

Geschichten aus dem schönsten Casino der Welt

»Roulette bis sechs Uhr abends. Alles verloren.« So lapidar liest sich der Eintrag in Leo Tolstois Tagebuch vom 14. Juli 1857. Die Spielbank von Baden-Baden an den Hängen des nördlichen Schwarzwalds inspirierte auch andere russische Dichter, darunter Iwan Turgenjew, der sieben Jahre in der Kurstadt lebte: Er schrieb hier den Roman »Rauch«. Fjodor M. Dostojewski verspielte in Baden-Baden sogar die Eheringe und setzte seinen Erfahrungen am Roulettetisch im Roman »Der Spieler« ein literarisches Denkmal.

Rosenzüchter und -freunde haben ihre helle Freude im Neuheitengarten auf dem Beutig in Baden-Baden, wo sich alles um das Thema Rosen dreht. Hier wird man von Schönheit, Duft und Blütenfülle einfach überwältigt.

*»Die schönste Spielbank der Welt«, soll
Marlene Dietrich ausgerufen haben, als sie
in Baden-Baden zu Besuch weilte.*

In den sprudelnden Kochsalzthermen von Baden-Baden kurte schon der römische Kaiser Caracalla im Jahre 213 n. Chr. 1863 trafen sich im Hotel d'Angleterre gleich drei Kaiser: Franz Joseph I. von Österreich, Zar Alexander II. von Russland und Napoleon III. Europas Elite, aber auch ihre teuersten Kurtisanen stiegen in den besten Herbergen der Stadt ab. Marie Duplessis, historisches Vorbild für die »Kameliendame« von Alexandre Dumas und Verdis Violetta Valéry in »La traviata«, weilte 1842 in der Kurstadt. Eine andere glanzvolle Erscheinung der »demi-monde«, Cora Pearl, reiste 1864 wie eine mondäne Fürstin an.

Von außen macht das Casino im rechten Kurhausflügel gar nicht so viel her, doch drinnen schufen die französischen Pächter vier Säle im schönsten Stil der Belle Époque. Die Wände des Roten Saals sind mit rotem Seidendamast bespannt, und der mit klassizistischen Frauenplastiken und Wandspiegeln besonders prachtvoll ausgestattete Florentiner Saal ist mit Fantasielandschaften ausgemalt.

Ihren ersten Höhenflug verdankt die Spielbank dem Franzosen Antoine Chabert. Neben der Geschäftsführung der Spielbank verantwortete er auch das Veranstaltungsprogramm. Der Umsatz stand bei ihm jedoch anscheinend an erster Stelle, die Kunst an zweiter: Es heißt, der Pächter habe einmal das Piano aus dem Conversationssaal schaffen lassen, weil Felix Mendelssohn Bartholdy mit einem improvisierten Klavierspiel die Gäste vom Geldverlieren abhielt. Auch Niccolò Paganini, Johannes Brahms, Clara Schumann und Franz Liszt fesselten die illustren Besucher Baden-Badens.

Nachdem die französischen Spielsäle aufgrund eines Verbots geschlossen worden waren, übernahm 1838 der Pariser Spielbankpächter Jean Jacques Bénazet das Casino Baden-Baden. Der »Roi de Bade« und später sein Sohn Oscar Edouard machten die kleine Kurstadt endgültig zur Sommerhauptstadt Europas und finanzierten mit Spielbankeinnahmen u. a. die von exotischen Bäumen gesäumte Lichtentaler Allee, den ersten Bahnhof Baden-Badens und das Theater im neobarocken Stil der Pariser Oper, für dessen Eröffnung Hector Berlioz eigens »Béatrice et Bénédict« komponierte.

1872 verfügte die Reichsregierung in Berlin die Schließung aller deutschen Spielbanken, und Baden-Baden kümmerte sich wieder um seine Thermen. Schon von 1821 bis 1823 war das klassizistische Kurhaus errichtet worden, von 1839 bis 1842 kam der Wandelgang der Trinkhalle hinzu. 1877 wurde mit dem Friedrichsbad einer der prächtigsten Badetempel Europas eröffnet.

»Die schönste Spielbank der Welt«, soll Marlene Dietrich begeistert ausgerufen haben, als sie in Baden-Baden zu Besuch weilte. »Faites vos jeux!«

UNTERKUNFT

Belle Epoque
Für alle, denen es im weltberühmten Grandhotel Brenner's Park-Hotel gar zu opulent zugeht, ist diese charmante, nur einen Steinwurf vom Casino entfernte Neorenaissance-Villa von 1874 die perfekte Alternative. Die Atmosphäre ist wesentlich intimer, der Hotelpark traumhaft, und die 20 Zimmer und Suiten sind elegant und individuell mit Antiquitäten aus vier Jahrhunderten eingerichtet, von Louis XIV. bis zum Jugendstil. Der Salon »Belle Epoque« mit offenem Kamin ist der ideale Ort für eine gepflegte Tea Time. VIP-Tickets für das Festspielhaus liegen für Hausgäste bereit.
Maria-Viktoria-Str. 2, Tel. 07221 300660, www.hotel-belle-epoque.de

RESTAURANTS

Weinstube im Baldreit
Das versteckte, besonders von Einheimischer frequentierte Altstadtlokal glänzt mit badischer, französisch verfeinerter Küche und einer vorzüglichen Auswahl lokaler Weine. Tatar vom Albtäler Weiderind, Blutwurst mit Kartoffeln, Maultaschen, geschmorte Schweinebäckchen und Flammkuchen in zahlreichen Varianten überzeugen. Man speist in gemütlicher Atmosphäre im Kellergewölbe mit Kaminfeuer, im Sommer auch im zauberhaften Innenhof.
Küferstr. 3, Tel. 07221 23136

Röttele's Restaurant
Schloss Neuweier, eine sehr stilvolle Unterkunft im gleichnamigen Stadtteil, bietet den passenden Rahmen für badische Gourmetküche mit mediterranem Einschlag. »Il menu di Passione« verwöhnt mit geschmorten Ochsenschwanzravioli in Burgunderjus oder gefülltem Stubenküken mit Morcheln und Gänseleber. Von der Terrasse bietet sich ein herrlicher Blick auf die Weinberge.
Mauerbergstr. 21, Tel. 07223 800870, www.armin-roettele.de

Der Zuschauerraum des 1862 eingeweihten Theaters am Goetheplatz in Baden-Baden wurde im Rokokostil gestaltet.

72

Maulbronn

Wo Hölderlin und Hesse studierten

Der dreischalige Brunnen des Klosters wird von Bergquellen gespeist.

»Das Gewölbe spielte in ewig holdem Spiel mit den lebendigen Tönen,
heut wie gestern, heut wie damals, und stand herrlich in sich begnügt und
vollkommen als ein Bild von der Zeitlosigkeit des Schönen.«
So idyllisch wie das hier beschriebene Brunnenhaus hat Hermann Hesse das
Kloster Maulbronn, in dem schon der Astronom Johannes Kepler
(1571–1630) und später der Lyriker Friedrich Hölderlin Griechisch
und Mathematik büffelten, nicht immer gesehen.

In seiner Erzählung »Unterm Rad« (1906) zerbricht ein Schüler an ehrgeizigen Erwartungen. Wie der spätere Literaturnobelpreisträger selbst bekannte, steckte darin »ein Stück wirklich erlebten und erlittenen Lebens« aus der Zeit, in der die strenge evangelische Lehranstalt Maulbronn für den Seminaristen Hesse die Hölle war, mit einem »Paradies« mittendrin.

Paradies, das ist die spätromanische, schon frühgotische Elemente aufweisende Vorhalle der Klosteranlage, die seit 1993 zum UNESCO-Weltkulturerbe zählt, weil sie das in Europa fast einmalige Bild eines mittelalterlichen Klosters bietet, obwohl es seit der Reformation hier keine Mönche mehr gibt. Fast unverändert blieb der mit staufischer Wehrmauer und Befestigungstürmen eingefasste Klosterbezirk mit Jagdschloss, Mühle, Speisemeisterei, Fruchtkasten, Marstall, Vogtei, Herrenhaus, Küferei, Klosterspital, Schmiede, Gesindehaus, Scheune und weiteren Nebengebäuden. Aber auch die mit Seen, Kanälen, Gräben, Weinbergen, Wiesen, Feldern, Wäldern und landwirtschaftlichen Gütern, den »Grangien«, vom Zisterzienserorden geprägte Kulturlandschaft ist erhalten. »Unsere Weinfässer sind größer als die Wohnungen der ägyptischen Mönche, und unsere Fruchtspeicher geräumiger als ihre Klöster«, rühmte ein Abt schon im 12. Jahrhundert das Kloster. Der Abt und die zwölf Zisterziensermönche aus dem elsässischen Neuenburg, die 1147 Maulbronn gründeten, suchten in diesem wald- und wasserreichen Salzachtal am äußersten Rand des Schwarzwalds 20 Kilometer nordöstlich von Pforzheim Abgeschiedenheit und Verinnerlichung.

Mittelpunkt und architektonisches Juwel der Anlage ist der Kreuzgang mit seinen hochgotischen verglasten Maßwerkfenstern, dem sechsteiligen Rippengewölbe und kunstvoll gearbeiteten Blattwerk-Kapitellen. An der Nordseite steht das von Hesse gerühmte hochgotische Brunnenhaus mit dem typischen zisterziensischen Drei-Schalen-Brunnen. Dahinter liegen der Schlafsaal, der Kapitelsaal und die hohe Refektoriumshalle der Chorherrenmönche, in deren Übergangsarchitektur die schwere romanische Tonne durch die rhythmisch gegliederten Kreuzrippen der burgundischen Frühgotik abgelöst wird. Der Kapitelsaal am Ostflügel zeigt ein Sterngewölbe, das auf schlichten Mittelpfeilern ruht.

Noch ganz dem Stil einer romanischen Pfeilerbasilika verhaftet ist dagegen die 1178 geweihte Klosterkirche im Süden des Kreuzgangs. Ihre asketische Architektur im Sinn der Forderung des Bernhard von Clairvaux (1090–1153) war ein bewusster Gegenentwurf zur spätromanischen Prachtentfaltung in der französischen Abteikirche Cluny III. Die Schönheit der zisterziensischen Architektur sollte allein in der Ausgewogenheit der Maße und der Klarheit der Linien wirken. Die ursprüngliche flache Balkendecke des Langhauses wurde um 1424 durch ein gotisches Netzgewölbe ersetzt. Im Chor und im Bereich der Langhausarkaden sind zarte geometrische und pflanzlich-ornamentale Ausmalungen erhalten. Noch aus der ersten Bauzeit stammt die steinerne, oben mit einem Schachbrettfries abschließende Chorschranke, die den Mönchschor vom Bereich der im Wirtschaftshof tätigen, nur mit niederen Weihen ausgestatteten Laienbrüder trennte.

Vor der Schranke (ursprünglich auf ihr) und neben dem Altar steht das 1473 gefertigte mächtige Maulbronner Steinkruzifix. Kunstvoll geschnitzt ist die von einem Hochaltar erhaltene kleine Madonnenstatue von 1394 in einer Nische des Langhauses, aber auch die Maulbronner Madonna, die um 1300 geschaffen wurde, der spätgotische Abtsstuhl sowie das um 1450 entstandene 92-sitzige Gestühl aus der Ulmer Schule im Mönchschor.

Am Ende zieht es den Besucher genau wie Hesse noch einmal in das Brunnenhaus: »Verzaubert in der Jugend grünem Tale / Steh ich am moosigen Säulenschaft gelehnt / Und horche, wie in seiner grünen Schale / Der Brunnen klingend die Gewölbe dehnt.«

UNTERKUNFT

Klosterpost
Das traditionsreiche Haus in der Nähe des Klosters mit Blick auf die Weinberge ist praktisch das einzige echte Hotel vor Ort. Alternativ kommen nur noch einfache Pensionen in Frage. Die mit einem Fahrstuhl zu erreichenden sauberen Zimmer sind etwas in die Jahre gekommen, aber alle mit Bad, Flachbild-TV und Schreibtisch ausgestattet. Einige bieten einen Balkon. Die drei Gaststuben servieren regionale Spezialitäten, und im historischen Gewölbekeller wird des Öfteren Wein verkostet.
Frankfurter Str. 2, Tel. 07043 1080, www.klosterpost.de

RESTAURANTS

Klosterschmiede
Im zum Hotel Klosterpost gehörenden Restaurant kommt u. a. eine Reihe schmackhafter Maultaschengerichte auf den Tisch, die der Schwabe liebevoll »Herrgottsbscheißerle« nennt, weil ausgerechnet die strengen Maulbronner Zisterziensermönche während der Fastenzeit das eigentlich verbotene Hackfleisch kunstvoll in Teigtaschen versteckten.
Klosterhof 32, Tel. 07043 1080, www.klosterschmiede.de

Zum Scheffelhof
Hier schmecken Dry Aged Steaks aus eigener Reifekammer, Doradenfilet sowie Pizza und Pastagerichte. Auch der »Scheffelburger« findet viel Anklang. Im Sommer wird eine Lounge im Hof mit chilliger Musik eingerichtet. Übernachten kann man in mehreren sehr anständigen Pensionszimmern.
Frankfurter Str. 9, Tel. 07043 952517, www.scheffelhof-maulbronn.de

73

Heidelberg

Auf dem Philosophenweg

»Um gut zu wirken, muss eine Ruine den richtigen Standort haben.
Diese hier hätte nicht günstiger gelegen sein können«, befand Mark Twain
in seinem satirischen Reisebuch »Bummel durch Europa« (1880)
über das Heidelberger Renaissanceschloss, das der englische Maler William
Turner in geradezu psychedelisch wirkenden Sonnenuntergangsansichten
verklärte. Wie schon Lessing, Goethe und Eichendorff, Sir Walter Scott und
Victor Hugo vor ihm bewunderte Mark Twain gleich einen ganzen
Sommer lang die wunderbare Aussicht vom Naturbalkon des Philosophen-
wegs auf die imposante Ruine der Schlossanlage, den Neckarfluss
mit der Alten Brücke und das barocke Häusergewirr der Altstadt,
aus dem der schlanke Turm der Heiliggeistkirche aufragt.

*Für Besucher aus aller Welt ein
Symbol deutscher Romantik: die Schloss-
ruine Heidelberg mit Blick auf Stadt
und Neckar. Zerstört wurde die ehemals
kurfürstliche Residenz im Pfälzischen
Erbfolgekrieg (1688–1697).*

Auf dem Philosophenweg sollen einst tagsüber Gelehrte (und abends verliebte Studenten) gewandelt sein. Heute erfreuen sich vor allem Spaziergänger an dem zwei Kilometer langen Pfad.

Unzählige Gelehrte und Studenten sind während ihres Studiums der sieben freien Künste den Philosophenweg entlanggewandelt und haben dabei vielleicht Latein- und Griechischvokabeln memoriert. Auf dem berühmten Weg herrscht ein geradezu toskanisches Klima: Am Sonnenhang des Heiligenberges gedeihen exotische Pflanzen wie Japanische Wollmispel und Amerikanische Zypresse, Spanischer Ginster und Portugiesische Kirsche, Zitronen- und Granatapfelbaum, Bambus, Palme und Pinie. Trotz der fantastischen Aussicht finden bei Weitem nicht alle Touristen hierher, weil keine bequeme Bergbahn hinauffährt wie zum Heidelberger Schloss auf der Jettenbühl-Terrasse unterhalb des Königstuhls.

Wer vom Merianblick auf den östlichen Teil der Altstadt schaut und dieses Panorama mit einer Stadtansicht Matthäus Merians von 1620 vergleicht, stellt verblüfft fest, wie wenig sich dieses »Haidelberga« in 400 Jahren verändert hat, vom Schloss einmal abgesehen, das während des Pfälzischen Erbfolgekrieges Ende des 17. Jahrhunderts von französischen Truppen zerstört wurde. Dass Hölderlins »Ländlichschönste« im Zweiten Weltkrieg verschont blieb, ist möglicherweise der in den 1920er-Jahren in den USA überaus erfolgreichen Operette »The Student Prince« zu verdanken, in dem ein Prinz sein Herz in Heidelberg verliert. Statt diesen Inbegriff der deutschen Romantik zu bombardieren, richteten die Amerikaner hier lieber nach 1945 ihr europäisches Hauptquartier ein. Über mangelndes Publikum können sich die Sommeraufführungen des Musicals im Schlosshof bis heute nicht beklagen.

Zum Hort deutscher Studentenseligkeit wandelte sich Heidelberg mit der Neuorganisation der Universität unter Kurfürst Karl Friedrich von Baden im Jahre 1803. Es begann mit Clemens Brentano, der zusammen mit Achim von Arnim von 1805 bis 1808 »Des Knaben Wunderhorn« veröffentlichte, eine Sammlung von Volksliedtexten vom Mittelalter bis ins 18. Jahrhundert. 1817 zog der Schriftsteller Jean Paul geradezu triumphal in Heidelberg ein. Joseph Victor von Scheffel setzte mit seinen berühmten Liedern wie »Alt Heidelberg du feine« und »Gaudeamus igitur« der Trinkfestigkeit der Heidelberger Studenten ein unsterbliches Denkmal. Die seltsamen Trink- und Fechtrituale der Burschenschaften, über die Mark Twain höchst amüsant zu erzählen weiß, sind vielen deutschen Besuchern heute ein wenig suspekt. Amerikanische und asiatische Touristen sind da toleranter. Im Keller des Schlosses neben dem Friedrichsbau knipsen sie begeistert das berühmte und viel besungene Heidelberger Fass aus dem 18. Jahrhundert, das 221 726 Liter fasste, und schmunzeln über den trinkfreudigen Zwerg Perkeo, den Hofnarren und Hüter des Großen Fasses.

Auch im Studentenkarzer an der Rückseite der Alten Universität wird äußerst gern fotografiert. In früheren Zeiten saßen Studenten hier bei Verstößen gegen die öffentliche Ordnung bis zu vier Wochen lang ein. Lediglich die Lehrveranstaltungen durften sie besuchen. Wie sie sich die Mußestunden vertrieben, ist noch heute an den Wänden des Karzers abzulesen. Künstlerisch wertvoller ist sicherlich der berühmte Zwölfbotenaltar von Tilman Riemenschneider im Kurpfälzischen Museum. Und im wunderbar ruhigen Garten des Museums trifft man, anders als im zugegebenermaßen trotzdem zauberhaften barocken Schlossgarten, zur Abwechslung mal keine Touristenmassen, sondern echte Heidelberger. Und die sind mit Sicherheit zivilisierter als der Homo heidelbergensis, der schon vor 600 000 Jahren durch das Neckartal streifte.

UNTERKUNFT

Die Hirschgasse
Schon 1472 wurde das Gebäude am Heiligenberg erstmals in der Heidelberger Stadtchronik erwähnt. Dementsprechend viel könnten die alten Mauern erzählen, etwa von Mark Twains Besuch einer Mensur und einem Duell Bismarcks. Heute lädt hier das luxuriöse Boutique-Hotel der Familie Kraft zu romantischem Aufenthalt in Suiten mit Landhausdesign von Laura Ashley ein. Einige sind in recht knalligen Farben, andere in zarten Pastelltönen gehalten. Manche bieten einen herrlichen Ausblick auf das Heidelberger Schloss. Im Restaurant Le Gourmet wird feine Sterneküche serviert, in der Mensurstube geht es bodenständiger zu.
Hirschgasse 3, Tel. 06221 4540, www.hirschgasse.de

RESTAURANTS

Scharffs Schlossweinstube
Schon als 27-Jähriger wurde Martin Scharff 1991 mit einem Michelin-Stern ausgezeichnet. Er hat ihn seitdem nicht mehr abgegeben. Inzwischen setzt er im Heidelberger Schloss kulinarische Glanzlichter, z. B. mit Rebhuhnbrust, Odenwälder Forelle oder Hirschkalbsrücken. Im Sommer speist man gerne auch im romantischen Schlosshof. Erlesene Weinkarte.
Schlosshof 1, Tel. 06221 8727010, www.heidelberger-schloss-gastronomie.de

Zum Roten Ochsen
Das 1703 erbaute Haus ist eines der ältesten und traditionsreichsten Studentenlokale Heidelbergs. In urgemütlichem Ambiente kommt Bodenständiges wie Badisches Schäufele, Odenwälder Wildschweinbratwürste und Kümmelbraten auf den Tisch.
Hauptstr. 217, Tel. 06221 20977, roterochsen.de

74

Schwetzingen
Freimaurerische Allegorien im Schlossgarten

Einzigartiges Ensemble: Blick auf Schloss Schwetzingen von der Gartenseite

*»Man glaubt durch Zauberei in eine Insel versetzt zu sein,
wo alles Ton ist, wo Nixen, Sylphen, Gnomen und Salamander,
Wasser-, Luft-, Erd- und Feuermelodien durcheinanderjagen
und dadurch die wundervollste Symphonie bilden«, so schwärmte
der aufklärerische Dichter C. F. D. Schubart vom
Schlossgarten der kurpfälzischen Sommerresidenz und Spargelstadt
Schwetzingen südlich von Mannheim.*

*»Ich will, bevor ich sterbe, noch einer Pflicht genügen
und einen Trost genießen: Ich will Schwetzingen wiedersehen.
Dieser Gedanke beherrscht meine ganze Seele.«
(Voltaire)*

Im Schlossgarten ist auch heute noch die freimaurerische Erwartung einer Wiederkehr des Goldenen Zeitalters erkennbar, in dem Toleranz, Vernunft und Weisheit regieren. Da führt eine chinesische Brücke über einen Teich, in dessen Wasser sich eine Moschee spiegelt, Symbol für die orientalische Weisheit. Ihr gegenüber erhebt sich ein Merkurtempel. Dieses als Ruine erbaute römische Kuppelgrab wird als Symbol der Vergänglichkeit und als Reminiszenz an den zerstörten Tempel Salomos gedeutet.

»Ich will, bevor ich sterbe, noch einer Pflicht genügen und einen Trost genießen: Ich will Schwetzingen wiedersehen. Dieser Gedanke beherrscht meine ganze Seele.« Das schrieb der berühmte französische Philosoph Voltaire, dessen Tragödie »Olympie« 1762 im wunderbar erhaltenen Schwetzinger Rokoko-Schlosstheater erstmals im öffentlichen Rahmen aufgeführt worden war. Ein Jahr später gab hier Wolfgang Amadeus Mozart als Siebenjähriger ein Konzert, und 1767 schaute Casanova vorbei. Auch Hölderlin und Eichendorff erinnerten sich beglückt an ihre Aufenthalte in Schwetzingen. Zur Aufnahme in die Welterbeliste hat es bisher trotzdem nicht gereicht, obwohl Schwetzingen die einzige erhaltene Gartenmoschee weltweit besitzt.

»Il faut cultiver son jardin«, so endet Voltaires berühmter Kurzroman »Candide«, den er zu großen Teilen in Schwetzingen schrieb. Genau das war der Wunsch des kunstfreudigen und sinnenfrohen Kurfürsten Carl Theodor (1724–1799). Seine neuesten Ideen von einem allegorischen Gartenprogramm übermittelte er seinem Baumeister Nicolas de Pigage und seinem Landschaftsarchitekten Friedrich Ludwig Sckell stets mit einem leutseligen »Will Er mir das machen?« Entstanden ist ein einzigartiges Ensemble aus Gartenkunst, Architektur, Skulpturen und Kunsthandwerk, das Geistesgeschichte und Moden von Barock und Rokoko über die Aufklärung bis hin zur Romantik zeigt.

Ein englischer Landschaftsgarten mit modellierten Flächen, stillen Wassern und verschlungenen Wegen schmiegt sich an den symmetrischen französischen Barockgarten, der auf die Mittelachse des Schlosses bezogen ist. Zirkelbauten und filigrane Laubengänge bilden das kreisförmige Parterre des Gartens, das in seiner Geometrie die rationalistische Auffassung der Aufklärung demonstriert. Im Zentrum steht der kreisrunde Arionbrunnen mit dem gleichnamigen Sänger in der Mitte, den nach der griechischen Mythologie Delphine vor dem Ertrinken retteten: eine Allegorie auf die Förderung der Musen durch den Kurfürsten. »Man sollte nicht meinen, dass in einem so kleinen Kopf etwas so Großes stecke.« Was Carl Theodor über den jungen Mozart dachte, der Schwetzingen mit insgesamt drei Besuchen beglückte, gilt sicher auch für ihn selbst: Nachdem er 1777 Kurfürst von Bayern geworden war, schenkte er München den Englischen Garten.

UNTERKUNFT

Villa Benz
Die kleine gepflegte Villa direkt an der Südseite des Schlossparks bietet zehn komfortabel und in hellen warmen Farben eingerichtete klimatisierte Zimmer, alle mit Flachbild-TV und eigenem Bad. Von einigen genießt man einen schönen Blick auf den Schlosspark. Die Zimmer zum Hotelgarten sind dafür ruhiger.
Zähringerstr. 51, Tel. 06202 936090, www.villa-benz.net

RESTAURANTS

Schwetzinger Brauhaus zum Ritter
In gemütlichen Gaststuben direkt am Eingang des Schwetzinger Schlosses wird seit 1831 gutbürgerliche Küche, z.B. Brauergulasch vom Weiderind, serviert, im Frühjahr natürlich auch eine große Auswahl an Gerichten mit Spargel direkt vom Feld. Dazu werden drei Sorten selbst gebrautes unfiltriertes Bier eingeschenkt, das frisch aus dem Lagerkeller gezapft wird.
Schlossplatz 1, Tel. 06202 924950, www.brauhaus-zum-ritter.de

möbius
Moderne Bistroküche in einem Feinkostladen? Nicht ungewöhnlich, würde nicht gerade ein Sternekoch dieses Konzept verwirklichen. Der Leipziger Tommy R. Möbius war bis 2017 Küchenchef im Restaurant »Die Ente« im nahen Ketsch, bevor er auf seinen 2004 erstmals errungenen Michelin-Stern pfiff und jetzt in der Schwetzinger Oststadt mittags und abends mediterrane Leckereien serviert, die ihm 2019 einen Bib Gourmand einbrachten. Die Bouillabaisse ist jedenfalls fabelhaft.
Kurfürstenstr. 22, Tel. 06202 6085020, www.dermoebius.com

75

Neckartal

Romantische Burgen

*Es gab ihn wirklich, den Haudegen Götz von Berlichingen (1480–1562).
Allerdings starb der echte fränkische Reichsritter nicht als junger Mann
im Gefängnisgärtchen zu Heilbronn, wie es Goethe in seinem berühmten
Drama von 1773 behauptet. Heute pilgern Touristen vom Ort
Neckarzimmern durch die Weinberge hinauf zur Ruine der Burg Hornberg,
auf der Götz lebte, gelegentlich in Hausarrest und Reichsacht. Wie
das Burgmuseum illustriert, kämpfte der »Ritter mit der eisernen Hand«
als Landsknecht für Kaiser, Markgrafen, Herzöge und Bischöfe,
aber auch für aufständische Bauern und auf eigene Rechnung.*

*Die Zwingenburg im romantischen
Neckartal. Bei den jährlichen Schloss-
festspielen kommt auch »Der Freischütz«
zur Aufführung, schließlich soll der
Komponist in der nahen Wolfsschlucht zu
dieser Oper inspiriert worden sein.*

*Die wildromantische Wolfsschlucht
diente Carl Maria von Weber als Inspiration
für seine Oper »Der Freischütz«, die
alljährlich bei den Festspielen auf der
Zwingenburg aufgeführt wird.*

An der Burgenstraße zwischen Heidelberg und Heilbronn liegt manch malerisches Fachwerkstädtchen, darunter das besonders reizvolle Mosbach, und oft thront darüber eine Burg oder Ruine. Viel gerühmt wird der Blick von der Terrasse der Burganlage Hirschhorn mit monumentalem Renaissanceschloss über das trutzige Städtchen Hirschhorn und die Neckarschleife. Nostalgisch wirkt auch die weithin sichtbare Zwingenburg, deren wildromantische Wolfsschlucht natürlich mit Carl Maria von Weber in Verbindung gebracht wird: Genau hier soll er sich Inspiration für seine Oper »Der Freischütz« geholt haben, die alljährlich bei den Festspielen auf der Zwingenburg aufgeführt wird.

Wieder ein herrliches Panorama, diesmal gegenüber von Neckargerach, genießt man von der in Ruinen liegenden Minneburg, der Sage nach Schauplatz von der unglücklichen Liebe des Burgfräuleins Minna von Horneck, die vor einer unerwünschten Zweckehe in eine Höhle flüchtete und dort viele Jahre auf ihren ins Heilige Land gezogenen Liebhaber wartete.

Besonders imposant ist die vieltürmige Stadtsilhouette von Bad Wimpfen hoch über dem Neckartal nördlich von Heilbronn. Sie wird bestimmt von vielen Bürgerhäusern mit alemannisch-fränkischem Fachwerk und der hervorragend erhaltenen, von Friedrich I. Barbarossa im 12. Jahrhundert gegründeten Kaiserpfalz. Vom staufischen Palas ist die Nordwand erhalten, deren Arkaden mit ihren unterschiedlich geformten Säulen und Kapitellen zu den schönsten Beispielen romanischer Baukunst zählen. Geradeaus weiter gelangt man zum Steinhaus: Deutschlands größter romanischer Wohnbau war vermutlich die Kemenate der staufischen Pfalz. Höchstes Gebäude und Wahrzeichen der Stadt ist der um 1200 entstandene Blaue Turm, der ehemalige westliche Bergfried. Seit über 650 Jahren hat hier ununterbrochen ein Türmer residiert, in den letzten Jahren war das Bianca Knodel, eine der wenigen Türmerinnen Deutschlands. Derzeit lebt sie allerdings im Exil, da die Stadt bis 2021 das Mauerwerk saniert. Sobald die Arbeiten abgeschlossen sind, wird auch wieder das traditionelle sonntägliche Turmblasen stattfinden.

Noch älter als die Pfalz ist das Kloster Bad Wimpfen im Tal, eine frühgotische Gewölbebasilika mit frühromanischem Westwerk und einem wunderbaren Kreuzgang. Von hier unten ist der Blick auf Bad Wimpfen besonders schön.

UNTERKUNFT

Neckarblick
Das familiengeführte Hotel ist im Landhausstil eingerichtet. Für eine helle, freundliche Atmosphäre sorgt das Mobiliar aus Kirschbaumholz. Die Zimmer bieten großzügige Bäder mit großen Wannen und Regenduschen. Am schönsten ist der Blick ins Neckartal von den Zimmern der Kategorie »Panorama«. Das Frühstücksbüfett wird in den Panoramagasträumen angerichtet. Den Abend lässt man mit einem Glas Wein oder Bier im gemütlichen Kaminzimmer ausklingen. Sehr schön ist die Sonnenterrasse.
Erich-Sailer-Str. 48, Bad Wimpfen, Tel. 07063 961620, www.neckarblick.de

RESTAURANTS

Restaurant Friedrich und Weinstube Feyerabend
Das im Stil der 1920er-Jahre eingerichtete Restaurant in der Altstadt von Bad Wimpfen bietet gepflegte Gastronomie. Sehr fein schmecken Hohenloher Rindertafelspitz, geschmorte Schweinebäckchen, bretonischer Seeteufel und rosa gebratenes Lammkarree. Nachmittags genießt man im Café Kuchen, Torten und Gebäck aus eigener Herstellung. Urig ist die Weinstube Feyerabend mit Gründerzeitambiente im gleichen Haus. Bei schönem Wetter sitzt man auf der gemütlichen Terrasse.
Hauptstr. 74, Bad Wimpfen, Tel. 07063 245, www.friedrich-feyerabend.de

Kräuterweible
Saftige Rumpsteaks und knuspriges Hähnchen (letzteres genießt nahezu Kultstatus in der Stadt) mit hausgemachtem Kartoffelsalat sind die Spezialitäten dieses netten, preiswerten und sehr populären Lokals.
Marktrain 5, Bad Wimpfen, Tel. 07063 470, www.kraeuterweible-badwimpfen.de

Von Kaiser Friedrich I. Barbarossa gegründet: die Wimpfener Kaiserpfalz mit Arkaden des ehemaligen Palas (um 1200)

Vom Aussichtspunkt Cloef bietet sich ein unvergesslicher Blick auf die Saarschleife bei Mettlach, das Wahrzeichen des Saarlandes.

DEUTSCHLAND DER WESTEN

Von den unergründlichen Vulkanseen der Eifel und stillen Wasserschlössern des Münsterlands bis hin zu den Fachwerkstädtchen des Odenwalds lockt links und rechts des Rheins eine der schönsten Kulturlandschaften Europas, mit romanischen Kaiserdomen und mittelalterlichen Burgruinen, aber auch mit Denkmälern des Industriezeitalters, die zum Weltkulturerbe wurden. Das heitere Moseltal wussten schon die Römer zu schätzen, und die Fahrt durch das dramatische Mittelrheintal gilt als Inbegriff weinseliger Landschaftsromantik. Der Hohe Dom zu Köln schließlich ist die beliebteste Sehenswürdigkeit der Deutschen überhaupt.

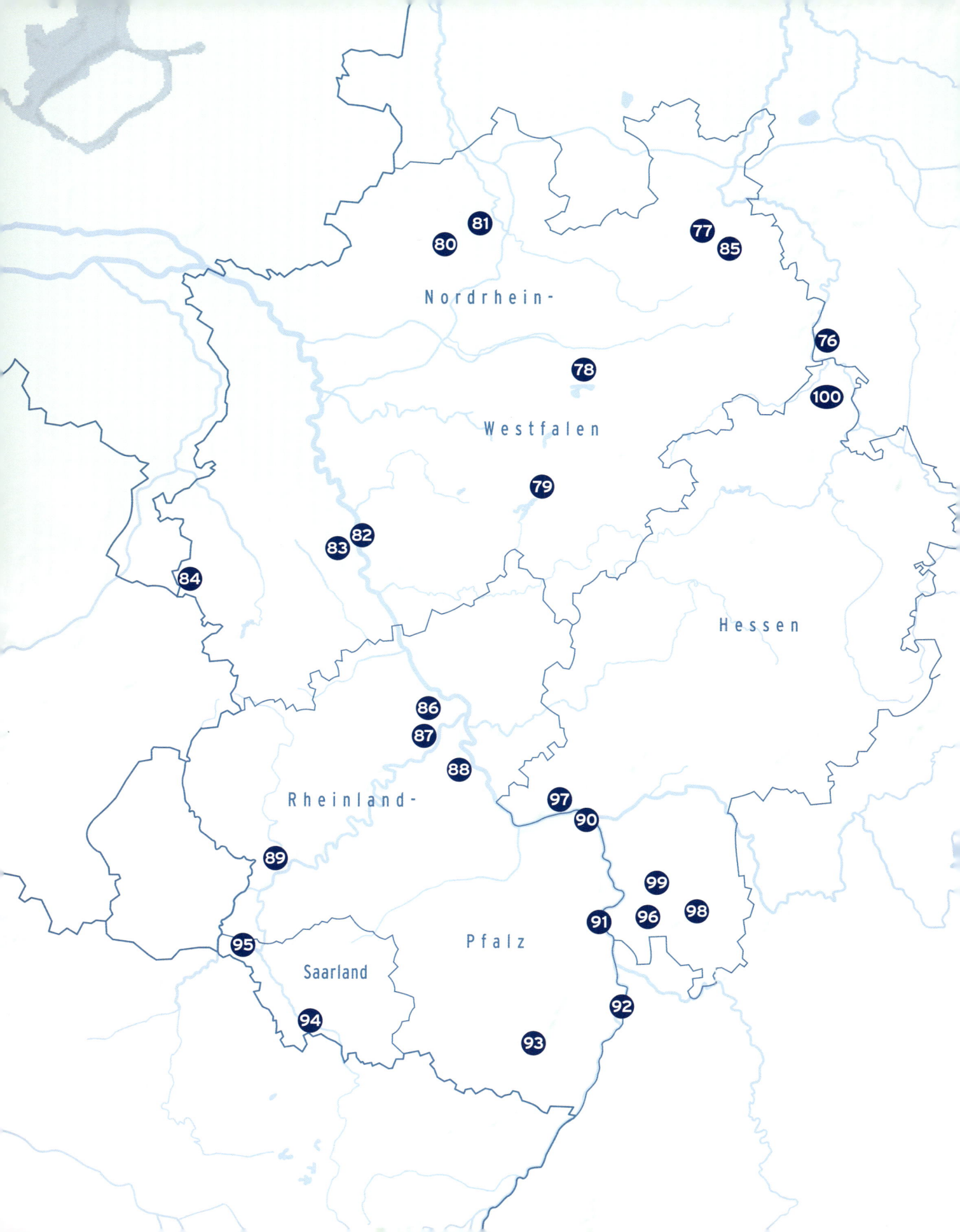

Nordrhein-

Westfalen

Hessen

Rheinland-

Pfalz

Saarland

DEUTSCHLAND – DER WESTEN

NORDRHEIN-WESTFALEN
76 Corvey
77 Lemgo
78 Soest
79 Atta-Höhle
80 Münsterland
81 Münster
82 Köln
83 Brühl
84 Aachen
85 Teutoburger Wald

RHEINLAND-PFALZ
86 Maria Laach
87 Burg Eltz
88 Oberes Mittelrheintal
89 Trier und das Moseltal
90 Mainz
91 Worms
92 Speyer
93 Kaiserburg Trifels

SAARLAND
94 Völklinger Eisenhütte
95 Zwischen Saar und Mosel

HESSEN
96 Lorsch
97 Kloster Eberbach
98 Odenwald
99 Darmstadt
100 Reinhardswald

76

Corvey

Eine Basilika als Bollwerk der karolingischen Renaissance

»Umgib, Du Herr, diese Stadt, und Deine Engel mögen ihre Mauern beschützen.« So bittet eine 1200 Jahre alte Sandsteintafel in lateinischen Lettern. Sie ist am mächtigen, weltweit einmaligen Westwerk der Reichsabtei von Corvey angebracht. Der untere Teil dieses turmartigen Vorbaus wurde bereits zwischen 873 und 875 der Abteikirche angegliedert. Er ist damit neben dem Aachener Dom und der Torhalle von Lorsch einer von nur drei verbliebenen Großbauten aus karolingischer Zeit in Deutschland.

Mehr als 200 himmlische Wesen zählt die Kirche der Reichsabtei Corvey, darunter diese vier Engel, die gleich Atlanten und ohne sichtbaren Kraftaufwand die berühmte Springladen-Orgel von 1681 tragen.

822 wurde die einstige Benediktinerabtei im erst wenige Jahrzehnte zuvor eroberten Sachsenland gegründet, in unmittelbarer Nachbarschaft der heutigen Stadt Höxter am Weserbogen. Ludwig der Fromme, Sohn und Nachfolger von Karl dem Großen, holte dazu Mönche aus dem westfränkischen Kloster Corbie im Somme-Tal. Aber ohne Reliquien keine Pilger: Ludwig stiftete die Reliquien des Erzmärtyrers St. Stephanus aus seiner Privatkapelle in Paris. Ebenfalls mit kaiserlicher Hilfe überführten die Mönche von Corvey 836 die Gebeine des heiligen Vitus aus St-Denis. Sein Kult verbreitete sich von Corvey aus bis nach Prag, wo sein Haupt 500 Jahre später im Veitsdom aufbewahrt und ausgestellt wurde.

Die äußere romanische Strenge des Westwerks täuscht: Die Arkaden des Johanneschors zieren farbenreiche Fresken mit Darstellungen aus der »Odyssee« aus dem 9. Jahrhundert. Sie sind ein Symbol der karolingischen Erneuerung: Die heidnisch-antike Literatur wird christlich uminterpretiert, und die Irrfahrten des Odysseus stehen nunmehr für die christliche Gottessuche. Außerdem hat man 1992 Wandvorzeichnungen für sechs lebensgroße, über den Chorpfeilern angebrachte Figuren entdeckt. Vom herausgehobenen Kaisersitz des Obergeschosses mit blauem Sternenhimmel und Blick zum Hochaltar der heute barocken Kirche hielten zwanzig Herrscher des Reichs Hof und Gericht. Seit 2014 ist Corvey UNESCO-Weltkulturerbe, mit dem offiziellen Titel: das Karolingische Westwerk und die Civitas Corvey.

Tatsächlich war Corvey eine einzigartige Stätte mittelalterlichen Geisteslebens. »Das Wunder Sachsens und des Erdkreises« nannten es zeitgenössische Chronisten. Hier studierte der adlige Nachwuchs antike Autoren, hier wurde die einzige noch erhaltene Handschrift der Annalen des römischen Historikers Tacitus aufgefunden. Bald sandte Corvey Missionare nach Ost- und Nordeuropa. Der heilige Ansgar, Apostel des Nordens und Erzbischof von Hamburg und Bremen, gelangte als Corveyer Mönch bis nach Skandinavien. Im 9. Jahrhundert wirkte Hrabanus Maurus, »Erster Lehrer Germaniens«, in Corvey als Sammler und Vermittler des Wissens seiner Zeit. Ein Jahrhundert später schrieb Widukind von Corvey hier die berühmte Sachsengeschichte bis in die Epoche Kaiser Ottos des Großen. Kaiser und Könige hielten ihre Hoftage in Corvey ab. Unter Abt Wibald von Stablo (1146–1158), der ein Ratgeber König Konrads III. war und das Westwerk zur Doppelturmanlage umbaute, erlebte Corvey seine letzte Blüte.

Im Dreißigjährigen Krieg wurden die Abteigebäude zerstört, doch bis 1699 prunkvoll im Barockstil mit Kreuzgang nach mittelalterlichem Grundriss wieder aufgebaut.

Leider riss man die dem heiligen Stephanus geweihte Klosterkirche von 844 mit ab. An ihre Stelle setzte der Fürstbischof von Münster und Fürstabt von Corvey, Christoph Bernhard von Galen, eine barocke Saalkirche mit Kreuzrippengewölben. Auch die Schätze der Klosterbibliothek gingen wiederholt in Bränden und während der Säkularisierung 1803 verloren. Heute ist in Corvey die fürstliche Bibliothek aus Hessen-Rotenburg mit rund 74 000 Bänden beheimatet. Ihr berühmtester Hüter und Mehrer war von 1860 bis zu seinem Tod 1874 Hoffmann von Fallersleben, der Verfasser des »Deutschlandliedes«. Er ruht auf dem Klosterfriedhof.

1716 wurde der Neue Weg angelegt, eine Allee, die den 113 Meter langen Klosterkomplex mit Höxter verbindet. Schon von Weitem sieht man die Doppeltürme der mittelalterlichen Kilianikirche, deren Kanzel von 1597 äußerst kunstvoll geschnitzt ist. Zahlreiche Gebäude Höxters sind mit Palmetten und Schnitzereien im Stil der Weserrenaissance verziert. Besonders schön sind die zweigiebelige Dechanei von 1561 und das Adam-und-Eva-Haus von 1571, an dessen Fassade der Sündenfall sowie die Jungfrau Maria und der Erzengel Gabriel dargestellt sind. Und der hat ja immerhin das Westwerk von Corvey beschützt.

UNTERKUNFT

Ringhotel Niedersachsen
Das komfortable Wellnesshotel liegt zentral und ruhig in der Altstadt, ca. sechs Gehminuten vom Bahnhof und 2,4 Kilometer von der Reichsabtei Corvey entfernt. Die freundlichen Zimmer mit Bad, einige mit Balkon, sind im Landhausstil eingerichtet und mit einem Flachbildfernseher, die gehobene Kategorie auch mit einer Sitzecke ausgestattet. Das Bad der Suite bietet eine Whirlpool-Badewanne. Im Untergeschoss ist ein Spa mit Innenpool und Whirlpool, Fitnessraum, Sauna und Dampfbädern untergebracht. Essen kann man in einem gemütlichen Restaurant, ein Glas trinken in der rustikalen Bier-/Weinbar mit Terrasse. Gutes Frühstücksbüfett.
Grubestr. 3–7, Höxter, Tel. 05271 6880, www.hotelniedersachsen.de

RESTAURANTS

Strullenkrug
Das schon 1901 eröffnete Wirtshaus ist in einem Fachwerkhaus in Höxter untergebracht und serviert solide Klassiker wie Westfälisches Krüstchen (paniertes Schweineschnitzel mit Speck, Zwiebeln, Spiegelei und Bratkartoffeln), Steaks und üppige Salate. Bei schönem Wetter öffnet der Biergarten.
Hennekenstr. 10, Höxter, Tel. 05271 7775, www.wirtshaus-strullenkrug.de

Knusperstübchen
Das auch als Unterkunft empfehlenswerte Flair Hotel Stadt Höxter in der »Hänsel und Gretel«-Stadt Höxter hat ein Restaurant-Café im Märchenstil eingerichtet. Serviert wird saisonal wechselnde regionale Küche von westfälischen Wintergerichten: Eintöpfe, Spargel, Scholle und Matjes bis hin zu Gans und Ente. Beim »Corvey Menü« werden Lieblingsgerichte der Fürstäbte nachgekocht.
Uferstr. 4, Höxter, Tel. 05271 69790, www.hotel-stadt-hoexter.de

77

Lemgo
Verhexte Geschichte

Lemgo anno dazumal: Blick auf das Rathaus mit Laube und Apothekenerker

Hexenbürgermeisterhaus? Das klingt nach Knusperknäuschenidylle aus einem Märchen der Brüder Grimm. Ein wenig wirkt es ja sogar wie ein Lebkuchenhaus, mit seinem manieristischen Steingiebel, seinen Schnörkeln und seinen Skulpturen von Adam und Eva über dem Portal. Doch dieses Meisterwerk bürgerlicher Renaissancearchitektur aus dem späten 16. Jahrhundert birgt ein düsteres Geheimnis. Hier wohnte keine Hexe – hier residierte einer der erbittertsten Hexenverfolger seiner Zeit.

War Lemgo, die alte Stadt der Grafen von Lippe, wirklich so ein Hexennest? Hermann Cothmann wütete jedenfalls als »Directore des Peinlichen Processus contra die Unholden und Hexen« und ab 1667 als Bürgermeister so sehr, dass um 1682 sogar das Reichskammergericht vom »blutdürstigen Gemüth des unbarmherzigen Richters und Bürgermeisters Kothmann« sprach. An die hundert Hinrichtungen hat er befohlen und auch männliche Kritiker nicht verschont. Maria Rampendahl (1645–1705), »ein überaus listiges Weib«, gilt heute als Heldin von Lemgo. Wie es so oft in diesen Verfahren geschah, wurde sie von einer anderen, wegen angeblicher Hexerei einem »peinlichen Verhör« unterworfenen – sprich gequälten – Beschuldigten der Komplizenschaft bezichtigt. Doch die selbstbewusste und unerschrockene Maria, die, was riskant und daher ungewöhnlich war, von ihrer Familie bedingungslos unterstützt wurde, ließ sich durch Drohungen nicht einschüchtern und beugte sich auch der Folter nicht.

Die Hexenprozesse fanden im mittleren Laubengang des außergewöhnlich schönen, aus acht Teilen bestehenden Rathauses statt.

»Ich werde keinen Fußbreit weichen«, schleuderte sie ihren Peinigern entgegen. Nach einem Rechtsgutachten der Universität Jena konnte sie daher nicht zum Tod verurteilt werden. Ja, sie verklagte sogar den Rat der Stadt, allerdings vergebens. Mit ihrer Verweisung der Stadt und des Landes auf ewig im April 1681 endeten aber die Hexenprozesse in Lemgo. Das offizielle Ende der Hexenverfolgung in Lemgo wurde jedoch erst 1715, also mehr als 30 Jahre später, mit der öffentlichen Verbrennung des sogenannten Schwarzen Buchs vollzogen, weil die darin angeführten Passagen »guten theils nunmehro für thorheiten gehalten werden«.

An Marias mutigen Widerstand erinnert die Stadt heute mit dem »Stein des Anstoßes« und einer Sonderausstellung im Hexenbürgermeisterhaus, das jetzt als Stadtmuseum dient. Bein- und Daumenschrauben, hölzerne Knebel, Streckleiter und Folterstuhl: Die in Lemgo bis in die 1980er-Jahre gepflegte Folklorisierung der Hexen ist passé.

Die Hexenprozesse fanden im mittleren Laubengang des außergewöhnlich schönen, aus acht Gebäudeteilen bestehenden Rathauses statt. Am Apothekenerker der reich gegliederten Renaissancefassade sind seit 1612 zehn berühmte Ärzte von Aristoteles über Hippokrates bis Paracelsus abgebildet, auch Rhazes und Geber Arabs, der »Vater der Chemie«. Ob sie seinerzeit dem Verfolgungswahn des Bürgermeisters entgangen wären?

Auch andere Häuser sind reich verziert: Das Planetenhaus in der Mittelstraße 36 stellt im Giebel die sieben damals bekannten Planeten (inklusive Sonne) als römische Gottheiten dar, allerdings noch mit der Erde als Zentrum. Kopernikus war noch nicht bis nach Lemgo gekommen. Konservativ zeigte sich auch Kaufmann Carsten Wippermann, der sich 1576 – fünf Jahre nach Fertigstellung des Hexenbürgermeisterhauses – in der Kramerstraße 5 ein stattliches Steingiebelhaus bauen ließ, mit rein spätgotischer Maßwerk- und Filialenverzierung.

Spätgotisch geprägt ist die Marienkirche, die mit ihrer wie ein Schwalbennest geformten Renaissanceorgel, die zwischen 1586 und 1612 in zwei Bauphasen entstand, eine der ältesten Orgeln Deutschlands besitzt. »Wie Engel Gottes«, berichtet die Chronik, habe die Stadt vor 700 Jahren die ersten Dominikanerinnen des Marienstifts aufgenommen. Na, wenigstens die.

UNTERKUNFT

Schlosshotel Stadtpalais
Das freundliche, familiengeführte Hotel ist in einem Fachwerkbau untergebracht, der im Stil der Weserrenaissance erbaut wurde und damit auf die Hansezeit der Stadt zurückgeht. Die Zimmer sind charmant und individuell eingerichtet: im historischen Teil des Hauses romantisch mit Antiquitäten. Man schläft sogar in authentischen Himmelbetten. Die Räume im neuen Trakt sind modern und sehr komfortabel gestaltet. Das Restaurant serviert unter anderem lippische Klassiker wie Lemgoer Sauerbraten mit Pumpernickelsauce, Apfelrotkohl und Kartoffelklößen.
Papenstr. 24, Tel. 05261 258900, www.hotel-stadtpalais.de

RESTAURANTS

Leeser Krug
Im Ambiente eines urigen Dorflokals kommt im Lemgoer Ortsteil Leese gutbürgerliche Küche »wie bei Oma« auf die Tisch, darunter das pfannkuchenartige Gericht »Lippischer Pickert« mit Rübenkraut und Marmelade, »Himmel und Erde« (Eintopf aus Kartoffeln und Äpfeln) mit lippischem Schnippelschinken sowie Hausmacher Sülze, Jungschweinebraten nach Westfalenart und warm geräuchertes Lachsforellenfilet mit Meerrettichsahne. Das alles zu unschlagbar günstigen Preisen.
Wittighöfer Str. 9, Tel. 05261 6310, www.leeser-krug.de

Safran House
Die fabelhafte, geheimnisvoll gewürzte Lammkeule dieses wirklich feinen, familiengeführten persischen Restaurants hätte sicher auch dem am Apothekenerker abgebildeten Alchemisten Rhazes gemundet, der um 865 in der Nähe des heutigen Teherans das Licht der Welt erblickte.
Braker Mitte 40, Tel. 05261 6664000, www.safranhouse-lemgo.de

78

Soest

Kirmes und Kirchen in der westfälischen Hansestadt

Burg Lipperode aus der Luft: Reste einer Wasserburg (13. Jh.) am rechten Ufer der Lippe

Eine dringende Empfehlung vorweg: Niemals den Namen der westfälischen Hansestadt wie »Söst« aussprechen, sonst landet man möglicherweise im Großen Teich! Im Mittelalter setzte man in Soest Spitzbuben kahlgeschoren auf die sogenannte Wippe und beförderte sie ins kalte Wasser des nicht gerade sauberen Ententeichs.

*Der Handel mit Tuch, Wein, Korn und
vor allem Salz machte Soest reich und zur damals
bedeutendsten Stadt Westfalens.*

Heute macht man das nur noch einmal im Jahr aus Traditionsgründen mit ausgewählten Honoratioren der Stadt, die man bei einer harmlosen Lumperei erwischt hat. Aber sicherer ist es doch, sich die korrekte Aussprache einzuprägen, zumal der Teich auch im Winter nicht zufriert: »Soost« heißt es und nicht anders!

Die Soester amüsieren sich gern: Ihre fünf Tage lange, 1417 erstmals erwähnte Allerheiligenkirmes ist die größte Innenstadtkirmes Europas. Modernste Fahrgeschäfte und Riesenräder stehen dann mitten auf dem von alten Fachwerkhäusern gesäumten Marktplatz und in der gesamten Altstadt, eine Million Besucher kommen jedes Jahr. Als Repräsentant der Kirmes wird das Jägerken von Soest gewählt, der Schelm aus Grimmelshausens »Simplicius Simplicissimus«, der im Dreißigjährigen Krieg an der Belagerung und Unterwerfung Soests teilnahm und schließlich die übel riechende Tochter des Wirtes aus dem heute noch bestehenden Soester Wirtshaus Pesel heiraten musste.

Im Mai, wenn Soests viele Gärten blühen, feiert man den Bördetag und wählt eine Bördekönigin, die dann mit dem Jägerken Späßken treibt. Die Börde, das ist die fruchtbare Soester Landschaft, deren Quellwasser so salzhaltig ist, dass man im Mittelalter mit Salzhandel das große Geschäft machte und Hansestadt wurde. Denn nur mit Salz konnten die Fischköppe an der Küste ihren Hering konservieren.

»Das geht auf keine Kuhhaut«, sagt ein altes Sprichwort, doch das alte Soester Stadtrecht ging noch drauf. Es gilt als das erste in Deutschland und wurde um 1125 tatsächlich auf eine Kuhhaut geschrieben, später allerdings so erweitert, dass es dann eben nicht mehr auf eine Kuhhaut passte. Ein Jahrhundert später kupferte Lübeck das Soester Recht ab, das mit einigen Änderungen als Lübisches Recht im gesamten Ostseeraum Anwendung fand.

Der Handel mit Tuch, Wein, Korn und vor allem Salz machte Soest reich und zur damals bedeutendsten Stadt Westfalens. Das Geld wurde nicht nur in prächtige Bürgerhäuser investiert, sondern in gleich zwölf Kirchen aus Grünsandstein. Besonders beeindruckt die stämmige romanische Propsteikirche St. Patrokli mit ihrem schönen Turm. Aus der Zeit um 1150 stammen die St. Petrikirche, auf deren Turm am Heiligen Abend das Turmsingen »Soester Gloria« stattfindet, sowie die Nikolaikapelle mit einem Altarbild des Renaissancemalers Konrad von Soest und mittelalterlichen Fresken. Die Hohnekirche bezaubert mit ihren Wand- und Deckenmalereien und dem gotländisch anmutenden Scheibenkreuz (um 1230). Eine Kuriosität ist in der 1376 geweihten gotischen Hallenkirche St. Maria zur Wiese zu sehen. Da zeigt ein kleines, um 1500 entstandenes Fenster über einem Seitenausgang das »Westfälische Abendmahl«: Jesus mit seinen Jüngern bei Schweinskopf, Schwarzbrot, Bier und Schnaps! Na, wenn das kein Grund war, Soest die Erfindung des Pumpernickels zuzuschreiben.

UNTERKUNFT

Hotel Pilgrimhaus
Das älteste Gasthaus Westfalens existiert bereits seit 1304 und war einst dem durch Grimmelshausens »Simplicius Simplicissimus« berühmten Kloster Paradiese vor den Toren Soests als Pilgerherberge unterstellt, denn Soest lag am westfälischen Jakobsweg. Man übernachtet in komfortablen Zimmern (besonders stimmungsvoll die Räume »Wein« und »Soest« im Haupthaus). Das Restaurant serviert Spezialitäten wie Lamm und Ente aus der Börde sowie ein großartiges Pumpernickel-Parfait. Dazu kommt ein zur Weinstube ausgebauter Jugendstil-Wintergarten von 1910.
Jakobistr. 75, Tel. 02921 1828, www.pilgrimhaus.de

RESTAURANTS

Im wilden Mann
In einem über 400 Jahre alten Fachwerkhaus am historischen Marktplatz kann man nicht nur gemütlich in zwölf Zimmern, die im Landhausstil eingerichtet sind, übernachten, sondern in rustikalen Räumlichkeiten internationale, aber auch urtypische westfälische Küche genießen, darunter Sauerbraten vom Wildschwein, Soester Schlachtplatte und Westfälischer Grünkohl mit Speck und Mettwurst.
Markt 11, Tel. 02921 15071, www.im-wilden-mann.com

Brauhaus Zwiebel
Eine echte Soester Institution: In diesem Brauhaus gibts in uriger Atmosphäre herzhafte westfälische Küche, darunter ein sehr üppig bemessener Sudhausbraten (in Soester Dunkel geschmorter, gefüllter Schweinebraten), eine große Auswahl an Schnitzeln und dazu vorzügliche, nicht filtrierte Soester Biere.
Ulricherstr. 24, Tel. 02921 4424, www.brauhaus-zwiebel.de

Das »Westfälische Abendmahl« am Nordfenster der Wiesenkirche zeigt Jesus und die Apostel, wie sie sich an Schinken und Bier laben.

79

Atta-Höhle

Reise in die Unterwelt

Ein Wunder an Farben und Formen: die im Jahre 1907 entdeckte Atta-Höhle in Attendorn

Wie unterscheidet man Stalaktiten von Stalagmiten? Da hilft eine Eselsbrücke: Man stelle sich das »t« in StalakTiten als Großbuchstaben vor, und schon weiß man, dass diese Tropfsteine von der Decke herabhängen, während die StalagMiten vom Boden in die Höhe ragen. Jedes Jahr wachsen die wundersamen Formationen um etwa einen Millimeter.

*Die Alhambra-Halle erinnert tatsächlich an
die Maurenburg in Andalusien, und die Tropfsteine
in der Orgelgrotte sehen aus wie Pfeifen.*

Das alles und noch viel mehr erzählt der Führer, der seine andächtig lauschenden Gäste durch die unterirdische Wunderwelt der sauerländischen Atta-Höhle unweit der alten Hansestadt Attendorn geleitet. Er bittet auch darum, die Tropfsteine keinesfalls zu berühren: Das Fett der Haut verhindert die Ablagerung von Kalk und somit das Wachstum.

Bald redet keiner mehr, nur noch die Schritte hallen, und stetig gluckst und tropft das Wasser, seit etwa 400 Millionen Jahren schon, als sich Kalkgebirge in den Korallenriffzonen des devonischen Meeres bildeten. Jahraus, jahrein ist es hier neun Grad kühl, und die Luft ist sauberer als im Hochgebirge oder an der See, völlig staub-, keim-, allergen- und ozonfrei, mit einer Feuchtigkeit von 95 Prozent. Also hat man in der Atta-Höhle eine »Gesundheitsgrotte« eingerichtet: Speläotherapie, eine Sonderform der Klimatherapie, ist bei Asthmatikern und Allergikern im Kommen, aber auch bei stressgeplagten Managern.

Steinbrucharbeiter der Biggetaler Kalkwerke legten 1907 durch eine Sprengung die wunderschöne Tropfsteinhöhle frei. Jährlich bestaunen an die 350 000 Besucher das ausgedehnteste zusammenhängende Höhlensystem Deutschlands, dessen größter, erst 1986 entdeckter Teil noch kaum erforscht ist. Über 5000 Meter soll er lang sein.

Was man auf dem 560 Meter langen Führungsweg hinein in das Höhlenlabyrinth entdeckt, ist atemberaubend genug: bis zu vier Meter lange, kunstvoll gewachsene Stalagmiten und Stalaktiten, steinerne Faltenwürfe, die Sinterfahnen genannt werden, milchweiß wie Alabaster leuchtendes Gestein, das Farbenspiel der Minerale und dazwischen kleine Seen mit glasklarem Wasser. Die bizarren Felsformationen beflügeln die Fantasie: Die Alhambra-Halle erinnert tatsächlich an die Maurenburg in Andalusien, und die Tropfsteine in der Orgelgrotte sehen aus wie Pfeifen.

Doch auch oberirdisch hat die Region einiges zu bieten. Die Höhle liegt mitten im Freizeit- und Erholungsgebiet Südsauerland. Wenige Kilometer südlich von Attendorn tummeln sich Wassersportler auf der Biggetalsperre, dem größten Stausee Nordrhein-Westfalens. In Attendorn selbst sind der »Sauerländer Dom« St. Johannes Baptist mit Barockausstattung, das gotische Alte Rathaus und die hoch über der Stadt thronende Burg Schnellenberg sehenswert. Sie wurde im 13. Jahrhundert errichtet und im 16. Jahrhundert im Renaissancestil ausgebaut, heute dient sie als Hotel. Von hier schweift der Blick über die sattgrüne Hügellandschaft mit der tiefblauen Biggetalsperre. Kaum vorstellbar, dass hier vor Millionen von Jahren ein tropisch-warmes Meer die Zauberwelt der Atta-Höhle schuf.

UNTERKUNFT

Burghotel Schnellenberg
In der schönsten Burganlage des Sauerlands, zwei Kilometer östlich von Attendorn, ist heute ein Hotel untergebracht, das seine Gäste in individuell und stilvoll eingerichteten Zimmern beherbergt. Besonders zu empfehlen sind die großzügigen Turmzimmer. Das Hotel verwöhnt seine Gäste mit Wellness und kulinarischen Genüssen wie Sauerländer Regenbogenforelle oder Dry Aged Tomahawk vom Repetaler Jungschwein. Serviert wird im eleganten, mit kostbaren Gemälden und Spiegeln ausgestatteten Festsaal, in zwei gemütlichen Turmzimmern und im Rittersaal mit Kamin. Von der Gartenterrasse bietet sich ein schöner Blick über die Stadt Attendorn. Im Spa genießt man unterschiedliche Massagen, Wellness und Beauty-Anwendungen.
Schnellenberg 1, Attendorn, Tel. 02722 6940, www.burg-schnellenberg.de

RESTAURANTS

Café Himmelreich
Direkt am Eingang der Atta-Höhle liegt das 1990 neu erbaute Höhlenrestaurant, dessen Gewölbedecken Höhlenflair vermitteln, von Spöttern aber eher als Gelsenkirchener Barock bezeichnet werden. Es gibt Wildbraten mit Waldpilzsauce oder Rheinischen Sauerbraten.
Finnentroper Str. 39, Attendorn, Tel. 02722 93750, www.atta-hoehle.de

Café Harnischmacher
Eine Institution in Attendorn, deren Spezialität die süßen Attendorner Iserköppe (Pralinen) sind. Natürlich gibt es hier auch sehr feine Torten.
Niederste Str. 5, Attendorn, Tel. 02722 2370, www.harnischmacher.com

80

Münsterland

Wasserschlösser, Herrensitze, Burgen

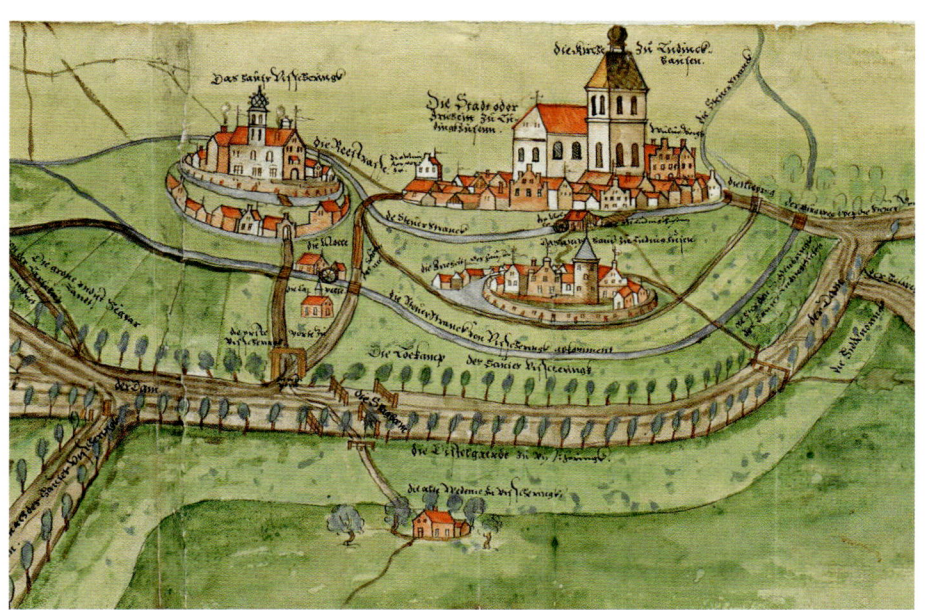

Heute ein Museum: Wasserburg Vischering im Münsterland (Federzeichnung von 1580)

»Seltsames schlummerndes Land! So sachte Elemente!
So leise seufzender Strichwind, so träumende Gewässer, so kleine
friedliche Donnerwetterchen ohne Widerhall!« So zärtlich beschrieb
Annette von Droste-Hülshoff (1797–1848), zu ihrer Zeit
unverstanden und ungelesen, heute als eine der größten deutschen
Dichterinnen verehrt, ihr Münsterland.

Zwei Herrensitze haben das Leben der oft kranken Einzelgängerin bestimmt. Geboren wurde sie auf der immer wieder umgebauten Wasserburg Hülshoff bei Münster-Roxel, die seit dem 15. Jahrhundert in Familienbesitz war. Hier verbrachte sie ihre Jugend, schrieb ihre ersten Gedichte. Ab ihrem 29. Lebensjahr wohnte sie dann im geliebten Rüschhaus acht Kilometer nordwestlich von Münster, das Johann Conrad Schlaun, Westfalens großer Barockarchitekt, zwischen 1745 und 1749 als Sommersitz für die Familie errichtet hatte. Von vorn wirkt es wie ein Bauernhaus, doch die rückwärtige Partie ist ein französischer Herrensitz mit Barockgarten. Auch Droste-Hülshoffs Wohn- und Arbeitszimmer, von ihr »Schneckenhäuschen« genannt, ist erhalten. Rundwege verbinden die beiden wenige Kilometer voneinander entfernten Anwesen, in denen zu Ehren der Dichterin Museen eingerichtet wurden.

Mehr als 150 oft versteckte Adelssitze sind im Münsterland noch zu finden. Es ist gar nicht so lange her, dass diese elegische grüne Landschaft aus ihrem Dornröschenschlaf erwacht ist. Erst in den 1980er-Jahren wies man ein 1400 Kilometer langes Radwegenetz aus, das mehr als 100 Wasserschlösser, Herrensitze, Burgen und Gräftenhöfe miteinander verbindet. Gemütlich radelt man auf Nebenstraßen und »Pättkes«, wie die querfeldein führenden, schmalen Rad- und Wanderwege hier heißen. In passablen Abständen gibt es kleine Hotels, Pensionen und Bauerncafés, und in manchen Schlössern wird sogar noble Cuisine aufgetragen. Aber noch immer sind die meisten Herrensitze in – zunehmend auch bürgerlichem – Privatbesitz und nur aus der Ferne zu bewundern; manchmal darf man wenigstens einen Blick in den Park werfen. Einige der schönsten stehen jedoch zur Besichtigung offen. Kein Anwesen gleicht dem anderen, doch allesamt sind sie aus Tieflandsburgen entstanden, die meist auf einem künstlichen Hügel errichtet wurden und von einem Wassergraben geschützt waren. Später baute man sie in ländliche Schlösser oder Amtshäuser um.

Schönste Burg des Münsterlandes ist die Burg Vischering in Lüdinghausen. 1271 als Bollwerk des Bischofs von Münster errichtet, ist sie zwar nicht einmal die älteste der Region, aber mit Vorburg, Ringmantelburg, Zugbrücke, Graben und festen Mauern geradezu das Ideal einer mittelalterlichen Wehranlage. Hier ist das Münsterlandmuseum untergebracht, und die Burg lockt mit einem opulenten Ritteressen. Man kann es aber auch bei einer Stippvisite mit

Kaffee und Kuchen belassen. Das Erstaunlichste an dieser hinter Erlen- und Eichenwäldchen versteckten Burg ist, dass man sie erst sieht, wenn man schon fast vor ihr steht.

Nicht minder sehenswert ist Schloss Nordkirchen, das der Fürstbischof Friedrich Christian von Plettenberg 1703 in Auftrag gab und das Johann Conrad Schlaun 1734 in wunderbar proportioniertem barock-klassizistischen Baustil aus hellem Sandstein und dunklen Ziegeln mit Gartenanlage, Orangerie und Skulpturen vollendete. Die UNESCO stufte das Ensemble als Gesamtkunstwerk von internationalem Rang ein. »Westfälisches Versailles« mag angesichts von Schlauns angenehm zurückhaltender Eleganz dann aber doch etwas übertrieben sein. Heute nutzt eine Fachhochschule das größte Schloss Westfalens. Fleißig gelernt wird auch im Haus Buldern bei Dülmen: Der spätklassizistische Bau aus dem 19. Jahrhundert ist heute ein exklusives Privatinternat. Besonders romantisch ist aber die barocke Anlage von Schloss Lembeck bei Dorsten aus dem 17. Jahrhundert. Im Anwesen der Grafen von Merveldt können sich Paare trauen lassen und die Hochzeitsnacht im Himmelbett verbringen.

Schönste Burg des Münsterlandes ist die Burg Vischering in Lüdinghausen.

UNTERKUNFT

Parkhotel Wasserburg Anholt
Das Wasserschloss ist heute eine vornehme Herberge, die auch Nicht-Übernachtungsgästen zur Besichtigung des Schlossmuseums und der Bibliothek offen steht. Die 31 Zimmer sind individuell und mit viel Geschmack eingerichtet. Besonders schön sind die Themenzimmer »Seerose« und »Prinzensuite«. Der 42 Hektar große Schlosspark lädt zu Spaziergängen ein. Das in der Vorburg untergebrachte Restaurant Wasserpavillon glänzt mit verfeinerter, mediterran inspirierter Küche und exzellenten Weinen. Der 24 Stunden vakuum-gegarte Schweinebauch mit Jakobsmuscheln und Dattelpüree und das Duett vom Anholter Lamm mit Keule und Bratwurst schmecken wirklich vorzüglich. In den Sommermonaten ist die Terrasse über dem Schlossteich geöffnet, im Winter der gemütliche Burgkeller.
Schloß 1, Isselburg-Anholt, Tel. 02874 4590, www.schloss-anholt.de

RESTAURANTS

Schloss Restaurant Venus
Im Gourmetrestaurant von Schloss Nordkirchen wird in gediegenem Gewölbeambiente anspruchsvolle internationale Küche serviert, die in einem »12-Stationen-Spaziergang durch die aktuelle Jahreszeit« genossen wird.
Schloß 1, Nordkirchen, Tel. 02596 972472, www.lauter-nordkirchen.de

Mutter Siepe
Nach einem Besuch der Burg Vischering lädt dieses elegante Lokal in Lüdinghausen zu internationalen und westfälischen Spezialitäten ein. Besonders zu empfehlen sind Lammrücken und Ragout vom Weidelamm (das Fleisch stammt aus eigener Schafzucht). In dem auf Radwanderer und Reiter eingestellten Haus kann man auch nett übernachten (sechs Zimmer).
Träppken 1, Lüdinghausen, Tel. 02591 8191, www.muttersiepe.de

81

Münster

Neues Jerusalem der Täufer

So mancher Tourist guckt ein wenig ratlos auf den Turm der Lambertikirche. Da hängen doch, weit oben, drei Eisenkörbe, und nachts flackert in jedem ein gespenstisches Lichtlein. Seit bald 500 Jahren hängen sie da schon, und der Vorschlag, die Symbole grausamster Justiz endlich in ein Museum zu verbannen, löst in Münsters Kneipen unter restaurierten gotischen Giebelfassaden bei obergärigem Altbier zuverlässig eine hitzige Debatte aus.

In eisernen Körben wurden im Mittelalter die Leiber von Hingerichteten auf den Turm der Lambertikirche gezogen und dort zur Abschreckung zur Schau gestellt.

*Mit Zwangstaufe, Gütergemeinschaft,
Bücherverbrennung und Bildersturm versank
das »Neue Jerusalem« bald in Tyrannei.*

Dabei hätte St. Lamberti eigentlich freundlichere Geschichten zu erzählen. Bischof Clemens August Graf von Galen bot hier dem Euthanasieprogramm der Nazis die Stirn, und in der Turmstube bläst Türmerin Martje Saljé zwischen 21 Uhr und Mitternacht alle 30 Minuten ins Horn, damit der Stadt gewisslich weder Feinde noch Brände drohen: ein seit 1379 gepflegtes Ritual. Am Dienstag hat sie frei, aber das wissen die Feinde sicher nicht.

Die Geschichte der drei Körbe in ihrer unmittelbaren Nachbarschaft findet auch sie gruselig. Mit glühenden Zangen hatte man den drei Führern der Täuferbewegung das Fleisch von den Knochen gerissen. Ihre zerfetzten Leiber ließ der Bischof zur Abschreckung in den drei eisernen Körben am Kirchturm von St. Lamberti aufhängen. Allzu heftig hatte die Bewegung der Täufer an den Grundfesten der Kirchenlehre gerüttelt, zu der ein durch Geburt festgelegter Glaube gehörte. Die Täufer akzeptierten nur die Erwachsenentaufe als bewusste Hinwendung zum Glauben. Der Täuferprophet Jan Matthys nutzte die Konflikte der Bürgerschaft mit dem Fürstbischof als Stadtherrn geschickt aus. Seine 1400 Jünger rissen die Macht an sich, vertrieben den Bischof und machten Münster zur Hochburg der Täufer. Doch mit Zwangstaufe, Gütergemeinschaft, Bücherverbrennung und Bildersturm versank das »Neue Jerusalem« bald in Tyrannei, und das für Ostern 1534 prophezeite Jüngste Gericht traf nur Matthys selbst, den die Soldaten des Fürstbischofs von Waldeck, der mit einer Belagerung die Stadt auszuhungern trachtete, ohne Federlesens vor dem Stadttor massakrierten.

Nachfolger Jan van Leiden trieb es, zusammen mit Statthalter und Scharfrichter Bernd Knipperdolling und Reichskanzler Heinrich Krechting, noch doller, errichtete das Königreich Zion, führte die Vielweiberei ein und heiratete Divara, die Witwe des Propheten Matthys: als eine von 17 Frauen. Am Ende siegte der Hunger. In der Nacht vom 24. auf den 25. Juni 1535 eroberten die Soldaten des Bischofs Franz von Waldeck nach Verrat die Stadt zurück und übten fürchterliche Rache. Bernd Knipperdolling, Jan van Leiden und Heinrich Krechtings Bruder Bernd widerriefen auch unter langer Folter nicht und starben eines grausamen Todes auf Münsters Marktplatz.

In der 2007 erstmals ausgestrahlten 20. Folge der TV-Krimireihe »Wilsberg« dreht sich alles um die Wiedertäufer. Wer die Serie guckt, wird bald alle wichtigen Sehenswürdigkeiten der mittelalterlichen Stadt kennen, in deren originalgetreu erhaltenen Friedenssaal 1648 königliche Gesandte den Westfälischen Frieden besiegelten: Prinzipalmarkt, Dom, Rathaus, Erbdrostenhof und das tatsächlich existierende Antiquariat Solder in der Frauenstraße. Und natürlich die Körbe des Schreckens.

UNTERKUNFT

Schloss Wilkinghege
Das Wasserschloss von 1550 liegt in schönster westfälischer Parklandschaft mit 18-Loch Golfplatz vor den Toren Münsters. Es bietet prachtvolle Säle und Salons, elegante Zimmer im Schloss und in der Dependance. Das Restaurant Von Rhemen serviert hervorragende klassische Küche mit modernem Pfiff unter einer Stuckdecke mit Kronleuchtern.
Steinfurter Str. 374, Tel. 0251 144270, www.schloss-wilkinghege.de

RESTAURANTS

Altes Gasthaus Leve
Münsters ältestes Gasthaus gibt es schon seit 1607, es musste allerdings nach dem Zweiten Weltkrieg neu errichtet werden. Hier schmecken bodenständige Gerichte wie Mettendchen, »Töttchen« (ein süßsaures Ragout), Münsterländer Wurstpfanne, Westfälisches Zwiebelfleisch und die herzhafte Lammhaxe. Man kann hier auch sehr schön übernachten.
Alter Steinweg 37, Tel. 0251 45595, www.gasthaus-leve.de

Giverny
Das gemütliche Innenstadt-Restaurant mit eleganter Bistro-Atmosphäre, ein langjähriger Familienbetrieb, ist auf französische Regionalküche spezialisiert und hat ein besonderes Faible für Fisch und Meeresfrüchte, vom Wolfsbarsch über die Rotbarbe bis hin zu Austern, Taschenkrebs, Hummer und Jakobsmuscheln. Am Mittwoch gibt es eine feine Bouillabaisse, mit fangfrisch vom Pariser Großmarkt eingeflogenen Mittelmeerfischen. Sehr fein schmeckt auch der Lammrücken mit Olivenkruste.
Spiekerhof 25, Tel. 0251 511435, www.restaurant-giverny.de

Diese Titelseite einer 1536 in Münster erschienenen Schrift erinnert an die 15-monatige Schreckensherrschaft der Täufer.

82

Köln

Im Hohen Dom

*Vollbusige Funkenmariechen und Fußballspieler des 1. FC Köln,
hoch auf den Domspitzen in Stein gemeißelt? Bisse jeck? Nun ja, die
Steinmetze, die nach dem Zweiten Weltkrieg eine Vielzahl von Kreuzblumen
ersetzen mussten, wollten eben nicht immer das gleiche steinerne Blattwerk
bearbeiten. Sogar Kennedy, Chruschtschow und de Gaulle sind dabei:
1960er-Jahre eben. Von unten bräuchte man ein Fernglas, um das gesamte
Panoptikum zu entschlüsseln. Den Tauben ist es ohnehin egal, worauf
sie köteln und damit den Steinmetzen auf ewig Arbeit sichern.
Daran können auch die Wanderfalken nicht viel ändern, die man als
biologische Taubenwaffe im Dom angesiedelt hat. Zwölf Millionen Euro
kostet der Unterhalt des Kölner Doms – pro Jahr.*

*Bollwerk der Gotik. Die 157 Meter hohen
Türme des Kölner Doms galten Ende
des 19. Jahrhunderts als höchstes Gebäude
der Welt, bis sie vom Ulmer Münster
mit 161 Metern überboten wurden.*

Der Deutschen liebstes Bauwerk erzählt eine unendliche Geschichte. Begonnen hat sie 1248, als Erzbischof Konrad von Hochstaden den Grundstein legte und Meister Gerhard anfing, die größte gotische Kathedrale der Welt zu bauen. Nur gotisch nannte man das damals noch nicht: Der Begriff kam als Schimpfwort in Mode, als die Renaissance ihren Siegeszug angetreten hatte und auch die Kölner die Lust am Weiterbau verloren. 1560 stellte man die Arbeiten ein: Der Baukran über dem Südturm wurde zum Wahrzeichen Kölns.

Doch selbst das unvollendete Werk beeindruckte: So besuchte der Ethnologe und Reiseschriftsteller Georg Forster 1790 »diesen herrlichen Tempel, um die Schauer des Erhabenen zu fühlen«. Da hatte der Dom seine schlimmsten Tage, die Entweihung durch Napoleons Truppen, noch vor sich. Goethe fand ein »krausborstiges Ungetüm« vor, nannte aber 1821 den Dom, dessen Wiederaufbau er unterstützte, »das tüchtigste, großartigste Werk, das vielleicht je mit folgerechtem Kunstverstand auf Erden gegründet worden«. 1814 fand man die mittelalterlichen Baupläne der Westfassade wieder, und so tönte der Publizist Joseph Görres in vaterländischem Pathos: »In seiner trümmerhaften Unvollendung, in seiner Verlassenheit, ist er ein Bild gewesen von Teutschland seit der Sprach- und Gedankenverwirrung; so werde er denn auch ein Symbol des neuen Reiches, das wir bauen wollen.«

Da mochte Heine in »Deutschland. Ein Wintermärchen« noch so sehr über »die armen Schelme vom Domverein« spotten: 1842 legte Preußens König Friedrich Wilhelm IV., der »Romantiker auf dem Throne«, den Grundstein zur Domvollendung, und keinem »Franzosenfresser« der damaligen Zeit fiel auf, dass die Gotik alles andere als altdeutscher Stil war, sondern auf der französischen Île de France ihre ersten Triumphe gefeiert hatte. Gleichviel: Was der geniale Dombaumeister Ernst Friedrich Zwirner (1802–1861) schuf, ist so authentisch gotisch, wie es nur sein kann, und dass der Dom so vortrefflich mit der stählernen Hohenzollernbrücke und dem benachbarten Hauptbahnhof harmoniert, war von Anfang an als Verbindung zwischen moderner Technik und mittelalterlicher Architektur geplant. Tatsächlich fällt man vom Hauptbahnhof fast in den Dom hinein, und so können ihn auch Durchreisende zwischen zwei Zügen besichtigen. Wenn die Zeit bis zum nächsten Anschluss sehr knapp ist, wirft man wenigstens durch die verglaste Eingangshalle des Bahnhofs einen Blick auf das Kölner Wahrzeichen.

Was schon um einiges schwerer ist: die gesamten 7000 Quadratmeter Fläche der gewaltigen Westfassade mit ihren zwei 157 Meter hohen Türmen von der meist zugigen Domplatte aus auf ein Foto zu bannen. Ein Tipp: Den besten Fassadenblick bietet die große Terrasse des Café Reichard. Aber interessante Perspektiven eröffnen sich an vielen Standorten. Als die Kölner am anderen Rheinufer Hochhäuser planten, drohte die UNESCO gar mit der Aberkennung des Weltkulturerbes: So wichtig ist die visuelle Integrität des Doms für die Kölner Stadtsilhouette. Die Pläne sind aber inzwischen wieder in der Schublade verschwunden.

Den mehr als sechs Millionen Dombesuchern pro Jahr ist das Gezerre ums Weltkulturerbe wahrscheinlich egal, denn die architektonischen und künstlerischen Schätze des Doms sprechen für sich. Alt und Neu fügen sich harmonisch ineinander. Man betritt den Dom durch das unter dem Südturm gelegene Petersportal, dessen Skulpturen zwar schon im Mittelalter vollendet waren, jedoch heute durch Abgüsse ersetzt sind, um die kostbaren Engel, Propheten und Heiligen vor saurem Regen zu schützen. Wer von hier aus die 533 Stufen, vorbei an der Glockenstube, zur 97 Meter hohen Aussichtsplattform hinaufsteigt, hat sich sein Mittagessen redlich verdient. Der Blick auf die Dachlandschaft des Doms und hinüber bis zum Siebengebirge ist einzigartig.

Das 120 Meter lange und 43 Meter hohe Mittelschiff ist ein Erlebnis gotischer Lichtarchitektur.

Aber nun hinein in die Hohe Domkirche St. Peter und Maria! Man besichtigt sie am besten im Uhrzeigersinn. Schon das Mittelschiff, fast 120 Meter lang und 43 Meter hoch, ist ein Erlebnis gotischer Lichtarchitektur, ein mystischer Wald aus Strebebögen mit über hundert Pfeilern und riesigen bunten Glasfenstern. Besonders wertvoll sind die fünf Renaissancefenster (1507–1509) an der nördlichen Wand des Seitenschiffs. Das Geburt-Christi-Fenster und das Anbetungsfenster mit den Heiligen Drei Königen gelten als Meisterwerke. Einige Schritte weiter zeigt der 1360 entstandene exquisite Clarenaltar Szenen aus dem Leben Jesu.

In der Vierung zwischen Lang- und Querhaus wird der Gottesdienst zelebriert. Dahinter liegt der nur auf einer Führung zugängliche Binnenchor mit dem mittelalterlichen Hochaltar von 1322, dessen Marmorplatte fast sieben Tonnen wiegt. Das zwischen 1308 und 1311 geschnitzte Chorgestühl ist mit seinen 104 Plätzen das größte in Deutschland. Hier nahmen Domkapitel und hohe Kirchenmänner Platz. Je ein Sitz ist für den Papst und den Kaiser reserviert. Mit

272

einer Taschenlampe entdeckt man Bibelthemen, antike Mythologien sowie Szenen mit Tiergestalten, Fabelwesen und Dämonen. Die Chorschranken hinter dem Gestühl zeigen einen auf der Innenseite farbigen Bilderzyklus aus der Kölner Malerschule, der um 1322–1340 entstand. Noch älter sind die überlebensgroßen Chorpfeilerfiguren von Christus, Maria und den zwölf Aposteln (um 1270–1290), die durch ihren lebendigen Ausdruck faszinieren.

Oft übersehen wird das 1300 Quadratmeter große Bodenmosaik (19. Jahrhundert) des Chors, das die Geschichte des Doms erzählt. Die begann ja eigentlich mit einem schnöden Raub. In Kaiser Barbarossas Auftrag überführte 1164 der Kölner Erzbischof Rainald von Dassel, gleichzeitig kaiserlicher Heerführer, die Gebeine der Heiligen Drei Könige aus dem aufständischen und infolgedessen geplünderten Mailand nach Köln. Dem Pilgerstrom war der alte, um 870 entstandene Hildebold-Dom nicht mehr gewachsen. Die drei Heiligen ruhen im größten Schatz der Kirche: dem prunkvollen Dreikönigenschrein. Damit

möglichst viele Pilger ihn sehen konnten, legte man einen Chorumgang an, dessen enorm hohe Obergadenfenster (ca. 1315) den größten original erhaltenen Glasmalereizyklus des 14. Jahrhunderts in Europa darstellen, der überdies fast vollständig geblieben ist.

Nach ein paar Metern schon findet man links vom Chorumgang die Kreuzkapelle, in der das berühmte Gerokreuz (um 976) hängt. Die früheste erhaltene Großplastik des mittelalterlichen Abendlandes war vermutlich eine Schenkung des Erzbischofs Gero von Köln. Christus ist auffallend realistisch dargestellt, im Augenblick des Todes, mit würdevollem, vom Leben gezeichnetem Antlitz. Von hier führt eine Tür zur hochgotischen Sakramentskapelle.

Wer einer Messe im Kölner Dom beiwohnen möchte, hat mehrmals am Tag dazu Gelegenheit. Dabei lohnt sich auch ein stiller Blick ins Kirchenschiff mit der Renaissancekanzel von 1544.

In der Mittelachse des Doms, im Chorhaupt, wurde der mit 2,20 Metern Länge größte und berühmteste Reliquienschrein des Abendlandes, der Dreikönigenschrein, aufgestellt. Um 1190 bis um 1220 schufen der Lothringer Goldschmied Nikolaus von Verdun und seine Schüler diese Miniaturbasilika. Auf der Vorderseite (nur sie aus purem Gold) zeigen edelsteinbesetzte Verzierungen die Heiligen Drei Könige bei der Anbetung, daneben tauft Johannes den Erlöser, darüber thront Christus als Weltenherrscher. An den Längsseiten stellen vergoldete Silbertreibarbeiten Figuren der Propheten und Apostel dar. Auf der Rückseite erscheint unter anderem Erzbischof Rainald von Dassel.

Von den neun unverändert erhaltenen Chorkapellen besonders sehenswert sind die Dreikönigenkapelle, deren Mittelfenster mit biblischen Szenen schon um 1260 eingesetzt wurde, und die Marienkapelle. Hier ist der berühmte Flügelaltar der Stadtpatrone zu sehen, ein um 1442 von Stefan Lochner geschaffenes Bildwerk, dessen Mitteltafel die Anbetung Marias und des Jesuskinds durch die Heiligen Drei Könige zeigt.

An dem Tag, an dem der Dom fertig gebaut ist, geht die Welt unter, heißt es in Köln. Vorläufig verhindert hat die Apokalypse auch der geniale Dresdner Künstler Gerhard Richter (*1932). Die von ihm entworfene abstrakte Verglasung des Südquerhausfensters demonstriert seit 2007 mit 11500 Quadraten in 72 unterschiedlichen Farben, dass der Dom bis heute ein faszinierendes »work in progress« ist.

Ein Wagnis war es allemal, das Dombaumeisterin Barbara Schock-Werner mit diesem Projekt einging. Die nach dem Zweiten Weltkrieg für ein zerstörtes Fenster eingesetzte schlichte Ornamentverglasung sollte ersetzt werden, da wegen ihrer Farblosigkeit das einfallende Licht zu sehr blendete. Ursprünglich wollte das Domkapitel Märtyrer des 20. Jahrhunderts abbilden. Mit Richter, der vor allem mit ungegenständlichen Farbkompositionen zu einem der höchstdotierten Künstler der Welt aufgestiegen ist, war das Thema figürliche Darstellung bald vom Tisch. Als Inspiration diente ihm sein Bild »4096 Farben« von 1974. Man könnte glauben, das sei alles so einfach gewesen, denn Richter hat das Fenster nicht komponiert, sondern einen Zufallsgenerator mit Daten gefüttert. Dieser übernahm die Platzierung der Farbtöne auf dem riesigen Feld, wobei die beiden Hälften spiegelbildlich zueinander gesetzt sind. Doch kontrollierte Richter die unzähligen Entwürfe so lange, bis sich die 72 Farbtöne ausbalanciert in das Zusammenspiel der Farbeffekte einfügten, das die benachbarten Fenster aus dem Mittelalter und dem 19. Jahrhundert erzeugen.

Sein letztlich alles andere als zufällig entstandenes riesiges Kaleidoskop bietet je nach Tageszeit und Lichteinfall alle nur denkbaren Farbspiele an, drängt dem Auge immer wieder neue Farbkoalitionen auf. Joachim Kardinal Meisner hat Gerhard Richters Pixelkunst offenbar überfordert. Das Ganze passe eher in eine Moschee oder in ein anderes Gebetshaus, wetterte der Kirchenfürst. Die meisten Kritiker und auch die Dombesucher sind anderer Meinung – sie sind begeistert von der Magie, die Richters irrlichterndes Fenster entfaltet.

UNTERKUNFT

Excelsior Hotel Ernst
Gleich gegenüber dem Dom bietet das privat geführte Luxushotel Zimmer und Suiten in elegantem zeitlosen Design. Auf der sechsten Etage ist der großzügige und topmoderne Sauna- und Fitnessbereich untergebracht. Den kulinarischen Glanzpunkt setzt die asiatische Michelin-Küche des Gourmetrestaurants taku. Der junge Kölner Küchenchef Mirko Gaul beherrscht das Zusammenspiel von Schärfe, Säure, Süße und Bitternoten, das die ostasiatische Küche prägt, in Perfektion. Highlight ist die Pekingente: Der kulinarische, modern interpretierte Klassiker der Ming-Dynastie kann in sechs Gängen erlebt werden. Trankgasse 1–5 (Domplatz), Tel. 0221 2701, www.excelsior-hotel-ernst.de

Humboldt 1 Palais-Hotel
Das persönlich und mit viel Liebe zum Detail geführte kleine Boutique-Hotel liegt nur einen Spaziergang vom Kölner Dom entfernt. Die sieben Zimmer sind elegant eingerichtet: handgewebte Teppiche, edle Satinbettwäsche sowie Marmorbäder, teilweise mit Regendusche. Ausgezeichnetes Frühstück, kleine lauschige Bar im Erdgeschoss. Kupfergasse 10, Tel. 0221 27243387, www.humboldt1.de

RESTAURANTS

Ox & Klee
Für die eigenwillige neue deutsche Saisonküche von Daniel Gottschlich im schicken, neu gestalteten Rheinauhafen hat der Guide Michelin erstmals 2019 zwei Sterne vergeben. Täglich kitzelt man hier mit einem Menü, das den Namen »Experience Taste« trägt, die sechs (!) Geschmackssinne, dies mit kompetenter Weinbegleitung. Interessantes Konzept: Die Köche selbst bringen ihre Kreationen an den Tisch des Gasts, und es geht angenehm locker zu. Kranhaus 1, Im Zollhafen 18, Tel. 0221 16956603, www.oxundklee.de

Metzger & Marie
Marc und Nadine Flogaus folgen einem bei Spitzenköchen immer beliebter werdenden Trend: den Sternelokalen, in denen sie ihr Handwerk gelernt haben, den Rücken zu kehren und auf schlichte saisonal wechselnde, streng regionale Produktküche zu setzen. In der gemütlichen Wirtsstube mit blanken Holztischen ist Marie für leichtere Speisen wie Süppchen und Tatar zuständig, der gelernte Metzger Marc für Handfestes wie Kalbsknochen, Wiener Schnitzel, gebackene Wildente und Bœuf bourguignon. Angesichts der üppigen Portionen packt die Bedienung gerne die Reste in Weckgläser ein. Kasparstr. 19, Tel. 0221 99879353, www.metzgermarie.de

Em Krützche
In dem über 400 Jahre alten Traditionsrestaurant (seit 1589 urkundlich belegt) gibt's unverfälschte Kölner Küche, darunter Gänse- und Fasanenbraten oder »Himmel un Äd« (gebackene Blutwurst auf Kartoffel-Apfel-Püree). Am Frankenturm 1–3, Tel. 0221 2580839, www.emkruetzche.de

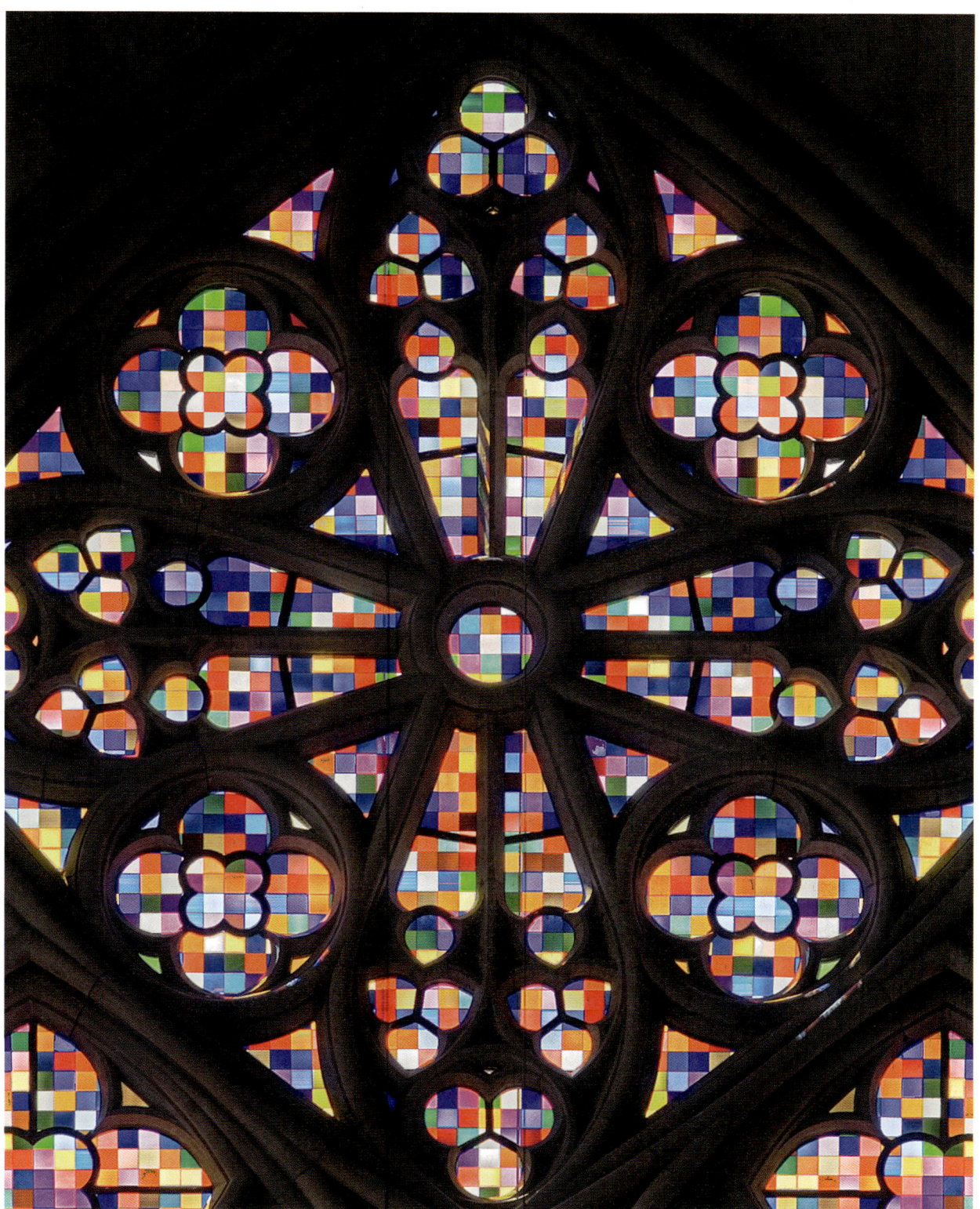

Mit Gerhard Richters abstrakt-bunter Verglasung des Südquerhausfensters zog im August 2007 ein Stück Moderne in den Dom ein.

83

Brühl

Rheinische Rokokoherrlichkeit der Schlösser Augustusburg und Falkenlust

Balthasar Neumanns Prunktreppenhaus im Schloss Augustusburg zieht die Blicke auf sich.

»In Schloss Augustusburg als der ersten herausragenden Schöpfung des Rokoko in Deutschland ist der europäische Geist noch heute lebendige Wirklichkeit«, urteilte die UNESCO 1984, als sie die Brühler Residenz zusammen mit Schloss Falkenlust und den Brühler Gärten südlich von Köln zum Weltkulturerbe erklärte.

Schuld an allem war der bayerische Kurfürst Karl Albrecht. »So altmodisch baut doch heute kein Mensch mehr«, mahnte er seinen Bruder, Clemens August (1700–1761), fünfter und letzter Kurfürst und Erzbischof von Köln aus dem Hause Wittelsbach, als dieser ihm 1725 die Pläne des westfälischen Baumeisters Johann Conrad Schlaun zeigte. Albrecht schickte seinen Hofarchitekten François de Cuvilliés und den Gartenkünstler Dominique Girard, Schüler des großen André Le Nôtre, aus München nach Brühl. Die besten Architekten, Maler, Bildhauer und Stuckateure aus Italien, Frankreich, den Niederlanden und Süddeutschland schufen in Brühl in 40 Jahren Bauzeit ein glanzvolles Gesamtkunstwerk des Rokoko.

Mit dem Prunktreppenhaus, heute festlicher Rahmen für die Brühler Schlosskonzerte, gelang Balthasar Neumann zwischen 1740 und 1746 ein architektonisches Meisterwerk. Farbiger Stuckmarmor an Säulen, Gewölben und Wänden sowie das prachtvolle Deckenfresko von Carlo Carlone sorgen für eine unübertroffene Farbkomposition. Das Bildprogramm preist die ruhmreiche Gestalt von Clemens August als kurkölnischem Herrscher. Das ebenfalls von Carlone geschaffene Deckenfresko im angrenzenden Gardensaal ist eine Huldigung an den illustren Bruder Karl Albrecht, der von 1742 bis 1745 unter dem Namen Karl VII. deutscher Kaiser war. Eine Götterversammlung nimmt eine idealisierte Wittelsbacher Heldengestalt auf, umschwebt von den allegorischen Tugendfiguren, gehuldigt von den vier Erdteilen. Tatsächlich war Karl Albrechts dreijährige Kaiserherrschaft aber nur eine recht unbedeutende Episode in der Geschichte.

Im Speise- oder Musiksaal huldigen, wieder auf einem Deckenfresko Carlones, Apollon und die neun Musen Clemens August, der mit dem Hochmeister-Kreuz des Deutschen Ritterordens geschmückt ist, während an den Wänden und im Deckenstuck die Personifikationen und Embleme der Tages- und Jahreszeiten, der Elemente, der Künste und der Herrschertugenden dem Deckenfresko zugeordnet sind.

Noch faszinierender ist der Audienzsaal, der die vielleicht reichste und schönste Decke des späten deutschen Rokoko besitzt. Vergoldeter Stuck mit gemalten Scheinschatten fasst die nuancenreichen Falkenjagdszenen von Joseph Billieux ein. Strukturen und Farbgebung harmonieren bis ins kleinste Detail mit den wie Stickereien wirkenden Zierbeeten sowie dem Grün des Rokokogartens. Durch das benachbarte Paradeschlafzimmer geht es weiter ins Kabinett, auf dessen Deckenmalereien Affen jagen gehen.

Im ersten Stock entfaltet sich im Gelben Appartement eine ungemein elegante, ganz in Gold und Weiß gehaltene Raumfolge, die François de Cuvilliés in den Formen der Régence und des frühen Rokoko ausstattete.

An heißen Tagen zog man sich ins Sommerappartement im Erdgeschoss zurück. Hier sorgen Marmorböden und niederländisches blau-weißes Fliesendekor, das Genreszenen nach niederländischen Meistern und Figuren der Commedia dell'arte zeigt, für Kühle.

Nur einen reizvollen Spaziergang von Schloss Augustusburg entfernt liegt am Rand eines Wäldchens das Jagdschloss Falkenlust, das zwischen 1729 und 1737 nach Plänen von François de Cuvilliés als »maison de plaisance« entstand. Es gilt als eine der intimsten und kostbarsten Träumereien des frühen Rokoko in Deutschland und diente dem Kurfürsten als Jagdrefugium, als Lusthaus für intime Soupers mit Mätressen und als Ort für politische Geheimverhandlungen. Das Motiv der Falkenjagd ist allgegenwärtig: auf den Fliesen, dem Stuck, den Porträts, der Rocailledekoration. Besonders exquisit gestaltet sind das Lackkabinett, ein Beispiel für inszeniertes China, und das prunkvolle Spiegelkabinett. 1763 war der junge Mozart auf Falkenlust zu Gast, und man möchte gern glauben, dass er sich an die hiesigen Falkenreiszenen erinnerte, als er den lustigen Vogelfänger Papageno in der »Zauberflöte« schuf.

UNTERKUNFT

Ling Bao
Wer nicht im nahen Köln übernachtet, findet in Brühl originelle Unterkunft in diesem familienfreundlichen Hotel, das zum Vergnügungspark Phantasialand gehört und als chinesisches Feng-Shui-Paradies gestaltet ist. Inszeniertes China findet man also nicht nur im Jagdschloss! Die Doppel- und Familienzimmer gibt es in den Kategorien »Mönch« (wenig überraschend die günstigste Option), »Konfuzius« und »Kaiser«, jeweils mit original-asiatischem Mobiliar, Bambusparkett und in warmen Farben. Dazu kommen 10 Suiten, die besonders edle chinesische Wohnkultur vermitteln. Zur Deko gehören Terrakotta-Krieger, Lampions, Buddha-Figuren und Vasen aus der Chen-Dynastie.
Berggeiststr. 31–41, Tel. 02232 3690999, www.phantasialand.de/de/hotels/ling-bao

RESTAURANTS

Glaewe's Restaurant
Das kleine, familiengeführte Gourmetrestaurant mit Bar serviert klassische, aber nicht zu abgehobene französische Küche, z. B. geschmortes Kalbsbäckchen, Lammrückenfilet, Poulardenbrüstchen oder Meerbarbenfilet, und dazu sehr feine Desserts.
Balthasar-Neumann-Platz 28–30, Tel. 02232 13591, www.glaewesrestaurant.de

Brühler Wirtshaus
Flammkuchen, Schnitzel und rheinische Küche mit Blick aufs Schloss kommen im sanierten ehemaligen Bahnhof von 1844 und im Biergarten auf den Tisch.
Max-Ernst-Allee 2, Tel. 02232 2135419, www.bruehlerwirtshaus.de

84

Aachen

Das Vermächtnis Karls des Großen

Als »Salomons gewaltigen Tempel« rühmte der Reichenauer
Abt Walahfrid Strabo schon Anfang des 9. Jahrhunderts die Pfalzkapelle
Karls des Großen in Aachen. Dabei wissen wir sehr wenig
über die Entstehungsgeschichte des um 785 begonnenen und wohl
um 800 fertiggestellten Bauwerks.

Meisterwerk deutscher Goldschmiedekunst:
die Karlsbüste (1350) in der Domschatzkammer
Aachen. In der Büste mit der edelstein-
besetzten Lilienkrone soll die Schädeldecke
Karls des Großen verwahrt sein.

Zweifellos orientiert sich die Säulenstellung des hohen überkuppelten Oktogons mit zweigeschossigen, 16-eckigen Umgängen an der byzantinischen Kirche San Vitale in Ravenna, der alten Hauptstadt Theoderichs, wobei diese Kirche wiederum die Palastkirche Kaiser Justinians I. in Konstantinopel nachahmt. Westrom und Ostrom: Unübersehbar ist die Tradition, in die sich Karl, der beim Bau der Kirche noch nicht Kaiser war, zu stellen trachtete. Schon deshalb mussten die Säulen im Umgang des Obergeschosses antiker Herkunft sein, darunter acht Exemplare aus rotem ägyptischen Porphyr, der in der Antike kaiserlichen Bauten vorbehalten war. Und doch wurde am Dreikönigstag 805 etwas Neues, Einzigartiges geweiht.

Aus karolingischer Zeit stammen noch der Bronzeguss der Portale und der filigranen Emporengitter, die anderen Schätze der Pfalzkapelle sind Zeugnisse einer tausendjährigen Verehrung, die im Mittelalter auch den kostbaren Reliquien galt, die Karl 800 hierher hatte überführen lassen. 1312 wurden das Kleid Mariens aus der Heiligen Nacht, die Windeln Jesu, das blutige Lendentuch des Herrn am Kreuz und das Enthauptungstuch Johannes des Täufers öffentlich gezeigt. Bald schwoll der Pilgerstrom nach Aachen so stark an, dass man den alten karolingischen Chor zwischen 1355 und 1414 durch eine gotische Chorhalle ersetzte, die nur aus Fenstern (1949–1951 erneuert) zu bestehen scheint.

Der gotische Marienschrein mit silbergetriebenen Reliefs, der die Reliquien birgt, ist heute in der Schatzkammer des Doms aufgestellt. Diese vereint die meisten Kostbarkeiten, die im Lauf der Jahrhunderte gespendet wurden. Im prunkvollen Proserpina-Sarkophag aus dem 3. Jahrhundert soll Karl ursprünglich bestattet gewesen sein. Des Weiteren faszinieren das karolingische Evangeliar, das elfenbeinerne Weihwassergefäß (um 1000) mit Edelsteinen, das ottonische Lotharkreuz mit einem Profilbildnis des römischen Kaisers Augustus und die Karlsbüste, eine Stiftung Kaiser Karls IV.

Dreißig deutsche Kaiser nahmen bis 1531 auf dem Marmorthron Karls Besitz vom Römischen Reich Deutscher Nation. Ausgelöst hat den Karlskult Kaiser Otto III. (980–1002), der das Karlsgrab öffnete und den Domschatz bereicherte. Die wertvollsten Schätze im Aachener Dom sind Schenkungen von Kaisern, die sich in die Tradition Karls stellten. Heinrich II. stiftete im Jahr seiner Krönung 1014 den wunderbaren Ambo, ein mit goldenen Platten belegtes und mit antikem und orientalischem Dekor verziertes Lesepult, und ließ um 1020 das schon von Otto III. in Auftrag gegebene Antependium, die »Pala d'Oro«, im

Dom aufstellen. Sie ist die einzige aus ottonischer Zeit erhaltene Altarbekleidung und ein Meisterwerk der Goldschmiedekunst.

Der gewaltige Radleuchter, eine Schenkung von Kaiser Friedrich Barbarossa, spiegelt mit seinen acht Kreissegmenten und 16 Türmen die Architektur der Kirche wider und setzt sie in Beziehung zum Abbild des Himmlischen Jerusalem, das die Pfalzkapelle sein sollte.

Unter dem Leuchter stand im Mittelalter der prunkvolle – heute im gotischen Chor aufgestellte – Karlsschrein, auf dessen vergoldeten, silbergetriebenen antiklerikalen Reliefs sich die segnende Hand Gottes allein über dem Kaiser zeigt. Bereits Barbarossa hatte 1165 die Kanonisierung Karls durchgesetzt. 1215 ließ Friedrich II. von Hohenstaufen, im ewigen Clinch mit dem Papst, den Karolinger in diesen neuen Schrein umbetten und schlug persönlich die Nägel ein. Fast 600 Jahre später machte Napoleon Bonaparte im September 1804 Charlemagne seine Aufwartung, und drei Monate später in Paris krönte er sich selbst zum neuen Imperator gallicus. »Vive l'Empereur!«

UNTERKUNFT

Pullman Aachen Quellenhof
Das traditionsreiche Grandhotel zwischen Casino und Kurpark mit neoklassizistischer Fassade glänzt mit eleganten, in warmen dezenten Farben gehaltenen Zimmern, die etwas in die Jahre gekommen sind, aber in Kürze renoviert werden sollen. Saisonal wechselnde regionale und internationale Küche serviert das Hotelrestaurant La Brasserie. Im Sommer kann man auch auf der Terrasse speisen. Abends lädt die im Kolonialstil eingerichtete Elephant Bar zu feinen Cocktails und Fingerfood ein. Dazu kommt das große Wellnessangebot im schicken Spa.
Monheimsallee 52, Tel. 0241 91320, www.pullmanhotels.com

RESTAURANTS

La Becasse
Seit Jahrzehnten steht Christof Lang hier für verlässliche Qualität. Seine unkomplizierte, fast täglich wechselnde französische Feinschmeckerküche hätte sicher auch Napoleon gemundet. In entspannter Atmosphäre lässt man sich Aal und Gänseleberterrine, Japanisches Wagyusteak mit Trüffelpistou, wildgefangenen Steinbutt, Bressetaube, Lammhaxe oder Charolais Rinderfilet schmecken, begleitet von exquisiten Weinen. Reduziertes, ebenfalls sehr feines Mittagsmenü.
Hanbrucher Str. 1, Tel. 0241 74444, www.labecasse.de

Am Knipp
Die Gaststube des seit 1698 existierenden Traditionslokals mit Biergarten ist mit Delfter Kacheln getäfelt und mit unzähligen Antiquitäten aus der Sammlung des ehemaligen Inhabers Heinz Ramrath dekoriert: eine Sehenswürdigkeit für sich. Serviert wird gute bodenständige Küche, darunter Schnitzel vom Eifeler Landschwein, Zwiebelrahmrostbraten und Steak vom Weiderind.
Bergdriesch 3, Tel. 0241 33168, www.amknipp.de

85

Teutoburger Wald

Germanisches Raunen

Erlebnisreicher Höhenweg im Teutoburger Wald: der Hermannsweg, hier im Silberbachtal

Wie eine Wagnerkulisse ragen sie in den Himmel und spiegeln sich effektvoll in einem angestauten Teich. Die markante Formation aus Osning-Sandstein im Teutoburger Wald unweit von Detmold wurde im Volksmund Elsternfelsen genannt: ein mythischer Ort, der im 16. Jahrhundert als heidnisches germanisches Heiligtum galt, um das die Rabenvögel flogen. Noch heute wirken die Externsteine bei Sonnenaufgang oder in einer hellen Vollmondnacht geradezu magisch.

Bis zu einer Höhe von 40 Metern erheben sich die bizarr anmutenden Externsteine aus der Landschaft. Über in den Stein gehauene Treppen und Wege lassen sich die einzelnen Sandsteinfelsen erkunden.

Ich habe gelesen, dass Karl der Große aus jenem Externstein, der ein heidnisches Volksheiligtum war, einen geheiligten Altar gemacht und ihn mit Apostelbildern geschmückt hat.« So notierte es der Lemgoer Pfarrer und Regionalhistoriker Hermann Hamelmann im Jahre 1564. Ein Jahrhundert später fantasierte Lemgos Bürgermeister Hermann Cothmann, der im späten 17. Jahrhundert erbarmungslos die »weisen Frauen« seiner Region verfolgen ließ, von einem verfluchten Ort, an dem Hexen über Borstgras und Besenheide tanzten. Natürlich hat auch wieder mal der Teufel seine Hand im Spiel. Der Leibhaftige soll dem Sachsenherzog Widukind versprochen haben, ihm einen riesigen heidnischen Tempel zu bauen. Doch bekanntlich überlegte es sich Widukind anders und ließ sich taufen. Voller Wut schleuderte der Teufel die bereits herbeigeschleppten Felsblöcke wild durcheinander, und so entstanden die Externsteine.

»In den gewaltigen Eichenwäldern, den geheimnisvollen Schluchten und dem dunklen Tann des Teutoburger Waldes raunt die deutsche Urgeschichte«, volkstümelte 1933 der Schriftsteller Siegfried Bergengruen. Der Privatgelehrte Wilhelm Teudt wollte in den Externsteinen sogar das Zentralheiligtum der germanischen Sachsen in heidnischer Zeit sehen. Auf dem höchsten Felsen der Externsteine vermutete Teudt den letzten Rest einer vorchristlichen Sonnenwarte, in der altgermanische Heidenpriester die Jahreszeiten bestimmt hätten.

»Im dunklen Tann des Teutoburger Waldes raunt die deutsche Urgeschichte.« (Siegfried Bergengruen)

Heute treffen sich hier moderne Esoteriker, Okkultisten, Druiden und Schamanen zu Walpurgisnacht- und Sonnwendfeiern. Sie sind aber nicht die Einzigen, die von der Magie dieser Felsen angezogen werden. Natürlich war auch Deutschlands Dichterfürst da: »Man mag sich drehen und wenden, wie man will, man findet sich wie in einem magischen Kreis gefangen«, befand Goethe, dem die Teufelspaktgeschichte sicher gefallen hat. Heute besuchen bis zu eine Million Menschen die Externsteine alljährlich – eine Zahl, die kein anderes Bodendenkmal in Deutschland erreicht – und steigen über zwei Treppen auf die über 30 Meter hohen Aussichtsplattformen.

Vor mehr als 70 Millionen Jahren wurde die bizarre Formation aus insgesamt 13 Sandsteinfelsen durch die tektonische Nord-Drift der Afrikanischen Platte aufgestaucht. Wie grobe Wollsäcke liegen die kantengerundeten Gesteinsblöcke übereinander, darum spricht der Geologe von Wollsackverwitterung. Dieses Phänomen hat auch den Karlstein bei Hornberg im Schwarzwald, den Günterfelsen bei Furtwangen, die Große Teufelsküche im Oberpfälzer Wald oder die Felsenmeere im Fichtelgebirge oder im Odenwald geprägt. Was an den Externsteinen so fasziniert, ist die Tatsache, dass man das Naturdenkmal im Mittelalter auf einzigartige Weise umgestaltete. So machte man aus dem Grottenfels eine christliche Kultstätte. Das monumentale spätromanische Kreuzabnahmerelief zeugt davon, dass an

den Externsteinen im Hochmittelalter die heiligen Stätten Jerusalems mit dem Grab Christi, der Kreuzauffindungsgrotte und dem Felsen Golgatha nachgebildet wurden. Das Relief wird überwiegend in die Zeit zwischen 1130 und 1160 datiert und ist damit die älteste aus massivem Fels gemeißelte Steinmetzplastik nördlich der Alpen.

Doch nicht nur Geologen und Kunsthistoriker, auch Botaniker und Zoologen kommen im Naturschutzgebiet Externsteine auf ihre Kosten. Geschützt sind nicht nur die Felsen selbst, an denen Farne, Moose und Flechten wachsen, sondern auch die trockenen Bergheiden, Erlen-Eschenwälder, alten Hutewälder und die Hangmoore der benachbarten Bergkämme Knickenhagen und Bärenstein. Hier gedeihen Stechpalmen, Sumpf-Veilchen und mehrere Orchideenarten. Geschützte Specht-, Molch- und Libellenarten leben hier, an einem kleinen Nebenfelsen brütet sogar der Uhu. Besonders selten ist der in Baumhöhlen lebende Eremit, ein europaweit geschützter Verwandter des Rosenkäfers.

UNTERKUNFT

Waldhotel Bärenstein
Nur 1,5 Kilometer von den Externsteinen entfernt bietet das moderne Hotel komfortable Unterkunft in ruhiger Waldrandlage mit Schwimmbad, kleiner, aber ansprechender Saunalandschaft, Hallenbad und Kurabteilung. Die teilweise recht geräumigen, hellen, zeitgemäß ausgestatteten Zimmer (viele mit Balkon oder Terrasse) verfügen über neuere Bäder. Sehr gutes Frühstücksbüfett mit großer Auswahl.
Am Bärenstein 44, Horn-Bad Meinberg, Tel. 05234 2090,
www.hotel-baerenstein.de

RESTAURANTS

Die Windmühle
Im stilvollen Ambiente einer auf das 14. Jahrhundert zurückgehenden Getreidemühle mit Kaminstube und Terrasse serviert das im eingemeindeten Dörfchen Fissenknick gelegene Restaurant saisonal wechselnde, deutsch-internationale und kreativ modernisierte regionale Küche wie geräucherten Wildschweinschinken mit Grünkohl aus alter lippischer Züchtung, geschmortes Ochsenbäckchen und Wolfsbarschfilet (im Winter auch Lofoten-Skrei). Die ausgeschenkten deutschen Weine können sich sehen lassen. Am Nachmittag gibt's Kaffee und hausgebackenen Kuchen.
Windmühlenweg 10, Horn-Bad Meinberg, Tel. 05234 919602,
www.diewindmühle.de

Landhaus Blumengarten
Die auch als Unterkunft empfehlenswerte, freundliche familiengeführte Hotelpension am Ortsrand mit kleiner Wellnessoase lädt zum Verweilen ins Café und den idyllischen Biergarten ein. Serviert werden lippische Spezialitäten, darunter Schinken vom Schwein und Wild aus der eigenen Räucherei, sowie ausgesprochen leckere selbst gebackene Kuchen und Torten.
Bangern 17, Horn-Bad Meinberg, Tel. 05234 3186,
www.landhaus-blumengarten.de

86

Maria Laach

Meditation am stillen Eifelsee

»Gestern Abend im hellen Mondschein war ich wieder auf dem Laacher See … Die waldbewachsenen Felsen um den anderthalb Stunden langen und dreiviertel Stunden breiten Wundersee, die ganz deutlich noch die Spuren von vulkanischen Ausbrüchen zeigen, und der dichte Wald, die uralten Stämme, sodass aller Vergangenheit, die mir bekannt ward, und die ich mir denken kann, mir wie heute und gestern dagegen vorkamen … Dann die Abtei am Ufer mit der alten Kirche, die Menschenspur und Kunst, die uns wieder Beruhigung gibt und Staunen und Schrecken von der Seele löst. Alles das musst Du selber sehen. Ich habe den besten Willen, es Dir zu beschreiben, aber es geht nicht …«

Maria Laach aus der Vogelperspektive: Inmitten des Laacher Seetals in der Vulkaneifel erstreckt sich die Benediktinerabtei mit ihrer sechstürmigen Klosterkirche aus der Salierzeit.

285

Man muss Dorothea von Schlegel so ausführlich zitieren, denn mit ihrem Brief hat sie 1808 der an einem einsamen Eifelsee gelegenen romanischen Klosterkirche ein unvergleichliches literarisches Denkmal gesetzt. Goethe fand das Kloster verödet vor, war es doch 1802 von den Franzosen im Zuge der Säkularisation aufgehoben worden. Dennoch machte der See »mit seinen gelinden Hügeln und Buchenhainen« einen tiefen Eindruck auf ihn. Heute leben in Maria Laach wieder 35 Benediktinermönche, die sich zu Gebet und Arbeit versammeln. »Meditative Rast« nennen sie ihr Angebot für Besucher, einige Tage in stiller Einkehr im Kloster zu verbringen, um »miteinander Zuspruch zu empfangen durch euren und meinen Glauben«, wie es bei Paulus im Römerbrief heißt. Wem das zu lang oder zu still ist, der kann auch einfach einem Konzert in der Basilika lauschen.

In der Abendsonne kommen der braungelbe Tuff, die blauschwarze Basaltlava, der weiße Kalkstein und der rote Sandstein der ehrwürdigen Abtei der heiligen Maria am See besonders gut zur Geltung. Pfalzgraf Heinrich II., der dem Salierkaiser Heinrich IV. auch in schweren Zeiten die Treue hielt, wollte hoch hinaus mit seiner klösterlichen Familiengrablege, die er 1093 stiftete. Die rheinischen Kaiserdome waren seine Vorbilder. Die quadratischen Türme des Ostchors erinnern an den Dom zu Speyer, das Oktogon des Vierungsturms an Mainz, die runden Türme, die den mächtigen Westturm flankieren, an Worms. Das mächtige Westwerk gilt als politische Demonstration, mit der sich der Pfalzgraf im Investiturstreit auf die Seite des Kaisers schlug.

1127 begannen Mönche aus Brabant mit dem Bau der doppelchörigen Pfeilerbasilika. Da der Stifter früh verstarb, zog sich der Bau über 120 Jahre hin. Staufische Schmuckfreude nahm ihm einiges von seiner ursprünglich geplanten Strenge. Die Anfang des 13. Jahrhunderts hinzugekommene Vorhalle, das »Paradies«, gehörte nicht zum Bauplan des Pfalzgrafen. Solche freistehenden Vorbauten waren im Hochmittelalter weit verbreitet, heute sind sie in Deutschland fast nirgends mehr zu sehen. Elegant geschwungene Arkadenreihen, ein reich gestaltetes Portal sowie fantasievoller, sehr fein skulptierter Kapitellschmuck mit Fabeltieren und geradezu humorvoll wirkenden Szenen begrüßen den Besucher. Auf einem Kapitell streiten sich die »Haarraufer«, auf einem anderen notiert ein Teufelchen mit Bocksfuß und Schwanz die Sünden des Volkes auf einer Pergamentrolle.

Der südliche Arm des Paradieses führt auf das mit Rankenwerk und Fabelwesen besonders filigran skulptierte südliche Kirchenportal zu. Besonders auffällig ist eine nackte Eva: Sie reitet auf einem Teufel, der eine Narrenkappe trägt. Nach so viel spätromanischer Verspieltheit wirkt der strenge salische Innenraum ernüchternd. Fast die gesamte Ausstattung ging 1802 verloren, das Mosaik in der Ostapsis stammt aus dem 19. Jahrhundert. Erhalten blieb jedoch das frühgotische Hochgrab des Stifters in der westlichen Apsis in originaler Farbfassung der Entstehungszeit (ca. 1280). Ebenfalls original ist das berühmte, Ende des 13. Jahrhunderts entstandene Hochaltarziborium, ein von sechs filigranen Säulen getragener sechseckiger steinerner Baldachin, dessen stilistische Besonderheiten den Kunsthistorikern bis heute Kopfzerbrechen bereiten. Ganz anders die strenge Krypta, der älteste Bauteil der ganzen Anlage: Mit ihren glatten Säulenschäften und den massigen Würfelkapitellen erinnert sie an Speyer.

UNTERKUNFT

Seehotel Maria Laach
Das ganz auf die Bedürfnisse von Tagungsgästen zugeschnittene Hotel, die einzige Unterkunft vor Ort, bietet geschmackvoll eingerichtete, etwas in die Jahre gekommene Zimmer, teils mit Seeblick. Dazu kommt ein gutes Restaurant mit eigener Konditorei. Kleiner, »Badestub« genannter Wellnessbereich mit Pool, Saunen, Massageangeboten und kosmetischen Behandlungen. Der Klosterkomplex grenzt direkt an das Hotel. Ab 18 Uhr herrscht hier himmlische Ruhe, dafür wird man morgens um 5 Uhr durch die Glocken der Abtei geweckt.
Am Laacher See 1, Glees, Tel. 02652 5840, www.seehotel-maria-laach.de

RESTAURANTS

PURS
Im nahen Andernach bietet das in der 1677 erbauten Alten Kanzlei eingerichtete kleine luxuriöse Boutique-Hotel nicht nur sehr elegante Zimmer, die der belgische Designer Axel Vervoordt gestaltet hat, sondern seit 2018 auch die fabelhafte Sterneküche des Freiburgers Christian Eckhardt. Zander, Wagyu Beef und Lamm werden hier mit Wildkräutern zu ästhetischen Meisterkompositionen verarbeitet. Dazu kommen ausgesuchte Weine.
Steinweg 30–32, Andernach, Tel. 02632 9586750, www.purs.com

Hotel am Ochsentor
Das Andernacher Hotel mit seinen stylishen, dabei gar nicht so teuren Zimmern hat das Kunststück fertiggebracht, gleich zwei Sternelokale zu beherbergen. Während das Ristorante Ai Pero (mit preiswerter Trattoria) sehr feine italienische Cucina kredenzt, weiht das Yoso in die Geheimnisse der asiatischen Küche ein.
Schafbachstr. 20–24, Andernach, Tel. 02632 9894060, www.hotel-ochsentor.de

87

Burg Eltz
Ritterromantik pur bei Koblenz

Auch im Winter ein Hingucker: Eingang und Türme der Höhenburg Eltz in der Eifel

Oberhalb der Mosel erhebt sich über dem Elztals ein graues Ensemble von Türmen und Mauern, eingebettet in dichte Wälder: Eltz ist geradezu der Inbegriff deutscher Burgenromantik, kein historisierender Nachbau, sondern unverfälschtes Mittelalter. Von der Mosel her blickt man hinauf, von der Hochebene des Maifelds kommend, hinunter in das enge, tief eingeschnittene Tal: Beide Burgansichten sind höchst reizvoll. »Hoch, großartig, fremd, düster«, erschien sie Victor Hugo: »Ich habe noch nichts Ähnliches gesehen.«

Im 14. Jahrhundert überstand die Burg die Eltzer Fehde (1331–1336), die zwischen reichsfreien Rittern unter Führung von Johann von Eltz und dem Trierer Erzbischof Balduin von Luxemburg ausgefochten wurde. Der Erzbischof ließ Eltz von der flussaufwärts errichteten Höhenburg Trutzeltz mit Katapulten beschießen: Einige Steinkugeln liegen heute noch im Burghof. Selbst der französische Sonnenkönig Ludwig XIV., der 1689 bei seinem Rückzug fast alle Wehrbauten zwischen der französischen Grenze und der Rheinlinie schleifen ließ, verschonte Eltz, weil ein Johann-Anton von Eltz-Üttingen als Offizier im französischen Heer diente und mit engagiertem Einsatz seine Stammburg rettete. Mitte des 19. Jahrhunderts wurde die Burg Eltz sorgsam restauriert.

Eifelballaden und Eifelsagen umranken die Burg, die schon 1157 in einer Schenkungsurkunde Friedrich Barbarossas an den Trierer Erzbischof Erwähnung findet. Dabei ist sie gar keine richtige Trutzburg mit Palas (Wohnhaus) und Bergfried, sagen die Architekturhistoriker, sondern die mittelalterliche Version einer Erben- und Wohngemeinschaft, deren Mitglieder sich jeweils innerhalb des Burgrings ein eigenes Haus errichteten. Ganerbenburg nennt man solche durch Erbteilung entstandenen Domizile. Die Eltzer Burganlage teilten sich schon um 1268 drei Linien des Hauses Eltz: die vom goldenen Löwen, die vom silbernen Löwen und die von den Büffelhörnern. Tore, Brunnen und Wehranlagen wurden gemeinschaftlich verwaltet. Burgfriedensbriefe regelten das harmonische Zusammenleben, der älteste datiert von 1323.

Platznot veranlasste die Familien, nicht nur jeden Zentimeter Raum auszunutzen, sondern auch in die Höhe zu bauen: ein Staffelwerk aus sieben verschachtelten Wohntürmen, die eigene Miniburgen darstellten, aber sich stets in das Ensemble einfügen mussten. Das gilt selbst für die erst zwischen 1604 und 1661 im frühbarocken Stil errichteten Kempenicher Häuser. Individualität konnte man nur im Kleinen zeigen. Im Burghof faszinieren auf engstem Raum die architektonischen Details des 1472 vollendeten achtgeschossigen Rübenacher Hauses und des zehngeschossigen Groß Rodendorfer Hauses: Türme, prunkvolle Portale, Fensterfronten, Fachwerkgiebel, Erker, hohe Schornsteine und schwarze Schieferdächer mit runden und eckigen Türmchen. Nur der siebengeschossige Bergfried Platt-Eltz stammt noch aus der Zeit vor der Erbteilung.

Aber auch die Innenausstattung aus vielen Jahrhunderten blieb erhalten. Bei einem Rundgang erlebt man 850 Jahre Kulturgeschichte. Berühmt ist besonders das über eine enge Wendeltreppe erreichbare Rübenacher Schlafgemach, das vollständig mit gotischem Blüten- und Rankenwerk ausgemalt ist. Sein Prunkstück ist ein Stufenbett mit geschnitztem Baldachin von 1520. Der angrenzende freskengeschmückte Kapellenerker besitzt kostbare Glasfenster aus dem späten 15. Jahrhundert. Im Waffensaal ist eine in den Türkenkriegen erbeutete Waffensammlung zu sehen. Der Rübenacher Untersaal ist noch komplett mit spätmittelalterlichen Möbeln und Tapisserien aus dem 15. und 16. Jahrhundert ausgestattet. Die Gemäldesammlung besitzt eine Weinrebenmadonna von Lucas Cranach d. Ä. In den Kellergewölben wurde 1981 eine Rüst- und Schatzkammer eröffnet, u. a. mit Meisterwerken der Gold- und Silberschmiedekunst aus Nürnberg und Augsburg.

In den Rodendorfer Häusern befinden sich das Kurfürstenzimmer mit französischen Gobelins, der Fahnensaal mit reichem spätgotischen Netzgewölbe und Kachelofen sowie das Comtessenzimmer, in dem das älteste Renaissancebett Deutschlands (ca. 1520) steht. Nie verändert wurde die spätmittelalterliche Küche – die Zeiten, in denen hier gekocht, gebraut und gebrutzelt wurde, sind allerdings endgültig vorbei.

UNTERKUNFT

Schloss-Hotel Petry
Das familiengeführte Schlosshotel mit Wellnessbereich bietet in seinen vier zusammenhängenden Häusern in reizvoller Lage Zimmer ganz unterschiedlicher Kategorien: von elegant bis rustikal. In der eleganten Schlossstube verwöhnt Oliver Bell mit täglich wechselnden kreativen Kompositionen, während in der rustikalen Weinstube regionale Klassiker wie geschmortes Hunsrücker Rehschäufele auf den Tisch kommen, das alles natürlich mit Moselweinbegleitung. Die edlen Tropfen aus dem Schlosskeller kann man auch auf der Sonnenterrasse genießen.
St.-Castor-Str. 80, Treis-Karden, Tel. 02672 9340, www.schloss-hotel-petry.de

RESTAURANTS

Gräflich Eltz'sche Kastellanei Burg Eltz
Zwei Selbstbedienungsgaststätten verköstigen Burgbesucher mit Kaffee und Kuchen, kleinen Gerichten, aber auch mit Krustenbraten, Wildgulasch aus eigener Jagd und Wildschweinbraten mit frischen Spätzle und Preiselbeeren. Hier kann man außerdem Eltzer Wein probieren und den Ausblick genießen.
Burg Eltz 1, Wierschem, Tel. 02672 950500, www.burg-eltz.de

Restaurant Café Ringelsteiner Mühle
Im netten gleichnamigen Landhotel, Startpunkt für den »Traumpfad Eltzer Burgenpanorama« oder die Wanderung zur Burg Eltz, gibt es Flammkuchen, Schnitzel, Rinderroulade und Salatteller, das Café serviert Kaffee und Kuchen.
Elztal 94, Moselkern, Tel. 02672 910200, www.ringelsteiner-muehle.de

Die Eltzer Fehde führte von 1331 bis 1936 zur Belagerung der Burg durch den mächtigen Erzbischof Balduin von Trier.

88

Oberes Mittelrheintal

Ein Märchen aus uralten Zeiten

»Eigentlich ist der Vater Rhein gar kein Vater, sondern ein Fluss«, so
spottete Kurt Schwitters 1927 über die in Kitsch abgesunkene Verklärung
des Rheins. Doch was hilft das, wenn selbst Heinrich Böll in seiner
Nobelpreisrede betont: »Wenn dieses Land je so etwas wie ein Herz gehabt
haben sollte, lag's da, wo der Rhein fließt.«

Wie ein Wächter thront
die Marksburg in 160 Metern
Höhe stolz über dem Fluss.
Vermutlich ist es der exponierten
Lage zu verdanken, dass sie die
einzige Höhenburg am Mittelrhein
ist, die nie zerstört wurde.

Er hat ja recht. Es genügt, mit dem Zug von Mainz nach Koblenz zu fahren. Hinter Bingen mit seinem berüchtigten Mäuseturm taucht wie ein stolzes steinernes Schiff die Burg Pfalzgrafenstein aus den Fluten auf, dann rückt der Loreleyfelsen ins Blickfeld. Im Kopf macht es klick – das Programm namens »Mythos Rhein« läuft ab: romantische Leporelloansichten, William Turners Aquarelle, Brentanos mondglänzender Fluss, der versunkene Nibelungenhort, Lord Byrons poetischer Reiseführer, Ernst Moritz Arndts patriotische Forderung »Teutschlands Strom, aber nicht Teutschlands Gränze«, Heines Weltschmerz, die donnernde Wacht am Rhein. Nichts bringt den Mythos um, nicht einmal die Giftfluten, die sich 1986 aus den Baseler Sandoz-Werken rheinabwärts wälzten. Tempi passati: Heute schwimmen wieder Lachse im Rhein.

Seit 2002 ist das Obere Mittelrheintal Welterbe, der Kulturlandschaft, aber auch der seltenen Flora wegen. Durch die Rüdesheimer Drosselgasse wälzen sich Heerscharen von Besuchern, denen man überzuckerte Liebfrauenmilch als deutschen Qualitätswein anpreist. Wenn das Ausflugsschiff am Loreleyfelsen vorbeifährt, krächzt aus den Bordlautsprechern »Ich weiß nicht, was soll es bedeuten«, und die japanischen Touristen summen begeistert mit. Der neue Markt ist China, sagen die Rheintouristiker.

Der Loreleyfelsen zog auch den »Maler des Lichts« William Turner in seinen Bann. Im August 1817 verweilte der Brite am Rhein; aus dieser Zeit stammt das Gemälde »The Lorelei Rock«.

Aber bei allen touristischen Auswüchsen – wer kann schon Namen wie Vierseenblick, Siebenjungfrauenblick oder Loreleyblick widerstehen? Und wo hat man denn nun die schönste Aussicht? Fast unschlagbar ist der Ausblick auf die scharfe Kurve des Rheins zwischen Kaub und Bacharach, auf Burg Gutenfels und die Zollburg Pfalzgrafenstein, mit dem Soonwald als Horizont. Ein heißer Kandidat ist auch der Blick auf die Burg Rheinfels und St. Goar. Oder doch die Aussicht bei Patersberg über Burg Katz hinweg auf die Loreley? Nur 130 Meter breit ist der Fluss an dieser Rheinbiegung.

Auf dem Loreley-Plateau empfängt heute ein Besucherzentrum mit interaktiven Installationen, Exponaten zum Anfassen und Sirenengesängen im Mythenraum den Besucher. Ach Loreley, urdeutsche Femme fatale am Rhein, männermordende, blondgelockte Sirene! Ob Brentano wohl geahnt hat, was er 1801 anrichtete mit seinem Gedicht über die »Lureley«, aus deren Liebesbanden kein Entkommen mehr war? Um 1870 war die romantische Schöne zur franzosenfressenden Walküre mit leuchtendem Harnisch verkommen, und 1916 spottete Karl Valentin über die erkältete Blondine, der ihr Lied bald fad wurde.

Aber Touristiker lieben Geld bringende Mythen. Und so durfte 1983 die Künstlerin Natascha Alexandrova Prinzessin Jusopov die Landzunge mit einer monumentalen nackten Frauenstatue beglücken, die inzwischen auf Millionen von Urlaubsfotos verewigt ist, auch wenn sie eher an eine luderhafte Schwester der Kleinen Meerjungfrau erinnert. Einer Überlieferung zufolge soll sich die Loreley vom Felsen gestürzt haben: Verdenken könnte man ihr das inzwischen nicht mehr.

Man traut es sich kaum zu sagen, aber eigentlich wirkt der Loreleyfelsen vom Schiff aus so aufregend nicht. Je näher man kommt, desto banaler sieht er aus, und mancher Rheintourist ist enttäuscht, wenn er den düsteren Klotz, den so viele Dichter besungen haben, aus der Nähe sieht. Man soll Mythen eben nie zu genau inspizieren.

Der sagenhafte Felsen wurde ja schon entweiht, als man einen Eisenbahntunnel durch ihn schlug und damit die »edel wichtelin« vertrieb, die in seinem hohlen Inneren das Rheingold hüteten und in Köln als Heinzelmännchen die Sagenwelt belebten. Damit verschwand auch das wunderbare Echo, von dem Ernst Moritz Arndt noch 1799 zu berichten wusste.

Aber lästern wir nicht über die Eisenbahn. Sie sorgt dafür, dass man im Rheintal aufs Auto verzichten kann. Mit dem Rheinsteig erschließt ein Fernwanderweg die Natur- und Kulturschönheiten des rechtsrheinischen Ufers. Die meisten Einstiegspunkte in diesen Weg sind direkt von den jeweiligen Bahnhaltepunkten aus zu erreichen, und von sechs linksrheinischen Bahnhöfen aus kann man mit einer Fähre übersetzen. Auf diese Weise entdeckt man dichte Wälder, grüne Weinberge, stille Seitentäler, weite Höhen und atemberaubende Aussichtspunkte, die mit dem Auto gar nicht zugänglich sind. Von einer Burg geht es zur nächsten, und überall kann man einkehren und natürlich auch Wein probieren. Man wird auf einer Wanderung aber feststellen, dass viele Weinberge verwildert sind. Es lohnt sich nicht mehr, auf den steilen Terrassen die Trauben per Hand zu lesen. Die Globalisierung hat auch im Rheintal Einzug gehalten.

Gottlob produzieren die Winzer aus der Umgebung von Bacharach noch so manches Spitzengewächs, und Bacharach selbst, das der französische Romantiker Victor Hugo als eine der »schönsten Städte der Welt« beschrieb, ist mit seinen vielen Fachwerkfassaden noch immer einen längeren Besuch wert. Auch hier thront so manche Burg-

ruine über der Stadt. Hervorragend erhalten ist dagegen die Stadtbefestigung aus dem 14. Jahrhundert – genau wie im benachbarten Oberwesel einige Kilometer flussabwärts: Die »Stadt der Türme und des Weines« zählt zu den größten Weinanbaugemeinden des Mittelrheins.

Noch weiter flussabwärts breitet sich gegenüber der Loreley das Städtchen St. Goar aus, das eine romanische Stiftskirche aus dem 11. Jahrhundert mit den reichsten gotischen Wandmalereien des Rheinlands besitzt. Hoch über der Stadt erhebt sich mit der Ruine Rheinfels die größte Burganlage am Mittelrhein. Etwas weiter nördlich macht der Rhein eine scharfe Schleife. Hier liegt das 2000-jährige Boppard, dessen Römerkastell als besterhaltene Festungsanlage der Spätantike nördlich der Alpen gilt.

Der letzte architektonische Höhepunkt vor Koblenz ist die rechtsrheinische Wein- und Rosenstadt Braubach: wieder schönes Fachwerk, enge verwinkelte Gassen und darüber die imposante Marksburg, die einzige unzerstörte Höhenburg am Mittelrhein – ganz anders als die erst zwischen 1836 und 1842 wieder errichtete neugotische Burg Stolzenfels auf der gegenüberliegenden Rheinseite. Wahrscheinlich hätten es Poeten wie Byron, Shelley, Schlegel und Brentano anders gesehen, doch so richtig romantisch ist nur eine echte Burgruine, nicht eine falsche neue Burg.

UNTERKUNFT

Landhaus Delle
Auf einem Sonnenplateau mit fantastischem Rheinblick liegt diese feine, sehr persönlich geführte Adresse für Individualisten. Die sieben großzügig gestalteten Zimmer sind mit Antiquitäten eingerichtet. Das charmante Restaurant Gartenhaus serviert feine Gerichte wie Forelle aus dem Wispertal, Filet vom Pfälzer Lamm und Wild aus dem Hunsrück. Beeindruckend ist die Weinkarte: Allein vom Mittelrhein stammen an die 100 Positionen.
Nur Ostern bis Oktober geöffnet.
Gutenfelsstr. 16, Bacharach-Henschhausen, Tel. 06743 1765, www.landhaus-delle-hotel.com

RESTAURANTS

Le Chopin im Bellevue Rheinhotel
In dem mit sehr stilvollen Zimmern bestückten Jugendstilhotel an der Rheinpromenade, seit 1887 in Familienbesitz, serviert das Gourmetrestaurant Le Chopin in noblem Ambiente feine Küche. Als Vorspeise gibt es Carpaccio vom Eifeler Kalb oder Tatar vom altdeutschen Büffel. Danach folgen weitere Spezialitäten der Region wie Eifler Kalbszunge. Aus dem hauseigenen Weinberg stammt der preisgekrönte Bopparder Hamm Kerner »Alte Reben«.
Rheinallee 41, Boppard, Tel. 06742 1020, www.bellevue-boppard.de

FETZ – Das Loreleyhotel
Der ehemalige Landgasthof Blücher bietet neben individuell eingerichteten Zimmern von modern bis Landhausstil sorgfältig zubereitete regionale Genussküche, z. B. pikantes Curry vom heimischen Wild. Die Riesling-Lounge stellt ausgesuchte Weine aus der Region vor.
Oberstr. 19, Dörscheid, Tel. 06774 267, www.fetz-hotel.de/restaurant

89
Trier und das Moseltal
Römische Impressionen

Das Neumagener Weinschiff, Grabmal eines römischen Händlers, im Landesmuseum Trier

»Ragende Villen hier, auf hängendem Ufer gegründet. Und grünende Hügel dem Bacchus gewidmet und der Mosel lieblich strömende Flut, die mit leisem Gemurmel einher fließt.« Über 1600 Jahre alt sind diese Zeilen: die ältesten, die eine deutsche Landschaft in Poesie fassen. Geschrieben hat sie Decimus Magnus Ausonius (um 310–393) aus Burdigala, dem heutigen Bordeaux, der im Jahre 368 von Bingen nach Trier reiste und seine Erlebnisse drei Jahre später in seiner Dichtung »Mosella« festhielt.

Statt römischer Villen zieren nun mittelalterliche Burgen die Hänge, aber zwischen Koblenz und Cochem, an der »Terrassenmosel«, wirkt die Landschaft beinahe mediterran, und auf dem Wärme speichernden Schiefer der Steillagen gedeiht der Riesling besonders gut. Kein Wunder, dass es den Römern hier gefiel. In Neumagen-Dhron, Deutschlands ältestem Weinort, wurden das aus vielen Lateinbüchern bekannte Neumagener Schulrelief und das berühmte römische Weinschiff entdeckt, das als Grabmal für einen Weinhändler diente. Im benachbarten Piesport hat man wiederum zwei römische Weinpressen gefunden, Anlass genug, alljährlich Anfang Oktober das Römische Kelterfest zu feiern. Männer und Frauen in weißen Togen stampfen dann in einer rekonstruierten Presse die Trauben mit den Füßen, anschließend werden Moretum (Käseaufstrich) und Vinum Pigonti (Kelterwein) verkostet.

Wie eine der von Ausonius erwähnten Villen ausgesehen haben mag, kann man in Longuich nordöstlich von Trier sehen. Hier hat man eine Villa urbana, ein Stadthaus aus dem 3. Jahrhundert, rekonstruiert. Einst schmückten kostbare Mosaiken die Böden dieser Villen. In Nennig, an der luxemburgischen Grenze, ist das schönste römische Mosaik nördlich der Alpen in situ zu bewundern: Da kämpfen Gladiatoren, und ein gepeitschter Bär reißt seinen Peiniger zu Boden. Berühmt ist auch die Igeler Säule im Dorf Igel südwestlich von Trier, mit 23 Metern das höchste erhaltene römische Pfeilergrabmal. Sie wurde von einer reichen Trierer Tuchhändlerfamilie errichtet und zeigt Szenen aus dem Leben der Tuchmacher und der griechisch-römischen Mythologie. Goethe faszinierte das Denkmal bei seinem Besuch 1792 so sehr, dass er sich eine Miniatur anfertigen ließ. Zusammen mit den Römerbauten von Trier ist das Grabmal seit 1986 UNESCO-Weltkulturerbe.

In Trier, das Kaiser Augustus 15 v. Chr. als Augusta Treverorum gründete und das im 4. Jahrhundert zeitweilig Kaiserresidenz war, steht das Wahrzeichen des römischen Deutschland: die fast 2000 Jahre alte Porta Nigra (Schwarzes Tor). Der Name leitet sich nicht von der Farbe der nachgedunkelten hellgrauen Sandsteinquader ab, sondern steht symbolisch für die Niederlage: Nach dem Verlust einer Schlacht zogen die geschlagenen Soldaten durch das Nordtor in die Stadt. 30 Meter ist es hoch und ohne Mörtel errichtet. Nirgendwo in der römischen Welt findet man noch ein so gut erhaltenes Stadttor. Da der heiliggesprochene Einsiedler Simeon aus Syrakus sich hier 1030 für fast fünf Jahre im Ostturm einmauern ließ, wandelte Erzbischof Poppo die Porta Nigra in eine Doppelkirche um, deren Auflösung erst Napoleon veranlasste.

Der zweite große Römerbau in Trier ist die Palastaula, die Kaiser Konstantin Anfang des 4. Jahrhunderts errichten ließ: ein 67 Meter langer, 28 Meter breiter und 30 Meter hoher Repräsentationsbau mit Flachdecke, seit 1856 evangelische Kirche. Auch von den Kaiserthermen und vom Amphitheater blieben Ruinen erhalten. Die großartigsten Römerfunde aus dem Moselraum und der Eifel versammelt das Rheinische Landesmuseum Trier, das 2007 mit der großen Landesausstellung »Konstantin der Große« wiedereröffnet wurde. Der Überlieferung nach soll Kaiser Konstantin auf einer Anhöhe bei Neumagen im Jahre 312 ein flammendes Kreuz mit der Inschrift »In hoc signo vinces« (In diesem Zeichen wirst du siegen) erschienen sein. Dies wird allerdings auch von anderen Orten behauptet!

Der romanische Dom St. Peter zu Trier bewahrt als wichtigste Reliquie den Heiligen Rock, das legendäre Leibgewand Christi, das Konstantins Mutter Helena auf einer Pilgerfahrt ins Heilige Land gefunden haben soll. Unter dem heutigen Kirchenboden wurde 1946 eine bemalte Prunkdecke aus konstantinischer Zeit entdeckt, deren tanzende Eroten von einer genussreichen Zeit künden, die an der Mosel bis heute lebendig ist. Wie schon Ausonius rühmte: »Aber das Beste wohl ist, dass Natur den Söhnen der Mosel huldvoll Tugend verlieh und dazu fröhlichen Geist gab!«

UNTERKUNFT

Villa Hügel
Die weiße Jugendstilvilla wurde 1914 für eine Weinhändlerfamilie an der Mosel erbaut. Ihre 45 Zimmer sind individuell und sehr geschmackvoll eingerichtet. Dazu kommen ein schöner Saunabereich, ein ganzjährig geöffneter Skypool und ein mediterranes Hallenbad. Das Restaurant »Gastraum« im modernen Anbau mit Panoramafenstern serviert saisonal wechselnde Klassiker.
Bernhardstr. 14, Trier, Tel. 0651 937100, www.hotel-villa-huegel.de

RESTAURANTS

Beckers
Im Ortsteil Olewig setzt der aus einer Winzerfamilie stammende Wolfgang Becker das kulinarische Ausrufezeichen Triers, ausgezeichnet mit zwei Michelin-Sternen. Bei Rücken von heimischem Reh, bretonischem Steinbutt oder sanft gegartem Schweinebauch läuft Becker zur Höchstform auf. Übernachten kann man hier auch: in einem minimalistisch abstrakten vierstöckigen Kubus im Bauhaus-Design zwischen malerischen Weinbergen.
Olewiger Str. 206, Trier, Tel. 0651 938080, www.beckers-trier.de

Zum Domstein
Das Restaurant serviert zwischen konstantinischen Ausgrabungsfunden unter anderem altrömische Speisen aus dem 1500 erstmals gedruckten Kochbuch »De re coquinaria« von Marcus Gavius Apicius (ca. 30 n. Chr.): mit Myrte gekochter Schinken in Feigensauce, gebratenes Fischfilet in römischer Fischsauce, Lamm mit Kräutern, Zwiebeln und Datteln, Spanferkelbraten in Damaszener Pflaumensauce und als Dessert Birnenauflauf mit Honig.
Hauptmarkt 5, Trier, Tel. 0651 74490, www.domstein.de

90

Mainz

Im Reich der Buchstaben

*»In principio erat verbum«, im Anfang war das Wort:
So steht es am Beginn des Johannesevangeliums, fein säuberlich in gut
lesbarer Frakturschrift, in der 42-zeiligen Gutenberg-Bibel,
einem zweibändigen Werk mit insgesamt 1282 Seiten, für das Gutenberg
290 verschiedene bewegliche Lettern goss. Zwischen 1452 und 1455
wurde diese Bibel in einer Auflage von 180 Stück in Mainz gedruckt.
Heute sind im 1900 gegründeten Mainzer Gutenberg-Museum
zwei von 49 erhaltenen Exemplaren zu bewundern.*

*»Im Anfang war das Wort« … Johannes
Gutenberg verbreitete es dank eines neuen
Verfahrens des Buchdrucks mit der Guten-
berg-Bibel, einem Werk von unglaublichem
Wert und großer Schönheit.*

Wohl keiner hat mehr für die Verbreitung des Wortes getan als der in Mainz geborene Johannes Gutenberg (1400–1468). Vor seiner Zeit war das Wort, besonders das biblische, exklusives Herrschaftswissen. Gleich gegenüber, im mächtigen romanischen Dom von Mainz, wurde das Wort verkündet, wie es der Kirche gefiel, als bildliche Darstellung in sorgfältiger Auswahl in Stein gemeißelt, in Holz geschnitzt oder auf Leinwand und Mauern gemalt. Aber den für jedermann unbeschränkten Zugang zur Botschaft Christi, und natürlich nicht nur dazu, ermöglichte erst der Buchdruck Gutenbergs.

Dabei hat Gutenberg den Buchdruck nicht »erfunden«. Das Mainzer Museum dokumentiert in vorbildlicher Weise, dass man in China schon seit dem 7. Jahrhundert Holzdruckstöcke hergestellt hatte und bereits um 1040 bewegliche Druckstempel aus Keramik kannte. In Korea war das Drucken mit beweglichen Metalllettern lange vor Gutenberg verbreitet. Dennoch ist Gutenbergs Leistung für das Abendland kaum zu überschätzen. Mit seiner Bibel, die zu den schönsten gedruckten Büchern der Welt gehört, bewies er, dass die »nova forma scribendi« es in ästhetischer Hinsicht mit jeder gotischen Handschrift aufnehmen konnte – nur viel preiswerter, schneller und in Massenfertigung. Gutenbergs Errungenschaft bestand darin, dass er das Verfahren des Buchdrucks technisch möglich und rentabel machte. Sein Werk sind die Signatur am Kegel der Type, das Formenwechseln beim Gießen der Typen, der Aufbau der Druckerpresse, die austauschbaren Metalllettern und der Setzkasten. Im Untergeschoss des Museums kann man in einer rekonstruierten Gutenberg-Werkstatt das Schriftgießen, Setzen und Drucken mit beweglichen bleiernen Lettern wie zu Gutenbergs Zeiten erleben.

Ein Besuch des Museums ist eine Reise durch über 500 Jahre Geschichte der Schwarzen Kunst. Von den humanistischen Büchern des Erasmus von Rotterdam und der »Utopia« (1516) des Thomas Morus führt der Weg zu den Reformationsschriften Martin Luthers, den astronomischen Werken des 16. Jahrhunderts, den Darstellungen der menschlichen Anatomie von Andreas Vesalius (1555), barocken geografischen Abhandlungen und den Schriften der Aufklärung bis zur bürgerlich-schöngeistigen Literatur Lessings, Schillers und Goethes, die gern in kleinformatigen »Taschenbuchausgaben« gedruckt wurde. Auch die fortschreitende Industrialisierung und Mechanisierung des Buch- und Druckgewerbes im 19. Jahrhundert zeichnet das Museum mit Gieß- und Setzmaschinen nach. Vom Offsetdruck, der um 1904 ausgereift war, geht die Reise weiter bis zum modernen Digitaldruck.

Noch viel älter als Gutenbergs Buchdruck ist die Stadt Mainz, wenngleich die Bomben des Zweiten Weltkriegs viel von der historischen Altstadt zerstört haben. Die antike Zeit von Maguntium dokumentiert das Römisch-Germanische Zentralmuseum mit prunkvollen Sarkophagen und Mosaiken. Machtvollstes Symbol des mittelalterlichen »Goldenen Mainz« ist natürlich der sechstürmige Dom St. Martin und St. Stephan, der zusammen mit dem Dom zu Speyer als frühester monumentaler Gewölbebau in Deutschland gilt: 975 begonnen und 1239 vollendet, mit Grabdenkmälern aus dem 13. bis 18. Jahrhundert.

Auf dem Marktplatz von Mainz steht der Marktbrunnen von 1526, einer der frühesten und schönsten Renaissancebrunnen Deutschlands. Den Krieg unbeschadet überstanden hat auch die Augustinerkirche (erbaut 1768–1772) mit einer prachtvollen Barockfassade. Schwere Verwüstungen erlitt dagegen die um 1340 fertiggestellte Pfarrkirche St. Stephan, und doch ist ihr Besuch ein Erlebnis: In magischen Blautönen leuchten die biblischen Figuren auf den neun Glasfenstern, die Marc Chagall von 1978 bis zu seinem Tod 1985 schuf – ein Beitrag zur jüdisch-deutschen Aussöhnung, von der seit 2010 auch die spektakuläre Architektur der Synagoge »Licht der Diaspora« Zeugnis ablegt.

UNTERKUNFT

Hyatt Regency
Gelungene Synthese aus einem historischen Fort und gläserner Moderne. Die großzügigen Zimmer wurden erst vor Kurzem renoviert. Besonders attraktiv sind die Clubzimmer und Suiten mit Rheinblick. Die offene Showküche des schicken Restaurants Bellpepper bereitet kreative internationale Küche mit regionalen Akzenten direkt vor den Augen der Gäste zu. Dazu kommt eine exzellente Weinkarte. Im Sommer speist man gerne unter freiem Himmel auf der Terrasse.
Templerstr. 46, Tel. 06131 731234, mainz.regency.hyatt.com

RESTAURANTS

Favorite
Im modernen Parkhotel Favorite, Teamhotel des 1. FSV Mainz 05, schwingt seit Anfang 2019 Daniele Tortomasi, ein erst 24 Jahre alter Sternekoch, das Küchenzepter. Als ehemaliger Chef-Poissonnier der legendären Schwarzwaldstube favorisiert er exotische Kreationen mit Fisch und Meeresfrüchten. Im Favorite überzeugen er und sein ebenfalls sehr junges Team mit Carpaccio aus weißen Garnelen, bretonischem Steinbutt mit Petersilienfarce, Taschenkrebs-Tartelette und marinierten Gillardeau-Austern. Exquisite Weinbegleitung. Toller Rheinblick von der Terrasse.
Karl-Weiser-Str. 1, Tel. 06131 80150, www.favorite-mainz.de

Geberts Weinstuben
Das gemütliche Lokal mit Wohnzimmeratmosphäre empfiehlt sich mit sorgfältig zubereiteter Küche. Perlhuhnbrust, Kalbsrückensteak, Ragout vom heimischen Reh oder Seezunge munden ausgezeichnet. Die Weinkarte ist bestens sortiert.
Frauenlobstr. 94, Tel. 06131 611619, www.geberts-weinstuben.de

91

Worms
Auf dem Jüdischen Friedhof

Heiliger Sand: Der älteste erhaltene jüdische Friedhof Europas liegt in Worms.

*»Ich habe da gestanden und habe alles selber erfahren, mir ist all
der Tod widerfahren: all die Asche, all die Zerspelltheit, all der lautlose
Jammer ist mein; aber der Bund ist mir nicht aufgekündigt worden.
Ich liege am Boden, hingestürzt wie diese Steine. Aber aufgekündigt ist
mir nicht. Der Dom ist, wie er ist. Der Friedhof ist, wie er ist.
Aber aufgekündigt ist uns nicht worden.«*

*Aufgrund seiner Talmud-Kommentare
zählt Raschi zu den bedeutendsten Gelehrten
der jüdischen Welt.*

Der Ort, von dem der jüdische Religionsphilosoph Martin Buber 1933 sprach, ist der älteste jüdische Friedhof nördlich der Alpen in Worms am Rhein. »Heiliger Sand« wird er genannt, weil der Überlieferung zufolge hier Sand aus Palästina ausgestreut wurde, damit die Juden in »heimatlicher Erde« ruhen konnten. Jüdische Friedhöfe werden für die Ewigkeit angelegt: Dieser hier hat fast 1000 Jahre überdauert, vom Kreuzfahrerheer, das 1096 in Worms Jagd auf Juden machte, bis zur unsäglichen Gewaltherrschaft der Nationalsozialisten, unter der die jüdische Gemeinde von Worms ausgelöscht wurde.

Zu den ältesten erhaltenen Grabsteinen zählt der von Jakob ha-Bachur aus dem Jahr 1076. Über 2000 Steine mit hebräischen Inschriften, überwiegend aus dem 11. bis 17. Jahrhundert, alle nach Süden ausgerichtet, erinnern an eine bewegte Geschichte. Hier ruhen namhafte jüdische Gelehrte: der Märtyrer Rabbi Meir von Rothenburg (Maharam), Elia Loanz (der Baal-Schem von Worms) oder der Rabbi Jakob Mölln aus Mainz (Maharil).

Bereits um 990 hatten sich die ersten Juden in Worms angesiedelt. Um 1060 studierte Rabbi Salomo ben Isaak aus Troyes, genannt Raschi, im damals in ganz Europa berühmten Wormser Lehrhaus. Aufgrund seiner Talmud-Kommentare zählt er zu den bedeutendsten Gelehrten der jüdischen Welt und wurde 2005 in Worms und Troyes mit einem Raschi-Jahr gefeiert.

In einer Urkunde aus dem Jahre 1090 sicherte Kaiser Heinrich IV. den Wormser Juden Schutz von Leben und Eigentum, Freiheit der wirtschaftlichen Betätigung und Religionsausübung sowie Autonomie in innerjüdischen Rechtssachen zu. Friedrich II. weitete das »Wormser Privileg« 1236 auf alle Juden im Heiligen Römischen Reich aus, was Vertreibungen im Spätmittelalter aber oft nicht verhindern konnte. Zeugen der langen Geschichte und Kultur der Wormser Juden sind die 1961 wiederhergestellte Synagoge mit dem um 1185/86 angelegten und unzerstört erhalten gebliebenen Frauenbad (Mikwe) im vormaligen Judenviertel sowie das Jüdische Museum im Raschi-Haus, das ehemalige Tanz- und Hochzeitshaus der Gemeinde.

Der »Martin-Buber-Blick« schweift über die Grabsteine und die alte Stadtmauer hinüber zum nahen romanischen Kaiserdom St. Peter, »sichtbar gewordene Harmonie der Glieder, eine Ganzheit, in der kein Teil aus der Vollkommenheit wankt«, wie Buber anmerkte. Die frühesten erhaltenen Bauteile wurden unter Bischof Burchard (1000–1025), dem bedeutendsten aller Wormser Bischöfe, errichtet. Bis Ende des 12. Jahrhunderts verliehen die Stauferkaiser der dreischiffigen Pfeilerbasilika mit vier Türmen und zwei Kuppeln ihre heutigen hoch- und spätromanischen Formen. Besonders bemerkenswert ist das Südportal mit seinem romanischen Tympanon und der steinernen gotischen Bilderbibel.

Finanziert hat den Dom sicher nicht der angeblich in der Nähe im Rhein versenkte Nibelungenschatz. Dagegen dürften vermögende Juden aus Worms mehr als ein Scherflein beigetragen haben. Das von ihnen entrichtete Judenregal floss nämlich direkt in die Haushaltskasse des Kaisers.

UNTERKUNFT

Dom Hotel
Bei der Hotellerie der Stadt gibt es noch Luft nach oben. Unschlagbar ist die zentrale Lage dieses modernen Hotels, dessen geradlinige, funktional eingerichtete, aber nicht klimatisierte und vom Mobiliar her etwas in die Jahre gekommenen Zimmer teilweise eine schöne Aussicht auf den Obermarkt bieten. Um sieben Uhr morgens wird man von den Glocken des Doms geweckt. Gutes Frühstücksbüfett. Tiefgarage.
Obermarkt 10, Tel. 06241 9070, www.dom-hotel.de

RESTAURANTS

Ristorante Tivoli
Worms' bester Italiener existiert schon seit 1975 und ist geradezu eine Institution in der Stadt. Hier schmecken Vitello tonnato, Rinder-Carpaccio, hausgemachte Pasta-Gerichte, Weinbergschnecken und Calamaretti in pikantem Tomaten-Basilikum-Sud. Sehr fein ist auch der im Backofen gegarte Wolfsbarsch.
Adenauerring 4 B, Tel. 06241 28485, www.tivoli-worms.de

Ellenbergs
Der Abstecher ins 14 Kilometer südlich von Worms gelegene Heßheim lohnt sich, denn das Gasthaus von Dieter Ellenberg serviert in gemütlicher Atmosphäre wirklich vorzügliche, saisonal wechselnde Pfälzer Spezialitäten. Bei schönem Wetter speist man im Hof und auf der Terrasse. Man kann hier auch sehr angenehm in vier nach Rebensorten benannten Zimmern übernachten.
Hauptstr. 46 A, Heßheim, Tel. 06233 61716, www.ellenbergs-restaurant.de

92

Speyer
Imperiale Romanik

Blick auf den romanischen Dom zu Speyer, UNESCO-Weltkulturerbe und Grablege der Salier

*Fast 1000 Jahre deutscher Geschichte spiegeln sich in der größten
noch erhaltenen romanischen Kirche des 11. Jahrhunderts mit einer Länge
von 133 Metern und einer Mittelschiffhöhe von 30 Metern. Konrad II.,
der 1027 als erster Salier den Thron bestiegen hatte und Historikern
als weitblickender Kaiser des Mittelalters gilt, demonstrierte mit dem 1030
gegründeten Dom seinen Herrschaftsanspruch über Reich und Kirche.*

*Wie prächtig und bunt der Dom
zu Speyer einst ausgestattet war, lässt sich
heute nicht mehr erahnen.
Aber gerade wegen dieser Nüchternheit
wirkt er so zeitlos.*

Vom mittelalterlichen Altpörtel in der Maximiliansstraße, einem der schönsten und mit 55 Metern auch einem der höchsten Stadttore Deutschlands, bietet sich eine fotogene Durchsicht auf das mächtige Bauwerk, dessen heutiges Westwerk allerdings erst in neuromanischer Zeit aufgemauert wurde. Materialwahl, Proportionen und Prunkportale weichen erheblich von der strengen salischen Vorlage ab. Unverfälschter ist der Blick vom Domgarten auf die Chorapsis und die beiden 71 Meter hohen Osttürme.

Da französische Revolutionstruppen den Dom 1793/94 plünderten, kann man sich heute ganz auf den Raumeindruck der dreischiffigen Pfeilerbasilika konzentrieren. Die Restaurierungsarbeiten (1957–1966) nahmen die neoromanischen Erneuerungen und Ausmalungen, die von 1854 bis 1858 unter dem ehemaligen bayerischen König Ludwig I. den Dom verändert hatten, weitgehend zurück. Seither sieht das Langhaus wieder annähernd so aus wie in der Zeit Heinrichs IV. Der hatte den Dom nach seinem »Gang nach Canossa« als Machtdemonstration gegen den Papst umbauen lassen und die Flachdecke des Mittelschiffs durch sechs Gewölbejoche ersetzt. Der Dom wurde die Grablege des gesamten salischen Hauses, aber auch späterer Kaiser.

Erst im frühen 12. Jahrhundert gelang es, auch die in der Fläche etwa 15 × 15 Meter messenden Querarme zu überwölben. Die diagonal über diese Räume gespannten Gurtrippen gehören zu den zahlreichen Neuerungen, die vom Speyerer Dombau ausgingen. Allerdings musste das Langhaus nach Zerstörungen im Pfälzischen Erbfolgekrieg (1689) zwischen 1772 und 1778 größtenteils wiedererrichtet werden.

Immerhin lassen sich die ersten beiden Bauphasen am Mauerwerk der Kirchennordseite recht einfach unterscheiden: Die Bruchsteine sind älter, die roten Sandsteinquader jünger. Ältester Teil ist die Hallenkrypta mit quadratischen Jochen, Gurtbogen, Kreuzgratgewölben und unverjüngten Säulen, die in frühromanischen Würfelkapitellen enden. Eigentlich präsentiert sich der gesamte Dom heute als zurückrestaurierter mittelalterlicher Rohbau. Wie prächtig und bunt er einst ausgestattet war, lässt sich nicht mehr erahnen. Aber gerade wegen dieser Nüchternheit wirkt er so zeitlos.

UNTERKUNFT

Hotel Residenz Speyer
Das Barockgebäude aus dem 18. Jahrhundert mit historischer Fassade bietet 15 klassisch-geschmackvoll und komfortabel eingerichtete, wenngleich aufgrund des Mobiliars etwas dunkel wirkende Zimmer mit großzügigem Bad, nur wenige Fußminuten vom Dom entfernt. Die Räume zum Hof hin sind ruhiger. Das im Gewölbekeller servierte Frühstücksbüfett ist sehr anständig. Ludwigstr. 6, Tel. 06232 684990, www.residenz-speyer.de

RESTAURANTS

Zum alten Engel
Das Lokal von Pächter Philipp Rumpf, ein wunderschöner, kleiner gemütlicher Gewölbekeller, überzeugt mit regionalem Slow Food mit Produktnachweis, darunter in Heu eingepackter, butterzarter Schmorbraten vom Glanrind, einer traditionellen Rasse des Hausrinds, die vorwiegend in Rheinland-Pfalz beheimatet ist. Außerdem kann man hier Pferdefilet nach Pfälzer Rezeptur probieren. Dazu werden exzellente Pfälzer Weine ausgeschenkt. Sehr aufmerksamer persönlicher Service.
Mühlturmstr. 7, Tel. 06232 70914, www.zumaltenengel.de

Clyne – Das Restaurant
Klein, aber fein, lautet die Devise in diesem wirklich vorzüglichen modernen Lokal mit nur fünf Tischen. In stilvollem Ambiente kredenzt es frische saisonale und sehr kreative Küche in sechsgängigen Genießermenüs, z. B. Kraftbrühe vom Duttweiler Jungbullen, Cremesuppe und Tatar von der Pfälzer Forelle, Bärlauch-Saumagen, Dry Aged Rinderfilet oder Kalbsnieren in Estragon-Senf-Sauce. Freitags und samstags wird am Mittag ein dreigängiges Shopping-Menü angeboten. Ausgesuchte Weine aus der näheren Umgebung.
Große Greifengasse 5, Tel. 06232 1008285, www.restaurant-clyne.de

Im Westwerk des Doms zu Speyer fand König Adolf von Nassau, der im Juli 1298 in der Schlacht bei Göllheim fiel, seine letzte Ruhe.

93

Kaiserburg Trifels

Ein Gefängnis für Richard Löwenherz

Auf der Kaiserburg Trifels wurden zeitweilig die Reichsinsignien verwahrt.

Beim Anblick der Burg Trifels, die 300 Meter oberhalb
der alten Reichsstadt Annweiler auf dem Sonnenberg im Pfälzerwald
thront, ging schon in früher Zeit die Fantasie mit den Sagendichtern
durch. Da stört es nicht, dass der größte Teil der 1602 weitgehend
abgebrannten Anlage erst ab 1938 wieder aufgebaut wurde, mit dem
zu jener Zeit üblichen nationalen Brimborium.

*Um das Wohlbefinden des kostbaren
Gefangenen kümmerte man sich genauso gut
wie um die Reichsinsignien.*

Von der Turmspitze bietet sich ein großartiger Blick auf Annweiler und die Ruinen der beiden Nachbarburgen Anebos und Scharfenberg. Der schlanke Bergfried von Scharfenberg diente einst als letzte Zufluchtsstätte bei einer feindlichen Erstürmung der Burganlagen. Der Rest wurde 1525 im Bauernkrieg zerstört.

Verschmachtete Richard Löwenherz wirklich auf der Burg Trifels, »in schnöder Fesseltracht«? Aufbrausend soll der englische König auf den Wällen Akkons das Banner Leopolds von Österreich beleidigt haben. Als Richard auf der Heimkehr aus dem Heiligen Land inkognito durch Österreich reiste, ließ ihn Leopold auf der Burg Dürnstein an der Donau festsetzen, bis er ihn an Heinrich VI. ausliefern musste. Tatsächlich weilte Richard im Frühjahr 1193 einige Wochen als Gefangener auf der Burg Trifels, aber in ein finsteres Verlies, wie es die englische Überlieferung behauptet, hat der Kaiser seine Geisel nicht gesteckt. Zeitzeugen berichten, dass der König sogar seine Wächter unter den Tisch trank. Schließlich wollte Heinrich ein exorbitantes Lösegeld, also kümmerte man sich um das Wohlbefinden des kostbaren Gefangenen genauso gut wie um die Reichsinsignien, die hier von 1125 bis 1298 verwahrt wurden.

»Wer Trifels hat, hat das Reich«, hieß es damals, denn für den Kaiser, der unstet durch das Land zog, war es wichtig, Lanze, Krone, Reichsapfel, -zepter und -schwert, die im Mittelalter Symbole seiner Herrschaft waren, in einer loyalen Festung zu wissen. Erst die Staufer bauten den Trifels zur Reichsburg aus. Den über zwei Stockwerke reichenden Kaisersaal hat es in historischer Form jedoch nie gegeben, er entstand erst 1938. Heute dient er im Sommer als romantische Kulisse für Serenadenkonzerte. In der romanischen Burgkapelle wurden im 12. und 13. Jahrhundert die kaiserlichen Insignien verwahrt. Nachbildungen zeigt heute die Schatzkammer der Burg. Die Originale hütete später mehrere Jahrhunderte lang das Heilig-Geist-Spital in Nürnberg, bevor sie 1800 vor dem Zugriff Napoleons gerettet und in die Schatzkammer des Kunsthistorischen Museums in Wien verbracht wurden.

Die Geschichte von Richards treuem Spielmann Blondel, der auf der Suche nach seinem gefangenen Herrn singend von Burg zu Burg zog, bis Richard mit der zweiten Strophe des Lieds antwortete, wurde schon um 1260 in einer legendenhaften Kreuzzugschronik erzählt und im 18. Jahrhundert durch die Oper »Richard Cœur de Lion« von André-Ernest-Modeste Grétry (1784) populär. Später griffen Sagendichter des Historismus wie Friedrich Hebbel die Geschichte auf und schmückten sie immer weiter aus.

Burgenromantiker kommen im Pfälzerwald wahrlich auf ihre Kosten. Südlich von Annweiler sind allein im bizarr geformten Dahner Felsenland und im benachbarten Elsass 16 Burgen oder deren Ruinen zu entdecken, alle mit großartigem Ausblick auf Schwarzwald und Vogesen. Und um jede rankt sich mindestens eine Sage.

UNTERKUNFT

Sonnenhof Siebeldingen
Der charmante Landgasthof, ein im Jugendstil erbautes Herrenhaus am Ortsrand des 16 Kilometer von Trifels entfernten Winzerdörfchens Siebeldingen im Herzen der Südlichen Weinstraße, bietet komfortable, moderne Zimmer in mediterranen Farbtönen. Dazu kommen eine vorzügliche Küche mit besten Pfälzer Weinen sowie ein reichhaltiges Frühstücksbüfett mit hausgemachter Marmelade und regionalen Spezialitäten.
Mühlweg 2, Siebeldingen, Tel. 06345 3311, www.sonnenhof-siebeldingen.de

RESTAURANTS

Fünf Bäuerlein
Das historische Gasthaus im nahen Landau wird von fünf renommierten Winzern aus der Südpfalz betrieben und ist für höchst kreative Pfälzer Küche bekannt. Unter »Pfälzer Tapas« versteht man hier Riesling-Obatzda, panierte Blutwurst, Saumagenwürfel mit Honig-Soja-Marinade, Bruschetta mit Leberwurst und Birnenmarmelade. Bäuerleins »Schiefer Sack« bezeichnet eine Scheibe Saumagen, eine Bratwurst und einen Leberknödel auf Sauerkraut mit Senf und Bauernbrot. Natürlich werden dazu erstklassige Tropfen kredenzt.
Theaterstr. 2, Landau in der Pfalz, Tel. 06341 2665533, www.weinstubebaeuerlein.de

Weinstube Brand
Die gemütliche rustikale Weinstube mit charmantem Innenhof serviert verfeinerte regionale Küche. Sehr lecker sind geschmorte Schulter vom Wildkaninchen auf Cassis-Rotkraut oder die Variation vom Pfälzer Reh mit Hefeknödel.
Weinstr. 19, Frankweiler, Tel. 06345 959490

94

Völklinger Eisenhütte

Kathedrale des Industriezeitalters

*Industrie als Weltkulturerbe? Die Begründung der UNESCO
aus dem Jahr 1994 klingt nicht besonders spannend: »Die Völklinger Hütte
ist die einzige stillgelegte Eisenhütte in ganz Europa und
Nordamerika, in der die Originalausstattung noch erhalten ist.«*

*Ein Industriedenkmal, das Aufnahme
ins UNESCO-Weltkulturerbe fand: die
Völklinger Eisenhütte an der Saar,
1873 als Puddel- und Walzwerk gegründet
und 1986 stillgelegt*

Ein Arbeiterspind wird zur Skulptur,
das riesige Schwungrad zur Ikone, die Gasgebläse-
maschinenhalle zur Kathedrale.

Aha. Aber deshalb ins Saarland fahren? Gibt's da nichts Schöneres zu entdecken, den herrlichen Ausblick auf die Saarschleife im Dreiländereck oder den barocken Schlossplatz in Saarbrücken? Wer will denn Hochöfen, Winderhitzer, Wasserhochbehälter, Gebläsemaschinen, Schwungräder und Gaskühler sehen? Über 230 000 Menschen pro Jahr wollen!

Wer einmal das Spektakel des Kunstfeuerwerkers Rainer Ellenberger erlebt hat oder Hans Peter Kuhns farbenprächtige Wiederbeleuchtung der sechs Hochöfen, der versteht, worum es hier geht. Ein banaler Arbeiterspind wird plötzlich zur faszinierenden Skulptur, das riesige Schwungrad zur ehrwürdigen Ikone, die Gasgebläsemaschinenhalle zur riesigen Kathedrale, das Labyrinth aus Rohren, Schlackenrinnen, Eisentreppen, Wartungsbrücken, Stellrädern und Windzylindern zur Kunstkulisse.

Ein Rundgang vermittelt die hochkomplizierten technischen Abläufe der Roheisenproduktion in Sinteranlage, Kokerei, Gichtbühne, Hochofenabstich und Gebläsehalle mit ihren gigantischen Schwungrädern. Was für eine Plackerei! 1965 malochten über 17 000 Männer auf der Völklinger Hütte. Jetzt wird das Tuten, Quietschen, Pochen, Dröhnen, Vibrieren, Brummen und Wummern auf »Klangspaziergängen« vermittelt. Die Hütte groovt! Doch heute muss kein schmieriger Schmutzfilm mehr weggeschrubbt werden, keine rostrote Staubwolke legt sich quälend auf die Lunge. Auch auf die mörderische Hitze wird verzichtet. Lieber besucht man das interaktive Ferrodrom, das »sinnliches Erleben des Eisens« ermöglichen soll.

Ja, die Hütte ist ein Denkmal, genauso wie eine Kathedrale oder ein Schloss. Sie hat unsere moderne Welt vielleicht sogar stärker verändert als der mächtige Dom oder die romantische Ritterburg. Schon die Römer betrieben im Saarland kleine Eisenschmelzen, Ende des 16. Jahrhunderts wurden Ofenplatten in Neunkirchen bereits industriell gegossen. Die Alte Völklinger Hütte wurde erst 1873 gegründet und ist damit die jüngste Eisenhütte des Saarlandes, doch kann sie wegen ihrer Monumentalität,

Komplexität und Vollständigkeit den Ablauf einer Verhüttung hervorragend vermitteln. Bis 1986 hat die Roheisenproduktion der Völklinger Hütte unverändert gearbeitet.

Losgelöst von ihrer ursprünglichen Funktion dokumentieren die rostigen Riesenmaschinen nicht nur den tief greifenden Strukturwandel und den Niedergang der Schwerindustrie. Sie entwickeln vor allem eine ästhetische Eigendynamik, die nicht nur Installationskünstler anzieht. So wird die Gasgebläsemaschinenhalle als Veranstaltungs- und Konzertort genutzt, und die ehemaligen Werkstätten der Handwerkergasse dienen als Künstlerateliers. Teile der gigantischen Anlage wird der unaufhaltsame Rost allmählich zerstören. Aber warum sollte Industrie nicht ebenso vergänglich sein wie die Kunst?

UNTERKUNFT

Hotel Leidinger
Im nahen Saarbrücken wohnt man besonders schön und individuell in diesem perfekt renovierten Gebäudekomplex zwischen Barock, Klassizismus und Moderne. Die Themenzimmer (Fernost und Safari) gruppieren sich um einen idyllischen Zen-Garten. Das Hotel setzt konsequent auf Nachhaltigkeit. Im Restaurant s'Olivo wird mediterrane Küche serviert.
Mainzer Str. 10, Saarbrücken, Tel. 0681 93270, www.leidinger-saarbruecken.de

RESTAURANTS

GästeHaus Klaus Erfort
Das nahe Frankreich gibt die Richtung vor: In dieser klassizistischen Gründerzeitvilla speist man kreativ-französisch, und das vom Allerfeinsten. 2008 errang der Saarbrückener Koch Klaus Erfort hier seinen dritten Michelin-Stern und konnte ihn bis heute ohne Unterbrechung verteidigen. In elegant-modernem Ambiente sitzt man auf violetten Stühlen, genießt den Blick in den Park und geht am besten mit dem »Menu Dégustation« auf eine unvergessliche kulinarische Reise.
Mainzer Str. 95, Saarbrücken, Tel. 0681 9582682, www.gaestehaus-erfort.de

Restaurant Quack im Haus Weismüller
Jugendstil-Forsthaus mit feiner frankophiler Showküche, darunter Dreierlei von der Rinderzunge, Zanderschnitte auf Beluga-Linsen-Gemüse, Sûpreme vom Steinbutt auf Spargel-Risotto, gebratene Kalbsleber oder Aubrac Rinderfilet mit Schalottenkruste, und das alles zu erstaunlich zivilen Preisen.
Gersweilerstr. 43 A, Saarbrücken, Tel. 0681 52153, www.restaurant-quack.de

Das Skulpturenprojekt »Second Life« des Künstlers Ottmar Hörl widmet sich dem Schaffen der Arbeiter der ehemaligen Eisenhütte.

95

Zwischen Saar und Mosel

Römer in der »Äppelkeschd«

Blick auf den Baumwipfelpfad in Mettlach-Orscholz, oberhalb der Saarschleife

*Es gibt ja Weitgereiste, die sich beim Anblick der
waldgesäumten Saarschleife zu reichlich kühnen Vergleichen
wie Deutschlands Grand Canyon hinreißen lassen.
Am ehesten erinnert diese Laune der Natur an den Horseshoe
Bend des Colorado River in Arizona.*

*Schon Plinius der Ältere
berichtet von Wein, den man aus Äpfeln
und Birnen herstellte.*

Nun ja, der berühmte, steil aufragende Aussichtsfelsen Cloef bei Orscholz, dessen harter Taunusquarzit die Saar einst zu ihren Umwegen zwang, ist längst nicht so hoch wie sein amerikanisches Pendant. Dafür ist die Saarschleife viel grüner, und einen Baumwipfelpfad mit dieser tollen Aussicht gibt es in Arizona auch nicht.

Und Römer schon mal gar nicht, deren Ornamente sich glatt an den Windungen der Saar statt am kleinasiatischen Mäander hätten orientieren können. Sie bauten auf dem Wärme speichernden Schiefer der Steillagen den Elbling (Vitis alba – weiße Rebe) an, die älteste Weinsorte Europas. Sie ergibt einen spritzigen, fruchtigen, aber trockenen Weißwein, der sich auch hervorragend zur Sektherstellung eignet. Seit dem Glykol-Skandal, der Mitte der 1980er-Jahre den Deutschen die Lust auf den pappsüßen Moselwein vergällte, feiert der veredelte Elbling zwischen Mosel und Saar Triumphe, auch bei den alteingesessenen Privatwinzern von Perl.

Doch ebenso gern trinken die Menschen dieser von Streuobstwiesen gesprenkelten Region ihren »Viez« genannten Apfelwein. Schon Plinius der Ältere berichtet von Wein, den man aus Äpfeln und Birnen herstellte, und vielleicht leitet sich sogar der Name des Viez, der in Frankreich Cidre, in Hessen Äppelwoi und in Württemberg Moscht heißt, vom römischen »vicevinum« (Weinersatz) ab. Scherzbolde verweisen dagegen gerne auf das französische »vite« (schnell). Tatsächlich hat der Genuss eines frischen Apfel- oder Birnenviez eine wahrlich durchschlagende Wirkung!

»Unsere Landschaft schmeckt« lautet die Devise der Viezstraße, die in Nord-Süd-Richtung von Konz an der Mosel durch die abwechslungsreiche Landschaft des Saar-Mosel-Gaues verläuft und dabei jede Menge gemütliche Restaurants und Gasthäuser sowie Landwirte mit eigenen Brennereien, Probierstuben und Bauernläden ansteuert. Der Name der Ortschaft Tawern, bei der man eine eindrucksvolle römische Tempelanlage im Wald auf dem Metzenberg teilweise rekonstruiert hat, kommt vom lateinischen Wort »taberna« (Geschäft, Laden), und »Tavernen« – Viezkeller und Obstbrennereien – säumen auch den Weg. Südlich von Sinz, in Borg, wurde eine weitere Villa rustica mit Herrenhaus und Villenbad freigelegt und originalgetreu rekonstruiert.

In Tünsdorf zaubert der Bio-Obstbauer Josef Jacoby die wunderbarsten Leckereien aus Äpfeln: vom im Holzfass gereiften Balsamico-Apfelessig über Quitten-Apfel-Gelee bis zum Äppelprickler-Sekt: eine Flaschengärung, die langsam im Felsenkeller reift. Stundenlang kann Jacoby über den Obstanbau in der »Äppelkeschd« erzählen, wie die Saarländer dieses Obstbaugebiet nennen, und natürlich darf man nach Herzenslust probieren.

UNTERKUNFT

Victor's Residenz Hotel Schloss Berg
Die schönen luxuriösen Zimmer sind im Schloss Berg untergebracht, mit herrlichem Ausblick ins Moseltal und auf den neu angelegten Renaissancegarten. Für eine Nacht in den römisch eingerichteten »Göttersuiten« hätte wohl selbst Jupiter den Olymp verlassen, schon um im Gourmetrestaurant Victor's Fine Dining des Offenburger Drei-Sterne-Kochs Christian Bau zu speisen. Als einer der Ersten gewann er der französischen Haute Cuisine mit japanischen Produkten ganz neue Facetten ab. Die eindrucksvoll sortierte Weinkarte mit 750 edlen Tropfen hätte wiederum Bacchus zu sprichwörtlichen Gelagen verführt.
Schloßstr. 27–29, Perl-Nennig, Tel. 06866 790, www.victors.de

RESTAURANTS

Landhotel Saarschleife
Wer die Saarschleife am frühen Morgen erleben möchte, ist in den modernen und sehr wohnlichen Zimmern dieses Hotels gut aufgehoben und genießt dazu die saisonal wechselnde Frischküche von Michael Buchna, darunter in Viez geschmorte, ausgelöste Kaninchenkeule oder in Moselburgunder geschmorte Schweinekieferbäckchen mit Speckschaum.
Cloefstr. 44, Mettlach, Tel. 06865 1790, www.hotel-saarschleife.de

Niedmühle
Im gleichnamigen Land & Genuss Hotel der Familie Burbach wohnt es sich nicht nur sehr angenehm, hier isst man auch klassisch-vorzüglich, bei schönem Wetter gerne im romantischen Garten. Preisgünstiges Mittagsmenü, ausgewählte Weine.
Niedtalstr. 13–14, Rehlingen-Siersburg, Tel. 06835 67450, www.restaurant-niedmuehle.com

96

Lorsch

Königshalle – Kleinod aus karolingischer Zeit

»Es ist, als habe sich mitten in einer urdeutschen Landschaft der Märchenvogel eines fremden, eines versunkenen Landes niedergelassen«, so erschien die berühmte karolingische Torhalle im hessischen Lorsch bei Worms dem Dichter Werner Bergengruen. Geheimnisvoll und mystisch wirkt sie, genauso wie die althochdeutschen Zaubersprüche des Bienensegens aus dem Lorscher Kloster, mit denen man vor 1000 Jahren entflogene Bienen zu bannen suchte: »Noh du mir nindrinnes, noh du mir nintuuinnest« (Du sollst mir weder entrinnen, noch sollst du mir entwischen).

Zeugen einer ruhmreichen Vergangenheit: die Ruine der Klosterkirche Lorsch mit der karolingischen Torhalle – im 8. Jahrhundert war das Reichskloster ein Zentrum der Macht und des Geisteslebens.

*Weltberühmt ist das um 810
angefertigte Lorscher Evangeliar, das Karl der
Große der Lorscher Abtei schenkte
und das heute an drei verschiedenen
Orten aufbewahrt wird.*

Fast wäre auch das letzte Denkmal der einst so mächtigen, 1621 in den Wirren des Dreißigjährigen Krieges durch spanische Truppen weitgehend zerstörten Karolinger Reichsabtei abgebrochen worden. Gerettet hat es 1803 Landgraf Ludwig durch persönliches Eingreifen. Heute ist die Torhalle UNESCO-Weltkulturerbe, zusammen mit dem »Altenmünster« genannten ersten Klosterareal auf der Weschnitzinsel.

Die Bedeutung des Lorscher Klosters im karolingischen Ostreich kann man nicht genug preisen. Die Klosterkirche wurde sogar im Beisein Karls des Großen geweiht, im Jahre 774. Ludwig der Deutsche, ein Enkel Karls des Großen, wurde hier 876 beigesetzt, sechs Jahre später sein Sohn Ludwig der Jüngere. Der von Karl dem Großen abgesetzte Bayernherzog Tassilo soll im Kloster Lorsch sein Leben beschlossen haben. Weltberühmt ist das um 810 angefertigte Lorscher Evangeliar, das Karl der Große der Lorscher Abtei schenkte und das heute an drei verschiedenen Orten aufbewahrt wird. Mit dem um 795 verfassten Lorscher Arzneibuch begann die mittelalterliche Pharmazie: Medizin wurde nicht mehr als Eingreifen in den göttlichen Heilsplan, sondern als aktive christliche Nächstenliebe verstanden, wofür auch heidnische Schriften ausgewertet werden durften. Mittlerweile gibt es im Bereich des ehemaligen Klosterfriedhofes wieder einen Kräutergarten mit den im Arzneibuch beschriebenen Heilpflanzen.

Fast überschwänglich berichtet der Lorscher Codex von der kostbaren Ausstattung der Abtei. Geblieben sind davon nur die Torhalle und die Vorkirche. Wer ihren Zauber genießen möchte, beschäftigt sich lieber nicht zu intensiv mit den ausführlich dokumentierten späteren Um- und Rückbauten. Die Torhalle war wohl nicht die Königshalle, die für Karl den Großen nach seinem Sieg über die Langobarden 774 erbaut wurde; wahrscheinlich ist sie etwa 100 Jahre jünger.

Aber der Fassadenschmuck ist noch so wie vor über 1100 Jahren. Original erhalten sind auch der Palmettenfries, die kannelierten Pilaster und das Traufgesims. Der kleine Dachreiter mit Glöckchen wurde Ende des 17. Jahrhunderts angefügt, als die Torhalle als »Kappellche« diente – und so nennt sie die Lorscher Bevölkerung liebevoll noch heute.

UNTERKUNFT

Karolinger Hof
Das von Tagungsgästen gern genutzte Hotel-Restaurant ist die beste Übernachtungsadresse im kleinen Lorsch. Direkt gegenüber dem Bahnhof bietet das äußerlich ehrwürdig wirkende Haus modern eingerichtete komfortable, trotz der Lage ruhige Zimmer mit attraktiven grünen und violetten Farbakzenten. Großzügig und modern sind auch die Bäder gestaltet. Das Frühstück mit Müsli und Eierspeisen ist exzellent. Guter und preisgünstiger Mittagstisch.
Lindenstr. 14, Tel. 06251 175200, www.karolinger-hof.de

RESTAURANTS

Gasthof Pension Schillereck
Das recht modern wirkende Wirtshaus serviert in familiärem Ambiente überdurchschnittlich gute bürgerliche Küche. Ofenkartoffeln, Schnitzel, Grillspieße und Rumpsteaks sind sorgfältig zubereitet und die Preise wirklich fair. Es gibt einen netten Biergarten und ansprechende Pensionszimmer für alle, die das Kloster im frühen Morgenlicht bewundern möchten.
Schillerstr. 27, Tel. 06251 5701027, www.schillereck-lorsch.de

Weinlokal Hexenhaus
Das Restaurant wurde mit viel Liebe zum Detail und mit modernen Akzenten in einem alten Fachwerkhaus eingerichtet. Koch Alain verleiht seinen Vorspeisen, aber auch kulinarischen Klassikern wie Schnitzel und Maispoulardenbrust gerne etwas südfranzösischen Pfiff. Ein Gedicht ist das warme Schokoküchlein mit flüssigem Kern. Dazu kommt eine gut sortierte Weinkarte mit vielen Tröpfchen der hessischen Bergstraße. Im Sommer lockt die Terrasse.
Nibelungenstr. 46, Tel. 06251 5826762, hexenhaus-lorsch.de

97

Kloster Eberbach

Im Namen der Rose

»Christus und Ecclesia«: Illustration des Mönchs Thomas aus dem Kloster Eberbach (12. Jh.)

»Porta patet, cor magis – Die Tür steht offen, mehr noch das Herz«,
lautet ein Wahlspruch der Zisterziensermönche. Während der Bauernkriege
um 1525 nahmen aufständische Rheingauer diese Aufforderung allzu
wörtlich und plünderten die üppigen Weinvorräte des Zisterzienserklosters
Eberbach bei Eltville im hessischen Rheingau.

*Im Namen des Weins: Die
Eberbacher Mönche waren höchst erfolgreiche
Winzer und bewirtschafteten die größte
Anbaufläche des europäischen Mittelalters.*

Die unvergleichliche Atmosphäre der 1136 gegründeten Abtei faszinierte den Filmregisseur Jean-Jacques Annaud so sehr, dass er hier 1985/86 die Innenaufnahmen zum Film »Der Name der Rose« mit Sean Connery drehte. Er war seinerzeit die teuerste Produktion der europäischen Filmgeschichte.

300 Klöster habe er besucht, so erzählt Annaud, aber letztlich kam nur Eberbach infrage. Cineasten werden das lichte – im Film wesentlich düsterer wirkende – Mönchsdormitorium aus dem 13. Jahrhundert sofort wiedererkennen, das im Film als Skriptorium diente: ein 72 Meter langer frühgotischer Saal, dessen Kreuzrippengewölbe auf niedrigen Säulen mit laubverzierten Kapitellen ruhen. Nicht minder eindrucksvoll und in vielen Szenen zu sehen ist das alte Laienrefektorium, ein frühgotischer Raum mit schweren Kreuzgratgewölben. Im Film ist es Schauplatz grässlicher Leichenfunde und Tagungsort des Inquisitionstribunals. Auf dem Boden der Küche wird der junge Adson, gespielt von Christian Slater, von dem namenlosen Bauernmädchen verführt. Hier sind historische Weinkeltern aus zisterziensischer Zeit zu sehen.

Bernhard von Clairvaux gründete die Abtei als erstes rechtsrheinisches Zisterzienserkloster. Die Klosterkirche wurde im 12. Jahrhundert errichtet. Später hinzugekommene gotische Maßwerkfenster erhellen den kargen, leergeräumten Raum. Mit den schwedischen Plünderungen im Dreißigjährigen Krieg und der Säkularisierung 1803 ist die zisterziensische Schlichtheit in die Kirche zurückgekehrt, die in der Barockzeit reich ausgestattet war: Die Eberbacher Mönche waren nämlich höchst erfolgreiche Winzer und bewirtschafteten die größte Anbaufläche des europäischen Mittelalters.

Vom Kreuzgang blieben der Nord- und Westflügel im gotischen Stil erhalten. Letzterer wurde um 1480 für die Bibliothek in Fachwerk aufgestockt. Besonders schön ist der spätgotische quadratische Kapitelsaal. Eine mächtige Mittelsäule trägt das Sterngewölbe, dessen Gewölbekappen mit zarter, um 1500 entstandener Ranken- und Blumenmalerei verziert sind. Der Speisesaal der Mönche entstand in der ersten Hälfte des 18. Jahrhunderts und besitzt eine prachtvolle barocke Stuckdecke. Hier empfängt die hessische Landesregierung gern ihre Staatsgäste und kredenzt dabei Tropfen aus dem heutzutage staatlichen Weinbau von Eberbach. Auch andere Gäste können in Eberbach Kultur und Wein genießen. Aber anders als die Bauernrebellen des 16. Jahrhunderts bezahlen sie dafür.

UNTERKUNFT

Kronenschlösschen
Das charmante Landhotel liegt idyllisch zwischen Weinbergen im Dörfchen Hattenheim bei Eltville. Es ist in einem Mitte des 19. Jahrhunderts von einem Frankfurter Galeristen als Wohn- und Ausstellungshaus für seine Künstler errichteten Gebäude untergebracht. Die Zimmer bieten heute modernsten Komfort. Man speist hier auch sehr gut und mit Stil. Die Weinkarte ist fabelhaft sortiert.
Rheinallee, Eltville am Rhein, Tel. 06723 640, kronenschloesschen.de

RESTAURANTS

Klosterschänke
Das zum Kloster gehörende Lokal mit historischem Kreuzgewölbe serviert feine Gerichte wie Rehbockrücken in Portweinjus, Lammnüsschen in Rosmarinkruste oder Filet vom Rheingauer Jungschwein. Von Ende April bis zur Weinlese nimmt man auch auf der schattigen Terrasse unter Platanen Platz. In der Klosterschänke und in einem Wirtschaftsgebäude aus dem 16. Jahrhundert ist ein Gästehaus untergebracht.
Kloster-Eberbach-Str. 1, Eltville am Rhein, Tel. 06723 993299, kloster-eberbach.de

Weinhaus und Hotel Zum Krug
Schon die reich verzierte Fachwerkfassade ist sehenswert, doch hier wird auch vorzügliche, nicht zu teure Rheingauküche serviert, darunter ein köstlicher Sauerbraten. Natürlich gibt es eine anspruchsvolle Weinkarte. Übernachtet wird in stilvoll und individuell eingerichteten Zimmern im traditionellen Haupthaus oder im modern renovierten Alten Rathaus.
Hauptstr. 34, Eltville am Rhein, Tel. 06723 99680, www.zum-krug-rheingau.de

Kloster Eberbach diente bereits als Gefängnis, Jugendherberge, Flüchtlingslager und Location für historische Filme.

98

Odenwald

Wo Hagen Siegfried meuchelte

Kaum eine deutsche Landschaft ist reicher an Sagen
und Mythen als der Odenwald. »Hier ragt die Vorwelt Siegfrieds in die
Bilderwelt der Kindheit«, schrieb Theodor W. Adorno über Amorbach.
Von Worms führen Nibelungen- und Siegfriedstraße quer durch das
Mittelgebirge zwischen Oberrheinischer Tiefebene, Main und Kraichgau.
Hier verlief der römische Limes, hier jagten die Burgunder, hier
führt die ruhelose Seele des Rodensteiner Ritters nachts sein Gefolge durch
die Lüfte zur »Wilden Jagd«. Hinter der Burg Zwingenberg aus dem
13. Jahrhundert liegt die grandiose Wolfsschlucht, die
Carl Maria von Weber zu seiner Oper »Der Freischütz«
inspiriert haben soll.

*Bei diesem Anblick wird
deutlich, warum das verwunschen
anmutende Felsenmeer im
Odenwald Künstler aller Genres
zu fantasievollen, aufwühlenden
Werken angeregt hat.*

Alljährlich im Herbst verzaubert die Veranstaltung »Felsenmeer in Flammen« die Besucher mit einer fulminanten Licht- und Tonshow, die die nächtliche Landschaft eindrucksvoll in Szene setzt.

Zwei Odenwalder Quellen, der Siegfriedbrunnen in Grasellenbach und der Lindelbrunnen im Moss-autal, streiten darum, der Ort gewesen zu sein, an dem der eifersüchtige Hagen von Tronje den blonden Recken Siegfried meuchelte. Das althochdeutsche »odo-walt« erinnert an einen Hain des germanischen Götterva-ters Odin – vielleicht war es aber auch nur die Bezeichnung für den »Ödwald« abseits der kulturell früh erschlossenen Rheinebene.

Alljährlich im Herbst veranstaltet die Gemeinde Reichenbach das beliebte »Felsenmeer in Flammen«: Eine musikalisch untermalte Licht- und Nebelshow verwandelt das mit 168 Hektar größte Felsenmeer der Gegend in Lautertal-Reichenbach dann in eine magische Farbenlandschaft. Da kommt die Nibelungenfantasie so richtig in Schwung. Fast glaubt man, sie alle zu erkennen: den Drachen, in dessen Blut Siegfried badete, die Zwerge, die den Nibelungenschatz bewachten, den finsteren Hagen, der Siegfried den Speer in die verwundbare Stelle an der Schulter stieß. Doch auch an ganz normalen Tagen wirkt das Felsenmeer geheimnisvoll und urzeitlich, besonders wenn Lichtflecken über die Granitblöcke huschen oder Nebelschwaden über den Waldboden kriechen. Zwei Riesen sollen sich hier mit Felsbrocken beworfen haben, die so fantasievolle Namen wie Teufelskanzel, Riesensessel und Krokodilstränen tragen.

Die Geologen sehen das nüchterner: Die Felsenmeere sind im Erdaltertum hervorgequollenes Magma, das zu Quadern, sogenannten Wollsäcken, verwitterte. Diese wurden von eindringendem Wasser nach und nach abgerundet und sammelten sich in Tälern und Mulden.

Schon die Römer, unter deren Herrschaft die Via strata montana, die Bergstraße, ein wichtiger Handelsweg war, bauten hier mit Steinsägen und Keilen Granit ab. Vier der Granitsäulen des Trierer Doms, eine Palastaula aus dem frühen 4. Jahrhundert, stammen aus dem Gebiet des Felsbergs. Manch einen Block ließen die Römer unfertig zurück, so die schon im 15. Jahrhundert erwähnte, 27,5 Tonnen schwere »Riesensäule«, das über zwölf Meter lange »Schiff« oder den »Altarstein«. Der dunkelgraue Melaquarzdiorit ist dem begehrten echten Granit zwar sehr ähnlich, muss aber anders gespalten werden, was die römischen Steinmetze nicht wussten.

»De Buggel nuff, de Buggel nunner« geht es im Odenwald, der viele Gesichter hat: manchmal unheimlich wie am einzigen erhaltenen Galgen Deutschlands in Beerfelden, aber oft auch licht und heiter. Im Frühjahr verwandeln die Streuobstwiesen das Land in ein Blütenmeer, im Sommer leuchtet überall der Rote Fingerhut am Wegesrand, im Herbst entfalten Buchen, Eichen und Ahornbäume ihre ganze Farbenpracht.

Bunt treiben es auch die kleinen Fachwerkstädtchen: Weinheim mit seinem romantischen Marktplatz oder das mittelalterliche Michelstadt, dessen extravagantes spätgo-

Zwei Riesen sollen sich hier mit Felsbrocken beworfen haben, die so fantasievolle Namen wie Teufelskanzel, Riesensessel und Krokodilstränen tragen.

tisches Rathaus von 1484 mit seinem Spitzgiebel und zwei Erkertürmen ein besonders beliebtes Fotomotiv ist. Das Palmsche Haus von 1610 in Mosbach weiter südlich gehört zu den schönsten Fachwerkhäusern Süddeutschlands, und in Miltenberg beansprucht der fünfgeschossige Fachwerkbau »Zum Riesen« aus dem Jahr 1590, Deutschlands ältestes Gasthaus zu sein. Im Vorgängerbau soll 1158 schon Kaiser Barbarossa übernachtet haben.

Vielleicht stand sogar die Gralsburg, in der der Heilige Gral versteckt sein soll, im Odenwald? Fünf Kilometer südwestlich des berühmten Klosters Amorbach erhebt sich die Ruine der um 1200 errichteten Burg Wildenberg auf einem Bergvorsprung. Sie war das Vorbild für viele stauferzeitliche Profanbauten. Am großen Kamin im Palas hat Wolfram von Eschenbach vermutlich Teile seines Versromans »Parzival« vorgetragen, »hie ze Wildenberc«.

UNTERKUNFT

Landgasthof Geiersmühle
Der Gasthof inmitten des schönen, unter Naturschutz stehenden Ohrnbachtals bietet individuell und attraktiv eingerichtete Zimmer, sein Restaurant marktfrische regionale und mediterrane Delikatessen. Ohrnbach-Außenliegend 1, Michelstadt-Vielbrunn, Tel. 06066 721, www.geiersmuehle.de

RESTAURANTS

Zum Riesen
Die Geschichte von Deutschlands angeblich ältestem Gasthaus (Übernachtung möglich) reicht bis ins Jahr 1158 zurück. Im heutigen Haus, einem Fachwerkbau der Renaissance, haben im Dreißigjährigen Krieg der Schwedenkönig Gustav II. Adolf und die Generäle Tilly und Wallenstein, später auch Kaiserin Maria Theresia übernachtet. Die Gaststube serviert Fränkisch-Odenwalder Spezialitäten, darunter »Miltenberger Rossäpfel« (Leberknödel) mit Dunkelbiersauce oder Miltenberger Suppenfleisch mit Meerrettichsauce, und empfiehlt dazu das jeweils passende Bier.
Hauptstr. 97, Miltenberg, Tel. 09371 989948, www.riesen-miltenberg.de

Treuschs Schwanen
Das traditionsreiche familiengeführte Lokal glänzt nicht nur mit einem stilvollen Ambiente, sondern auch mit gelungenen, mediterran verfeinerten Odenwalder Gerichten, die mit frischen Produkten aus der Umgebung zubereitet und von lokalen Weinen begleitet werden. Auch auf Brennnessel sautierter Bachsaibling, Färsenlende auf Ochsenschwanzragout oder Crepinette vom Wildschweinrücken munden sehr fein.
Rathausplatz 2, Reichelsheim, Tel. 06164 2226, www.treuschs-schwanen.com

99

Darmstadt

Mathildenhöhe – Weihestätte des Jugendstils

*»Die erhobene Hand gegen die Kunst-Philister«, so rühmte
Großherzog Ernst Ludwig (1868–1937) den eigenwilligen Hochzeitsturm
des österreichischen Architekten Josef Maria Olbrich (1867–1908), den die
Darmstädter Bürgerschaft ihrem Großherzog zur Erinnerung an seine
Vermählung im Jahre 1905 geschenkt hatte. Erbaut wurde der 48,5 Meter
hohe, schmale dunkelrote Backsteinbau mit um die Ecken geführten
Fenstern allerdings erst 1908. Der eigenwillige Dachabschluss, als fünfzinnige
Krone in Kupferblech mit violetten Verblendsteinen ausgeführt,
erinnert tatsächlich an die Finger einer ausgestreckten Hand.*

*Die extravagante Bekrönung
hat dem Hochzeitsturm auf der
Mathildenhöhe den Beinamen
Fünf-Finger-Turm eingebracht.
Davor, auf dem Dachfirst
des Ausstellungsgebäudes, zieht
die Installation »Balance«
die Blicke auf sich.*

323

Von der Aussichtsplattform des Turms bietet sich ein Rundblick über Darmstadts Mathildenhöhe. »Eine Stadt müssen wir erbauen, eine ganze Stadt! Alles andere ist nichts!«, hatte Olbrich gefordert. Der Mitbegründer der Wiener Secession war eine der treibenden Kräfte der Künstlerkolonie, der u. a. die Architekten Peter Behrens und Alfred Messel, die Kunsthandwerker und Maler Hans Christiansen und Albin Müller sowie die Bildhauer Ludwig Habich und Bernhard Hoetger angehörten. Diese zwischen 20 und 32 Jahre jungen Männer wollten in Darmstadt ihren Traum von der Gestaltung einer neuen Lebenswelt verwirklichen und wurden dabei großzügig von dem kunstsinnigen und weltoffenen Großherzog gefördert. Dieser, ein Enkel der britischen Königin Viktoria, hatte William Morris und die Arts-and-Crafts-Bewegung in England kennengelernt. Nun wollte er die Kunst seines Hessenlandes in der aufstrebenden Residenzstadt aufblühen lassen und mit Innovationen neue Möglichkeiten für Handwerk und Industrie schaffen.

So entstand zwischen 1899 und 1914 wie im Rausch ein Ensemble eigenwilliger Jugendstilbauten auf der Mathildenhöhe, einem ehemaligen Weinberg, den der Großherzog ab dem Jahre 1900 in eine Parkanlage im italienischen und englischen Gartenstil umwandeln ließ. Anfang des 20. Jahrhunderts galt die Mathildenhöhe als Tempel der Architektur. Auch die Architekten Gropius, Mies van der Rohe und Le Corbusier holten sich dort Inspirationen, denn ab 1910 ging man zu einer strengeren Ästhetik über, in der sich bereits die Sachlichkeit des Bauhauses ankündigte.

In vier Ausstellungen (1901, 1904, 1908 und 1914) entwickelte sich der sogenannte Darmstädter Stil. Die spektakulärste war sicher die dritte, die »Hessische Landesausstellung für Freie und Angewandte Kunst« (1908).

Das leuchtend weiße Ernst-Ludwig-Haus am Alexandraweg 26, zwischen 1900 und 1901 von Olbrich zur ersten Ausstellung »Ein Dokument deutscher Kunst« als Atelierhaus der Künstlerkolonie errichtet, dient heute als Museum. Berühmt ist die Schaufront mit dem omegaförmigen Mittelportal: Seine monumentalen Skulpturen »Mann« und »Weib« sowie die vergoldeten Pflanzenornamente stehen in starkem Gegensatz zur sonstigen äußeren Schlichtheit. Das Portal schmücken die Worte des Dichters Hermann Bahr, die zum Motto des Darmstädter Jugendstils wurden: »Seine Welt zeige der Künstler, die niemals war noch jemals sein wird.«

Sehenswert ist auch das Ausstellungsgebäude Olbrichs neben dem Hochzeitsturm, das 1908 für die dritte Ausstellung eröffnet wurde. Eine Treppenanlage führt hinauf zu einem baldachinartigen, klassizistisch anmutenden Bau, dessen Kuppel ein Mosaik nach Entwürfen Olbrichs ziert. Im Rahmen der Ausstellung waren auch die Wohnhäuser der Künstler zu besichtigen, einschließlich ihrer Innenausstattung: Türgriffe, Einzelmöbel, Glas, Porzellan, Grafik, Textilien und Schmuck in dekorativ-floralem, ornamentalem Jugendstil. Kunst und Leben sollten ineinanderfließen. Leider sind von den einstmals 17 Häusern nur noch wenige original erhalten.

Ein exotisches Kleinod der Mathildenhöhe ist die Russische Kapelle am Nikolaiweg 18. Sie wurde zwischen 1897 und 1899 erbaut, da Zar Nikolaus II., der 1894 Alix von Hessen-Darmstadt geheiratet hatte, bei seinen Besuchen in der Heimat seiner Gattin ein orthodoxes Gotteshaus für seine Familie und seinen Hofstaat vorfinden wollte. Die Kapelle prunkt mit reichem Mosaikschmuck und blattgoldbelegten Zwiebelhauben. Sie wurde nach Plänen des Petersburger Architekten Léon Benois (1856–1928) im typisch russischen Kirchenstil von Gustav Jacobi und Friedrich Ollerich ausgeführt. Obwohl sie eigentlich nichts mit Jugendstil gemein hat, prägt sie bis heute wesentlich das Erscheinungsbild der Mathildenhöhe.

UNTERKUNFT

Hotel Jagdschloss Kranichstein

Vornehmes Logis offeriert das fünf Kilometer östlich der Stadt gelegene Jagdschloss, das Landgraf Georg I. von Hessen-Darmstadt 1580 in einer reizvollen Wald- und Seenlandschaft errichten ließ. Schon die Standardzimmer sind elegant und topmodern eingerichtet, mit schönem Blick ins Grüne. Großzügiger fallen die Deluxe-Zimmer und Suiten aus. Das Abendrestaurant Kavaliersbau setzt auf kreative, international ausgerichtete Gourmetküche mit regionalen Akzenten in entspannter, aber stilvoller Atmosphäre. Kranichsteiner Str. 261, Tel. 06151 130670, www.hotel-jagdschloss-kranichstein.de

RESTAURANTS

L'Orangerie

Vor der Kulisse der barocken Parkanlage serviert dieser Nobelitaliener in lichtem Interieur feine Cucina. Auf der ständig wechselnden Karte stehen delikate Antipasti und Pasta-Gerichte, anschließend lässt man sich Seewolf, Ossobuco vom Salzwiesenlamm oder Perlhuhn munden und danach noch himmlische Dolci. Im Sommer lockt die Gartenterrasse. Bessunger Str. 44, 06151 3966446, www.orangerie-darmstadt.de

Sitte

In der sehr international ausgerichteten Gastroszene der Wissenschaftsstadt verteidigt dieses rustikale Lokal schon seit 1877 den Ruf der klassischen deutschen Küche mit Schweinelende im Speckmantel, geschmorter Lammhaxe, Zwiebelrostbraten und Rumpsteak. Mit Bier- und Wintergarten. Karlstr. 15, Tel. 06151 22222, www.restaurant-sitte.de

Die Russische Kapelle auf der Mathildenhöhe in Darmstadt: ein Kleinod, auf Betreiben von Zar Nikolaus II. von Russland entstanden

100

Reinhardswald

Zu Besuch bei Dornröschen

Knorrige uralte Baumriesen machen das Gebiet um die Sababurg zum Märchenwald.

*»Rings um das Schloss aber begann eine Dornenhecke zu wachsen,
die jedes Jahr höher ward, und endlich das ganze Schloss umzog, und drüber
hinaus wuchs, dass gar nichts mehr, selbst nicht die Fahnen auf den
Dächern, zu sehen war.« Ja, hier auf der Sababurg muss sie geschlafen
haben, die lieblichste aller Prinzessinnen.*

*Adlerfarn und Pfeifengras erobern die
Lichtungen, Vogelbeeren leuchten im üppigen Grün,
zwischen Ebereschen und Birken glitzern
Spinnweben im Sonnenlicht.
Klopft da nicht ein Schwarzspecht?*

Mitten im Reinhardswald thront das Dornröschenschloss auf einem lange erloschenen Vulkan, zwischen Kassel und Göttingen auf der hessischen Seite des Weserberglands. Als die Brüder Grimm hier viele ihrer Märchen aufschrieben, war die 1334 errichtete und 150 Jahre später zu einem prachtvollen Jagdschloss ausgebaute »Zappenborgck« noch eine einsame Ruine.

Bis zum Jahr 2011 gab es auch einen »Prinzen« auf der Sababurg. Der langjährige Burggärtner Gijsbert Vroegh hat viele alte Rosen im Burggarten wachgeküsst: die mittelalterliche Apothekerrose, das 500 Jahre alte Mairöschen und eine herrlich duftende 1000-blütige Kletterrose, die sich schon bis zum Dornröschenzimmer der Burg hinaufrankt. Wenn sie Mitte Juni blüht, ist die Luft mit dem Summen der Hummeln erfüllt.

Da oben, im Turmzimmer, stach sich Dornröschen an der Spindel der bösen Fee: 60 Stufen musste der Prinz die Wendeltreppe hinaufsteigen. Hat es sich so zugetragen? Oder ist »La Belle au Bois Dormant« nicht eigentlich eines der französischen Märchen, die Dorothea Viehmann, Nachfahrin französischer Hugenotten, vor 200 Jahren den Grimms erzählte? Und war der »Urwald« der Märchendichter nicht eigentlich ein alter Hutewald, ein Eicheln- und Bucheckernlieferant, den man von störenden Sträuchern freihielt?

Erst seit 1907 darf ein 92 Hektar kleines geschütztes Areal wirklich wieder Urwald sein. Wie die Pfeiler einer Kathedrale ragen mächtige Eichen und Rotbuchen in den Himmel, ungestört legen sich die Baumriesen hier zum Sterben nieder. Roterlen und Faulbäume wachsen auf sumpfigem Boden, Adlerfarn und Pfeifengras erobern die Lichtungen, Vogelbeeren leuchten im üppigen Grün, zwischen Ebereschen und Birken glitzern Spinnweben im Sonnenlicht. Klopft da nicht ein Schwarzspecht? Ach, auch Wanderer sind unterwegs.

Es gibt hier aber auch jede Menge zu sehen: Durch den Tierpark der Sababurg, der schon 1571 gegründet wurde und damit wohl Europas älteste zoologische Anlage ist, streifen Wisente, Tarpane, Wölfe und Luchse.

Die Hochzeitsnacht im Turmdoppelzimmer mit Himmelbett zu verbringen, das geht leider seit 2018 nicht mehr. Das Burghotel musste schließen, der Staat Hessen möchte sanieren. Hundert Jahre wird das aber hoffentlich nicht dauern …

UNTERKUNFT

Hotel Burg Trendelburg
Bei Dornröschen kann man zwar derzeit nicht mehr übernachten, dafür aber dort, wo Rapunzel einst ihr goldenes Haar für ihren Märchenprinzen herunterließ. Die Zimmer im Burgfried des Städtchens Trendelburg sind sehr romantisch eingerichtet, und natürlich arrangiert das Hotel gerne eine echte Märchenhochzeit. Im Rapunzelturm kann man heute gepflegt saunieren, und das mit bester Aussicht. Das uralte Gewölbe des Widukindkellers bietet wiederum den stimmungsvollen Rahmen für »mittelalterliche Tafeleyen« mit Spielleuten und Minnesängern.
Steinweg 1, Trendelburg, Tel. 05675 9090, www.burg-hotel-trendelburg.com

RESTAURANTS

Zum Alten Brauhaus
Das mitten in der malerischen Altstadt gelegene Fachwerkhaus bietet Zimmer mit gediegenem Komfort und in der Gaststube gutbürgerliche Klassiker wie Brauhausschnitzel mit Röstzwiebeln und gebratene Reinhardswälder Forellenfilets mit Kräuterrieslingsauce.
Marktstr. 12, Hofgeismar, Tel. 05671 3081, www.zumaltenbrauhaus.de

Vinothek Pfundt
Das Weinlokal im Ortsteil Schöneberg bringt einen Hauch Mittelmeer nach Nordhessen. Zu der vortrefflichen Weinauswahl werden pfälzisch-italienische Leckereien serviert, darunter Antipasti, Saumagen, geräucherte Forelle aus Wülmersen, Käsevariationen vom Trendelburger Hennehof mit diversen Senfsaucen und feine italienische Eiskreationen.
Hinterm Dorf 10, Hofgeismar, Tel. 05671 5094084, www.cella-vinaria.de

Sachregister

Aachen 279
· Dom 280
· Pfalzkapelle 279
Almabtrieb 191
Alpspitze 219
Altes Land 74
· Apfelernte 75
Altländer Bauernhäuser 75
Amelingshausen 62
Amorbach, Kloster 319
Ampermoos 218
Anebos, Burg 305
Annweiler 304, 305
Apfelwein 311
Arts-and-Crafts-Bewegung 324
Atta-Höhle 262, 263
Attendorn 263
· Altes Rathaus 263
· St. Johannes Baptist 263
Augsburg 203
· Annakirche 204
· Augsburger Puppenkiste 204
Damenhof 204
· Dom 204
· Domviertel 204
· Fuggerei 203, 204
· Fuggereimuseum 204
· Handwerkerviertel 204
· Heilig-Geist-Spital 204
· Maximilianstraße 204
· Perlachturm 204
· Rathaus 204
· Religionsfrieden 204
· Schaezlerpalais 204
· Staatsgalerie Altdeutsche Meister 204
· St. Ulrich und Afra 204
· Ulrichskirche 204
· Ulrichsplatz 204
· Zeughaus 204

Bacharach 292, 293
Bad Doberan 34
Baden-Baden 235, 236
· Friedrichsbad 236
· Kurhaus 236
· Lichtentaler Allee 236
· Spielbank 235
· Thermen 236
· Wandelgang der Trinkhalle 236
Bad Muskau 158
· Altes Schloss 159
· Bergwerk mit Wohnkolonie 159
· Fürst-Pückler-Park 159
· Kavaliershaus (Kurhaus) 159
· Moorbad 159
· Neues Schloss 159
· Pücklerpark (Park Mużakowski) 159
· Schlosspark 159

Bad Schandau 156
Bad Segeberg 41
· Kalkberg 41
· Karl May-Festspiele 41
Bad Wimpfen 248
· Blauer Turm 248
· Kaiserpfalz 248
· Kloster 248
· Steinhaus 248
Bamberg 171
· Altstadt 172
· Bamberger Reiter 172
· Dom 172
· ETA Hoffmann Theater 172
· Geyerswörth, Residenzschloss 172
· Hain, Stadtpark 172
· Neue Residenz 172
· Rathaus 172
Barther Bodden 27
Bastei 157
Bayerischer Wald 182
Bayreuth 177
· Altes Schloss 179
· Eremitage 179
· Hofgarten 179
· Markgräfliches Opernhaus 179
· Neues Schloss 179
Bebenhausen, Kloster 227
Beerfelden 321
Belle Époque 236
Berchtesgaden 191
· Hirschenhaus 191
Berg, Schloss 207, 214
Bergstraße 321
Bergwerk Rammelsberg 125
Berlin
· Ägyptisches Museum 97
· Alte Nationalgalerie 97
· Altes Museum 94
· Antikensammlung 94, 97
· Bode-Museum 94
· Denkmal zur Erinnerung an die Bücherverbrennung 97
· Hauptbahnhof 88
· Holocaust-Mahnmal 97
· James-Simon-Galerie 94
· Kreuzberg 89
· Museum für Islamische Kunst 94, 97
· Museumsinsel 93
· Pergamonaltar 97
· Potsdamer Platz 89, 91
· Sony-Center 91
· Vorderasiatisches Museum 94, 97
Berliner Mauer 87, 89
· Bahnhof Friedrichstraße 88
· Bernauer Straße 89
· Bornholmer Straße 89
· Bösebrücke 91
· Café Adler 91
· Checkpoint Charlie 91

· East Side Gallery 89
· Friedrich-Ebert-Platz 89
· Friedrichshain 89
· Friedrichstadt-Passagen 91
· Gedenkstätte Berliner Mauer 89
· Geschichtsmeile Berliner Mauer 89
· Graffiti 89
· Kapelle der Versöhnung 89
· Lehrter Bahnhof 88
· Oberbaumbrücke 89
· Warschauer Straße 89
Berliner Mauerweg 89
Berliner Museumsinsel 94
Bernau
· Bundesschule des Allgemeinen Deutschen Gewerkschaftsbundes 117
Bernried 207
· Buchheim-Museum 206
· Museum der Phantasie 207
Biggetalsperre 263
Blankenburg 125
Blaubeuren 222, 223
· Hammerschmiede 223
· Klosterkirche 223
· Klötzle Blei 223
· Mörikedom 223
Bodensee 228
Bodenwerder 73
· Rathaus 73
Boppard 293
· Römerkastell 293
Borg 311
· Villa rustica 311
Bosau 41
Branitz 159
Branitzer Park 159
Braubach 293
· Marksburg 293
Bremen 79
· Güldenkammer 81
· Rathaus 81
Brocken 123
Brühl 276
· Jagdschloss Falkenlust 277
· Schloss Augustusburg 276, 277
· Schlosskonzerte 277
Brühler Gärten 276
Buchdruck 298
Buchenwald, Konzentrationslager 131
Buchwald 183
Burg Eltz 287
· Bergfried Platt-Eltz 288
· Groß Rodendorfer Haus 288
· Kempenicher Häuser 288
· Rodendorfer Häuser 288
· Rübenacher Haus 288
Burschenschaften 138
Bursfelde, Kloster 70

Celle 62
· Barockschloss 62
· Hoppener Haus 62
· Synagoge 62
· Wienhäuser Bildteppiche 62
Choriner Musiksommer 106
Chorin, Kloster 105
Clausthal-Zellerfeld 125
Cloef, Aussichtsfelsen 311
Cochem 295
Corvey 255
· Fürstliche Bibliothek Hessen-Rotenburg 256
· Karolingisches Westwerk 256
· Klosterfriedhof 256
· Neuer Weg 256
· Reichsabtei 255

Dahner Felsenland 305
Darmstadt 323
· Ausstellungsgebäude 324
· Ernst-Ludwig-Haus 324
· Hochzeitsturm 323, 324
· Jugendstilbauten 324
· Mathildenhöhe 324
· Russische Kapelle 324
Darmstädter Stil 324
Darß 28
· Ahrenshoop 28
· Prerow 28
Darßwald 28
Dessau 116
· Arbeitsamt 117
· Bauhausgebäude 117
· Ebertallee 117
· Gropiusallee 117
· Kornhaus am Elbufer 117
· Kunstschulgebäude 117
· Laubenganghäuser 117
· Siedlung Dessau-Törten 117
· Stahlhaus 117
· Stiftung Bauhaus 117
Dessau-Roßlau 117
Dessau-Wörlitz 113
Dithmarschen
· Eiderstedt 47
Dreißigjähriger Krieg 45, 70, 256, 260, 314, 316
Dreiorspitze 219
Dresden 151
· Altstädter Wache 152
· Augustusbrücke 152
· Elbbrücke 152
· Frauenkirche 152, 154
· Gemäldegalerie Alte Meister 151, 152
· Historisches Grünes Gewölbe 154
· Hofkirche (Kathedrale) 154
· Italienische Dörfchen 152
· Japanisches Palais 152
· Neues Grünes Gewölbe 152

Personenregister

Der Autor
Der Münchner Reiseautor und Fotograf Wolfgang Rössig war schon als Jugendlicher mit dem Interrail-Ticket in ganz Europa unterwegs. Auch während seines Romanistik- und Germanistikstudiums, später als Redakteur von Kindlers Neuem Literaturlexikon, nutzte er jede freie Zeit für ausgedehnte Reisen auf allen fünf Kontinenten. Von Deutschlands Schönheiten erzählte er schon den Mayas im Urwald von Mexiko und den Aborigines in der Wüste Australiens. Inzwischen hat Wolfgang Rössig über 40 Reiseführer geschrieben und geht nach wie vor gerade in Deutschland gern auf Entdeckungsfahrt, am liebsten mit Bahn und Rad. Denn wer die ganze Welt anschaut, gewinnt auch der Heimat immer wieder neue Facetten ab.

Alle Informationen in diesem Buch stammen aus zuverlässigen Quellen und wurden sorgfältig geprüft. Für ihre Vollständigkeit und Richtigkeit kann der Verlag jedoch keine Haftung übernehmen.

Ihre Meinung ist uns wichtig. Bitte schreiben Sie uns:
GRÄFE UND UNZER VERLAG
Postfach 86 03 66, 81630 München
www.merian.de
LESERSERVICE
merian@graefe-und-unzer.de
Tel. 0800 72373333 (gebührenfrei in D, A, CH),
Mo–Do 9–17 Uhr, Fr 9–16 Uhr

Aus Gründen der besseren Lesbarkeit wird in diesem Buch bei Personenbezeichnungen das generische Maskulinum verwendet. Es gilt gleichermaßen für alle Geschlechter.

1. Auflage 2019

© 2019 GRÄFE UND UNZER VERLAG GmbH, München
MERIAN ist eine eingetragene Marke der
GANSKE VERLAGSGRUPPE.
ISBN: 978-3-8342-3045-4

Bei Interesse an maßgeschneiderten B2B-Editionen:
gabriella.hoffmann@graefe-und-unzer.de

Verlagsleitung: Grit Müller
Verlagsredaktion und Lektorat: Stella Schossow
Redaktion: Rosemarie Elsner
Satz: uteweber-grafikdesign
Bildredaktion: Marie Danner, Dr. Nafsika Mylona
Schlussredaktion: Ulla Thomsen
Herstellung: Renate Hutt
Umschlaggestaltung & Layout:
Independent Medien Design, München
Horst Moser (Artdirection)
Karten: Huber Kartographie GmbH für
MERIAN-Kartographie
Druck: Firmengruppe APPL,
aprinta druck, Wemding
Bindung: Conzella, Pfarrkirchen
Umwelthinweis: Dieses Buch ist auf PEFC-zertifiziertem Papier aus nachhaltiger Waldwirtschaft gedruckt.

PEFC
PEFC/04-32-0928

GRÄFE UND UNZER

Ein Unternehmen der
GANSKE VERLAGSGRUPPE

Bildnachweis

Cover: Fraueninsel im Chiemsee (Luftaufnahme)
© Getty Images: Michael Malorny
Umschlagrückseite links:
© HUBER IMAGES: Reinhard Schmid
Umschlagrückseite rechts:
© HUBER IMAGES: Günter Gräfenhain

2/3 mauritius images: Rainer Mirau; 6 dpa Picture-Alliance: Jan Woitas; 11 seasons.agency: Jalag/Klaus Bossemeyer; 13/14 AWL Images Ltd: Marco Bottigelli; 16 plainpicture: Dirk Fellenberg; 19 AWL Images Ltd: Marco Bottigelli; 20 picture alliance: DUMONT Bildarchiv; 22 mauritius images: Jean Schwarz; 24 Look: Olaf Meinhardt; 27 Shutterstock.com: JFs Pic S. T; 29 mauritius images: Andreas Vitting; 31 mauritius images: imageBROKER/Michael Dietrich; 32 plainpicture: Look/Thomas Grundner; 35 Getty Images: fStop; 37 seasons. agency: Lukas Spörl; 38 Jahreszeiten Verlag: Lukas Spörl; 40 HUBER IMAGES: Fritz Mader; 42 picture alliance: André Klohn; 44 Getty Images: Neal Wilson; 46 HUBER IMAGES: Manfred Voss; 48 plainpicture: Carsten Görling; 51 Getty Images: Radius Images; 53 HUBER IMAGES: Christian Bäck; 55 Look: Helge Bias; 56 Jahreszeiten Verlag: h & d zielske; 58 seasons.agency: Jalag/Zielske, H. u. D.; 60 stock.adobe. com: RuZi; 63 Shutterstock.com: Michael von Aichberger; 64 imago stock&people; 66 stock.adobe.com: fotobeam.de; 69 akg-images; 71 imago stock&people; 72 HUBER IMAGES: Günter Gräfenhain; 74 plainpicture: Jérome Gerull; 76 seasons.agency: Gerald Hänel/GARP; 78 Jahreszeiten Verlag: Gerald Hänel/GARP; 80 Look: Günther Bayerl; 82/83 AWL Images: Günter Gräfenhain/Imagebroker; 86 plainpicture: Eva Z. Genthe; 88 plainpicture: Tamboly; 90 picture alliance: REUTERS; 92 Look: age fotostock; 94/95 mauritius images: robertharding; 96 Getty Images: Kirill Rudenko; 98 Statue im Garten von Schloss Sanssouci/Stiftung Preußische Schlösser und Gärten Berlin-Brandenburg/Foto: AWL Images/Jon Arnold; 100 Detail im Grottensaal im Neuen Palais/Stiftung Preußische Schlösser und Gärten Berlin-Brandenburg/Foto: AWL Images/Franco Ricci; 102 Shutterstock.com: Falk Herrmann; 104 Shutterstock.com: Werner Spremberg; 107 Shutterstock.com: studio-fifty-five; 108 Getty Images: iStockphoto; 110 HUBER IMAGES: Hans-Peter Szyszka; 112 mauritius images: imageBROKER/Thomas Hinsche; 114 mauritius images: Catharina Lux; 116 VG Bild-Kunst, Bonn 2019/Bild: Alamy Stock Photo: Iain Masterton; 118 Shutterstock.com: Mattis Kaminer; 120 mauritius images: Andreas Vitting; 122 plainpicture: Thomas Victor; 124 plainpicture: Westend61/Patrice von Collani; 126 dpa Picture-Alliance: Hendrik Schmidt; 128 laif: Toma Babovic; 130 mauritius images: imageBROKER/Helmut Hess; 132 Getty Images: Beeldbewerking; 134 Getty Images: elzauer; 136 Jahreszeiten Verlag: Walter Schmitz; 139 mauritius images: imageBROKER/Josef Beck; 141 seasons.agency: Jalag/Peter Hirth; 142 picture alliance: Jan Woitas/dpa-Zentralbild/dpa; 144 plainpicture: johannes pöttgens; 147 Schlösserland Sachsen/Foto: mauritius images: Ivoha/Alamy Stock Photo; 148 Getty Images: Sean Gallup; 150 Getty Images: DEA/A. DAGLI ORTI; 153 Getty Images: Sean Gallup; 155 HUBER IMAGES: Reinhard Schmid; 156 picture alliance: Heritage Images; 158 HUBER IMAGES: Reinhard Schmid; 160 mauritius images: Catharina Lux; 162/163 HUBER IMAGES: Marc Hohenleitner; 166 Bayerische Schlösserverwaltung/ Foto: HUBER IMAGES: Francesco Carovillano; 168 HUBER IMAGES: Maurizio Rellini; 170 Shutterstock.com: PlusONE; 173 laif: Andreas Hub; 175 Look: Ulf Böttcher; 176 Bayerische Schlösserverwaltung: Rainer Herrmann, München; 178 Bayerische Schlösserverwaltung/Foto: mauritius images: Mikhail Butovskiy/Alamy; 180 stock.adobe.com: ArTo; 182 Look: age fotostock; 184 seasons.agency : Jalag /Arthur F. Selbach; 187 Look: Ulli Seer; 188 Bayerische Schlösserverwaltung/ Foto: HUBER IMAGES: Hans Peter Huber; 190 Bayerische Schlösserverwaltung/Foto: HUBER IMAGES: Günter Gräfenhain; 192 Wilfried Hösl/Bayerische Staatsoper; 194/195 Osram/Bayerische Staatsoper; 196 Look: Peter von Felbert; 198 mauritius images: HeK; 200/201 Jahreszeiten Verlag: Walter Schmitz; 203 laif: Hans-Bernhard Huber; 205 mauritius images: Timothy Mulholland/Alamy Stock Photo; 206 mauritius images: Stefan Hefele; 208 mauritius images: Günter Gräfenhain; 210 laif: Aderis/GAFF; 213 Bayerische Schlösserverwaltung/Foto: Jahreszeiten Verlag: Darshana Borges; 215 laif: Christian O. Bruch; 216 HUBER IMAGES: Reinhard Schmid; 218 Bildagentur Huber: R. Schmid; 220 mauritius images: buchcover.com; 222 mauritiusimages: Hiroshi Higuchi; 224 mauritius images: Mihai Barbat/Alamy; 226 Look: Zielske, H. & D.; 228 Jahreszeiten Verlag: Arthur F. Selbach; 230 HUBER IMAGES: Reinhard Schmid; 233 laif: Karl-Heinz Raach; 234 HUBER IMAGES: Reinhard Schmid; 237 laif: Mazodier/Le Figaro Magazine; 238 laif: Ralf Kreuels; 240 HUBER IMAGES: Frank Lukasseck; 242 seasons.agency: Jalag/Arthur F. Selbach; 244 seasons.agency: Jalag/ Tim Langlotz; 246 stock.adobe.com: Christian Pedant; 249 dpa Picture-Alliance: Friedel Gierth; 250/251 Fotolia: wolfgangstaudt; 255 laif: Georg Knoll; 257 arkivi: akpool GmbH; 259 mauritius images: Hans Blossey; 261 mauritius images: Bildarchiv Monheim GmbH/Alamy Stock Photo; 262 dpa Picture-Alliance: Horst Ossinger; 264 mauritius images: Gibson Green/Alamy Stock Photo; 266 stock.adobe.com: photofranz56; 269 akg-images; 270 seasons.agency: Jalag/ Zielske, H. u. D.; 273 Jahreszeiten Verlag: Walter Schmitz; 275 Entwurf: Gerhard Richter Köln/Fotografie: Hohe Domkirche zu Köln, Dombauhütte/Foto: Matz und Schenk; 276 UNESCO-Welterbestätte Schlösser Brühl. Foto: Horst Gummersbach; 278 HUBER IMAGES: Günter Gräfenhain; 281 seasons.agency: Jalag/Darshana Borges; 282 HUBER IMAGES: Heinz-Joachim Jockschat; 284 Look: Karl Johaentges; 287 mauritius images: Alexander Nikiforov/Alamy Stock Photo; 289 Shutterstock. com: Yannik Photography; 290 mauritius images: Jurgen Feuerer/Alamy Stock Photo; 292 Getty Images: Fine Art Images/Heritage Images; 294 Jahreszeiten Verlag: Lukas Spörl; 296 laif: Horst Henglein-Klove; 299 seasons.agency: Jalag/Klaus Bossemeyer; 301 mauritius images: Roland T. Frank; 303 picture alliance: imageBROKER; 304 laif: Markus Kirchgessner; 306 Alamy Stock Photo: Steve Vidler; 309 mauritius Images: Hans-Peter Merten; 310 HUBER IMAGES: Hans-Peter Merten; 312 laif: Berthold Steinhilber; 315 mauritius images: The Picture Art Collection/Alamy Stock Photo; 317 Shutterstock.com: Jearu; 318 picture alliance: 320 Frank Baudy, www.seitenstopper.de; 322 HUBER IMAGES: Udo Bernhart; 325 mauritius images: Anton Blanke/Alamy Stock Photo; 326 mauritius images: Michael Jaeschke